天

Borderless

下

博稽古今 融汇天下

天
Borderless
下

博
观

The Limits of the Criminal Sanction

刑事制裁的界限

Herbert L. Packer
[美]赫伯特·L.帕克 著

梁根林 等 译

法律出版社 LAW PRESS · CHINA
北京

著作权合同登记号

图字：01-2020-2828

作 者 简 介

赫伯特 ·L. 帕克 Herbert L. Packer（1925—1972）

美国现代著名刑事法学家、斯坦福大学法学院教授，刑事诉讼犯罪控制模式与正当程序模式理论的创立者。

主 译 者 简 介

梁根林

北京大学法学院教授、博士生导师，中国刑法学研究会副会长、中德刑法学者联合会（CDSV）中方召集人。主要研究领域为刑法学与刑事政策学，著有《刑事政策：立场与范畴》《刑事法网：扩张与限缩》《刑事制裁：方式与选择》《刑法总论问题论要》等专著，联合主编《中国刑法评注》，发表学术论文近百篇。

本 书 译 者

梁根林　王华伟　刘继烨　许心晴

王亚凯　周　折　吉莉娅　黑静洁　张曙光

译者序

一、帕克教授其人与其书

摆在读者面前的这本《刑事制裁的界限》，是美国斯坦福大学已故著名教授赫伯特·L. 帕克（Herbert L. Packer，1925—1972）于 1968 年出版、对 20 世纪六七十年代以来美国刑事诉讼制度变革特别是正当程序革命具有决定性影响的经典之作，帕克教授亦因此成为 20 世纪美国学术界引用率最高的法学家之一。

帕克教授毕业于耶鲁大学法学院，20 世纪六七十年代执教于斯坦福大学法学院。1964 年，他在《宾夕法尼亚大学法律评论》上发表了引起美国学界与实务界广泛关注并产生世界性影响的《刑事诉讼的两种模式》（*Two Models of the Criminal Process*）一文。帕克教授在 1972 年 47 岁时即因病英年早逝，遗留于世的作品不多，《刑事制裁的界限》就是其以《刑事诉讼的两种模式》为核心，将其前后关于刑罚正当根据、刑事诉讼模式、刑事制裁界限等一系列思考集结成书。可以说,这本书虽然篇幅不大,却是集帕克教授学术思想之大成。

全书正文分三编十八章。第一编为原理,从刑事实体法的角度探讨刑罚的困境与意义、刑罚的正当根据、罪责与行为、罪责与免责事由以及证明与比例原则,其主体内容相当于刑法总论中的刑罚论与犯罪论。第二编为程序,以刑事诉讼的正当程序模式与犯罪控制模式为主线,探讨了刑事权力运作过程的边界及其控制。第三编为界限,主要从刑事立法论的维度探讨了刑事制裁的方式选择、法律与道德的界限、刑事干预的起点等一系列有关刑事制裁的标准设定及其运用。

二、刑事制裁的基本原理

在第一编,帕克教授旨在探讨刑事制裁的基本原理特别是刑事制裁的正当根据。帕克教授开篇即直面现代刑罚面临的报应主义与功利主义之争的困境,探讨了摆脱这一困境的可能路径。他旗帜鲜明地指出,刑事制裁的基本原理建立在罪行、罪过和刑罚三个概念之上,它们分别代表了三个基本的实体刑法问题,即什么行为是犯罪、定罪的前提条件怎么界定、如何对犯罪人进行处置。帕克指出,犯罪不仅是被法律所禁止的行为,而且是一种由获得授权的权力机构为其设定刑罚并正式将其规定为犯罪的被禁止的行为。因此,必须结合刑罚论探讨犯罪论。通说认为,刑罚应当具有五个基本特征:(1)它必须包含痛苦或其他某种一般被认为不快的后果。(2)它必须适用于违反法律规则的犯罪。(3)它必须对事实上或者被认定为犯罪的人因其犯罪行为而科处。(4)它必须由除罪犯外的其他人有意识地予以执行。(5)它必须由根据犯罪触犯的法律制度所合法设置的权威机构予以科处和适用。帕克认为,根据上述特征界定刑罚还是过于宽泛,刑罚并不涵盖全部刑事制裁,需要区分刑罚与刑事制裁,并对刑事制裁进行明确分类。他根据刑事制裁的主要目的与作用的不同,提出了由刑罚、处遇、赔偿和规制构成的刑事制裁种类四分法。在帕克看来,赔偿就是在一个人遭受现实的或潜在的伤害之后,使其恢复到原状。规制则是为了一般性的目的而非特定受益人的利益对未来行为进行控制。但是,刑罚与处遇之间的区分不仅要复杂得多,也直接关乎刑罚的定义以及刑罚的正当根据。处遇的主要目的在于使特定的被处遇者从中受益,它关注的焦点并非被处遇者过去或将来的行为,而是对他进行帮助。而刑罚则具有一个或双重正当化目的:对不良行为的预防,或兼有对已被发现的恶行的报应。但是,无论刑罚的目的是预防还是报应,其前提和根据都是犯罪行为。因此,帕克认为,应当对通行的刑罚定义进行修正,在前述五个特征的基础上,提出第六个特征,即"它施加的主要目的必须是预防破坏法律规则的犯罪或者对罪犯进行报应,或者同时出于这两种目的"。这样就可以将赔偿、规制和处遇排除在刑罚之外,使刑罚和其他刑事制裁方式之间的界限得以明确界定。

根据如上严格界定的刑罚定义,帕克教授进一步探讨了刑罚的正当根据,试图构建一个将刑罚目的置于宏大社会语境之下进行考虑的刑罚理论。在帕克看来,"刑罚服务于两个终极目的,并且只服务于这两个终极目的:对作恶者科处其应得的痛苦和预防犯罪"。在梳理、评析和批判报复理论、赎罪理论等报应主义刑罚理论与一般威慑理论、特别威慑理论、剥夺能力理论、社会复归理论等功利主义刑罚理论的基础上,帕克教授提出了一体化的刑罚理论,其要旨在于:(1)刑法被设计用于预防犯罪的实施,这是刑罚的必要但不充分条件。(2)行为人在应受谴责的情况下实施了犯罪,这是对其进行惩罚的必要但不充分条件。在帕克看来,这种一体化刑罚理论既排除了报应性的立场,因为这种立场将对应受谴责的行为人科以刑罚视为充足的正当化条件,也排除了功利性的行为主义立场,因为这种立场将通过对行为人予以改造或剥夺能力来预防犯罪的惩罚视为充足的正当化条件。一体化刑罚理论接受古典的功利主义理论作为刑罚正当化理论的逻辑起点,又认为功利主义不足以服务一体化刑罚理论的所有目的。因此,帕克的一体化刑罚理论实际上是报应与一般威慑的二元论,他强调刑罚以罪行与罪责为基础,认为一般威慑是报应之外唯一一个能够为科处刑罚提供一般化的先验性正当根据的功利目的,而对行为人的特别威慑、剥夺能力以及社会复归都只是科处刑罚的局部性和片段性的刑罚目的。正是因为刑罚以报应和一般威慑为根据,所以可谴责性和罪责就构成科处刑罚的先决条件,并且成为一项刑法限制原则。

与报应主义理论"将谴责或罪责归属于罪犯,本身就是科处刑罚的充分正当化理由"不同,帕克之所以强调可谴责性和罪责概念在刑罚的正当根据中的作用,一方面是因为,"在一个自由社会中,包括刑法在内的法律,最终被评价的标准在于,其成功地促进了人的自治以及个人成长和发展的能力。犯罪预防是人的自治得以充分发展所要求的环境保护的必要方面。然而,它是消极的方面,而且一心一意地热情追求这一目的,可能最终创造的是一个人人都安全但人人都不自由的环境。罪责概念中所包含的限制之所以是正当的,并非诉诸康德式的'罪有应得'理论,而是在于它们能够使国家的保护权和公民的生活保持适当的距离"。另一方面,则是因为:首先,罪责是一个工具主义概念,帕克通过强调没有犯罪就没有归责,为刑事可罚性奠定了坚实的基础;其次,既然罪责是刑事可罚性的必要条件,如果不能通过刑事程序认定行为人有罪,就不能科处其刑罚;最后,罪责概念提出的限制要求有助于规制刑事制裁体系的运作,为国民的自由提供一个保护屏障,对国家权力的行使进行限制。

基于一体化刑罚理论中罪责作为刑法限制原则的工具主义价值,帕克教授在第一编的章节中具体探讨了罪责与行为、罪责与免责事由。他强调,没有行为就没有犯罪,是刑事责任的必要但不充分条件,也是一体化刑罚理论的重要组成部分。行为作为罪责原则衍生出来的限制刑罚的条件,既与外部身体动静相关,更与自由意志与人类自治相关。在一个自由且开放的社会中,通过自主且自愿的行为对刑罚进行限制,可以使刑法避免沦为纯粹服务于预防性功利目标的奴仆。他强调了合法性原则(美国法中的罪刑法定原则)的宪法渊源与司法渊源,明确了合法性原则的基本要求。美国法中的合法性原则,固然要求禁止事后法,以确保司法运作的公平,消除官员自由裁量中的压迫性和任意性。为了使合法性原则服务于刑法目的,更要进一步关注“法律制定”和“法律适用”的准确内涵、界限与权能。与我们通常所理解的合法性原则或罪刑法定原则主要关注立法机关制定法律和法院适用法律的角色划分不同,帕克教授则将合法性原则关注的重点转向对警察和检察官而非法官的自由裁量权的控制,因为警察和检察官主要是通过非正式甚至秘密的调查、逮捕、讯问、控告发动和推进刑事程序,较少受到公众的外部监督与内心的心理约束,而法官则需通过理性阐述、类比推理和法律论证等方式适用法律,从而有效制约其任意决策。

以此为基础,帕克教授进一步探讨了刑法的模糊性与刑法的严格解释这一法律制定与法律适用的核心议题。他承认,“在一个现代的刑法体系中，立法机关是主要的法律制定者，而法院只是以一种从属和补充的方式扮演法律制定者的角色”。简言之，立法机关的工作是制定法律，法院的工作是发现事实和适用法律。尽管如此，他又清醒地指出，在刑法的实施中存在一块具有重要意义的灰色地带，这主要是指概括性条款的法律适用。帕克一方面强调，过于概括的刑法条款违反合法性原则，另一方面则主张通过“因模糊而无效”宪法性原则和“严格解释刑法”的刑法解释原则，同样可以维护合法性原则，使之处于良好状态。在接下来的讨论中，帕克以预防性拘留为切入点，具体讨论了对流浪罪、犯罪预备行为、犯罪未遂等进行预防性拘留与合法性原则所要求的刑法的适用仅限于行为之间的紧张性。流浪罪法与合法性原则不相兼容，与行为刑法背道而驰，赋予了执法机关在定义犯罪时过度的自由裁量权。处罚犯罪预备行为虽然并不当然违反合法性原则的最低限度要求，但是面临着预备行为应当距离其预备实施的行为多远才能赋予其可罚性这一共性问题。而未遂罪法代表了一种与预防性拘留的压力之间的艰难妥协，这种妥协本质上仍然是刑法的自我否定。因此，帕克主张，在上述情形中与其使用扩张刑法范围、违背行为刑法原理的预防性拘留，不如寻求刑法以外的应对之道。

三、刑事诉讼的模式与特征

本书第二编程序被公认为是帕克教授学术思想中最具原创性和标签性的部分。在该部分，帕克在对美国 20 世纪中期的刑事程序运作实践进行描述、分析、归纳和对美国刑事程序可能如何发展进行猜想与建构的基础上，以抽象化、类型化的独特思维方式，创造性地提出了刑事诉讼的正当程序模式（Due Process Model）和犯罪控制模式（Crime Control Model）理论，并以其为分析工具与逻辑主线，勾勒两种刑事诉讼模式丰富的价值基础、前提条件，展示了两种模式如何适用于刑事程序的每个互相接续的阶段及其运作方式，鉴别、判断美国当下的司法实践大致对应于两种模式之极端间的哪一范围，并分析和预测美国刑事司法实践的未来发展及其面临的不确定性。通过这些分析与探讨，帕克从程序的视角界定了刑事权力运作的边界及其限制，对刑事诉讼理论建构作出了具有世界性和历史性影响的学术贡献。

帕克教授首先抽象性和类型化地勾勒、归纳和提炼了犯罪控制模式与正当程序模式两种刑事诉讼模式在价值目标、主要原则与基本构造方面的特征。在帕克看来，"犯罪控制模式下的价值系统，以通过刑事程序抑制犯罪行为作为前提"。犯罪控制模式更接近于传统的纠问模式，它允许有罪推定、容忍非法证据，对犯罪事实的认定更加偏向于行政化甚至是管理化的（managerial）模式。刑事诉讼的主要精力置放到刑事程序识别犯罪嫌疑人、确定刑事责任和保证定罪之人受到适当惩罚的效率上，保障犯罪嫌疑人和被告人的诉讼权利、防止犯罪嫌疑人或被告人被错误追究则被置于次要地位。犯罪控制模式要求高逮捕率和定罪率，对速度和终局性有额外的追求。刑事程序不再受制于冠冕堂皇的正式习惯仪式，案件事实往往通过警察局内的询问得以快速确定，而不是通过法庭的正式询问和交叉询问程序。因此，犯罪控制模式相较于司法程序而言更加青睐非司法程序，相较于正式活动而言更偏爱非正式活动。刑事诉讼流程呈现的图景犹如"流水线上的工人处理着无休止的案件溪流，将案件输送到站在适当位置的工人，这些工人对每个案件进行着微小却本质性的操作，让案件逐步前行直至最终成品……犯罪控制模式中的刑事程序被视为一种筛查程序，每个连续的阶段——逮捕前调查、逮捕、逮捕后调查、庭前准备、审判或认罪答辩、裁判、处遇——包括一系列程式化的、惯常化的操作手续,而每个程序的成功标志主要是其导向了最终成功的结论"。也就是说,犯罪控制模式下的刑事诉讼过程就是一个司法流水作业的过程,犯罪嫌疑人与被告人是被刑事追诉的对象,罪犯则是这条司法流水线的终极产品。在犯罪控制模式中,刑事程序的中心地位在初期的警察、检察官主导的行政性事实发现阶段,法官主导的后续审判性程序则仅具有补充性地位,并尽可能精简。简言之,犯罪控制模式主要通过"行政性事实发现程序产生(1)犯罪嫌疑人的出罪或(2)认罪答辩的开启"。

而自沃伦法院时代以来因日益重视程序正义而开启的帕克所称的正当程序模式,则与传统的犯罪控制模式存在根本差异。帕克将两者的区别形象地比喻为:"如果犯罪控制模式像是工厂流水线,正当程序模式则看起来非常像障碍赛。"具言之,在帕克看来,正当程序模式与犯罪控制模式的运作机制、价值目标与基本构造方面的主要区别,至少体现在以下几个方面:

首先,在事实认定机制方面,与犯罪控制模式严重依赖于警察、检察官主导的非正式、非裁判性的行政化甚至管理化的事实认定机制不同,正当程序模式更为重视根据正式的、裁判性的事实发现程序认定事实,对出现事实性错误的主张,允许进行公开的、裁判性的事实发现程序的审查。

其次,在价值目标方面,正当程序模式反对犯罪控制模式对诉讼效率的绝对追求与对错案的过分宽容,认为刑事程序的价值目标至少应当是平衡地保护无罪之人和裁决有罪之人,反对刑事诉讼以最高的效率运作压缩公民自由的空间,因为最大的效率意味着最大的暴政,为了阻止公权力对个人的压迫,可以缓和和实质性地降低刑事程序运作的效率。

再次,在基本原则方面,正当程序模式强调源自无罪推定要求的法律罪责(legal guilt)原则。因为,根据该原则,仅仅基于可靠证据,行为人即使事实上实施了被指控的犯罪,也不能当然被认定为有罪。相反,该行为人承担刑事责任的条件是,当且仅当这些事实性的认定基于刑事程序的惯常路径、被授权者在严格的职责范围内的行动作出这一认定。因此,在公正的审判机关作出不同于事实罪责的法律罪责的认定之前,被指控之人应被推定为无罪。正是无罪推定原则,通过区分事实罪责与法律罪责,一方面敦促国家积极承担证明责任,在审判阶段证明所指控的案件,另一方面发展了限制刑事制裁的各种限制性原则和阻却性原则,增加了被告人获得有利于自身判决的机会。

复次,在刑事程序的具体设置上,正当程序模式特别强调平等武装原则。这不仅是因为被告人的经济状况各不相同,经济贫困可能会破坏其诉讼能力,使其无法获得与其他被告人平等地面对刑事指控而获得律师帮助的机会,而且是因为面对强大的国家公权力针对个人发起的刑事指控,被告人总是处于相对弱势一方。为实现机会均等,就要阻止经济能力变为权利行使的绝对障碍的情况出现,要避免这一情况出现,就要为没有经济能力的被告人提供有效的法律援助;为实现控辩平等,就要保障被告人对指控进行质疑的机会、获得辩护的权利。也就是说,平等武装原则要求确保刑事程序整体上被平等、对等地运行,实现最小化的区别对待。没有平等武装,就没有程序正义,亦谈不上正当程序。

最后,较之于犯罪控制模式对程序的漠视特别是违反程序后果的无视,正当程序模式要求确立对程序性违法的制裁。在帕克看来,正当程序模式要求在程序自身违反运行规则之时,至少规定一些程序性违法的制裁后果。程序两个层面的关联是规则层面和违反规则的层面的关联，其关键是犯罪嫌疑人、被告人能否以及在多大程度上获得律师辩护，因为程序性违法的制裁越容易发动，律师辩护的功能就越重要。

总之，正当程序模式强调刑事诉讼中控辩两造的平等对抗与法官的居中裁判，主张无罪推定和非法证据排除，通过具有司法性和对抗性的事实认定程序降低事实认定错误的可能性，强调保障犯罪嫌疑人和被告人在刑事诉讼中的权利，以实现刑事诉讼的程序正义和人权保障。正当程序模式主导下的刑事诉讼的每一个司法流程因而都必须受到严格的检验和审视，即使是程序性违法亦可能导致刑事诉讼前功尽弃。因此，刑事诉讼的过程才更像一场障碍赛，必须跨越一个又一个以保障公平正义为目标而设置的程序性障碍，才能最终抵达认定被告人有罪的刑事诉讼终点。

在抽象化和类型化犯罪控制模式与正当程序模式的事实认定机制、价值目标、基本原则和基本构造的基础上，帕克进一步以犯罪控制模式与正当程序模式为理论分析工具，聚焦于美国刑事程序运作流程中的逮捕调查、"合法"逮捕后的羁押和审讯、电子监控、非法获得的证据、律师辩护的可得性、起诉决定、审前羁押、认罪答辩、上诉等不同环节和细节，具体描述了犯罪控制模式与正当程序模式的各自特征以及美国刑事程序运作的现状和趋势。例如，较之于犯罪控制模式，正当程序模式倾向于更为严格地限制逮捕条件，允许犯罪嫌疑人在羁押与审讯阶段获得更多的会见律师、得到律师帮助的权利，在正式起诉前通过相对中立的预审法官对案件进行预审、过滤，在审判阶段严格限制有罪答辩，不允许被告自证其罪；相对于犯罪控制模式往往将上诉审推翻原审判决限制在存在事实错误的有限范围内，正当程序模式则不对被告人的上诉权利进行限制，事实问题与程序问题都可以成为上诉审审查对象;等等。

当然,犯罪控制模式与正当程序模式只是帕克教授用以分析刑事诉讼构造与特征的一种分析工具。作为分析工具,两种模式既是对刑事诉讼实践展现的主要特征的描述和归纳,也表达了作者对刑事诉讼类型的期待和建构。“两种刑事程序的模式将引导我们窥探刑法核心的规范上的自相矛盾(antinomy)。这些模式并非以‘是’和‘应当’标注,也不可作出那种意义上的理解。相反,这些模式代表着抽象出两种相互竞争、以在刑事程序运行中占据优先地位的价值的努力。两个模式并不是分别代表‘与现实相对应’和‘为理想而代言’,因而也不排斥彼此。这两种模式仅仅出于描述刑事程序运作(方式)之方便(而总结),程序日复一日地发挥作用涉及了两种价值系统竞争需求之间的一系列微小调整,而该程序的规范性未来似乎也涉及两种竞争诉求的紧张对抗之间的一系列解决路径。”

事实上,现代法治国家的刑事诉讼实践都标榜追求正义,都试图在自由、秩序、安全与效率之间适当安排,以兼顾惩罚犯罪和保障人权,客观上并不存在纯粹的犯罪控制模式与正当程序模式,而更多地表现为犯罪控制模式与正当程序模式的混合物。帕克教授对此有着清醒的认识。在他看来,在20世纪60年代以来以沃伦大法官为代表的美国最高法院推动下日益重视程序正义的美国,刑事诉讼程序的实际运作亦更接近于犯罪控制模式,刑事程序更具有行政性和管理性而不是对抗性和司法性。其预期,在美国最高法院一系列偏向正当程序模式的判例的推动下,美国刑事诉讼运作会逐渐从流水线转向障碍赛,趋向于正当程序模式。

因此,帕克虽然提出犯罪控制模式与正当程序模式两种刑事诉讼类型,但又特别强调这两种模式并非相互排斥、水火不容而是相互竞争、动态共存。无论是犯罪控制模式还是正当程序模式都以美国宪法的禁止事后法条款(ex post facto)、限制国家机关调查和羁押犯罪嫌疑人权力的前提,以及通过对抗、程序性正当程序、被告知和被听证的机会所展现的对犯罪嫌疑人、被告人的主体性的承认为共同基础,正是这些"共同基础使得两种模式冲突之解决成为可能"。既不能认为某种模式具有先天性的优势地位,也不能过分追求一种模式而无视另一种模式的存在合理性。犯罪控制模式过于注重效率而相对轻视人权保障的弊端,需要通过强化正当程序模式对程序正义的要求予以克服;而正当程序模式下刑事诉讼的效率不足,亦需要通过保留和优化犯罪控制模式下旨在提高刑事诉讼效率的某些制度设计予以弥补。

帕克教授关于刑事诉讼模式的类型建构、存在特征以及未来趋势的分析,无疑是本书的神来之笔,具有巨大的学术贡献。我国刑事诉讼法学者左卫民教授对帕克教授的这一学术贡献就曾不吝赞美之词。左卫民教授将帕克的这一学术贡献精确地归纳为展现了刑事诉讼理论研究构建深刻、巨大和有现实阐释力的理论体系的可能性,对立法与司法实践的复杂性、悖论性的细致入微的观察,以及对美国刑事诉讼理论、立法与司法的发展过程特别是正当程序革命的全面而深刻的洞察三个方面,并且满怀深情地指出:"帕克这部著作的影响力是巨大的,其引发了对美国刑事诉讼理论、立法与司法的持续讨论。在帕克之前没有人提出过此类理论,在帕克之后……,也没有人能够提出具有广泛影响性、替代性的理论模式。直至今日,帕克的观点依然是主流的刑事诉讼模式理论,并对实践有着巨大的解释力。"[1]

---

〔1〕 左卫民:《冲突与竞合:刑事诉讼的模式分析——读帕克教授的〈刑事制裁的界限〉》,载《政法论坛》2017 年第 5 期。

四、刑事制裁的界限

在本书前两编分别对刑事制裁的基本原理与刑事诉讼模式进行考察、揭示刑罚的不可避免性和道德模糊性、承认刑事程序作为一种格外难以实施且代价高昂的社会控制手段的基础上，帕克教授在第三编刑事制裁的界限的编首部分，首先就进一步明确了其最大化个人自由的刑事立法论立场，强调“刑事制裁作为一种名誉污损和自由丧失的独特组合体，在一个自认自由而开放的社会中，应该只在极少数的情况下动用”。根据这一基本立场，帕克教授进一步探讨了应当以何种原则性与策略性限制标准指引立法活动确定刑事制裁的恰当情形，也就是哪些行为在何种情况下可以以何种方式被犯罪化，哪些行为不应当被犯罪化或者应当被除罪化。帕克教授运用一般论证和具体例证两种方式，在刑事制裁的限制原则与限制策略两个层面，对此作出了自己的回答。

在刑事制裁的界限的一般论证维度上，帕克教授首先根据在本书第一编所界定的刑事制裁的四种类型即赔偿、规制、刑罚和处遇，质疑了对酒后驾车科处刑罚的妥当性和有效性，分析了对酒后驾车造成损害予以赔偿以及对酒后驾车暂扣或吊销其驾驶执照作为事后规制手段的可能性与妥当性。帕克教授承认，随着诸如药物成瘾、酒精依赖与性变态日益被作为病态行为而非犯罪加以理解，对这些行为施以治疗性和矫正性的处遇作为刑罚替代措施变得越来越具有吸引力。但是，这一进步必须满足前提条件，即必须拥有足够的治疗措施，并且被处遇者必须自认罹患这种疾病并希望接受治疗。而美国的现实则是，“人道主义对处遇的追求与适当处遇手段的欠缺之间的张力引发了一个引人注目的现象，即强制性民事收容这种混合型制裁措施”。在帕克看来，这种强制性的民事收容只是一种司法资源配置策略,其本质仍然是一种惩罚,而且是连其标榜的最小优点都不具备的惩罚。面对刑事制裁所面临的这一困境,帕克大胆地将“无为的选择”作为确定刑事制裁界限的一种刑事政策选择。所谓“无为的选择”,就是“与其诉诸现有的制裁措施,不如完全不采用任何制裁”。当然,帕克所谓“无为的选择”并非完全否定通过刑事制裁解决社会问题的正当性和必要性,而是说社会问题具有宏大性和复杂性,刑事制裁参与社会问题的解决具有局限性,因而囿于资源稀缺,基于资源配置的优化考虑,刑事制裁只能在经过严格筛选的有限范围内参与解决社会问题。在这里,帕克实际上是将刑事制裁的经济性作为决定刑事制裁的界限的一个重要的刑事政策原理加以主张,也可以说是美国版本的刑法谦抑主义原理的宣示。

帕克教授所处的20世纪五六十年代,影响欧美法律改革与法律哲学的最重要的思想论战是由哈特、富勒与德夫林等人横跨大西洋推动的关于法律与道德的关系之论战。这场论战对反思刑法与道德的关系,超越刑法与道德相混淆、道德刑法化、刑法道德化的窠臼起到了直接的推动作用。在此语境下,在刑法与道德的关系维度上,如何界定和把握刑事制裁的界限,成为一个必须回答的重大刑事立法论和刑事政策选择问题。基于最大化个人自由的立场,帕克给出的方案是,行为的不道德性是刑事政策的一个必要条件,但又是不充分条件。与极端自由主义者试图完全割裂刑法与道德的主张不同,帕克坚持认为,基于罪责作为犯罪成立要件、刑事制裁的道德谴责性与刑事司法活动的效果等考虑,行为的不道德性应当成为刑事制裁适当启动的前提;如果刑法制裁被广泛用于应对道德中性行为,不仅将削弱刑事制裁的道德力量,而且也不会收到制裁效果,并将引起行为规范指引的混乱。但在自由、开放、多元的现代社会,以行为的不道德性作为刑事制裁的前提条件,蕴含着通过刑法强制推行道德的潜在危险。因此,帕克主张,一方面,“刑事制裁一般应当仅限适用于无重大社会异议地被视为不道德之行为,犯罪列表不应当被扩张到超过这一点,并且,随着道德观念的转变,这一范围应当受到限缩”。另一方面,行为的不道德性仅仅是刑事制裁的必要条件,但又是一个不充分条件。在行为不道德性的基础上,对他人的危害以及符合刑罚的目的,都应当作为刑事制裁的限制性标准被审慎并区别性地对待,从而与刑法道德主义彻底划清了界限。

如果说刑事制裁的经济性、行为的不道德性、对他人的危害以及刑罚目的,只是刑事制裁的原则性的限制标准,那么,行为与刑法要预防的危害的远近程度,是否属于琐碎之事,是否会产生犯罪关税,警民关系的紧张状态如何,是否会导致偶然性执法,自由裁量权滥用与否,是否会制造流水线司法现象,以及是否会产生刑事禁令不应有的隐性功能等,则是立法者在界定刑事制裁的边界时必须认真对待和审慎考量的策略性限制标准。较之于刑事制裁的原则性限制标准,帕克教授对刑事制裁的策略性限制标准的分析,更富有启迪,不仅令人深思,而且极具操作性和实用性,在表达上也是警句迭出,甚至令人拍案叫绝,称之为刑事立法论的理论高峰绝非言过其实。

帕克首先分析了行为与刑法要预防的最终危害的远近程度,对刑事制裁的边界的策略性影响。他提醒立法者注意,在评估何时可以决定对预备行为进行刑事制裁时,“为了提前介入而扩大刑法的管辖半径是一项极为冒险的事情”。“综合考虑个人自由的最大化和执法压力的最小化,向犯罪频谱远端的扩张必须相当谨慎。”根据“法律不管琐碎之事”的法谚,应当明确反对为琐碎之事或个别事件立法,或只是表达对某个事件的反对态度的象征性立法。他将刑事立法的琐碎化区分为对象的琐碎化与目的的琐碎化。“对象的琐碎化意味着对应受罚行为的选择与通常实施的刑罚不成比例。目的的琐碎化则意味着立法者对于他们投票支持的禁令的实际执行持漠不关心、玩世不恭的态度。”在他看来,“一个理性的立法者不应投票支持对以往合法的行为施加刑法禁令,除非他做好准备证明:首先,该被禁止的行为对于重大社会利益具有极大的威胁以至于其愿意看到实施该行为的人被处以刑罚;其次,他愿意投入足够的司法资源来对违法者进行侦查、逮捕和判决。”否则,刑事立法就违反了罪刑相适应原则,并导致刑事定罪的贬值与罪犯被定罪后耻辱感的丧失。

帕克借鉴国际贸易中时常可见的保护性关税概念,独辟蹊径地提出了作为刑事制裁策略性限制标准的犯罪关税概念。这一部分的论述亦是在其前期的一篇专门论述犯罪关税的论文的基础上整合而成。所谓犯罪关税,是指刑法对诸如毒品交易、开设赌场、堕胎等行为的禁令,虽然旨在防止或者减少其发生,却产生了完全事与愿违的类似保护性关税破坏自由市场竞争、妨碍资源最优配置的关税保护效果。也就是说,“通过将符合以上描述的行为认定为犯罪,我们实际上在做的事情是通过增加出卖方承担的风险,从而提高其出售物品的价格,来限制货物的供应”。当存在刚性而非弹性的市场需求时,犯罪关税的直接效果更是直接保护了甘冒违法风险的从业者的垄断利益。犯罪关税的反竞争作用,不仅影响交易价格,而且也影响服务质量。因此,帕克教授直截了当地指出:“理性的立法者在创设新的犯罪关税前,应当三思而后行。”

有感于美国社会的贫富差别、种族歧视、阶层分化、文化多元、价值冲突,作为法律秩序的直接代表者的警察及其行为的侵扰性而非保护性、强制性而非宽容性、遵从性而非独立性，以及由此导致的民众反政府权威情绪甚至法秩序敌对意识，帕克特别提醒立法者，在决定刑事制裁的干预范围时，应当特别注意警民关系的紧张状态对决定刑事制裁的界限的策略性制约。帕克一方面指出，美国刑法中许多规定所带有的侵略性干涉主义特征将警察强行推上了窥探者与骚扰者的位置，因为没有对私人生活领域的大规模的、明显的侵犯，警察根本无法执行诸如禁止卖淫、性犯罪、赌博、毒品之类的法律。他另一方面又指出，虽然不能完全禁止警察使用搜查、电子监视、警察圈套等侦查方式，但是如果刑事制裁仰赖于警察滥用这些侵犯个人隐私、损害人类尊严的卑鄙手段，则很难使人们尊敬法律，刑事制裁亦将丧失其道义基础。

在从警民关系的紧张状态这一具体视角审视立法者决定刑事制裁的策略性限制标准之外，帕克进一步从偶然性执法这一一般化视角出发，对充分执法的可能性对决定刑事制裁的界限的影响进行了极具启发意义的分析。帕克承认，绝对意义上的充分执法只是一种空想，尽管如此，立法者仍然要谨慎地避免通过看上去难以执行的法律，努力避免保留偶尔才被适用的法律，也就是说要避免刑事禁令成为僵尸条款。这不仅是因为，“一部法律长期被偶然地执行本身就表明相关行为并未严重威胁到社会的安全感，由此，执行率提供了一份应被优先处理的有关反社会行为类型的索引”。而且是因为，制定和保留仅仅被偶然地适用的刑法条文可能导致诸如损害对法律的尊重、驱使执法者使用卑劣的侦查手段提高执行率、助长执法者行使恣意的选择性执法裁量权、加剧被选择性执法的对象的社会疏离感等实际的危害。

在偶然性执法的延长线上，帕克继续从避免滥用自由裁量权的视角展开了对刑事制裁的界限的策略性限制标准的讨论。帕克承认,刑法既不是自动售货机,也非可以自行计算的电子计算机,即使刑法的字面规定再明确、再具体,其适用仍得允许执法者行使必要的自由裁量权。问题在于,在美国的执法实践中,无论是在诸如乱伦和通奸等合意的性犯罪,还是在卖淫、赌博、堕胎等犯罪中,都存在不同程度、不同表现的自由裁量权的滥用。要遏制执法者滥用自由裁量权,不仅要根据宪法性要求包括"不明确就无效"的宪法原则限制立法者授权执法者行使的自由裁量权的范围,而且要在立法层面将这些要求和原则转化为审慎的自我约束标准。经由立法活动和司法审查双重路径,刑事制裁的确定性和公正性才能得以保证。

尽管帕克承认20世纪60年代以来的美国刑事诉讼实践日益重视程序正义,因而不断趋向正当程序模式,但是,帕克亦惊讶地发现,美国基层法庭对诸如醉酒、流浪、赌博、卖淫、违反禁酒令等发案量大的轻微犯罪却往往以最简易、快捷、程式化而非个别化的流水线作业的方式草草了结,程序正义事实上被严重践踏了。随着正当程序模式的兴起,这种贬低程序价值的流水线司法显然难以为继,随着通过正式刑事诉讼程序处理的案件数量的不断增加以及挑战该诉讼程序的机会的相应增加,正当程序模式与流水线司法的紧张必然进一步加剧,可以考虑的化解这一紧张的方案之一就是,限缩轻微罪行的范围与数量,从源头上设法控制流水线司法的扩张。

最后,帕克还特别提醒立法者,应当注意刑事制裁的隐性功能对刑事制裁妥当性的影响。例如,对赌博和卖淫的刑事制裁可能会导致警察在执法时产生令人反感的侵扰,流浪法和妨害治安法异化为警察规避逮捕法进行逮捕的"逮捕法的补充"的隐性功能,刑事制裁醉翁之意不在酒,企图利用刑事制裁间接发挥其他社会功能等。这些隐性功能都明显超出了刑事制裁标榜的功能范围，不仅令人反感，而且不具合法性。因此，帕克忠告立法者，“当对某一特定禁令的实际执行行为进行审查后，发现该禁令实质上是在实现某些隐性功能时，谨慎的立法者应该知道，他正面对着一个危险信号，或者限制性标准”。

在对刑事制裁的界限进行具体例证的维度上，帕克根据其确立和论证的刑事制裁的限制原则和限制策略，分别对性犯罪，重婚、乱伦、卖淫等道德犯罪以及包括毒品、堕胎、醉酒、赌博、白领犯罪的刑事制裁的妥当性和有效性，进行了分析、审视和批判，提出了一系列有力的主张。帕克提出了“刑事制裁的最佳状态”的命题，主张为刑事制裁的最佳状态确立一些基准点，立法者应当根据这些基准点决定哪些行为可以进入犯罪化次序列表，对刑事禁令规定的不同种类的犯罪亦可以根据这些基准点评判其妥当性和必要性。这些基准点包括：(1)这种行为是在大多数人看来具有显著的社会危害性的行为，且不能得到任何重要社会阶层的宽恕；(2)将该行为纳入刑事制裁的范畴不会违背刑罚的目的；(3)抑制该行为不会压制人们合乎社会需要的行为；(4)该行为应当通过公正和非歧视性的执法来处理；(5)通过刑事程序控制该行为不会使该程序面临过重的定性和定量的负担；(6)除刑事制裁外，没有合适的替代措施处理该行为。通过对上述道德犯罪与各式各样的无被害人犯罪、法定犯罪与法人犯罪的分析与审视，帕克总体上否定了美国刑法对上述道德犯罪、无被害人犯罪进行刑事制裁的妥当性和必要性，同时对白领犯罪、法定犯罪与法人犯罪亦进行了审慎的分析、鉴别与批判。

与他对刑事诉讼模式的抽象化和类型化的理论建构一样，帕克在讨论立法者决定什么样的行为能够被犯罪化从而确立刑事制裁的实体法界限时所确立的限制原则、限制策略的理论建构，以及据此展开的应用分析，显然受到了20世纪五六十年代以来民权运动、性解放运动、妇女解放运动风起云涌，法律与道德的关系大论战此起彼伏等特定社会历史进程的直接而明显的驱动，当然亦表达了作者个人基于最大化个人自由的价值观而对刑事制裁的最佳状态的主观期待与理论建构，并且由于其巨大的学术影响力在相当程度上影响了此后的刑事立法与司法进程。

当然，帕克教授所谓的道德犯罪、无被害人犯罪在美国刑事立法与刑事司法上的非犯罪化并未完全实现，甚至白领犯罪、法定犯罪与法人犯罪在美国刑法中不但未见减少，反而日益增多。20世纪80年代以来，美国的刑事立法与刑事司法一改20世纪50年代以来的刑法自由化、非犯罪化与刑罚轻缓化潮流，出现了迄今为止仍在延续之中的以刑事立法活性化、刑法干预早期化、刑法处罚范围扩大化、刑罚处罚严厉化甚至重新回归刑罚报应主义的新惩罚主义的趋向，并且这一趋势绝非仅仅是一贯奉行“美国例外主义”的美国的例外，而是20世纪80年代多数国家刑法共同的发展趋势。中国当代刑事立法与刑事司法亦面临着同样的走向与态势，并因而引发中国刑法学界所谓积极刑法立法观与消极刑法立法观之争。就此而论，随着时空语境的转换，帕克所论无论是在美国抑或在中国的当下，或许显得有点不合时宜。

但是，即使是在中国当下，重温帕克的经典论述，亦绝非因时空错乱、不着边际而毫无意义。帕克教授在本书中所直面的刑事制裁的困境来源于刑事制裁本身，只要人类社会还需要通过刑事制裁进行社会治理，内生于刑事制裁的困境就始终无法彻底消除。正如帕克所言，“刑事制裁既是人类自由的主要保障，也是人类自由的主要威胁。审慎和人道地使用刑事制裁，它是人类自由的保障;不加选择和强制性地使用刑事制裁,它便是人类自由的威胁。内生于刑事制裁的寻求保障和反对威胁的紧张性虽然可能永远无法消除,但至少我们可以开始尝试"。帕克在本书中对刑罚正当根据、刑事诉讼模式与刑事制裁的界限的探寻,只是开启了化解刑事制裁面临的现实困境与内生的价值冲突的学术努力之门,如何因应现代复杂、多元与风险社会的社会治理需求,与时俱进地确定刑事制裁的适当界限,则是刑事立法、执法、司法实践与刑法理论研究无法回避的永恒课题。帕克在本书中提出的具体观点与结论或具有时代局限性,〔2〕但是,帕克所展示的哲学思辨(道德主义与功利主义、手段与目的)、价值引领(自由、自治与秩序、安全、效率)、实践关怀(事实、规范与理论之间的来回往返)、类型思维(犯罪控制模式与正当程序模式的类型建构)、抽象思维(两种刑事诉讼模式特征、刑事制裁的限制原则与限制策略的归纳提炼)与一体化思维(报应与一般威慑一体化的刑罚论,刑事实体法与刑事程序法、证据法的一体化,贯通犯罪论与刑罚论的一体化),对于我们继续思考如何妥当地界定刑事制裁的边界这一永恒课题,无疑具有超越时空的刑法方法论上的启迪。

五、本书的翻译与重译

我与帕克教授的《刑事制裁的界限》这本书的结缘,始于20年前我对刑事政策的关注。在撰写此后我在法律出版社出版的《刑事政策:立场与范畴》、《刑事法网:扩张与限缩》与《刑事制裁:方式与选择》的过程中,我接触了帕克这部享誉海外的学术著作,随即

---

〔2〕 相关的批评,可以参阅:[美]哈达尔·阿维拉姆:《历史背景下的帕克——正当程序模式中的形式主义与公平》,余鹏文译,载《刑事法学研究》2021年第1辑,中国政法大学出版社2021年版。[加]肯特·罗奇、陈虎:《刑事诉讼的四种模式》,载《刑事法评论》2008年第2期,北京大学出版社2009年版。

被其折服。在作为我研究刑事政策的主要参考文献的同时,我将这本书重点推荐给了我指导的研究生。为强化学习和阅读效果,我与王亚凯、周折、吉莉娅、黑静洁与张曙光同学共同翻译了本书,原本并无意将译稿正式出版。在我为出版上述"刑事政策研究系列"而前往法律出版社与编辑同人交流的过程中,法律出版社时任编辑高山先生听说我带领同学们将帕克的这本书译成了中文,当即告诉我,法律出版社早已购买了该书的中文版权,只是因种种原因而未能将该书译成中文及时出版。机缘巧合之下,我们一拍即合,达成了将译稿交由法律出版社出版的协议,并于2008年在法律出版社正式出版该书的中文版。

《刑事制裁的界限》中文版正式出版后,受到了我国刑法学界以及刑事诉讼法学界与刑法实务界的高度关注,帕克教授的学术观点亦被广泛引用。左卫民教授还在《政法论坛》2017年第5期发表了《冲突与竞合:刑事诉讼的模式分析——读帕克教授的〈刑事制裁的界限〉》一文,以表达对帕克教授对刑事诉讼模式理论建构的学术致敬。但是,平心而论,由于我们的阅读理解、语言表达与专业水平的限制,译稿并未能完全达到法律专业翻译应有的"信达雅"要求,个别表述未能准确理解作者原意,部分段落的表述晦涩难懂,读者亦多有抱怨。因此,自2021年起,在法律出版社黄倩倩、杨悦芊编辑的督促下,我邀约北京大学助理教授王华伟博士、长安大学助理教授刘继烨博士与北京大学出版社许心晴编辑,利用业余时间对全书重新进行了译校。其中,我负责重译序言、导言、第一编第一章至第三章,王华伟博士负责重译第一编第四、五章与第七章,刘继烨博士重译第一编第六章与第二编第八章至第十二章,许心晴编辑重译第三编第十三章至第十八章。在重译的过程中,在原译文符合"信达雅"要求的前提下,我们尽可能尊重了原译文的表述,对原译文表述不够“信达雅”之处则予以重译,是否达到了预期的效果尚待读者诸君评判并指正。借此机会,也要向参与本书第一版翻译的王亚凯、周折、吉莉娅、黑静洁、张曙光表示由衷的感谢!

梁根林

2022 年 11 月 6 日星期日于北京嘉泽生态公寓

序　言

vii

本书与其说是一本学术专著,不如说是一本随笔。不管本书有什么用处,都不在于它所收集的知识。因此,我避免了通常在学术关注与印刷成本之间所达成的妥协,也就是一丝不苟地罗列注释,然后放置到书的后面。相反地,我只是使用了少量脚注简要说明文中的特定引述,并撰写了一个统一的书目注释,以给读者提供一个知识谱系图。

在本书写作过程中,许多人向我提供了帮助,恕不一一列举。其中,有些帮助我已经在书目注释中提及;至于其他的帮助,特别是对本书手稿的部分或者全部提出批评的朋友与同事们的帮助,我则必须感谢杰拉尔德·冈瑟(Gerald Gunther)、约翰·卡普兰(John Kaplan)、约瑟·罗格特(Yosal Rogat)、迈克·沃德(Michael Wald),尤其是桑福特·卡迪什(Sanford Kadish)。洛克菲勒基金会和美国学术团体协会的支持使我对本书主题进行为期一年的沉思成为可能。宾夕法尼亚大学法学院及院长在这一年中的慷慨支持同样令人难以忘怀。我还要感谢福特基金会对斯坦福大学法学院的资助，不仅帮助我完成了本书的写作，而且资助我继续展开对本书相关问题的探索。

我的秘书佩克·迪克森（Peg Dickson）高效且非常愉快地一再
viii 将我的手稿输入到电脑中。我在1967年秋季学期刑事制裁研讨课上的学生在某种意义上迫使本书书稿和它的作者不得不加倍努力地工作，对一个法学教师来说，这既具有正当性，也是一种奖赏。我在斯坦福大学出版社的朋友们——列昂·萨尔茨（Leon Seltzer）、杰茜·贝尔（Jess Bell）和艾琳娜·斯蒂尔曼（Elinor Stillman），再次显示出学术出版的最佳水平。简言之，别人能做到的，他们都已做到了极致。

本书的部分内容曾经以不同形式发表在《美国学者》、《最高法院评论》以及《宾夕法尼亚大学法律评论》上。我亦要感谢这些期刊的编辑的帮助以及他们对重印的许可。

在本书酝酿过程中，我的法学院以及大学行政部门的同事们都展现了他们的耐心与宽容。本书的付梓，无论是于我还是于他们，都是一种解脱。我对他们的亏欠是无法回报的，谨此表达我最真诚的感谢！

赫伯特·L.帕克

目录

导言:争点及其读者 / 001

第一编 原 理

第一章 刑罚的困境 / 007

第二章 刑罚的意义 / 016

第一节 导言 / 016
第二节 初步的界定 / 019
第三节 刑罚、处遇及其他制裁 / 022
第四节 修正的定义 / 030

第三章 刑罚的正当根据 / 034

第一节 导言 / 034
第二节 报应 / 036
第三节 功利主义的预防:威慑 / 038
第四节 特别威慑或威吓 / 045
第五节 行为预防:剥夺能力 / 047
第六节 行为预防:社会复归 / 052
第七节 总结:预防的界限 / 057

第四章　走向一体化刑罚理论 / 062

第五章　罪责与行为 / 071

第一节　导言 / 071
第二节　作为先决条件的行为 / 073
第三节　合法性原则 / 080
第四节　权能分配 / 088
第五节　模糊性、严格解释和预防性羁押 / 092

第六章　罪责与免责事由 / 103

第一节　导言 / 103
第二节　免责事由的一般原理 / 109
第三节　紧急行为 / 114
第四节　表面的紧急行为:“错误”的定位 / 119
第五节　严格责任:否定“错误” / 123
第六节　警惕精神失常的抗辩 / 133

第七章　证明与比例原则 / 139

第一节　证明标准 / 139
第二节　比例原则与惩罚 / 142

第二编　程　　序

第八章　刑事程序的两种模式 / 151

第一节　导言 / 151
第二节　两种模式的价值基础 / 156

第九章　实践中的模式:从逮捕到指控 / 177

第一节　导言 / 177

第二节 逮捕调查 / 178
第三节 “合法”逮捕后的羁押和审讯 / 189
第四节 电子监控 / 198
第五节 非法获取的证据 / 202
第六节 律师辩护的可得性 / 205

第十章 实践中的模式:从起诉到定罪量刑 / 209

第一节 起诉决定 / 209
第二节 审前羁押 / 214
第三节 认罪答辩 / 225

第十一章 实践中的模式:错误审查 / 231

第一节 上诉 / 232
第二节 附诉 / 237
第三节 后记:辩护律师可得性 / 240

第十二章 趋势及影响:一个尝试性的评价 / 242

第三编 界 限

第十三章 界限问题的一种解决路径 / 253

第一节 导言 / 253
第二节 选择问题 / 255
第三节 赔偿和规制:以酒后驾车为例 / 256
第四节 处遇:民事收容的情形 / 259
第五节 无为的选择 / 261
第六节 作为资源配置问题的界限 / 262

第十四章 寻找界限:法律与道德 / 264

第一节 不道德性:一个必要条件 / 264

第二节　不道德性：一个不充分条件 / 267
第三节　“对他人的危害” / 269
第四节　刑罚的目的 / 271

第十五章　寻找界限：得与失 / 274

第一节　远近程度与琐碎与否 / 274
第二节　犯罪关税 / 281
第三节　警民关系的紧张状态 / 286
第四节　偶然性执法 / 290
第五节　自由裁量权的滥用 / 293
第六节　流水线司法 / 295
第七节　隐性功能 / 296

第十六章　标准的应用：道德犯罪 / 299

第一节　刑事制裁的最佳状态 / 299
第二节　性犯罪 / 304
第三节　重婚罪与乱伦罪：两种虚构的犯罪 / 315
第四节　淫秽之恶 / 318
第五节　卖淫：罪恶还是妨害 / 331

第十七章　标准的应用：各式各样的犯罪 / 336

第一节　对毒品和其他药物的管控 / 336
第二节　堕胎：运作中的犯罪关税 / 346
第三节　醉酒：“生病”的权利 / 348
第四节　赌博：实验的例子 / 351
第五节　作为罪犯的商人 / 357

第十八章　结论：手段和目的 / 366

书目注释 / 370

导言：争点及其读者

3

这是一本探讨法律以及相关话题的著作，但它并非一本专业著作，我希望本书能够被非法律专业人士所阅读。本书探讨的是这样一个具有重要法律意义的社会问题：通过对违反被称为刑罚法规的行为规则而被认定有罪的人科处刑罚，努力控制反社会行为。我将这种设计称为刑事制裁。本书提出的反问是：我们怎样才能识别刑事制裁对什么是有益的？让我们假设存在一个理性的立法者——他在启动立法之前能够适时地停下来，认真地观察，仔细地倾听。在决定特定种类的行为（诸如抢劫银行、偷逃税、服用大麻等）应当接受刑事制裁之前，他应当提出并思考哪些问题呢？

有人主张我们原本就不应当对违法者科处刑罚。他们认为，这样的惩罚应当作为人类野蛮历史的遗迹予以摒弃，取而代之以更为温和的社会控制措施，而对我们的同类适用这些社会控制措施不会使我们陷于残忍。另一些人则认为,对任何被神定法或人定法视为不道德的行为都可以正当地予以刑事制裁。尽管我们当前面临的危险并不是废弃刑事制裁,而是滥用刑事制裁,我觉得这两种观点都是错误的,都应当予以反对。

本书的论述将基于这样一个命题而展开:在我们对刑事制裁的
4 界限进行明智的探讨之前,我们必须先弄清有关刑事制裁的几个问题:首先,我们需要对刑事制裁的基本原理提出若干疑问。我们将行为界定为犯罪并对实施犯罪者进行惩罚的目的到底是什么?我们对我们能够或者应当做什么事情的思考,在多大程度上具有正当性?我们能否建构一个可接受的刑事制裁基本原理,使我们能够应对关于刑事制裁本身是否就是社会权力的不道德的运用的争论?如果这是可能的,那么,对于刑法这样一种概念性的构造物而言,这种刑事制裁的基本原理又将意味着什么呢?诸如此类的问题构成了本书的第一部分,在本质上这是对刑事制裁的性质和正当根据的深入探讨。

随着讨论的深入,我们还需要弄明白刑事制裁所赖以运行的特定程序。国家可以或者不能逮捕、起诉、定罪和处置涉嫌犯罪的人的游戏规则告诉了我们什么?在这个问题上,也存在针锋相对的两派,二者对与刑事程序相关的所有问题都有着相当不同的观点和模式。有些人认为,刑事程序在本质上应当服务于镇压犯罪的效率价值。与之不同,另外一些人则认为,上述价值应当从属于对面临国家指控和惩罚的个人的保护。过去二十多年,在美国的法庭上,围绕着这些对立价值的激烈较量一直在持续进行之中。在解决刑事制裁的界限这个问题之前,我们需要论述的第二个主要问题就是,应当如何化解有关刑事程序的上述分歧。本书第二部分将对这些程序问题进行审查。

第三部分直接探讨限制刑事制裁范围的界定标准这一中心问

题。根据本书第一部分和第二部分所审视的刑事制裁基本原理与程序的制约,本书认为我们现在过于依赖刑事制裁,我们应当开始系统地思考如何根据道义和操作上的能力调整我们的信念。

没有涉及探究人性的那些学派和学科或许是本书的一个严重缺陷。本书根据法学、哲学、经济学和行为科学的某些原理而展开 5
论述,但并不打算对其中的任何一个进行专业的探讨。从这个意义上说,本书多少有点老套。与我们过去对这些问题知之甚少而非知之更多时相比,现在的学者往往被认为更加固守成见。说本书有点老套,也是因为它寻求将功利主义应用于比那些似乎为当今绝大多数哲学家们关注的问题更为宏大的问题。我所提出的本体和方法问题上的细微差异,当然并非没有任何前提,而是恰恰源于边沁和密尔二人之间的差异。

几乎无须强调,探讨刑事制裁的界限在当下是多么的切合时宜。今天,我们对保护人身与财产免受最基本威胁的社会控制的亦真亦幻的崩溃极度敏感。对所谓的“街头犯罪”我们似乎一筹莫展。与此同时,尽管面临着同样的资源限制,我们却对滥用麻醉药物、大麻以及许多新型危险药物发动了一场疑虑丛生的战争。在排除了基于个人偏见的简单化表达之后,我们对当今刑事制裁的广泛运用是否可以说点什么?是否存在理性的人类能够理性地予以反应的理性主张?对我而言,这似乎是一个重大的问题,本书就是对此问题作出正面回答的一个尝试。

最后,这是一场权力行使之争。刑事制裁是权力在社会内部受控制地行使的范例。它提出了一系列难以为法律人所解决的重大法律问题、难以为哲学家所解决的重大哲学问题,以及难以为行为科学家所解决的行为科学问题。这就是我怀着虔诚的敬意向普通读者提出这个问题的原因所在。

第一编　原　　理

第一章　刑罚的困境

当代刑法一如既往地处于两股热情的争夺之中:一方面,有人认为,对道德上不齿行为进行惩罚本身就具有正当性;另一方面,也有人主张,刑事程序唯一适当的目的就是预防反社会行为的发生。调和这两种观点的依据似乎是不充足的,后者在近来还发展出了一种威胁刑法根基的新的理论表述,这一新的理论表述似乎使那些不愿接受报应主义立场但又不想排斥全部刑法概念的人陷入了一种两难的困境。在本章中,我将简要描述一下这种困境的概况,并指出处理由此而产生的问题的路径。然后,我将对这些问题进行更为全面的探讨,进而提出一种既反对为刑罚而刑罚也反对完全废除刑罚的一体化的刑罚原理。

报应主义是一种古老的刑罚思想,其内容历经几个世纪而没有发生大的变化。简言之,报应主义认为,人应当对自己的行为承担道义责任,既应因作出正确的合乎道义的选择而得到奖励,也应因作出错误的选择而遭受惩罚。根据这种观点,这些诫命源自人的本性,而不要求——事实上也不允许——任何实用主义的理由。从作恶者恶有恶报的角度来看,这种观点当然是顺理成章的。就个人而言,我们理所当然地渴望寻求对加诸自身的罪恶进行报复;就社会而言,我们也要求合法当局惩罚那些对他人造成非法伤害或者实施其他
10 我们认为罪恶的行为的人。如果这种报应之恶附带地产生其他益处,这当然也不是什么坏事,但是不能仅仅为了追求这些益处而适用刑罚。刑罚的目的是施加应得的痛苦,而刑法的目的则在于为在社会框架之内施加这种应得的痛苦提供一个可以被接受的根据。

报应主义主张并不指望在知识界能够获得广泛认同,但是似乎没有理由认为它在公众观念中不能得到强烈支持。惩罚的语言自古以来就充斥在公众观念之中。我们会谈论一个罪犯"向社会偿还所欠之债";当一个罪犯"罪有应得"或者"量刑过轻"时,我们会相应地表达自己的满意或者不满。而关于死刑的语言则尤为不胜枚举。被判处死刑的谋杀犯被认为必须为其罪行"付出代价",这样才能使我们的法律难得地在罪行与刑罚之间保持恰当的比例关系。更形象的说法则是,如果一个该死的罪犯于行刑之前就死亡或者自杀了,人们就会说他"戏弄了绞刑架"。

公诉人往往认为他们自己代表了民众要求报应的呼声。在重大案件的刑事审判过程中,控辩双方对陪审团进行的结案陈词往往也聚焦于华而不实的复仇话题。很多法官——在英格兰比美国确实更为公开地——将其量刑的功能定位为罪犯必须为其罪行赎罪的社会诉求的公开表达。而警察则经常使用不同的隐喻比喻罪犯:他们时而将罪犯说成是"野兽",时而干脆直接将罪犯视为"敌

人”。罪犯被当成“老鼠”或“害虫”——不管他们在动物王国处于何种地位,都属于那种必欲除之而后快的东西。作为敌人,他们自然就成为了“对犯罪宣战”的目标,执法官员在公开声明中往往理所当然地将“对犯罪宣战”视为一场圣战。这种报应主义思想在维多利亚时代的伟大法学家詹姆斯·斯蒂芬爵士的权威而又精妙的描述中被概括为:“法律的判决之于公众关于犯罪的道德情感,犹如封条之于热蜡。”[1]后来斯蒂芬又在同一篇文章中断言,复仇的 11
冲动之于刑法,犹如性欲之于婚姻。奇怪的是,虽然我们今天的说法比过去更加委婉了,但报应主义观念却也习以为常了。

针对报应主义一直存在一种反对的观点,我们可以将其界定为功利主义:它主张,刑法的目的在于预防或者减少反社会的行为的发生。这种观点反对将报应作为刑罚的根据,认为刑罚之苦永远是一种恶,除非能够从中获得某种世俗的收益,否则,对罪犯施加刑罚之苦就没有任何正当理由。报应主义本质上是回顾性的,在它的视野中,罪犯已经实施的罪行才是至关重要的,必须根据罪行调整刑罚的强度。而功利主义则是前瞻性的,它主张应当根据矫正罪犯和其他有犯罪倾向的人的未来行为的需要(古典学派尤其强调后者)而确定刑罚。在本质上,功利主义将人视为避苦求乐的理性人,认为伴随反社会行为而来的刑罚之苦将大大地抵消犯罪之乐的预见,可以阻止人们实施反社会行为。总之,功利主义崇尚威慑。

我应该回头审视古典功利主义理论,因为尽管存在种种缺陷,但它仍然是犯罪和刑罚一体化原理的最有用的出发点;但是,现在我想首先讨论近年来获得坚定支持的一种古典功利主义的派生理

---

[1] *History of the Criminal Law in England* (London,1883), Ⅱ, p. 80.

论,它似乎已经在相当大的程度上取代了古典功利主义理论在其最坚定的支持者心目中的地位。为方便起见,我将这种观点称为行为主义,它完全反对报应主义,使得当代刑法陷入了另外一种危及其存续的似乎进退两难的困境。行为主义的追随者声势浩大。他们拥有或者似乎拥有关于人类行为的最新知识的训练。他们的挑战其实很简单:或者刑法必须完全站在报应主义的立场——如果这样的话,刑法最终将堕落为旧时代的一种历史遗迹,或者刑法必须摒弃对犯罪行为进行归责的一切企图。对于持这种观点的人来说,犯罪、罪过和刑罚都是毫无意义的概念。行为主义者将我们
12 幼稚地称为犯罪的滋扰事件的发生简单地视为进行社会干预的机会,而不是其原因。而且,该滋扰事件的发生仅仅是几种可能的类似机会之一,没有任何特别理由迫使社会必须对其作出不同于其他类似机会的处遇。“犯罪”的“实施”只是一个人需要被处置的一个信号而已。如果这种观点是正确的,那么对根据刑法界定行为内容的合理根据的探究就注定是要失败的。那样的话,可能就不存在什么合理根据。本书将用大部分内容来探讨这种行为主义理论是否以及在多大程度上是正确的。

行为主义理论远比报应主义理论要复杂得多。我在此一般性地陈述它的四个主要依据。首先,自由意志只是一种幻想。因为人类行为总是由人力所不及的力量所决定的。其次,道义责任相应地也是一种幻想,因为不能对必然地被决定的行为予以责难。再次,人类行为作为被原因决定的行为,能够并且应当被科学地研究和控制。最后,刑法的功能应当仅限于矫正实施反社会行为者的人格及其行为,以使其将来不再犯罪,或者在所有这些努力都失败时,至少可以通过实施外部强制(诸如监禁)来阻止他们继续实施犯罪。

行为主义理论在近年来取得了实质性的支配地位，与其说这是因为它追随者人数甚众，倒不如说是因为它影响别人的观点和调整公共政策时的战略布局。赞成这种观点的人包括即使不是大多数也是人数众多的精神病学家、大多数研究刑法问题的行为科学工作者、绝大多数罪犯矫治领域的“专业”工作者——缓刑监督官、个案辅导人员、类似人员，以及数量越来越多的在将学术性的专业话语转化成时下的流行话语的过程中发挥了极其重要的作用的通俗作家。它的流行话语诸如“处遇罪犯，而非犯罪”“刑罚已经过时”“罪犯是病人”等，在那些发行量很大的杂志上往往是标准说辞。这说明，流行文化即使没有完全接受，至少也已经吸收了行为 13
主义的犯罪研究方法。

行为主义者对当代刑法领域的诸多存在争议的问题均有自己的看法。关于这个问题我仅简要地提及三点，据此说明当代刑法面临的困境是一种现实的困境，而不只是一种学院派游戏。[2]

首先是严格责任或无过错责任问题。上个世纪（指 19 世纪——译者注）刑法的一个重要进展就是，通过立法者的立法或者法院的解释创制了很多犯罪，单纯禁止实施或者不实施特定行为，而不考虑行为人的道德可责性。因此，惩罚销售不洁的食品或药品的行为时，不考虑销售者是否明知或者应知食品或药品不洁，或者惩罚向未成年人出售含酒精饮料的行为时，不考虑销售者是否已经尽了合理的努力来辨别顾客是否为未成年人，就成为一个普遍的现象。这些犯罪涉及行政规制或衣食节制法律管辖的事项，其可责性远远小于传统话语的暴力犯罪或财产犯罪，在刑法中被冠以“公共福利犯罪”的名目并被单独列出。它们对道德的双重疏

---

〔2〕 芭芭拉·伍顿在 *Crime and the Criminal Law*（London，1963）一书中触及了所有这些问题，这是迄今为止关于行为主义的最为清晰与最为有力的论述。

离,即行为在道德上的中立性和对罪犯在道德上的可责性的传统关注的放弃,使行为主义的支持者在这两个方面都得到了支持。他们将这些犯罪视为报应主义关于刑法在本质上具有道义性的主张是无益和伪善的证明。他们认为,刑法的这一发展是一个值得欢迎的预兆,它预示着刑法最终将从报应主义极端而有害的束缚中解脱出来。在行为主义看来,除非立足于他们所反对的报应主
14 义假设,否则,没有任何理由反对严格责任犯罪,这就是刑法所面临的困境中的一个具体方面:要么接受严格责任,要么就是信奉报应主义。

第二个问题涉及量刑政策。报应主义坚持,刑罚必须和罪行保持比例关系,罪行越严重(有赖于某种程度的道德愤怒),刑罚就应该越严厉。而行为主义的支持者则认为这完全是胡说八道。刑罚(或者行为主义者通常更愿意指称的所谓“处遇”)不应当与罪犯的罪行的性质相适应,而应该与罪犯本人及社会其他人的需要相适应。刑罚只能前瞻这些需要而不能回顾罪行的抵偿。立法者可以事先决定对特定犯罪适用什么幅度的刑罚比较合适,例如,对夜盗罪可以规定一年以上十年以下的监禁。(这种意义上的先验的限制甚至也严重地冒犯了行为主义的忠实支持者,他们希望看到,矫正当局被赋予完全的自由。)但是,立法者无法决定对特定的罪犯到底适用多重的刑罚是可以接受的。如果刑罚(或者处遇)应当被个别化,那么量刑机构在裁量对每一个罪犯的处遇种类与期限时,就将拥有很大的(如果不是完全的)自由裁量空间。在量刑权的配置上,法官就只需将罪犯送交矫正专家接受完全不定期的刑罚,而不是根据常规和传统的诉讼程序由法官对被告人宣告判刑 5 年(如此等等),也不能变更诉讼程序以限制矫正机构的自由裁量权。在行为主义的支持者看来,如果

量刑关注的是罪行的性质而非罪犯的情境,就是向报应主义理念的倒退,或者,至少也是向古典功利主义的威慑理念的倒退,后者在行为主义支持者看来仅仅是报应主义的一种简单的伪装而已。因此,我们接下来不得不予以仔细审视的另外一个所谓困境就是:我们是支持完全不定期刑呢,还是被视为一个报应主义者?

我用来说明当代刑法面临的所谓困境的最后一个例子是精神病辩护。传统刑法观点认为,在精神受到损害的特定情况下触犯 15
刑法的,行为人不应当被视为罪犯。这一立场背后的基本原理不仅令人迷惑不解,而且难以自圆其说。我们现在很容易就能认识到,就现在的目的而言,足以确认,对刑事责任观念的坚守全面地形塑了刑法。在我们的司法体系中,刑事责任观念在所谓精神病辩护问题上得到了广泛的确证。根据麦纳顿规则(M'Naghten rule)这样一个传统的并遭到严重中伤的精神病辩护规则,如果行为人因精神病而丧失判断能力,因而不能理解他在干什么或者不能意识到自己的行为是错误的,他就应当被宣告为无罪。在现代精神病学的强力冲击之下,责任能力的鉴定测试已经发生了某种变化。但是那些持行为主义观点的人走得更远。他们在精神病辩护中发现了令人厌恶的报应主义观念的主要表征。他们表示,对责任能力的探究是不可能的,罪犯的精神状况在其被审判时根本无关紧要,只有在他被认定确实实施了被指控行为之后即只有在决定其应当如何被处置时,才有意义。简言之,这些批判者认为,精神病辩护应当被彻底地废除掉。事实上,他们的言论远不止此。他们指出,迄今为止在道德领域所取得的科学进展特别是心理变态概念(该概念将社会偏差行为事实视为精神疾病的症状)的承认,"可以充分证明将是彻底瓦解视道德责任为决定反社会人格处遇的因素之一的观念的开端”[3]。困境于是再次以无法妥协的方式重演了：要么放弃精神病辩护，要么承认自己是报应主义者。

如果有人因多重原因而拒绝行为主义的观点，他或许也会认可将自己的观点定位为某种程度上的报应主义。事实上，有迹象显示，凡是思考过这个问题的人都会发现，自己只能被迫接受刑法
16 面临的困境这样一个既定的现实。如果这就是选择的话，肯定是一个极其令人不快的选择。或者，看上去，他必须面对一个在很多人看来都令人不快的观念，即他的思想观点建立在目睹他人痛苦的欲望基础之上；或者，他必须摒弃刑法中道德责任的理念（在我看来，在一般法律中也是如此），并且将法律仅仅看作是将人作为“可改造、可预期、可矫治或者可操纵的某种东西”予以处遇的一种工具。[4]

因为我并不认为所谓的刑法困境是真实的，所以我看不出有什么必要一定要把自己强行归入两者中的某一方面。在关于刑法基本原理的这场讨论中，我想阐明和辩护的观点可以被简要地表述如下：预防犯罪是刑法的基本目的，但是，该目的像其他任何社会目的一样，并非存在于真空之中，它必须因诸多其他社会目的（主要是促进自由和实现正义）而证立。这些目的的实现要求对犯罪预防目的进行制约。这些工具性的制约中的主要方面就是：道义责任的确定是认定罪过和判处刑罚的必要不充分条件。

本书对这个立场的阐述先于对它的辩护。要探讨这一问题，首先，就要对刑罚概念的意义、划定刑罚和处遇之间的界限以及法律体系中其他种种制裁之间的界限的目的进行非常细心的考察。

---

[3] Barbara Wootton, *Social Science and Social Pathology*(London, 1959), p. 251.

[4] H. L. A. Hart, “Punishment and the Elimination of Responsibility”, in *Punishment and Responsibility*(London, 1968), p. 183.

本书第二章主要探讨这些问题。其次,第三章阐述关于刑罚制度的不断演进着的正当根据,评估刑罚制度的优点和不足,并解释为什么这些因素并不足以构成一个崇尚道义的社会为何应当容忍刑罚的令人信服的理由。第四章试图构建一个将刑法目标置于更大的社会语境之下进行考虑的刑罚理论。在第一部分余下的章节中,我将详细阐述符合上述分析框架的基本原理的刑法制度中最为基础的理论内容的具体教义内涵。

17

第二章　刑罚的意义

第一节　导　言

刑法的基本原理建立在三个概念之上：罪行、罪过和刑罚。在对三者的内容和功能进行探讨之前，思考一下三者之间的关系也许是有益的。

这三个概念分别代表了刑法的三个基本的实体问题（相对于程序问题而言）：(1)什么行为应被作为犯罪处理；(2)在认定一个人实施了刑事犯罪之前需要确定哪些问题；(3)如果一个人被认定实施了刑事犯罪，该如何处置他。

法律制度对其中第一个问题的回答构成了刑法的“基本规范”：例如，不得谋杀、强奸、抢劫或在消防栓旁泊车。法律制度对第三个问题的回答构成了刑法的制裁后果：例如，如果你被认定实施了刑事犯罪，你就可能被判处死刑、监禁或者剥夺某些金钱。第二个问题依存于前两个问题，是一个工具性的环节：任何案件要从(1)走到(3),则法律制度必须为满足(2)提供某些标准。就此而言,我们可以说(1)和(3)先于(2),这也许是陀思妥耶夫斯基为什么不将其作品(指《罪与罚》——译者注)称为《犯罪、罪过和刑罚》的原因。

为了确定刑法的基本原理,我们必须首先考察"罪行"或者犯罪是如何构成的,以及刑法规定罪行或者犯罪的目的是什么。这个考察相对比较容易。其次,就是"刑罚"的概念,尽管这个词已经 18
在相当程度上失去了其中性含义,但我们还是不能不使用它。在这里,我们不得不再次探询刑罚的意义是什么以及规定和科处刑罚的目的何在。这个探询是最为艰难而复杂的。接下来,我们将研究刑罚所倚赖的作为工具性概念的"罪过",如下文所述,其内涵源自犯罪与刑罚的概念中发现的目的。就此而言,我们足以断言,"罪过"这个概念的全部意义远不止于认定被告人实施了法律规定构成犯罪的某个行为。正如我们将要发现的一样,"远不止于"在内容上取决于刑罚应当具有的机能,并在发挥这些机能时起工具性的作用。

我们所指称的"犯罪"或者"罪行"的含义,简单地说,就是指法律所禁止的行为,在法定的条件下并经法定的程序,该行为会引起被称为刑罚的特定法律后果。犯罪并不仅指任何被法律禁止的行为,而是一种由获得授权的权力机构为其设定刑罚并正式将其规定为犯罪的被禁止的行为。根据这一定义,典型案件并不存在什么疑问。抢劫银行是犯罪;违反合同则不是犯罪。但是,边际问题却可能并且事实上也经常出现,那就是,即使某些行为过去并没有被正式规定为犯罪,那么,能否出于其他不同目的的考虑(诸如接受陪审团审判的权利),而将这些可能科处不利法律后果的被禁止的行为作为犯罪对待?但犯罪的定义不可避免地是同义反复的。

犯罪就是那些被正式而权威地规定为犯罪的行为。该定义并不能告诉我们犯罪的法律内容是什么或者应当是什么,对此我们不必大惊小怪。为了对犯罪下一个实质的而非形式的定义,必须首先解决本书接下来主要关注的刑罚的困惑。基于这一考虑,我们在此仅立足于形式的犯罪定义:犯罪就是能够招致正式的刑事不利
19 后果的行为。

我们为什么要将某些行为贴上犯罪的标签,与我们期望通过科处刑罚达到什么目的是两个不同的问题,而且前者比后者也要简单得多。正如 H. L. A. 哈特所言,前者仅仅是"向社会宣告这些行为不应为并确保只有其中少数行为才会被实施"[1]。与刑罚至少在表面上同时具有功利性目的与报应性目的不同,犯罪的界定纯粹出于某种功利性目的。正如我们将看到的,刑罚包含施加痛苦等内容,由此产生对他人施加痛苦的正当性何在的问题。而犯罪的定义则不涉及此类问题。宣告禁止杀人或吸食大麻,除了对行为人的自尊心外,不会对任何人造成伤害。没有任何先验的理由能够说明为什么我们不应当满足于单纯宣告禁止杀人和吸食大麻;我们可以预期,宣告(禁止这些行为)这一事实本身就可以在一定程度上确保相对更少的人被杀或更少的大麻被吸食。无论我们的预期如何,单纯宣告某种行为是犯罪只服务于某种世俗的、功利的目的。同样值得注意的是,这些宣告的集合还服务于某种不同的但同样世俗的、功利的目的:使人周知,特定的行为不被法律所禁止,并由此使人确信,无论他们会招致其他什么制裁,刑法都不会关注他们的行为。

犯罪是基本规范,刑罚是制裁后果。有犯罪而无刑罚,或者只

---

〔1〕 H. L. A. Hart, "Prolegomenon to the Principles of Punishment", in *Punishment and Responsibility* (London, 1968), p. 6.

存在刑罚的威胁,也许是不切实际的,但并非不合逻辑。

第二节　初步的界定

如果一个人因被指控抢劫银行而在受到刑事法庭的审判和定罪后被送入监狱,我们就会毫不迟疑地说,他受到了刑罚。从这个 20
典型案件中,我们或许能够推导出一个大体实用的定义,尽管该定义并不足以实现我们可能期望这样一个范畴所承担的所有功能,但它还是能够使我们认定,我们在一般的意义上理解了“刑罚”这一词语的含义。哲学家们阐述的刑罚定义具有的正是这种归纳推理的外表。但是,在一个像我们这么高度发达的法律制度中,关于刑罚的这些有待解决的问题,即使仅就其定义层面而言,也不能欣然屈服于采用任何如此简单化的界定。将外国人驱逐出境能被归入刑罚吗?对在外国军队中服役的公民褫夺国籍呢?违约诉讼中的损害赔偿呢?对精神疾病患者或者吸毒成瘾者的强制入院治疗呢?吊销司机的驾驶执照呢?因多次交通违章而吊销?因视力减退而吊销?在这些不胜枚举的例子中,权力机关所要判定的一个主要问题就是,这些正在实施的措施到底是刑罚还是其他的什么东西?

面对这些问题被提出时所处的令人费解的多种场合,以及其答案所涉及的同样令人费解的多种不利后果,人们可能会得出这样的结论,即任何试图赋予刑罚定义以一般性内容的努力都是误入歧途;相反,在每个案件中,这种考察都应深入对将举动归类为刑罚而伴随的特定不利后果中,假如确有这种后果发生的话。如果答案毫无影响,那么其问题也就无关紧要。如果答案举足轻重,则该答案就应通过权衡与各种可供选择的答案相伴随的不利后果的比较优势来获取。这种研究方法有时被称为“功能性定义”。其外在表述形式,而非其源头,可以被追溯至所谓的法律现实主义运动。它是法律人技能中不可缺少的一个部分,而且很可能也是法律人最迅速和最彻底地获得的技能。如果你问任何一个经过三个月法科训练的中等智商的法科学生关于“刑罚”的定义,他的回答很可能是“它因后果而定”。或者,他可能会错误地引用霍姆斯的
21 话,告诉你某种无助于解决具体案件的一般性命题。(霍姆斯在该篇文章中接着讲道:“但我想刚才阐述的这个命题……将使我们就停留在那一时刻。”)但是法律适用者的看法,也是法律人的一般看法,即像法律人一样在一个时刻处理一个问题,却并非立法者的看法,后者必须预先进行归纳概括。一如我们所面临的,当问题是刑罚的作用何在时,以下的回答就是毫无意义的,即,将某种措施称为刑罚将会产生不同于改用其他称呼的后果,如果不考察所有可能的情况,就无法对这个问题进行清晰的讨论。因此,我们必须尝试赋予刑罚的概念某些一般性的内涵。

最近以来进行的哲学讨论已经为刑罚确定了一个定义,可以作为我们探讨的出发点。该定义列举了五项特征来说明刑罚的标准形态:

(1)它必须包含痛苦或其他某种一般被认为不快的后果。

(2)它必须适用于违反法律规则的犯罪。

(3)它必须对事实上或者被认定为犯罪的人因其犯罪行为而科处。

(4)它必须由除罪犯外的其他人有意识地予以执行。

(5)它必须由根据犯罪触犯的法律制度所合法设置的权威机构予以科处和适用。[2]

---

〔2〕 Hart,“Prolegomenon”, pp. 4 – 5.

后两项特征对我们来说并不难理解。它们的意义仅仅在于将“合法的惩罚”与其他人设(或者宗教)机构,或许还包括被惩罚者的良知所施加的惩罚区别开来。然而,前面的三个特征,无论是分而论之还是作为一个整体讨论,都会产生难以克服的困难,而令人不解的是,这些困难在最近有关该问题的讨论中却都被忽视了。

我所理解的这些困难或许可以通过一个简单的问题来说明。根据前面的定义,下列举动不应被视为刑罚:(1)驾车者撞倒行人并致其受伤后向受伤的行人赔付的损害赔偿金;(2)禁止亚拉巴马 22
州州长干涉黑人学生入读州立大学的禁令;(3)将精神病人收容于州立精神病院。

我敢说,在日常使用中,几乎没有人会认为上述举动是刑罚,但它们全都满足了前述抽象定义的第一个标准。驾车者被迫付出金钱;州长被禁止按照自己的本意行事;精神病人在违反自己意志的情况下被剥夺自由。这些举动当然都属于“痛苦或其他某种一般认为不快的后果”。这种定义的支持者可能会指出,第二项和第三项标准会排除上述这些情况。该痛苦并非是“因”某种可称之为“犯罪”的东西而施加的,这些人也不是“罪犯”。如果我们能够假定所谓“罪犯”就是实施了“犯罪”的人,那么难题就可以简化成下列两个问题:(1)“犯罪”的意思是什么,以及(2)对犯罪(施加的痛苦或其他某种一般认为不快的后果——译者注)什么时候才是刑罚?[3]

在日常使用中,犯罪这个术语指的是违反某项法律规范的行为。驾驶者因疏忽而撞倒行人无疑违反了法律规范,这一点似乎

〔3〕 当然,所谓的“定义的止域”这一哲学花招可以将这一疑问迅速解决。我所假定的情况,论证也将如此贯之,并不包括“犯罪行为”的实施。但我认为,我们所说的这种刑罚定义的鼓吹者并不会断言“犯罪行为”就比“刑罚”更容易被法令所定义。

已经足够清楚。如果亚拉巴马州州长干涉黑人享受已被正式赋予的进入州教育机构学习的合法权利时,州长似乎也违反了法律。而且似乎也可以认为,精神病人之所以被置于非自愿收容的约束之下,是因为他难以达到在处理个人事务时不给自身或其他人带来危险的法定要求。我们不能一味依赖“因为”这个介词,就此一劳永逸。不论“因为”一词意味着某种行为是我们施加惩罚的原因还是仅为施加惩罚的一种情形,不可否认的是,上述司机、州长、精
23 神病人都是“因为一项犯罪”而遭受了不快的后果。然而,用常识就能否定上述三种情形中的举动具有刑罚的特征。这个哲学定义显然过于宽泛了。

主要的困难在于不能区分施加痛苦的目的和作用。泛泛而论,每当有人被施以他所不欲的某种措施时,法律制度就是在施加痛苦。并且,此种情形,泛泛而论,往往是行为或者状态。典型的犯罪所涉及的是行为:涉及人的活动的可识别的具体实践或一系列事件的发生。但是状态犯绝非法律——包括刑法——的盲点。在这里,我们谈论的并非一起事件,而是一种可识别的人的状况:作为一个流浪汉、一个外国人、一个无人照料的孩子,等等。如此看来,如果仅仅说刑罚是因犯罪而被施加的痛苦,是不能将其与其他处理方式予以区分的。我们必须再进一步,探询施加痛苦的目的及作用应当是什么。

第三节 刑罚、处遇及其他制裁

当我们谈论施加痛苦的正式方式时,我们实际上在处理制裁这样一个宏大的问题,也就是那些规定违反基本行为规范的后果的合法命令的规则。对这些制裁进行明确分类是一个有待法律学人们解决的问题。在此,我想根据制裁的主要目的和作用的不同,

尝试提出一种关于制裁种类的四分法。基于这一考虑,严格区分刑罚和处遇这两种制裁是很重要的。反过来,这两种制裁又可以和赔偿与规制相区别,对于后两者,我的论述将概略得多。

我对赔偿的界定是,赔偿就是在一个人遭受现实的或潜在的伤害之后,使其恢复到原状。它总是涉及对被害人的给付,并且因此,它也总是涉及某个特定的受益人。典型的情况就是对一个被 24
撞伤的行人的损害赔偿。肇事的司机被剥夺(金钱)以弥补伤者的利益损失。不太明显的情况则是,为了黑人学生的利益,州长也被剥夺了某种程度的自由。对州长的行动自由的约束将会阻止他对他人造成潜在的损害。约束其行为的禁止令,是为黑人学生而下达的。赔偿可以使黑人学生的权利恢复原状,由此他们就是特定的受益人。

缺乏特定的个人受益这一要素是规制与赔偿的主要区别。但是,关于这一点需要注意:在施加痛苦的各种正式方式中,即使有,也是只有极少的几种才完全属于这四类制裁中的某一类或另一类。事实上,绝大多数制裁方式都包含两类或两类以上制裁方式的要素。试图对其进行界分的所有努力,最终都只能归结为对哪类制裁方式占主导地位的探寻。现在要列举出所面临的困难为时尚早,因为我们还未能将赔偿、规制、处遇和刑罚这四类制裁的典型情况予以区分。现在我们只需记住,这些分类并不是纯粹的。

规制可以界定为,为了一般性的目的而非可确定的受益人的利益,对未来行为进行的控制。规制是公益性的而非私利性的。规制还有一点与赔偿不同,那就是它总是由政府机构负责实施的。就其原型来讲,规制类似于赔偿的一个分支,即都是要求个人在将 25
来从事或不从事特定活动的禁止令或者其他特别命令。二者的不同之处在于,在规制中不存在特定的受益人。规制在形式上可以是立法性的，如驾车者取得驾驶执照的一般规定；规制也可以是司法性的，如联邦贸易委员会指令 X 公司停止发布吸烟有益健康的广告的命令。典型情况中，规制还可以经由其他制裁得到强化。反托拉斯法中就有一个很好的例子。政府可以向法院提起诉讼，要求法院颁布禁止令以遏制妨害竞争的行为。这是规制的实例。同一妨碍竞争的行为可能已经损害或者即将损害其他人，后者就可以起诉要求获得禁止令和赔偿金。此处的制裁方式就是赔偿。最后，针对同一妨碍竞争的行为，政府还可以提起一项刑事指控，责任人可能会因此被判罚金和监禁。这就是刑罚的实例。

处遇和刑罚之间的区别不太容易表述清楚。然而，所有人都会同意，有些情况在其日常词语的使用上应当被归类为处遇而非刑罚；反之亦然。对一个被定罪的杀人犯判处强令劳役的终身监禁，与强制一个躁狂精神病患者住院医疗，两者之间当然是有区别的。但制裁的不快程度或者严重程度却不能用来辨别二者的基本特征。因不法行为而入狱 30 天的不快程度，要远远低于终生被关在州立精神病院的上了锁的病房之中。但是，人们通常却毫不犹豫地将前者界定为刑罚，而将后者（或许并非那么毫不犹豫地）界定为处遇。

区别到底在哪儿？我认为，区别存在于两个相互关联的考虑因素之中：(1)正当化目的上的区别；(2)在刑罚的情况下，犯罪行为所起的较大的作用。处遇的主要目的在于使被处遇者从中受益。它关注的焦点并非被处遇者过去或将来的行为，而是对他进行帮助。在处遇的理念中，总是犹如结石那样交织着对受其影响的人的利益和损害。其典型情况是，为了获得长远利益，比如个人安全，有时还有残病状况的改善或者治愈，处遇往往包含施加某种短期的损害，比如丧失自由。有时这个结石会在无意之中酿成错误,有时则是有意制造错误,或者纯粹就是伪善。但是这个结石总是存在的。在日常用语中,我们说受到处遇的人"情况好转"。至于是否确实如此,则是一个我们总是应该尽力强调的经验问题;但是,处遇的正当理由却建立在这样一个观点之上,即作为处遇的结果,被处遇者"情况好转",或可能将会如此。与处遇对改善的关注相伴随的,则是对行为人可能已实施的犯罪行为的忽视。精神病 26
患者、嗜毒者或者未接种疫苗者的犯罪行为,假如我们愿意这样称呼的话,一般都将导致处遇措施的适用。但是处遇的目的并非表面上显现的那样,即针对该行为采取某种措施,而是为了增进犯罪者本人的福利。

而另一方面,刑罚则具有一个或双重正当化目的:对不良行为的预防,以及对已被发现的恶行的报应。但是,无论刑罚的目的具体是预防还是报应,也无论刑罚的目的可能以怎样的比重融合预防和报应,其焦点都是犯罪行为。我的意思并不是说因此我们可以不考虑罪犯的需要或其应得的惩罚,而只是说刑罚的必要条件是存在或发生犯罪行为。

处遇和刑罚这两个概念相互趋同的问题点存在于刑罚(或处遇)的社会复归主张,这一主张构成了有关该问题的现代思想的一个主导特征。但是,长期以来,用以区别刑罚和处遇的一个特征就是,犯罪行为与我们对实施该犯罪行为的行为人采取的措施之间关系的本质。例如,对于一个看起来有可能走上犯罪道路的年轻人,我们既可以将他关押起来,也可以为其提供教育,这并未说明刑罚和处遇之间的本质区别。如果我们依据一项判定他实施了犯罪行为的判决而将他送进一所学校,我们就是对其科处刑罚;如果我们认为,将他送进监狱比任其在大街上游荡更能使他情况好转,我们就是在对他进行处遇。刑罚可能比处遇所带来的痛苦大一些

(一般情况下而言),也可能会小一些。与主流观点相反,痛苦程度并非刑罚与处遇的区别所在。刑罚与处遇的真正区别在于,在科处刑罚时,我们是因为某人实施了犯罪行为而处置他;我们所关心的是,预防此类行为的再次发生,或是使行为人承受被认为是应得的痛苦,又或者是同时兼顾预防和报应。而在进行处遇时,行为和处遇之间则不存在必然关系;我们之所以对某人进行处遇,仅仅是因为我们认为借由处遇他会“情况好转”。我们也可以认为我们所惩罚的人也会借由刑罚而“情况好转”,可是,在任何终极意义上,“情况好转”都不是我们惩罚他的原因。例如,我们可以通过确保特定行为不再发生而希望行为人“情况好转”,但其终极目的却是预防犯罪行为,而非改善罪犯。

我已经指出,科处刑罚旨在实现以下两个目的或其中之一:预
27 防犯罪行为的发生,和科处罪犯与其犯罪行为相称的痛苦。人们经常在这样一种意义上使用刑罚这个词,即刑罚意味着其与上述两个目的中的第二个目的,就是我们经常所说的刑法的报应目的,是边界范围相同的两个词。在这样使用惩罚这个词时,无论是在刑事程序还是在其他程序中,所有的非报应主义的或预防主义的处置都被说成是处遇。因此,伍顿夫人批评法律人“根本无法想象一个判决并不自动地等同于‘惩罚’的制度”[4]。

法律人不愿根据具体案件中实际起作用的目的是预防还是报应,来判断刑事程序的结果是处遇还是刑罚,这种做法或许是可以原谅的。我们很快就会发现,刑事程序的结果(刑法作为一个整体也是如此)往往可以被描述为二者即处遇与刑罚的混合物。但是,就当前目的而言,我们完全有理由说,伍顿夫人将当下很多判决视

〔4〕 Barbara Wootton, *Crime and the Criminal Law* (London, 1963), p. 50.

为处遇的立场是无济于事的。无论是否可以视为刑罚,人们一般都认为,刑罚包括了通过刑事程序施加于人的任何判决结果。伍顿女士——她可能是将这个观点表达得最为清晰明白的人——看法之中的实质性观点需要展开分析。但对语词用法的分析不堪担此重任,因为它并非那种可以用定义的中断来解决的问题。

除了被处遇者本人外,处遇往往还会涉及对其他人的境况的改进。我们强制注射天花疫苗,不仅是为了保护被接种者,而且也是为了保护其他人。我们把精神病患者送进医院强制医疗,既是 28
为了保护受强制医疗者,也是为了防止其他人受到伤害。较之于对被处遇者利益的考虑,我们对其他人的利益考虑越多,我们就越不愿将所采取的措施视为处遇。当我们达到了某个临界点,认为科处制裁主要是出于保护其他人的目的,尤其是当科处制裁是因发生了不良行为而启动,就像通常在案件中所显现的那样,我们就会倾向于认为该制裁措施是刑罚。眼下的一个突出实例就是,受到刑事指控的精神病人因承诺接受强制治疗而被宣告无罪。按照我们的说法,对他的处置尽管不被认为是刑事惩罚,但应该被认为是刑罚。

只要我们将我们对某人未来行为的关切系于其已然实施的行为,其已然实施的某些行为或(往往通过某一行为)已然显现的某些危险迹象,并且只要我们主要关注的是对其他人的保护而非被处置者自身的改进,那么在我看来,除了刑罚之外,以任何别的词语来指称对此人的处置似乎就是一种误导。当然,需要说明的是,在做出这种判断时,我们不应受法律标签的束缚,而必须审查手头的特定案件中到底发生了什么情况。例如,我们这么说可能就是合理的:尽管对精神病人的强制医疗在一般情况下都应当被界定为处遇,但是如果是为该精神病人家庭的便利对其进行强制医疗,根本没有考虑其本人将因强制治疗而情况好转,那么该项强制医疗就是刑罚。但词语用法在这一点上却是模棱两可的。相对于我如上所述,我们在日常使用中倾向于对刑罚赋予一种更为狭义的内涵,而对处遇则赋予更为广义的内涵,从分析的角度说,也许是适当的。

我们不难确知词语用法呈现这种模糊性的原因。事实是,处遇与刑罚一样,是由行为引发的。处遇的决定几乎总是取决于对被认为表征了处遇的必要性的行为的观察。但是,该行为不一定要构成一项犯罪,并且往往也不构成犯罪。一个威胁要杀死自己
29 妻子或者自杀的男人就是在实施一个可被观察到的行为,但是该行为并不必然构成一项应受刑罚的犯罪。再举一个更为极端的例子,一个被噩梦所困扰的人或者被强烈的焦虑感所压抑的人可以向外界求助,使他人意识到其对于处遇的需求。尽管他的求助是一个行为,但他却不应受到刑罚。

因为行为科学在评估和预测未来可能的行为方面变得越来越有用,行为和处遇之间的连接可能会呈现弱化的趋势。因此,通过罗夏墨迹测验之类的投射试验,我们在不良行为实际发生之前对其进行预测的可能性就会越来越高。在未来遥远的乌托邦社会(或者反乌托邦社会),所有社会成员可能都要接受一些心理测试,这种测试将会在行为引发处遇的必要性之前就揭示出这种需要。通过法律程序,届时可能会采取强制措施迫使那些可能的处遇对象实际接受处遇。当那一天到来时,我们所划定的刑罚和处遇之间的界限将会以一种比现在清晰得多的方式呈现,但其原理仍然是一样的。处遇将不再像现在那样是“因为”行为而被启动。但是罗夏墨迹测验所发挥的作用,将与现在被观察到的行为所发挥的作用别无二致:它将成为触发处遇的契机,而非它的原因。

在当代的实践中,刑罚和处遇之间的界限是因为两个原因而被模糊的。首先,如同已经指出的,行为引发了处遇。但是我们必须对

行为进行观察、记录和确认。必须得有人对行为确已发生并表征了处遇的必要性作出有权的决定。换句话说，必须有事实认定和法律适用程序，以决定处遇的必要性是否已经被表明。这些程序在很多方面不同于我们在决定刑罚的必要性是否被表明时所运用的事实认定和法律适用程序，但是这两种程序仍然有很多共同之处。对于一个公允的观察者来说，确定 X 实施了在公共场合酗酒的犯罪和确定 X 是一个酗酒者，二者之间可能并不存在显著的区别，当二者的最终结果都是使 X 失去自由时，更是如此。尽管就法律处理 30
的目的而言，这两种界定之间的区别可能很重要，但是由于这两套程序运行结果的相似性，两者之间的界限无疑是模糊不清的。

造成刑罚与处遇之间的界限难以划清的另一个原因则是，根据某些决策者的选择，有大量行为在被处理时，既可以适用刑罚，又可以适用处遇。对于酗酒者，既可以通过治疗其疾病而对其酗酒犯罪加以惩罚，也可以对其进行处置和治疗而不予惩罚。对于嗜毒者，既可以通过将其送入一家戒毒机构，设法戒除其毒瘾而以非法持有毒品犯罪惩罚之，也可以对其进行处置和治疗而不予惩罚。这些做法可能是以处遇的名义进行，也可能是以刑罚的名义进行，或者是同时以处遇与刑罚的名义进行。因此，就不难理解，对特定情况下的这种处置到底是什么的回答会出现混淆。

我们现在要考察一个制裁体系的某些特有运作方式，并对各种特定制裁的混合特征进行评价。根据前述的分类形式，私人反托拉斯诉讼中的三倍损害赔偿金就是赔偿和刑罚相结合的一个例子。被告是在就自己给原告造成的损害而恢复原告权利的完整状态；他也要因违反反托拉斯法而受到惩罚，作为刑罚，他将被课以超过赔偿被害人所受损害之必需的罚金。如果一位富有的驾车者撞倒了一位贫穷的路人，陪审团对前者判处远远超过一般情况下可能判处的赔偿的巨额损害赔偿金，这同样是不同制裁的非正式的竞合使用。若其差额悬殊，法官可以把损害赔偿金下调至一个他认为公平赔偿的数额，由此，证明了这样一种观点：普通的人身损害诉讼并非科处刑罚的适当场合。对于拖欠税款者，可以根据其拖欠税额所产生的利益来征收一种赔偿性税款，因为政府在有权合法使用纳税人税款之时未能及时实际使用而遭受了损害，征收的目的在于恢复政府权利遭受侵害前的完整状态。如果他实施了欺诈，那么也可以对他征收被一目了然地称为罚金的金钱。这
31 些金钱可能部分地属于赔偿，用以弥补政府揭露诈骗的支出，但它同时也是刑罚，科处的根据在于欺诈行为的存在，并旨在确保以后其他人不实施欺诈行为。

第四节　修正的定义

我们现在重新回到刑罚的定义上，我们以此为讨论起点，并试图使其与我们一直在表明的观点保持一致。我想，这足以为我们最初提及的刑罚的五点特征补充上第六点：“它施加的主要目的必须是预防破坏法律规则的犯罪或者对罪犯进行报应，或者同时出于这两种目的。”做了这一补充之后，根据该定义就可以将那些属于赔偿、规制和处遇的情况排除在刑罚之外，并且在刑罚和法律体系中的其他制裁方式之间划定一个清晰的界限。

在离开定义这个初始问题之前，或许我们值得考虑一个普遍存在于矫正及其相关领域的工作者中的关于刑罚的非常独特的观点。英国犯罪学家赫尔曼·曼海姆在一次讲话中直截了当地表达了这一观点：

> 恶害是刑罚的基本要素吗？从罪犯的视角来看，我

> 们不得不做出否定的回答,因为人们对什么是恶害的回答见仁见智,无法通过相对有限的刑罚选择而达成共识。刑罚因而只能被界定为原本就被设定为一种恶害的处遇的一种表现形式。而某些处遇罪犯的现代方式,例如,缓刑或心理治疗等,则被设定为对(罪犯)完全有益的处遇方式,严格地说,就不能再被纳入刑罚概念之中。[5]

根据这一观点,如果某种处置方式被其决定者和实施者设定为对被处置者有害,就是刑罚;如果某种处置方式被其决定者和实施者设定为对被处置者有益,就是处遇。这一观点是难以被接受的。首先,断言由于无法定义对受罚者所作的判决,因而将刑罚界 32
定为刑罚的唯一途径就是看其决定者是否将它设定为一种恶害,这纯属瞎猜。而且,我们也很难同意这样一种观点,即受处置者对于决定该处置方式是否为一种恶害来说是无关紧要的。关于"什么构成恶害"的不同观点多于可能的刑罚种类这个事实(假如这是事实的话),与被处置者有无就该处置措施是否是恶害的问题达成某种共识,似乎是不相关的两个问题。

曼海姆的定义令人无法接受,是基于两个原因:它忽视了强制这个因素,而且,它将刑罚与处遇之区别这个问题,转换为规定和实施某一处置措施的人的初衷问题。由于忽视强制因素,它就对那些受处置措施影响最直接的人对处置措施可能具有的共识轻描淡写。对于被处置者而言,任何违背其意愿而被强加的处置措施可能都是一种恶害。面对处置措施,他们可能屈从,也可能抗拒,但无论如何,他们都会将其视为一种恶害。较之于更为严厉的措

[5] *Chamber's Encyclopedia*(new rev. ed. 1967), XI, 362.

施,他们可能更愿意接受缓刑监督或者心理治疗(例如曼海姆的例子),但他们内心还是更愿意完全不受任何约束。将一个内心不愿接受心理治疗的人送去进行心理治疗,就是迫使他接受一件他认为是痛苦并因此是恶害的事情,这和他或者别人认为该治疗可能会对他有所帮助完全是两码事。

曼海姆观点的另一个缺陷甚至更为严重。它对利害关系人意图的关注胜于对一个超然观察者看法的关注,这就使得它无法客观地对刑罚与处遇予以界定。如果一个监狱长认为犯人在他的看管之下比在外面自由世界中的状况要好,按照曼海姆的定义,这个监狱长所执行的就是处遇而非刑罚。如果立法者在通过一项针对嗜毒者的强制拘禁法案时被对嗜毒者的厌恶感所左右,这种拘禁就是刑罚;如果该项立法是被立法者对嗜毒者的同情心所驱动,这种拘禁就是处遇。但是,如果该项立法同时被立法者对嗜毒者的厌恶感和同情心所驱使,这种拘禁又是什么呢?姑且不论其他反
33 对理由,这样一个定义又有什么用处呢?

当然,我们不能不提及其他的反对理由,因为它们表明,曼海姆的定义不仅莫名其妙,而且还会导致相当危险的后果。假设我们剥夺某人自由的主要目的,就是降低他以后再次犯罪的可能性(而不是使他——与我们当中其他人的意见相反——获得改善),那么无论对他的处置措施多么文明、人道,为什么这种措施就应该被界定为处遇而非刑罚呢?看起来,这仅仅是为了缓和判决执行者的情绪而已。非常容易理解的是,那些置身于被称为矫正程序的“强硬否定主义”的敏感者希望将他们的矫正行为与任何像刑罚这样听起来就令人不快的东西划清界限。但是有一些很好的理由来否定他们的这种自我心理安慰。他们试图以委婉的语言刻意模糊这样一个事实,即他们的行为违背了处置对象的意愿,并且基本

上不是为了后者的利益,事实上,他们亦使后者丧失了在接受刑罚时本应享有的权利。将刑罚与处遇的特征依处置实施者的意图而定,就是怂恿虚伪和无意识的自欺欺人。

当然,这是一个词语用法问题。可能确有适当理由来解释为什么不应该以特定方式使用这些词语,但是通常情况下,语词用法的首要要求就是当下的可理解性。我们对刑罚制度的正当根据的不确定性,以及对反社会行为之病因的科学知识中哪些才被认为是先进的疑问,最终可能导致人们思想观念及其词语用法上的演变。可以确定的是,刑罚还是充分保留了我们如上所述的那种内涵,将刑罚描述为具有如下特征的处置人的所有方式并非唐·吉诃德式的狂想:(1)犯罪的存在;(2)因实际犯罪而施加痛苦;(3)主要目的既非赔偿因犯罪而受害者,也非改善罪犯的状况,而是预防将来的犯罪或者使罪犯承受应受的痛苦。无论如何,这就是本书使用刑罚这个词时它具有的含义。 34

为了庆祝定义问题告一段落,现在我们将目光转向刑罚这个词中的小写字母“p”的使用上。一个可能并不必要的告诫是:定义并不告诉我们某一特定情形是否属于某种刑罚,它只是为明白易懂地探讨该问题提供了一个判断标准而已。

35

第三章　刑罚的正当根据

第一节　导　言

简单地说,刑罚是指法律规定的(或看似规定的)对经特定刑事程序审判被认定为有罪的人适用的任何特定种类的处置措施或被允许的处置措施的范围。并非所有的惩罚都是刑罚,但是所有的刑罚都是惩罚。民事诉讼中的惩罚性赔偿金只是惩罚而非刑罚。根据我们的现行法律安排,对外国人的驱逐是惩罚,但不是刑罚。惩罚是一个概念,而刑罚则是一个法律事实。在裁判理由中,实际意为“刑罚”的地方往往被冠之以“惩罚”这种不严谨的提法,因而模糊了惩罚与刑罚之间的重要界限。例如,根据一项将外国人具有××党党籍规定为驱逐理由的法律,一个外国人在其××党党籍终止后仍然因曾具有此种身份而被驱逐出境,最高法院维持了该驱逐决定,这就构成了违反宪法禁令的事后罚。[1] 最高法院拒绝将驱逐出境界定为刑罚,或者他们就是这么说的。他们所拒绝指称的并非作为一般概念的惩罚,而是一种特殊的惩罚,即刑罚或者可以说是准刑罚。如果他们曾经同意驱逐出境是一种准刑罚,就违反了禁止 36
事后罚条款。在法律用法上,刑罚这个术语一般有这种附加含义。

目前被允许使用的刑罚是非常宽泛的,涵盖了从死刑这个极端到暂缓量刑另一个极端。刑罚总是包括但不限于正式的有罪判决。典型的情况是,当负责事实审者——法官或陪审团——认定被告被指控的犯罪成立时,他们就作出这种判决。在某种意义上,这种法律用法多少偏离了普通的词语用法。当赫尔曼·戈林在被纽伦堡法庭认定犯有战争罪后在狱中自杀时,我们就说他逃脱了惩罚。的确,他彻底逃脱了纽伦堡法庭的死刑判决将要科处于他的所有刑罚措施。但是就法律意旨而言,对他的惩罚的一个很重要的部分其实已经实现了,因为他已经被认定有罪。这一观念并非与惩罚的通常用法毫不沾边,宣判前往往会有一种为被定罪的被告人辩解的声音说"他已经受到了足够的惩罚",正是从这种辩解中,我们可以看到定罪与惩罚的某种关联性。确实,如果被定罪的被告人是一个希望获得身边人或者社区的良好评价因而值得尊敬的社区成员,那么在某种意义上说,他就已经因定罪而受到了某种惩罚。因此,正式的有罪宣告本身就是刑罚的一种形式,并且在很多情况下,这种刑罚形式至少就其力度而言可能并不输于任何其他可能对其适用的刑罚。

在我看来,刑罚服务于两个终极目的,并且只服务于这两个终极目的:对作恶者科处其应得的痛苦和预防犯罪。或许可以区分

---

〔1〕 Galvan v. Press, 347 U.S. 522, 531(1954).

出很多更为具体的目的,但是说到底,所有这些目的都只是这两个终极目的中的一个或另一个的中间形态而已。这两个终极目的几乎被公认是互不相容的。并且直到最近,那些在这场论战中既是角斗士又充当裁判者的道德哲学家们仍然倾向于认为,这两个目的中必定只有一个是正当的,对另一个则必须加以排斥。而我的基本观点则是,刑罚制度的实质是从这两个终极目的中演绎出来的,这不只是对既存现实的描述,而且也是对法律诉讼的规范性命令。排斥其中任何一个目的的做法,都将给社会造成极大损害。
37 然而,在就此进行论证之前,或许有必要对刑罚的两个终极目的所表达的内涵进行一番详细阐述。

第二节 报 应

报应思想奠基于恶有恶报的观念:因为人要对自己的行为负责,作恶者应该得到他应得的惩罚。这一观念可表现为两种主要形式中的任意一种:报复理论或者赎罪理论。报复作为刑罚的正当根据深深地植根于人类的经验中,最远至少可以追溯到同态复仇:以眼还眼,以牙还牙,和(我们或许还可以加上一点)以命抵命。它在刑事诉讼中刻下了深深的烙印,今天最引人注目的例子就是对谋杀者判处死刑。就像 F. H. 布赖德利所观察到的那样,如果报复的合道德性代表了街头一般人的观念,那么刑罚就可以被看成是满足实质上的群体杀戮欲的一种方式。因此,这一观念在今天是否和在英国维多利亚时代一样仍然被广泛认可,就是一个很重要的社会学问题。

维多利亚时代的著名法官和刑法史学家 J. F. 斯蒂文爵士就以最雄辩的报复理论代表人物著称,但令人好奇的是,他的理论却有着功利主义的基础。在他看来,对罪犯的惩罚,不过是犯罪行为在社区中所引起的仇恨与惶恐情绪的一种适当表达方式而已。在上文提到的那个著名的段落中,斯蒂文说复仇欲之于刑罚正如性欲之于婚姻。[2] 这个说法很引人注目,但它所表达的并非一种纯粹的报复理论。相反地,它传达了一种经过乔装打扮的功利主义思想:刑罚是正当的,因为它提供了一个有序的情绪发泄出路;如果否定刑罚,这种情绪将会以一种难以为社会所接受的方式表达出来。

通过这种方式,表面上的报应理论可能潜藏着功利主义内涵,这只是其中的一个例子。不知为什么,我们不愿意承认,罪犯应当 38
受到惩罚的原因在于我们憎恨他们并想伤害他们。于是,我们只好把原因设定为,其他人憎恨他们,而假如我们没有谨慎地设计和提供这一精巧的惩罚机制,他们所处的境地将要糟糕得多。这种假设在关于死刑的争论中很流行,但它似乎难以获得经验性证实。在已经废除死刑的地方,私刑处死事件似乎并没有像我们根据报复理论所应得出的结论那样增多。

报应思想的另外一个主要版本是,罪犯只有通过承受刑罚之苦才能赎清自己的罪孽。长久以来,通过受刑获得救赎一直是宗教思想中的一个重要主题,并且毫无疑问地影响了世俗刑罚思想。赎罪理论将关注的重点从我们对罪犯的要求上转移走,变成一个罪犯对自己提出或应该提出的、使自己与社会秩序和解的要求问题。在罪犯不能保证他的罪责意识与我们对他的要求一致时,我们就提供一种外在的罪责表达方式来帮助他强化罪责意识。

我们支持哪一种报应理论并不重要,无论支持哪一种报应理论,结果其实都是一样的。罪犯受到惩罚只是因为他实施了犯罪。

---

〔2〕 See above, p. 11.

我们惩罚罪犯,无论是因为我们认为我们欠他的,还是因为我们认为他欠我们的,两者之间没有多大区别。每个理论都基于一套说辞而构建。报复意味着罪犯被动偿付,赎罪则意味着他主动偿付。报复理论对待犯罪,是把所有犯罪都看成暴力犯罪:你伤害了X,我们就伤害你。而赎罪理论对待犯罪,则是把所有犯罪都看成金融交易:你从X那里得到了东西,你就必须付出对价。这两套说辞的背后都潜藏着这样一种思想,即对实施犯罪的人施加刑罚是正确的,这种思想使得我们无论选择采用哪一种说辞都无关紧要。报应理论的这种我们耳熟能详的形式,我称之为肯定形式,在刑罚的正当根据理论中其实毫无用武之地,因为它所表达的仅仅是教条,而且还无法验证,其表象也是不真实的。我们将在下文看到,
39 报应理论的作用恰恰存在于它所否定的东西之中,而不在于它所肯定的东西之中。

第三节　功利主义的预防:威慑

比较而言,功利主义思想或者预防思想具有很大的吸引力,尽管我们将会看到,它作为刑罚的正当根据并不充分。它的假设是,除非能够证明施加这种痛苦比不施加这种痛苦会带来更多的好处,否则作为一种痛苦的施加的刑罚就不是正当的。惩罚罪犯的好处被认为是对更大的恶即犯罪的预防或减少。刑罚用以预防犯罪的方式多种多样,并且往往互不相容,但是我们不应因这种不相容性而模糊这样一个事实:无论以哪种方式,我们所欲获得的结果都是一样的。

古典的预防理论通常被称为威慑理论:实际或潜在的刑罚对那些若不科处刑罚就可能实施犯罪的人的行为的遏制效应。换言之,威慑也是一个多种观念的复合体。有时我们说它具有两方面

的内容:对被惩罚者的事后遏制,即特殊威慑;以及以威胁或实例实现的事前遏制,即一般威慑。尽管在关于刑罚的讨论中这两种威慑经常被混为一谈,但两者实际上是截然不同的。例如,人们有时会说,曾受过刑罚的人的再犯率或学术上所谓的累犯率高,就表明威慑不起作用。累犯率高的事实可能会使人们对刑罚的特殊威慑的效果产生怀疑,但稍加思索我们就会发现,就一般威慑而言,这一事实并不说明任何问题。[3] 关于威慑效果,我们有时还会听到一个甚至更为荒谬的观点,即犯罪的存在或(虽然相对温和但同样荒谬)犯罪率的增长,就是威慑不起作用的证据。除非我们知晓,如果我们不惩罚罪犯,犯罪率会是什么样,否则这一结论就毫无根据。我们或许可以认为,有些刑罚方式因过于严厉而导致了犯罪量的净增长,但那是完全不同的另一个问题(尽管这是一个通常因人们怀疑刑罚的威慑效果而常常产生混淆的问题)。既然持 40
这些观点的人通常也是以社会复归为刑罚目的这一观念的坚定支持者(如前所述,是为了预防),而且以社会复归为目的并不会减弱刑罚的惩罚性质,那么这种主张显然就有点离题了。因为在这一问题上存在如此多的争议,特定刑罚方式的严厉程度应当如何设定的问题,和刑罚本身是否正当的问题,就经常发生混淆。无论怎么强调都不过分的一点是,刑罚的严厉性和任何形式的刑罚的正当性是两个截然不同的问题。

作为一种犯罪预防模式,威慑思想经常受到心理学层面的嘲弄。这些批评者指出,罪犯在实施犯罪之前是不会停下来斟酌一下可能的犯罪后果的;他们是在一种自己也无法解释和控制的混沌冲动之下行动的。我们可以同意这些批评大概有其道理,但它

---

〔3〕 为清晰起见,对于一般威慑,我将保留"威慑"这一用语,而对于特殊威慑,我将使用"威吓"这一用语。

对于威慑思想所包含的大部分内容却并不适用。如果威慑这个词(就像绝大多数这种高度抽象的词一样)有什么功能性的作用,我们就必须承认这个词所表述的绝非一种简单事物。如果我们使用了威慑这种内涵丰富的词,而表达的却并不是各种思想的集合体的话,那么"一词一意"的谬误在此处就会更加有害。

现代心理学对威慑的批评表明,其检视只是基于该词含义中的一个非常简单的模型——一个几乎可以被称作漫画的模型。这就是杰里米·边沁模型。这个模型尽管并非放之四海而皆准,但却大有用处。它假定了一个彻底的享乐主义者,一个以追求快乐的最大化和痛苦的最小化为目标的彻底的理性行为人。对这样一个反复掂量实施犯罪的可能性的人来说,是否实施犯罪的决定取决于这样一种计算:我做这件事会有多少获益?如果我被抓获会有多大损失?我逃脱的可能性有多大?如果排除掉被捕的可能
41 性,获益和损失之间的平衡情况又会如何?根据这一模型,刑罚的目的就是把对损失和获益的充分预期加入前述计算中去,从而使可能的获益的吸引力降低至零。

心理学批评家否定这个模式的现实性。[4] 为此,他们以另外一个模型即一个主要受制于无意识冲动的人的模型取而代之,这种冲动驱使他在行为时完全不考虑任何避苦求乐的理性原则。该模型和被这些批评家所嘲笑的边沁模型一样有用,但它也和边沁模型一样,远不能穷尽人类社会现实中的各种可能性。心理学模型,假如我可以这样来称呼它的话,把罪犯描绘成杀人犯,并且不是以获益为目的的杀人犯,而是犯罪冲动下的作恶者。他是冲动之下的杀人者,因为他憎恨他的父亲,他是性饥渴者,他缺乏控制

---

〔4〕 E. g., Walter Bromberg, *Crime and the Mind* (New York, 1965); and Gregory Zilboorg, *The Psychology of the Criminal Act and Punishment* (New York, 1954).

能力,如此等等。心理学批评家的争辩中充斥着符合上述模型的实例。没有人要否定这些实例的真实性,但他们所说的并非事实的全貌。边沁模型的确可以更为准确地描述贪利型罪犯:入室盗贼、贪污犯、骗子。最具现代性的例子也许就是个人所得税欺诈者。即使是如此精心设计的犯罪,我们也不应忽视其中非理性冲动的意义,但我们实际上就经常忽略之;尽管如此,显而易见的是,这些非理性冲动中仍然包含着某种理性享乐主义因素。边沁模型可以充分解释这类我们确实不应忽视的情形,尽管这类情形并不一定是犯罪行为的主体。

当然,我的意思并不是说边沁的威慑模型能够解释一切,而是说它确实能够解释人类行为的某些方面。刑法作为一项人类制度设计,应当考虑那些似乎为人类所固有的各种人类行为的可能性。边沁使我们得以瞥见人类行为的冰山一角。我们不能仅仅因为这一瞥见并不全面就放弃之,尤其在我们断定无法总览冰山全貌的时候。

到现在为止,我关注的所有问题在于,即使是以由理性享乐主义思想而产生的威慑构想作为刑罚的根据,它也具备某种有效性。 42
但是,我们需要对那些被归入威慑范畴之下的诸多观点进行更多的探讨。因实际适用刑罚的情景刺激而得到强化的刑罚威胁带来的警示,远比边沁模型所示有着更为丰富的内涵。要见证威慑实际起作用,我们就不应将人看成是仅仅根据促进自身快乐的理性选择而行动的孤立个体。让我们拓展视野来考虑一下我们所知道的作为生物的人,从呱呱坠地到多方面的社会化过程,人作为一种生物,一直都受到自身冲动的驱使,且人对自身所处环境的反应在很大程度上是自发的。如果否定威慑的现实性,我们对家庭、学校、同龄人群体、社区这些人类制度设计所具有的社会化功能的许多假设就会受到质疑。或者,同样令人难以置信的是,单独挑出刑法这一项社会制度,而否认它具有我们认为所有其他旨在调整人类行为的社会制度都具有的强制力。

我们应该扩大有关一般威慑起作用的假设的范围,使之包括刑罚并且事实上也包括所有刑事审判制度,对那些在社会中控制人类行为的所有有意识和无意识的动机所产生的影响。在有意识的层面,人们习得道德规范,如果规范被漠视,随之而来的不快后果的威胁就会强化道德规范的习得。道德规范被接受的程度主要取决于这种强制性威胁被实施的具象化程度。并且,烙下这种印象的并不只是刑罚所带来的身体性的不快感受——丧失生命、丧失自由、丧失财产。人们也同样畏惧作为罪犯被惩罚的社会污迹所带来的耻辱感。威慑的力量所触动的不仅仅是边沁模型中的理性的享乐主义者,而且也触动所有因被充分社会化而对违反社会规则深感愧疚,其生活经验又使他们将愧疚感和刑罚联系起来的人。我们不得不承认,守法者的道德体系就是通过这种方式受到刑罚的威慑力影响的。但这么说并不是要贬低我们所作所为的作用,除非我们认为,刑罚的威胁——包括身体性和心理性的双重痛苦——在促使人们守法并令其一以贯之方面毫无效用。

刑罚的威胁对无意识动机支配下的人类行为的影响至少具有同样的重要性。在这一层面,“威胁”变成了一个微妙得多也复杂得多的概念,远远超出理性的享乐主义者或其批评者所预备接受的
43 的程度。一种“威胁”的存在,有助于树立守法的行为模式,进而减少选择犯罪行为的机会的数量。我们每个人在日常生活中都会碰到一些可以选择实施犯罪的情境。有时,刑罚威胁会表达得足够生动具体,以至于我们必须对其反复思量并最终排除犯罪选择。但是更为常见也更为重要的情况却是,我们会不假思索就自动且

无意识地去遵从一种习得的排除犯罪选择的行为模式。事实上,越是与一种理性的自由意志模型相决裂,越是接受一种从不自觉状态下强迫性的心理决定论角度对人类行为的精确解说,支持刑罚具有一般威慑效果的主张可能就越有力。某些心理学家排斥刑罚的威胁能够促使人们不自觉地采取守法的行为模式的观点的,看上去存在自相矛盾之处。毕竟,超我总是关乎罪责和惩罚的东西。

刑罚的威胁所带来的社会化和习惯养成效果并不限于对所设定和实施的刑罚威胁予以简单的、形式上的遵从。刑事制裁的运行过程有着重大的象征意义;在人类历史的长河中,归罪、责任和刑罚的过程日复一日地发生着。我们从孩童时代就熟悉的惩罚(它本身深受法律概念和模式的影响)这个词汇,使得我们对惩罚与反社会行为的严重性(而非其他)之间的联系印象更为深刻。对我们所有人来说,刑事审判的仪式变成了一幕我们都共情地参与其中的心理剧,一幕无辜者受到保护、被害者获得赔偿、作恶者受 44
到惩罚的道德大戏。营造全部威慑效果的并不只是刑罚的威胁或刑罚的实际科处,而是以一个关于善与恶的范式而呈现的整个刑事程序,正是这一远比字面的刑罚威胁要精妙得多的机制令我们铭记邪不当道。因此,我们完全有理由认为,这些公开化的仪式强化了大多数人对鼓励守法行为的价值体系的认同。

当人们看到罪犯陷入刑事程序所织就的罗网之中时,人们所怀有的想要他遭受痛苦的任何愿望都强化着他所侵犯的价值。从这个意义上说,报应主义的刑罚根据和功利主义的刑罚根据呈现相互融合的趋势。我们在目睹恶有恶报时体验到的舒适感(霍姆斯讽刺地指出,这一点绝对只与我们的邻居有关)成为我们自己守法认同感的支柱。于是,这就是刑罚功效的一个重要组成部分:并非如一些肤浅的观点所强调的那样，刑事审判是通过满足社会的报复情感来防止私刑，而是杀戮欲的被驯服强化了个人的正直品行。刑事程序的象征性会有所变化，但并非所有的象征性都是必不可少的；没了戴假发的律师我们照样生活得很好。但刑事程序的象征性的丰富内涵则是一个我们经常忘却的有力的威慑，当我们以“处遇”犯人的名义进行枯燥的改革时就更是如此。

当由于法律废止或（经常发生的）执法官员的不作为而使刑罚的威胁消除或者减弱时，此前被遏制（在这个词的两种含义上）的行为就会逐渐增多起来。我们对这种现象耳熟能详，以至于对威慑的效用和复杂性的阐释再也没有比这个更令人信服的了。例如，当禁止特定性行为的法律不再被有效执行时，这种性行为就会增多，这不仅是因为人们觉得刑罚威胁已经消除，而且可能更为重要的原因是，通过犯罪烙印化仪式进行的微妙的价值强化过程已告一段落。

45 我详尽描述了威慑理论的各个方面，因为威慑理论早已声名狼藉。但是，我并不想拔高它在任何理性的刑罚制度中所起的作用。威慑自有其界限，对这些界限的忽视无疑已经加剧了对它的质疑。我们从最明显的一点说起，威慑并非我们可以采用的唯一预防模式，对它在一个犯罪预防体系中所起作用的任何终极评价，都必须综合考虑其他各种可能的模式，检视这些模式在运用技术并努力追求其目标时与威慑模式追求的目标不一致的程度。此外，显而易见的是，刑法威慑作用的有效性主要体现在那些深受当时主流的社会化影响的人身上。刑罚对这些人有效就是其力量所在。刑罚对其他人无效则是其相应的软肋所在。威慑并不能对那些命运已然十分悲惨、毫无希望的人构成威胁。威慑也不能改善那些需要在心理上（对于迷乱者或无耻者）或文化上（对于社会边缘人或非正常亚文化群体的成员）进一步修正其价值体系的人的道德。并且，如果被禁止的行为正好是那些足够强烈的冲动的表达，就只有通过极其严格的执法、普遍的压制以及人力资源和经济资源大量消耗（一种我们必须尽量降低的代价），才有可能实现威慑了，如果确有此可能的话。

第四节　特别威慑或威吓

关于刑罚的第二种功利主义的正当化根据是断言刑罚能够减少或防止受罚者的继续犯罪行为。这个观点也主要是根据一个理性的、享乐主义的行为模型而建立的。该理论认为，一旦遭受过刑罚的痛苦，个体就会调整自己的行为，避免在将来实施他认为有可能再次使其遭受刑罚之苦的行为。

近年来，再也没有一种其他预防理论像威吓思想那样受到连珠炮似的抨击了。这些抨击集中在这样一个问题上，即在对罪犯 46
中的累犯进行的经验研究中，我们得出了什么样的结论。尽管我们对这些经验研究的具体数字争论很多，对这些数字的意义分歧更甚，但大家普遍认为，受监禁刑者的累犯率很高，也许高达50%之多。从表面上看，这些完整记录的事实似乎确实对威吓的效果提出了实质性质疑。但是，我们将会发现，我们有理由不贸然否定威吓在犯罪预防方面的作用。

首先，一个显而易见却常常被我们忽视的事实是，我们并不知道如果没有刑罚在先存在，累犯率到底会有多高。这样一种假设并非不切实际，即如果实施犯罪的人可以不受惩罚而自由自在地继续实施犯罪，累犯率就可能会多少有所升高。其次，反对威吓的观点往往会将惩罚的严厉性和惩罚的事实混为一谈。通行见解将那些受到相对严厉的监禁刑制裁的人挑拣出来，却忽视了诸如缓刑监督和暂缓量刑等适用于实施了犯罪行为的人的惩罚措施的效果。正如我们前面所指出的那样,刑事定罪这一事实本身就是惩罚的一种形式,对于那些相对守法的公民来讲更是如此。在实施犯罪时被发觉并继而承受刑事定罪的耻辱,这一事实本身就会对罪犯将来的行为产生巨大影响。我们在这个问题上进行的研究似乎表明,与那些受到较为严厉的制裁的人相比,接受缓刑或者假释提前出狱这两种相对轻缓的刑事制裁的人累犯率要低一些。一个相关的观点就是,大体上,那些曾被科处严厉刑罚的人达到守法标准的可能性更小。他们是更有经验、更为冷酷的罪犯,由于这种或那种原因,威吓对他们根本不起作用。

我们还应注意的一个问题是,累犯率似乎随犯罪种类的不同而差异很大。在这个问题上,我们需要进行比我们已经开展的研
47 究更为具体的研究,但是似乎显而易见的是,"犯罪"是一个太过模糊的范畴,我们无法以它为基础进行任何有关威吓效果的结论的广泛研究。可能确实有某些种类的犯罪(或某些种类的罪犯),相对不受威吓的影响。一旦经由经验性证据而非像现在这样仅凭直觉将这些类型确定下来,某种刑罚制度的威吓作用之于此类犯罪的影响就必须被重新评估。但是,我们当然不能现在就说威吓这个概念百无一用。最后,我们还必须记住的一点是,刑罚可以服务于并且通常会服务于一个以上的中间性的犯罪预防目标。假如我们以威慑或社会复归等其他根据之名来追求犯罪预防的目的,即使威吓看上去不能单独作为刑罚的充分的根据,这也不能成为否定它可能对犯罪预防产生作用的理由。仅举一例,在社会复归的效果和威吓的效果之间并不存在一个严格的界限。刑满释放后改过自新的罪犯之所以不再犯罪,可能是因为他确实已经是一个"改好了的"人,但也可能是因为他虽本性难移,但具备了较好的控制

能力。如果他控制自己不再犯罪的原因至少部分地是他不想再受惩罚的话,那么基于人性这一崇高的视角,我们便可以断言他尚未被“社会复归”。

对威吓理论最有说服力的批评可能源自对科处非人道的刑罚给罪犯造成的影响的考察。监狱内犯人交往的腐蚀性影响,与糟糕的监狱中非人道的待遇诱发的痛苦、仇恨情绪和报复社会的欲望纠结在一起,很可能构成犯罪预防中的一个净损耗。无论刑罚的严厉性能够对罪犯产生什么样的威吓感,这种感觉都会被狱中罪犯的人格堕落所抵消。对他的惩罚可能会对其他人产生威慑效果,但是在此过程中,他却被社会抛弃了。

威吓理论的这个矛盾蕴含了一个巨大的刑罚悖论,该悖论说明,追求犯罪预防这一共同终极目标的各种中间性的刑罚正当根据之间存在冲突。刑罚必须足够严厉到能够对其他人施加约束性 48
影响,但是不应严厉到致使被惩罚者变得比以前更有反社会性。之后,我们将对严厉性问题进行更多论述。现在,我们注意到这一点就足够了:作为一个社会整体,我们对刑罚的严厉性尚未展现足够的想象力。严厉几乎被等同于残忍,并且我们还忽略了这样一种可能性,即并非人们畏惧和希望避免的每件事在他们面前出现之时都必然会对其产生残忍化的效应。在设计出避免这种刑罚悖论的措施之前,我们对以威吓理论作为刑罚实践的指南保持谨慎态度,不失为一种明智之举。

第五节　行为预防:剥夺能力

任何涉及人身限制的刑罚的最简单的正当根据就是,在刑罚持续期间,受刑人完全丧失或者接近完全丧失实施新的犯罪的能力。与一般威慑(其经验性根据仍然存在争议)不同,剥夺能力理论的经验性根据显然是无可争议的。只要我们将一个人关在监狱里,他就根本没有机会实施特定种类的犯罪。入室盗窃、诈欺取财、税务欺诈就是这种方式予以阻止的许多犯罪类型中的三种。他实施其他特定种类的犯罪(诸如攻击或谋杀)的机会,也因监禁而大大减少。当然,诸如执行死刑或者单独羁押的终身监禁之类的极端刑罚,则能够确保彻底或者近乎彻底地剥夺其犯罪能力。在一个将镇压犯罪作为社会生活的最高目标并全力以赴地予以追求的社会中,剥夺能力就会成为对罪犯适用刑罚的貌似最为合理的功利性根据。但是,如果进一步审视,它的合理性就会消失殆尽。

首先,我们注意到剥夺能力作为一种犯罪预防模式和一般威
49 慑之间有着根本区别,并因而必然有着不同的正当根据。威慑根据犯罪性质而实施。每天因实施犯罪而遭受惩罚的人无法计数,其人格特征不可能被公众所周知,而刑罚的威慑所针对的恰恰是公众。刑罚的威胁或科处刑罚的场景营造了这样一种一般认知:无论具有什么样的人格特征,实施特定行为的人一旦被抓就将受到惩罚。而剥夺能力与犯罪性质之间则有着一种微妙得多也微弱得多的联系,但二者之间毕竟还存在联系。就此而言,剥夺能力依赖于这样一个预测,即实施特定种类犯罪的人有可能继续实施该种犯罪或者实施其他种类的犯罪。后半截的预测在很大程度上并不能视为剥夺能力作为一种预防模式的正当根据。我们之所以将夜盗者关押起来,是因为担心他们继续实施犯罪。但我们的预设并不是,如果不受管束他们就将违反反托拉斯法,或者逃缴个人所得税,或者贪污雇主财产。我们的预设是,他们会继续实施夜盗或者其他与夜盗相关的犯罪,诸如杀人或者人身伤害等。这个预测的前提则是,该人有继续实施与其据以被惩罚的犯罪类似的犯罪的倾向,对他进行惩罚将会防止他继续实施犯罪。

所以,剥夺能力是这样一种刑罚模式:它将某人已实施特定种类犯罪这一事实作为评估其人格并预测其将再次实施该种犯罪的依据。在每一个具体案件中,这个预测是否有效是一个经验性问题。如果这一预测应验了,一般来说,只要刑罚施加给被惩罚者的痛苦小于如果放任其继续实施犯罪将会给潜在的被害人和社会造成的痛苦,功利主义伦理学就能为出于剥夺能力考量而运用刑罚适用提供正当化说明。

我们可以看到,当这个观点被运用于是否所有实施特定种类的犯罪的人都应因此而受到惩罚这样一个问题时,它就是高度可疑的。我们怎么能事先就说,如果不对作为一个群体的杀人犯予以惩罚,那么他们可能造成的痛苦总量就会超过刑罚施加给他们 50
的痛苦总量呢?如果我们能够确定,他们作为一个群体比一般民众可能会造成更多的死亡或者身体伤害,那么,我们就有了以剥夺能力之名对作为一个群体的他们进行惩罚的最起码的理由了。对于那些可能显现出高度反复性的犯罪,我们可以以上述根据支持剥夺能力理论。但是对于一般犯罪,我们则没有先验的根据也支持我们这么说。这样一来,当我们讨论是否应对实施了犯罪的人予以惩罚的问题时,剥夺能力作为刑罚根据,并不比我们所掌握的有关该犯罪可能被再犯的经验证据,更有说服力。

如同刑罚的威慑模式和剥夺能力模式具有不同的效果,威慑模式和剥夺能力模式对立法者提出的操作标准也不相同。立法者在设法确定何种刑罚具有正当性时,必须根据犯罪的性质(可事先获知)而非特定罪犯的人格(不可事先获知)来决定。曾被发现实施特定犯罪的人还会再次实施该种犯罪,这种预测有多大的可靠性呢?某些人的夜盗犯罪是在特定情形之下实施的,这些情形显示他们不可能再从事这种勾当,而另外一些人则是以此为业的。

我们很难事先就辨识他们。

某些种类的行为具有典型的易反复性。因患有盗窃癖而实施盗窃的人具有不停地实施盗窃的倾向。毒品罪犯,如果正好是瘾君子,当然可能反复实施毒品犯罪。我们了解到有一种有关开空头支票的典型症状。这是一种很可能反复实施的强迫性行为。对于这类行为,剥夺能力原理依赖的此等预测的经验根据是相当有力的。但是,请注意这里存在的矛盾。恰恰是对罪犯最难自控的那些行为,剥夺能力具有最强的说服力,这些行为与我们可能予以
51 道德谴责的预谋性、故意性行为相差甚远。坦率地说,剥夺能力理论在适用于那些用报应主义的术语来讲最不应受惩罚的人时,才是最为有力的。当然,这一点并不足以剥夺其作为刑罚根据的资格,而是说,它确实展现了可责性概念作为刑罚的前提和剥夺能力之要求这一诫令之间存在的某种紧张性。或许,化解这种紧张性的办法是将作为科处刑罚的条件的可责性予以摒弃。而这正是行为主义理论的要旨所在,该理论向人们展示了当代刑法困境的冰山一角。作为刑罚依据,剥夺能力理论似乎与行为主义立场的要求格外协调。

剥夺能力理论另一个值得注意的特征是它所暗含的严厉性问题。如果为了防止某个人继续实施犯罪而将他关押起来是正当的,那么这种正当的做法可以持续多长时间?一个回答可能是:直到我们合理确信他不会再实施那种犯罪为止。但那是什么时候?对于那种根源于罪犯的人格特征的犯罪,我们可以自信地预计,在他的人格特征发生改变之前,他都会继续实施该犯罪行为。如果我们不能给出直至他改过自新这一乐观的答案,我们就必须说,只要他还是一个危险人物,就要一直把他关押下去。但是,假如我们所说的“危险人物”指的是具有实施某种犯罪的倾向的人,那么关

押就很可能会穷其余生。剥夺能力理论的逻辑驱使我们主张，只要罪犯仍然是危险人物，我们就要继续对他进行拘束。如果将这种逻辑结论予以展开，就意味着，即使是对那些被普遍认为实施了相对轻微的犯罪的人，我们也可以以终身监禁惩罚之。它起码蕴含着这种意思，除非我们有根据断言，漫长的监禁是比反复犯罪的可能性更大的恶。

这绝非一个纯学术问题。很多州的法律中都有一种所谓的“惯犯条款”，其一般要旨就是，只要因在不同时间实施了两个或多个犯罪而被定罪，罪犯就可能会被判处加重刑期的监禁，有时甚至是终身监禁。在某种程度上，这类法律都有一种内在的原理，它建立在对罪犯的持续的危险性的预测之上，正是罪犯的持续的危险性赋予了剥夺能力的刑罚理论以正当性。

剥夺能力观点所面临的另一个难题是，它对犯罪行为的很多
形式都不适用。考虑一下伪证罪的情况。在一起民事诉讼中，一 52
个证人被唆使作伪证，这样，他那位因交通事故受伤而寻求损害赔偿的朋友就可以打赢官司。作假行为被发现了，该证人被审判并因伪证而被定罪。对他要如何处理呢？大致来说，他将或者至少可能会被送进监狱。假定剥夺能力是刑罚的唯一正当根据，把这个人关进监狱似乎就会很怪异。他或许已经显现出即使进行了宣誓（尽管甚至这个也是有争议的）还要说谎的倾向，但他将很难有机会再犯这个罪。这样说是极为荒唐的：“我们将把你送进监狱三年，以便我们能够确信，至少在这三年里你不会再作任何伪证。”在这种情况下，无论刑罚的正当根据是什么，显而易见，它都不会是出于约束犯人以防止其再次犯罪这种需要。或者可以再考虑一下用刑事制裁来强制遵守税法的问题。一个医生以现金的方式收费，却在所得税申报表中不予申报。东窗事发后，他被审判并因逃

税而被定罪。如果认为我们把他关进监狱一年,来让他在这段时间内无法进行所得税欺诈,这种想法就显得太匪夷所思了。即使我们生活在一个吉尔伯特和苏利文式的世界中,在那儿,剥夺能力即被规定为惩罚逃税者的理由,我们仍将面临强烈的道义责难:作为一种替代选项,相对轻缓的其他预防方法本可同样奏效或几乎同样奏效。例如,如果所有曾因逃税而被定罪的人的纳税申报都将自动受到详细审核,这样一条规则可能就会收到同样的效果。

虽然一般认为,对某些犯罪适用刑罚的根据至少部分地在于剥夺罪犯的犯罪能力,但经过省思,我们就会发现,这些犯罪其实也未能揭示出多少援引这一理由的根据。如果一个人杀害了自己富裕的姑姑,以便加快根据她的遗嘱继承遗产的步伐,我们并不是为了防止他杀害其他人才对他予以监禁(或者处死)。事实上,已有证据表明,一般而言,杀人犯是累犯率最低的罪犯种类之一。被
53 释放之后,他们因再犯其他罪被定罪的比率其实就非常低,更别说是谋杀了。对此类人科处刑罚必然另有所据。

因此,剥夺能力似乎并没有提出一种作为科处刑罚之充分根据的主张。在关乎刑罚根据的各种功利主义立场中,到目前为止,只有一般威慑提出了这样的主张。我们充其量只能说,只有当有关特定罪犯或其所犯特定罪行的性质的合理证据能够表明,如果他不被监禁就将再次实施该罪或又犯他罪,剥夺能力才可以为刑罚提供一个额外的依据。

第六节 行为预防:社会复归

最引人注目的刑罚正当根据就是宣称刑罚可以通过改变罪犯的人格使其遵从法律诫令,而被用于预防犯罪。一句话,就是通过使其改过自新而预防犯罪。在该思想中,很多人找到了解决功利

主义立场道德困境——刑罚为了其他人之利益而把一个人当作工具——的办法。或许使用“解决”这个词是言过其实了。毕竟,社会复归思想并不是为其作用对象的自身缘故而改造,甚至也并不是为了使其作用对象过上更好和更愉快的生活。我们希望他会按照我们的希望行事,但是这一正当根据是一种社会性的根据:我们意图改造他,这样他会停止犯罪。他还是被当作工具而使用了。康德的著名论断——“人永远不应被当作仅仅是服务于他人的目的的工具……一旦被这样对待,其天赋人格就有权利对他进行保护”——所蕴含的道义真理并不会因改造者的仁慈而不再适用。或许我们充其量只能说,改造思想减缓了功利主义立场的道德困境的尖锐度。的的确确,我们是在帮助社会。但是,我们是在通过帮助罪犯来帮助社会。

论及社会复归时,排斥“刑罚”这个令人不快的字眼已经成了一种时髦。基于我已经详尽指出的那些原因,这一新兴的语义转变其实是一个误导。无论改造的目的有多么仁慈,也无论我们期望改造对象会变得多么好,一个不容忽视的事实是,我们以改造之 54
名对罪犯采取的措施,都是以强制方式对其进行的,这么做是为了我们自己的利益,而非罪犯的利益。社会复归可能是最人道的刑罚目的,但只要它是因发现已然实施的犯罪而启动,只要它的目的在于预防犯罪,它就仍是“刑罚”的目的。

建立于社会复归目标基础上的刑罚制度的显著特征是什么呢?大致说来,这样的制度,就像剥夺能力一样,是以罪犯导向,而非以犯罪行为为导向的。如果社会复归是目标,那么,犯罪性质仅仅在告诉我们什么是对罪犯进行社会复归所需要的时候才是与该目标相关的。当然,这种相关性要高于通常的想象。就我们目前对人类人格和人类行为原因的知识而言,我们还不能无视一个人的所作所为,因为一个人的所作所为表征着该人所属的类型,并继而指示着我们为改善他而应当采取的措施。然而,一个人的所作所为只是一个用以衡量他是哪类人的尺度而已,并且仅仅是一个粗糙的尺度。社会复归思想教导我们必须对罪犯进行个别化的处遇,他们的特殊需要和问题必须被尽可能充分地认识到,以便我们能够有效地处置他们。就此而言,刑罚必须是前瞻性的。犯罪的严重程度(无论怎么衡量)可以在社会复归所需措施的强度和期限方面为我们提供线索;但其所提供的也仅仅是线索,而非处方。因此,在犯罪和刑罚之间,就不具有刑罚报应理论甚至威慑理论的情形下通常所假设的那种对等关系。

从社会复归思想的罪犯导向的视角出发,可以认为,刑罚的强度和期限应该根据我们所认定的改造罪犯人格之客观需要来衡量。与剥夺能力的相关目标不同,这里要探寻的不是罪犯有多么
55 的危险,而是该人会在多大程度上顺从处遇。如果通过五年的强化心理治疗,一个开空头支票者内在的心理紊乱就能够治愈,那么这就是他该接受的处遇。当然,起初没有人能够知道他或其他人的个案中在多大程度上需要哪种疗法;因此,就不能事先说刑罚应当持续多长时间。只有权威当局判定他已经实现社会复归了,刑罚才能结束。当然,如果他不服从处遇,并被认为构成一种危险,他就不能被释放。这两个目的总是相辅相成的。我们从未听到有哪个社会复归论者说,当罪犯无法被改造这件事变得显而易见时,就应当释放这些不能改造的罪犯。事实上,他们中的有些人非常热切地接受这样的观点:只要有必要,那些不可救药的罪犯应该被关押一辈子。他们也还没有关注对必要标准的具体探寻。纯粹从形式上讲,在每一个个案中,这种观念似乎都要求进行治疗或采取持续的拘束。这样一来,剥夺能力就成了社会复归这枚硬币的另

一面,一个也许更为黑暗的底面。

反对将社会复归作为刑罚的首要根据的理由有两个。第一个反对理由可能非常近乎就事论事。这一理由很简单,我们不知道如何使罪犯实现社会复归,至少在现有的或可合理地期待用于该项工作的资源限度内对此一无所知。我们对犯罪的根源了解得越多,就会越加清晰地认识到,犯罪的根源并无什么特别之处,其社会和心理根源都深藏于人类基本状况之中。大规模地造就一个不存在犯罪的社会的各种基本要素,将是对社会自身的再造。这么说并不意味着以如此方式改善社会的目标就毫无价值,也不是说存在什么超社会的目标。而只是说,社会复归这一任务需以改善社会的目标的名义来完成,并且需要使用远远超过预防不良行为的手段。社会复归思想所面临的一个难题就在于,它使刑法承载了远远超出其能力范围的任务。的确,这样一个观点并不需要费多少力气就可以认识到:在我们逮捕、审判和处置实施犯罪的人所适用的制度和程序语境下,一般性地改善社会生活状况,是一项不可能很好地予以推进的任务。

犯罪之后的社会复归仅仅受困于缺乏适当方法,这是我们所能实际提出的全部问题所在。我们所能采取的那些措施与它们的 56
目的的联系是如此令人怀疑,以至于我们很难为它们的运用赋予正当性。我们可以用监狱来教育文盲,教给人们一门有用的手艺,以及实现类似的仁慈的目的。但当下令人沮丧的事实是,我们几乎没有理由认为,这些措施和未来犯罪行为的预防之间存在一般性的联系。这里所涉及的主要问题是信念上的跳跃,该信念假设,处于特定的社会优势地位的人实施相应种类犯罪的可能性较小。我们很难为这种做法进行充分的辩护:将对一个人自由的限制建立在这种联系在该个案中有效的假定上。如果他已经拥有那种我们认为使人们不太可能犯罪的社会优势,这种辩护就更是难上加难。

我们对于什么人可能犯罪知之甚少,对于是什么促使他们产生犯罪倾向就知之更少。只要我们在这些问题上的无知还存在,以社会复归的名义所适用的刑罚就是一种无正当理由的残忍。事实上,从因当下犯罪而承受刑罚的经历,外推出对将来犯罪的刑罚威胁,可能是我们目前所拥有的最为有力的对社会复归思想的支持了。如果一个人因过去的罪行所遭受的不愉快而对于在将来实施犯罪变得更加谨慎,就我们从当下经验中总结出来的术语的意义而言,他就可以被认为是被社会复归了。就刑法的总体目的而言,一个人知道的越多,其守法表现就越好。如上所述,威吓和社会复归之间的实际关系比根据刑罚理论而展开的当下流行模式要更为密切。

当然,没有理由认为,我们在如何改造罪犯问题上的可悲的无知状况会永远延续下去。事实上,我们今天掌握的一些措施已经以某种粗略的方式阐释了社会复归理论未来可能提出的主张。例如脑前额叶切除术,就是一种具有减少驱使人们实施犯罪行为的侵略性冲动的效果的神经外科手术程序。当然,它并非一个值得
57 特别选择的程序。这种手术虽然降低了冲动,但它并未对冲动表现出来的方式予以区别。因此,经过这种程序的患者,既不太可能从事破坏性的活动,也不太可能从事有益的活动。尽管如此,如果他的犯罪冲动确实被降低了,在我们所关注的降低犯罪倾向的维度上,似乎就有理由说,该患者已经被社会复归了。就我们所寻求的直接目的而言,以他(我们中的其他人也是如此)既不主动欢迎又可能不愿经受的深刻的人格转变为代价来实现社会复归,就是无关紧要的。

但是,让我们设想一下,一些未知的改变人格的方法的副作用并不像我们认为的那样易于招致反对。换言之,假设排除掉现有的对社会复归理念的经验性反对意见,那么就应该使社会复归理念主导我们的刑罚制度吗?对以社会复归为刑罚首要目的的第二个主要反对理由正是随着这个问题而出现的。如果人们不必承受那些通常认为不幸的痛苦效果就可能获得改善,并且假设,他们从过往行为中表现出来的那种犯罪意愿在将来实际付诸实施的可能性现在已被降低,那么强制他们接受那些用以产生此种改变的措施是否存在什么道德问题呢?展望新千年,可能我们足以对现在所进行的一番摸索进行评估,并且可以断言,在新千年到来之前,这个问题将一直都是个学术性问题。也可能是这样:当"善行药丸"出现的时候,我们将一方面对此种人格干涉兴致大减,另一方面则非常渴望享受增加了的安全感,使得对罪犯所实施的全面管理允许将此类秩序问题只作为如同现在一样的纯学术问题。但如果我们考虑一下这个问题的道德维度,答案就绝不会是清晰明了的了。宣称人们享有做坏人的权利是否荒谬呢?或许,当改造方法变得比今天更为触手可及之时,这种权利看起来就毫无实质意义可言。然而,我仍然对此抱着十分怀疑的态度。我不得不发出这样的疑问:如果一种刑罚理论要求默许强制性的人格改变,那么这种刑罚理论还能与个人自决权这个长盛不衰的理念 58
相容吗?

第七节　总结:预防的界限

到现在为止,我对社会复归理论进行的探讨是建立在将社会复归作为刑罚的首要目的这一假设基础之上,并且我已经着重指出了接受这一表面上颇具吸引力的观点所要面对的一些困难。在结束这方面问题的讨论之前，我想评论一下行为主义（我们现在将其看作是为将社会复归和剥夺能力作为刑罚的补充性目的所做的辩护）的支持者经常提出的一个主张。简单地说，这个主张又回到了本讨论开始时所讲的那种两极化之中：在这个问题上只有两种观点，必须选择其一。一方面，这个主张宣称，存在报复的要求，我们称之为报应。它是对犯罪的回顾而非对罪犯的前瞻；它是惩罚性的而非预防性的，它以与犯罪的“责任”相关但与刑罚的社会根据无关的一些抽象概念为依据。另一方面，还存在行为主义的立场。正如我们所看到的，我们可以将其特点描述为一种以改变罪犯或其境况来进行犯罪预防的尝试：首先，改善罪犯；其次，剥夺其犯罪能力并对其进行威吓。

行为主义的鼓吹者们对待威慑的态度是矛盾的。他们似乎承认威慑（在其威慑限度内）服务于预防目的。但他们又质疑威慑是否确实有效，指出其缺乏证明其确实有效的经验性证据，并且断言，由于缺乏比我们已有认知更为扎实的事实证明，威慑的主张应当从属于以社会复归和剥夺能力概念为基础的罪犯个别化处遇的要求。有些人则更进一步：他们断言，威慑不过是被草草伪装的报复而已。我们迷迷糊糊地期望惩罚一个人将会有助于威慑其他
59 人，这种想法其实只不过是对这样一种欲望的合理化解释罢了，即对他施加痛苦，是因为他罪有应得。为什么不实话实说承认这一点呢？这些批评者说：如果在矫正罪犯或保护社会免受其侵害这两个目的之外，出于任何其他目的而科处刑罚，那么这种刑罚就是所有标榜自己为文明社会的社会都应予以摒弃的社会化报复。

不容置疑的是，威慑这种功利性主张不止一次地被用来粉饰那种要求施加应得的痛苦的欲望。有关死刑问题的争论就是一个值得一提的例子。尽管缺乏证据支持，那些主要基于报应立场支

持死刑的人仍从威慑的角度对他们的观点喋喋不休。但是,如果要援引这种歧见作为证据证明威慑理论是报应性的,那就是以两种方式混淆了该问题。第一,将有关刑罚严厉性的讨论与有关刑罚正当根据的讨论完全混为一谈。第二,因为一个观点可能被误用就宣称其不具有效性,这显然是不合逻辑的推论。一个唯利是图的色情小说家支持言论自由,仅仅是因为这使他能专心于他的勾当而不受法律的干涉,但是无论如何我们都不应因此对肯定言论自由的价值的主张抱有偏见。

刑罚包含痛苦这个事实是一个道德上的尴尬。但是,当行为主义理论主张刑罚因威慑而得以正当化时,它其实面临着同样的尴尬。与威慑一样,剥夺能力也可以成为一种对报复的粉饰。要求对惯犯判处无期徒刑是因为宣称有必要防止社会遭到惯犯的破坏。要求对性变态者和瘾君子进行不定期关押也是基于同样的理由。这些措施起源于社会因被滔天罪行震惊而采取行动予以应对的要求,其作用是作为不受社会欢迎的行为的垃圾箱。而我们在这些措施上的经验表明,正如它们是毫不掩饰的要求罪犯偿付代价的吁求一样,它们也能成为报复情绪得以发泄的闸口。事实上,与直截了当的报复诉求相比,这些主张可能是不可靠的。除了在道德上是无法接受的惩罚冲动之外,这些主张还充斥着俯拾皆是的伪善和自欺欺人等有辱人格的表演。此外,它们还显示出这样 60
一种社会危险:如果我们承认这些措施是建立于报复欲的基础之上的,我们可能会予以排斥;但如果它们以科学功利主义这种更具迷惑性的面目出现,我们就可能予以接纳。

社会复归措施潜藏着同样的危险。鉴于我们没有任何扎实的经验根据假定我们知道如何改造,鉴于改造措施与出于威慑目的甚至报应目的而采取的措施一样,必然包含着对个人自由的严厉限制，我们打着人道主义目的的旗号，采取那些在很大程度上（虽然是暗地里）是被报复的欲望驱使的措施的危险，是同样现实存在的。此外，还存在一个额外的危险：由于这些措施打着人道主义的旗号，我们就不太容易立即就认识到并抵御其对自由主义价值的侵蚀。

行为主义立场的支持者面对现代知识（例如人类行为的潜意识根源）时，似乎经常表现出一种奇怪的迟钝。人们本来会认为，在所有人中唯独他们会对人类动机的矛盾特性保持警惕，尤其当这些人类动机涉及对他人自由权利的大规模干涉时更应如此。帮助他人而非惩罚他们，听起来颇具吸引力；用改善代替苦难，听起来亦十分高尚。将犯罪当作病理症状而非道德败坏的证据听起来也很先进。但是谁能保证惩罚欲望和治疗欲望在人类灵魂的某些黑暗幽深之处不会是同源之水呢？至少，我们需要一点惶恐，一点自我怀疑，以及这样一点警觉：从行为主义的理论阐述到一整套处理越轨行为的有效制度和程序之间，我们需要迈出多么大的一步。

我并不是以一种诋毁的态度来阐述这些观点。如同对威慑观点的批评一样，这些观点不过是对行为主义赞同者的反对而已。其实，这都是不言而喻的。我所要着重表达的意思是，任何单一的刑罚理论都是不充分的，并且所有那些基于功利主义前提的理论，不仅仅是威慑理论，都面临着同样的道德尴尬。用一位杰出的法
61 学家兼哲学家的话来说就是："（刑罚）至多只是一个必要而可悲的社会控制形式而已。"[5]

我集中地对功利主义刑罚理论中的诸多含混之处进行了具体

---

[5] Richard Wasserstorm, "Why Punish the Guity?", *University* (Spring 1964), p. 14.

检视，是因为我相信，这些理论为一种一体化的刑罚原理提供了迄今为止我们所能掌握的最令人满意的出发点：这种一体化的刑罚原理对刑罚的一般性正当根据给出了令人满意的解释，并且为决定对哪些行为和哪些人应当受到刑事制裁提供了基础。铭记功利主义的那些含混之处后，我们现在就来思考一下，能否设计出一个令人满意的一体化刑罚理论。

62

第四章 走向一体化刑罚理论

在本章我要阐述和维护的立场可以被概括地表述如下：

(1)刑法被设计用于预防犯罪的实施，这是刑罚的必要但不充分条件。

(2)行为人在应受谴责的情况下实施了犯罪，这是对其进行惩罚的必要但不充分条件。

我们通过考察各种不同的刑罚正当化事由来确定这种立场：它排除了报应性的立场，因为这种立场将对应受谴责的行为人科以刑罚视为充足的正当化条件；它排除了功利性的行为主义立场，因为这种立场将通过改造行为人或剥夺其能力来预防犯罪的惩罚视为充足的正当化条件；它接受古典的功利主义理论作为正当化理论的合理起点；它认为功利主义不足以服务一体化刑罚理论的所有目的。

我采取这种立场的原因，可以始于对上一章结尾所做论点的重申：刑罚是一种进行社会控制所必要但令人遗憾的形式。它之所以令人遗憾，原因在于它赖以科处人们痛苦的目的，只是偶然地能得以实现。在这一点上，简要 63
总结为什么这种目的只是偶然地得以实现可能是有益的。

威慑是可以为科处刑罚提供一个一般化的先验性正当化根据的唯一功利性目的。它是我们对惩罚所有人实施的所有犯罪可以提前接受的唯一目的，而无须仔细审查可能被科处刑罚的特定案件的事实。然而，接受其存在就已经涉及观念的飞跃，更不用说其成效。对比之下，威吓、剥夺能力以及社会复归都是局部性和片段性的目标，而且它们之间的关系在具体案件中始终存在争议。尽管对它们进行经验性评估比对威慑进行经验性评估相对较为容易，但是它们涉及更多道德难题，其中最核心的便是：人们通过什么方法来确定，以它们名义做出的惩罚是否服务于甚至危及犯罪预防的限制性目的，更不用说确定一个法律体系所要实现目标的范围。

如果我们可以确定，刑罚的威胁所避免的危害，比科以维持该威胁具有可信性的最小限度的刑罚所带来的危害还要多；或者我们可以同等地确定，威吓、剥夺能力或者社会复归的个体性衡量的诉求适用同样方法所得出的结果，那么我们可能（我没有说我们将会）能够主张，预防犯罪是科处刑罚的充足正当化理由。但是我们不能确定。相反，即使就其自身而言，对于降低犯罪行为发生率这一狭义的功利性目标而言，我们也不得不承认刑罚在道德上的不明确性。而且基于这个原因，不论是在依赖威慑的古典形式中，还是在依赖威吓、剥夺能力和改造的个体化措施的现代行为主义形式中，在采纳功利主义的立场时都需要设置一些限制。还有一些质疑功利主义立场的其他原因我们需要在此简要提及，这些原因与超出了犯罪预防目的的价值有关。这里提出的观点，在其自身

的领域内,与功利主义的预防犯罪的主张相冲突:如果功利主义的计算提供了一个清楚的答案,那么在阐述刑法原理和限制原则的
64 过程中,忽视道德可谴责性和罪责或许就是有理由的。但是,它无法提供,我们也不能忽视这些。

我不会尝试去定义罪责(culpability),而只是确定一下在这一讨论中其意味着何种事情或特征。无论如何,描述较之于定义是更好的选择。对于罪责,我指的是被法律体系所定义的人类行为的那些方面,作为或者应当作为一种免除刑罚的免责事由。传统观点认为,这些方面包括心理状态。它们也包括人类事件中所发生的行为和作为法律概念的行为之间的相互关系。在第五章和第六章,这些方面的基本性质会得到更加细化的阐述。当然,在某种程度上,这些方面的缺失也可能(尽管其不需要)满足了功利主义者的要求,即出于预防犯罪的考虑,特定情形的人类行为不需要被惩罚。对于在事实发生之后所适用的个别化的惩罚措施,其是尤为正确的。一个被证明意外实施了杀人行为的人,对意外的发生并无过错,并没有呈现一个通过剥夺能力或改造的措施来实现社会保护的例子。但是当我们考虑一下刑罚的先验正当化理由,即其威慑他人不要实施犯罪的倾向,接受这一免责事由的意愿能否服务于犯罪预防的目的仍然是不清楚的。

这一主张以如下方式展开。如果通过惩罚那些过去已经实施犯罪行为的人,可以威慑人们不要去实施犯罪,那么尽可能确定地科处刑罚则很重要。当对已经实施犯罪行为的人提出免责事由时,一种很重要的不确定性来源就出现了,因为可能会有错误的免责事由被提出和采信。这一情况被传递给其他那些可能考虑实施犯罪的人,这种可能性会导致“功利性的损失”;因此,功利性的需求主张这些免责事由不应被接受。如果说刑法中的严格责任理论

有某种内在的智识性基础,它就是以这种观念为基础的。

只要威慑是在边沁所使用的狭窄、粗糙、威胁性的意义上被看
待,并且仍然在功利主义思想中盛行,这一主张就有相当大的影响
力。如果所有关乎成败的只是威吓人们的惩罚倾向,如果我们对 65
人的想象仅仅只是理性的享乐主义者,即只要他认为他可以逃脱
惩罚,便会做一切有助于强化其幸福的事情,那么我们很难回应这
一争论:允许免责事由的存在弱化了刑法的威慑效力。但是,如果
威慑(或预防)被更为宽泛地理解为一种主要是为了形成和强化有
意识的道德感和无意识的守法习性控制的复杂心理现象,那么陈
旧的观点就会被推翻。对道德上无辜的人进行惩罚,不会强化而
是会削弱他作为守法者的认同感。在一个不允许免责事由存在的
社会,对德行的奖赏只是德行本身。如果一个人造成了危害,即使
是他不能被谴责做了此事,但仍然要受到惩罚,那还有什么能比这
更加削弱认为避免故意、轻率、疏忽地对他人造成的危害很严重这
一观念呢?如果需要对自己不能自主控制实施的行为承担责任,
那么我们就没有太多避免我们可以控制实施行为的动力。恰如谚
语所说,不论偷一只绵羊还是一只羔羊,反正都会被绞死。*

接受错误的免责事由可能而且将会带来损失。但是这种计算不能到此为止。这些损失必须与对作为我们共同道德准则载体的刑法的损害相权衡,除非它的范围限制在值得谴责的行为。不公正的惩罚最终是无用的惩罚。它之所以是无用的,既是因为它无法预防犯罪,也是因为犯罪预防并非法治原则的最终目的。

在一个自由社会中,包括刑法在内的法律,最终被评价的标准在于,其成功地促进了人的自治以及个人成长和发展的能力。犯

* 西方的一句谚语,常引申为"一不做二不休"的意思。——译者注

罪预防是人的自治得以充分发展所要求的环境保护的必要方面。然而,它是消极的方面,而且一心一意地热情追求这一目的,可能最终创造一个人人都安全但人人都不自由的环境。罪责概念中所
66 包含的限制之所以是正当的,并非诉诸康德式的“罪有应得”理论,而是在于它们能够使国家的保护权和公民的生活保持适当的距离。

对刑法功能主要采取预防性观点的情形是无可争辩的;其他任何观点都只不过是野蛮的。但是,对于控制人类行为的可能性所采取的一种科学论和决定论的态度,强化了纯粹预防性的观点,这种观点带来了这样一种危险,即一心追求犯罪预防的目的会轻视并最终挫败自由社会中的终极法律目的:解放而非控制人类。如果人的自治以人类的完美性为条件,那么这种自治就会成为幻想。就如霍布斯曾经所评述的那样,法律像其他人类发明一样,不得不进行一些冒险。刑法传统上强调可谴责性是科处刑罚的先决条件,在其中我看到了一项重要的限制原则。但是,它是一项限制原则,而非行为的正当化理由。认为人们在可谴责的情形下实施了犯罪便应当受到惩罚,这种说法是错误的。正确的说法是,除非他们的行为是值得谴责的,否则我们不应当惩罚实施那些犯罪的人。在接下来的三章中,我们会考察基于这种观点得出的刑法中的最小限度理论的内容。

我所概述的原理是过渡性的。随着我们获得了更多关于越轨行为的来源和控制的近乎精确的知识,行为主义立场对这种原理的压力会变得很强,而且可能是不可抗拒的。我们对行为的预测越是自信,对其控制越是敏锐,那么让我们放松如下约束的诱惑就会更加强烈,这种约束阻止我们在当下以犯罪预防的名义侵略性地介入个人的生活。但是,千禧年不会清晰无误地宣告其到来。

对其到来存有怀疑的人可能会像现在一样，发现限制性的原理对刑事制裁具有一些价值。

在这一对刑罚一般性正当化目的的考察中，对那种认为罪犯的社会复归是科处刑罚的充分正当化理由的主张，我持一定的怀疑态度。我的怀疑是基于两点互不相同但又有关联的理由：第一， 67
目前，我们改造罪犯的努力中包含了巨大的不确定性以及事实上的无知；第二，我们的不确定性以及无知会大大增加不公正的情况，而这种不公正的情况可能会发生在罪犯身上。这些罪犯被区别对待，因为对他们的刑罚应该回应的需求被假定存在差异。如果我还没有这样做，那我应当明确，我的怀疑限制在对作为一种先验的正当化刑罚目的的社会复归的依赖之上；这种怀疑没有扩张到这样的问题，即一旦我们已经基于其他理由确定，刑罚制度在道德上是正当的，那么罪犯应当怎样特殊地被对待。社会复归的理念不适用于决定刑罚是否正当，也不适用于决定何种行为应当被规定为犯罪。但是，一旦惩罚的决定已经被作出，且基于其他理由被正当化，社会复归的理念则应当被充分地运用于决定何种惩罚应当被科处。换言之，社会复归的理念不应在评价刑罚的正当性而应在评价刑罚的严厉性中予以考虑。

看来我也需要明确，我所阐述的观点和我认为的报应主义立场的本质这二者之间的差异程度。报应主义的立场认为，将谴责或罪责归属于罪犯，本身就是科处刑罚的充分正当化理由。这种观点有时被直截了当地表达出来；在另外一些时候，这种观点则通过如下主张被掩饰起来：对道德过错的惩罚强化了被惩罚者的道德素质，或者其构成了对良好公民身份的教育，或者类似的说法。这种主张带有一种伪善的光环，这种光环如果还有什么吸引力的话，也因为它盲目乐观的意味而被削弱了。惩罚并非一种美德，而只是一种必需。

关于罪责在刑罚的正当化理由中所扮演的角色，我采取的是一种工具主义的观点。我之所以认为对功利主义立场的限制是可取的，并非因为它具有的任何内在品质，而是因为它服务于我认为
68 在刑事体系中需要关注的目的。它通过几种不同的方式来实现。首先，对于抵抗作为惩罚定义组成部分的犯罪的弱化，它建立了一个坚实的基础。如果没有犯罪这个或多或少被特别定义的行为种类，那么就没有归责的基础。一个人可能对他人而言是一种危险，也可能需要他人帮助，再或者可能是在当下的伪善言辞中，指代一个我们想要躲避的引起麻烦的人的其他类似说法；但是，除非他已经实施了犯罪，已经做了一些事情而不是仅仅处在某种状态，否则我们就不能说他是有罪责的。而且，按照将罪责视为必要条件的观点，他不能通过刑事程序被认定有罪，也不能被科处刑罚。严格的预防性观点会认为，这种对实际实施的犯罪的限制没有意义。如果我们有牢靠的理由认为，一个人倾向于犯罪，为什么我们要等到他已经实施了犯罪才惩罚（即社会复归和/或囚禁）他呢？通过法律归责来进行的罪责的工具性运用，避免了犯罪和惩罚之间联系的这种瓦解。当然，重要的实际问题并非这种联系是否会瓦解，而是这种联系在多大程度上以及以何种方式可能被放松。在下一章我们会转向这一主题。现在我们足以注意到，有坚实的理由保持对犯罪的密切关注，而且罪责的限制是这样做的一种良好手段。

罪责的工具性运用的另一方面在于，在罪责限制的要求和刑事制裁的适当运作之间，存在大体的相关性。一般来说，如果人们有把握能够避免与刑法产生瓜葛，那么他们应当能够规划自己的行为；出于同样的理由，法律的执行者和适用者不应当浪费他们的时间来潜伏在灌木丛中随时准备抓捕那些没有意识到自己正在犯

罪的行为人。刑法通过其通常的和特有的运作,给人们在日常生活中提供了这种机会和这种保护,正是这一事实使刑法在一个自由社会中成为可以被容忍的制度。如果放弃这一点,刑法将无法 69
再成为善意者的指引和对国家强制权力的限制。然而,当你抛弃了作为科处刑罚基础的罪责,那么你就正好是放弃了这一点。尽管它可能经常服务于国家这样一种目的,即除非其公民有预见地实施了行为,否则不去干涉他们,但是在很多情形中,公民是否有预见可能是不重要的。如果我们将一个人的无辜或无知是否对他有影响,交给一种纯粹的功利主义计算来决定,那么答案在任何情况下都将会是不确定的。只有通过提供罪责要求这一保护屏障,刑法的这种有益的方面才能得以保存。

最后,如我所论证的那样,刑法的独特力量不在于其对所监禁的人的强制性影响,而在于对其他人的影响。我已经尝试证明,那是一种高度复杂的影响。它包括强制和恐吓的因素:如果我像他一样行为,我也将为此遭受惩罚。但是,它也包括有意识和无意识的道德培养以及习性形成的作用,而这远远超越了狭隘观念下威慑的粗鲁性。如果不认为法律本身是正当的足以成为一种正当化理由,那么这样一种观点可能就看起来有吸引力:除非刑法体系被认为是公正的,否则它无法吸引和保持其最重要组成部分习惯性守法者的尊重。而且,不论公正在程序性方面被认为具有何种含义,它最简单的(如果最被忽视的话)含义就在于,如果没有机会提出罪责的问题,那么行为人就不应当被科处刑罚。即使我们设想存在这样一个刑法制度,只要被禁止的身体行为出现,就不允许提出任何免责事由,这也足以表明使罪责成为刑罚责任的必要条件的重要性。

在这部分中,我已经强调了惩罚的道德模糊性和不可避免性。

我们不能避免惩罚,也不能对其感到完全高兴。刑法的一个优点在于,它将惩罚的问题公开。替代性的制裁方案也涉及很多同样的缺陷,它们可能表面上显得具有吸引力,因为它们似乎可以避免惩罚的这些问题。但这些问题仍然存在,尽管其以一种不那么直接因此也不那么引人注目的方式存在。即使我们可以大笔一挥将作为一种法律制度的刑法抹去,但是我们迟早还是不得不面对犯
70 罪、责任和惩罚三位一体的组合,也不得不决定我们是否想要使它们成为制裁体系的一部分。

最后,我想转回来说的是惩罚的模糊性而非不可避免性。从这种揭示位于惩罚情形中心的模糊性的努力中,我们应当总结出什么呢?如果这一社会制度确实是必要但又令人遗憾的,那么对于理性的立法者,即这些文字神话般的审读者来说这又意味着什么呢?首先,它表明,他认真关注了刑法原理带来的限制,他并非勉强地将这种限制作为一种妨害或对重要实践目的的干涉加以理解和接受,而是自愿地将其视为一种防止人类机构变得专横且最终具有破坏性的手段予以理解和接受。其次,它表明了仔细审视刑事司法制度和程序的需求,尤其是对他们作为犯罪预防模式的优势与劣势的评估。最后,它表明,对于我们理性的立法者所关心的核心议题,即他在决定何种行为应当被规定为“犯罪”时应当采取什么标准,刑法原理中隐含了重要的线索。

第五章　罪责与行为

71

第一节　导　言

在刑法领域，传统的学术研究已经展开了有用且确实基本的理论阐述和分析工作。尤其是在近些年，很多重要的工作已经准确地澄清了，过去以一种随意和不成熟的方式所发展的那些内容。这些研究已经发现，关于刑法的各种司法与立法论述的基础具有连贯性。它们已经表明，那些明显孤立的规则，如主张权利作为盗窃罪的抗辩事由，只是认识错误中一般性免责条件的实例。而一般性免责条件，存在于从谋杀到出具空头支票的全部犯罪范畴之中。像本书这样的文章之所以现在成为可能，就是因为这项理论阐述和分析工作已经完成。

本书并不会，也不应当被误认为会，展示另外一种精确说明什么是实体刑法总论的尝试。相反，本书提出一种不局限于特定时间或地点的最低限度的刑法理论内容模式。这样的一部刑法,其理论内容来源于前述章节所勾勒的原理,其在责任原则的限制下,追求预防社会不良行为这一中心目标。正如将看到的那样,同这一中心目标相比,最小限度的理论内容更多涉及的是限制。

在本章以及接下来的两章,我将会简要且非技术性地考察一
72 些代表性的理论。一种对刑法的技术性的论述将考察更多细节,但更少关注其言外之意。我为这些例子提出的唯一主张(它并非一种傲慢的主张)便是,这些例子作为一个整体举出了刑法理论提出的全部基本问题。它们之所以在这里被呈现,有两个原因:其一,它们揭示了我们一直在讨论的原理的运行后果;其二,它们展示了这样一种原理对刑法审慎限制的作用,而这是本书的主要关切。这些理论表达了刑法在惩罚的不可避免性和模糊性之间的折中。它们赋予了三个主要理念——犯罪、罪责和刑罚内容,其构成了刑法的基础。我并没有主张我对这些理论的解释是极具原创性的,尽管其在一些方面与已被接受的分析有所不同。原创性,只不过存在于这样的一种观点之中,即上述理论被整合在一起,并且应当通过他们的共同倾向来判断,以此将犯罪预防的命令调整为服务于将个人自由置于首要价值的法律体系的要求。

用传统的刑法术语来说,诸多有待处理的理论在本章被归结为两句格言,即“法无明文规定不为罪”(*nullum crimen sine lege*)和“法无明文规定不惩罚”(*nulla poena sine lege*):除非构成犯罪的行为已经被拥有正当权限的机构权威性地做出定义,否则没人可以因为犯罪被定罪或者惩罚。这两条格言在美国也有相应的宪法规定:其一,宪法第 1 条第 9 款第 3 项做出了明确禁止,即“不得通过剥夺公权法案和事后法”;其二,通过司法发展出来的方案,一般被称为“因模糊而无效”原则。对于眼下的目标,我们不需要考虑这些观念在实证法中的来源是什么。我们需要做的只是去描述这些

观念,探寻它们表达了何种价值,思考它们与刑法运作的关系。

通过将这些观念从它们很大程度上具有偶然性的法律起源中分离开来,并且对其进行更为体系化的组织,我们可以提出以下粗略表述:

(1)没有行为,任何人都不应被科处刑罚; 73

(2)除非行为已经在事前被适格的立法者所定义,否则该行为不能作为犯罪处理;

(3)这种定义的角色首先和广泛地被赋予立法机关,其次间或被赋予法院,除此之外的主体都不能扮演这一角色;

(4)为了使这些方案具有实质而非仅仅具有形式的意义,对犯罪行为的定义必须被阐述得足够精确,以求尽量限缩任意适用的空间。

第二节 作为先决条件的行为

刑法或者作为整体的法律关注行为——人们的作为(包括他们以言辞方式或其他方式表达的作为)以及不作为,这样一种观念并不令人惊奇。但是在事物的本质中没有任何东西强制形成这种关注。刑法可以关注人们的思想,情感,人格模式以及性格结构。确实,如果关注的不是行为而是这些内容,在大多数的案件中,通过探寻行为来确定这些本质的内部特征仍然是权宜可行的。但是如果这些内部特征是关注重点,那么行为将仅仅成为我们感兴趣之事的证据而非事情本身;而且我们会毫不犹豫地利用其他证据,只要它是可用的。比如,如可以通过像罗夏墨迹测验*这样的测试方法或者其他更为复杂的心理测试形式来确定,某人在某天、某地

---

* 罗夏墨迹测验,是精神医学领域对认知、想象力和人格的一种测验方法。——译者注

可能对他人实施了严重的身体伤害。如果我们将行为视为一种先决条件而非仅仅是证明材料,我们很可能毫不犹豫地因为该人的倾向,或按老套说法因其邪恶的想法,而科处其刑罚。我们会对此加以合理论证,主张惩罚该人是因为他没有通过罗夏墨迹测验,但是我们之后只能对"行为"进行某种匹克威克式的(Pickwickian)** 定义。

74 为什么我们不这样做呢? 显而易见的历史性回答在于,除了个别古老的异常犯罪如想象国王死亡,我们还没有被面临的危险深深震动而发动刑法,或者在行为缺失的场合我们还没有充分的信心通过查明人的倾向而发动刑法。对于有些人而言,历史上的这种状况已经足够令其欣喜,因此面对当下和未来时便停留于这种历史事件。但是我认为,我们还需要一个更深入的回答。在我看来,这一回答便是罪责(culpability)的观念,它是构成刑事责任的必要但不充分条件,是我们的一体化刑罚理论的重要组成部分。

在与罪责(culpability)概念相关联的那些观念中,便包括自由意志与人类自治。我并非在任何深层的哲学意义中,而是在一种视情况而定的实践社会意义中来谈论这一问题。政府被授权对人们进行强制的原因,只能是人们做了什么而非他们是什么,这一点非常重要,尤其是在一个喜欢将自己描述为"自由"且"开放"的社会中。

如果整体而言这对法律是重要的,那么其对于最具强制性的法律手段——刑法来说,则更为重要。现在,这种自我否定的法令可能而且经常被攻击为与人类本性的事实不相符合。事实上,即使人们对其行为的控制能力要高于对其情感或思想的控制能力,

---

** 匹克威克(Pickwick)是狄更斯所著小说《匹克威克传》中的主角。Pickwickian 作为形容词,常指不同于明显或字面意义的用法。——译者注

这种控制能力也仍然是微小的(有些人说能部分控制,有些人说能全部控制)。因此这种观点认为,处理意志决定的行为或者将其与人格和特征进行区别对待,要么不切实际,要么是虚伪的。

然而,这种攻击是存在误解的。事实上,不论是哲学的概念还是心理学的现实,在刑法中都不存在争议。与行为相关的自由意志的观念,在法律体系中并非一种事实陈述,而是一种价值偏好,其与决定论以及自由意志的形而上学并没有多少关系。这种认为法律价值描述物理现实的谬误十分常见。在所谓精神失常(insanity)的辩护事由中,我们将会遇到这种谬误的最庸俗表现形式。但是我们需要在这里将其清除,因为它是刑法理性思维的一个主要障碍。很简单,法律之所以将人的行为视为自主且自愿,并 75
非它本来如此,而是因为如此处理是可取的。之所以可取的原因在于,人类个体在面对社会施加的外部限制(法律涉及的唯一方面)时,在适度自由中生活的能力将可能会被严重侵害,除非法律提供一个后悔时点(*locus poenitentiae*)***;这样的一个时点不能返回,在它之后外部的限制将会被施加,在它之前个体是自由的。这里的自由,并非相对于决定论者告知我们他所遵守的那种强制,而是相对于非常特定的法律社会强制的自由。法律中充满了许多这样无法返回的时点。分析刑法结构的一种路径(据我所知,值得尝试但从未被尝试过),就在于按照不能返回时点的范围来确定其方案。很快我们就会遇到其中的一些方案,尤其是当我们考察身份犯罪和犯罪未遂的一般理论时。对于现在的目的而言,我们只需注意,刑法基本的后悔时点(*locus poenitentiae*)是刑法行为领域范围的限制条件。

*** 拉丁文 *locus poenitentiae* 直译为“忏悔之地”。在法律文献中,常指尚可改变自身某种法律地位的时点,或尚可退出某项行为或协议的机会。——译者注

如有时发生的情况那样，行为不应与遭受的损害相混淆。当我们试图将多样的行为和与其相关的损害发生进行融合时，我们只是在强行将刑法放上普洛克路斯忒斯之床(Procrustean bed)。[****] 遭受的损害是一种有用的分类工具，它服务于一些区分犯罪类型的分析性目的；但是使用“损害”这一术语来囊括刑法典中各种类型的行为，则只能是令人迷惑的。一项失败的故意杀人(未遂)，此时被害人甚至不知道他身处危险之中，其带来的损害是什么？或者，超速驾驶但没有引发事故，其带来的损害是什么？又或者，持有适用于实施夜盗行为的工具，其带来的损害是什么？然而，未遂的谋杀，轻率地驾驶，持有夜盗工具，都是公认的犯罪行为实例。即使是“损害”理论最热心的支持者也从未认为，将这些行为形式视为犯罪与任何重要的法律原则是不一致的。正如我们将会看到
76 的那样，可能存在一些审慎的理由反对将其诉诸刑事方案，因为他们没有描述损害；但是原则上，这些前兆性犯罪正如很多具有损害结果案件中的犯罪行为一样，可以引发损害结果。这类犯罪所引发的问题本质上只是定义性的问题，这一点我们会在后续章节中看到。这不会剥夺它们在刑法上首要且最基本要求的一致性：刑法处理的主体是行为。

我们在这里牢牢抓住行为作为罪责(culpability)的限制条件，这看起来似乎有些异常，尤其是对那些接受了一些传统刑法理论训练的人而言更是如此。正统观念认为，罪责(culpability)主要是行为人心理状态方面的事情，而非其所实施的行为。确实，有些犯罪的构成建立在对行为的证明基础之上，而无须考虑行为人的心理状态，这些犯罪被称为严格责任的犯罪，并且被正确地认为不符

**** 普洛克路斯忒斯之床是古希腊神话故事，其大意是指削足适履。——译者注

合罪责的限制。然而，自相矛盾的事实在于，对行为进行刑罚的限制，构成了对抗对罪责（culpability）观念进行腐蚀的首要且最重要的防线，因为它防止了刑法沦为纯粹服务于预防性功利目标的奴仆。

行为人处于无意识状态时所实施的行为，如梦游、癫痫发作、自动行为不会被作为犯罪处理，这一普遍认可的理论为为何如此提供了线索。根据法律令人困惑的术语，行为必须是“自愿的”（voluntary）。这一术语将会直接激怒决定论者，不论如何劝解。但是，需要再次强调，法律的语言不应当被解读为自由意志与决定论的对抗，笛卡尔式的二元论，或者任何其他似乎是被与行为相关的“自愿”这一术语的使用而引发的诸多哲学争论。法律并没有断言，行为是意识与意志自由运行的产物；它只是以一种粗略的方式，排除了非自由意志结果的行为。法律这样做主要在于回应一种简单的直觉，即如果让行为人为他自己所不能控制的行为负责， 77
那么没有什么比这种做法更加削弱个体的自治性和安全感了。如果决定论者是正确的，那么行为人会被误导，认为这种行为显著不同于他所从事的其他任何行为。但那是偏题的。行为人认为存在差别，而且那是法律所遵循的。

存在一些法律强制的形式，其发动并不正式地取决于行为。处理精神病人民事收容的法律迅速发展，其提供了一个引人注意的例子，并且与刑法形成了有益的对比。总的来说，出于心理健康的原因发动社会干预的标准，以一种非常抑制的方式来评价行为，或者完全排斥行为。在当下的民事收容程序中，行为人被剥夺了自由，原因在于他具有“精神疾病”，“需要治疗”，或者“存在危险”。不用致力于去推测这种做法是好是坏，我们可以很容易地发现，这与刑事程序的基础是不同的。虽然对被认为反常或怪异的个人行为进行的观察,通常将会引起介入的决定,并且带来民事收容,但是行为并非收容的正式原因,而仅仅是表明正式原因或社会赖以做出收容决定的标准已经存在的证据。正如我们已经看到的那样,有很多场合对有精神疾病的人所进行的强制性民事收容,其满足了刑罚的定义。这些情形呈现了一系列的困境,其中的一些维度我们将会在考虑刑事制裁的替代措施时进行探索。然而,就目前的目的而言,我们只需注意,在这种特殊情形中,与处理精神健康的法律相比,刑法明显更加注重人的自治性。如果确实存在一定的代价,那么这种代价就在于在目标设定上更少地采取了一种单一的预防性观点。

民事收容的基本原理是纯粹预防主义和前瞻式的。它的目的在于通过限制和社会复归来保护病人及其周边的人。如果并非完全监禁式的,那么民事收容的目的在于使病人成为一个更好和更
78 快乐的人,这不仅是为他考虑,也是为了他所接触的人而考虑。纯粹预防主义的和纯粹功利主义的刑法事实上看起来更像是民事收容。差异就在于罪责,而且这种差异无法使我们区分预防和惩罚。在刑法的情形中,这种差异服务于保护那些与自由、自治以及安全相关的价值。而对行为进行刑罚的限制,便构成了保护这些价值的第一道防线。

这种观点将会遭到反对,因为刑法现在事实上并非只处理行为。在盎格鲁—美国法中有一种强势的传统,将某些类型的身份也作为犯罪处理,如流浪罪。“行为人如果有从事工作的身体条件,但是不仅不主动去找工作,而且被提供工作时也不付出劳动,因而缺少可见的谋生手段”(现已被废除的加利福尼亚州法律中的用语),则或许可能被认定为实施了一种不作为行为。但是通常的认识会反对使用“行为”这一词语来描述并未实际“发生”而是无须

提及分散时点而存在的状况。必须承认，当法律将流浪者身份或“通常酗酒者”（这一表述让人联想到伊丽莎白时期的英国）身份规定为犯罪，那么它正在背离行为的限制。这种法律实际上正在退出舞台。法院也在“因模糊而无效”“残酷而非常的刑罚”的违宪提示下，推动这些法律走向消亡。正如我们将看到的那样，这些标签涉及一些对身份犯罪具有致命性打击的额外价值，我们将会在本章的后文中考察这些价值与犯罪定义之间的关系。但是现在让我们聚焦在这些有意思的反常现象，与对可界定的行为的刑罚限制之间的关系之上。

身份犯罪可以被理解为刑法未能提供其他替代措施时预防性理念的最好体现。不论以何种名义来进行，身份犯罪的消亡是替代性措施的发展的结果。这些替代措施使我们获得以前不能得出的认识：这些犯罪是刑法中的反常现象。总是存在这样一种压力，促使我们将那些被认为有危险性，有威胁性，或者仅仅只是怪异的人从社群中排除出去。直到最近，这种压力仍然不得不几乎完全从刑法中来寻找发泄出口。但是，在上个世纪（19 世纪——译者 79
注），疾病尤其是精神疾病概念的显著扩张，为我们提供了另外一条出路。现在我们能够坚持理论的纯粹性，而身份犯罪与其背道而驰。联邦最高法院最近在罗宾逊诉加利福尼亚州[1]一案中生动地展示了这一点，其认为，加利福尼亚州法律将吸毒成瘾规定为犯罪的做法是违宪的。法院相当隐晦的原理就在于：立法机关不能将患有疾病规定为犯罪。但是除非吸毒成瘾被视为一种疾病，否则这一论证就不能成立。法院理所当然地认为吸毒成瘾是一种疾病，这并非没有意义。当然，问题并不在于它是不“是”一种疾

〔1〕 370 U. S. 660 (1962).

病,而在于它如何被理解。首席大法官马歇尔对此会有何看法?时代在变,思维习惯在变,我们的文字使用方式在变,法律程序也随之发生变化。我们现在可以将刑法的实体内容限制在行为,而将身份和预测留给其他法律程序来处理。正如我们将看到的那样,这并没有解决最终的问题,而只是将其进行了转移。

因此我们可以看到,将刑罚限制在行为领域,在一定程度上有损于预防性功利目的,而且它实际是刑法基本原理对纯粹预防性导向所进行的一系列限制中的首要事由。行为限制是刑法与民事收容的主要区别,尽管这种差异并没有使得哪种程序的结果具有更多或更少的惩罚性。最终,通过替代性法律程序的发展来处理对未来不良行为的预防,这大大强化了刑法中的行为限制。

第三节 合法性原则

刑法学术讨论赋予了禁止溯及性地定义和惩罚犯罪核心的重要性。我们被反复告知的第一项原则是,除非行为在实施前已经
80 被拥有制度性权能的权威主体所定义,否则不能作为犯罪处理它。为什么应当是这样呢?或许最常见的回答是,人们有权知道何种行为是被禁止的,如此才能相应地规划自己的行为。在这种主张中存在一种良善观念的内核,但是正如我们将看到的那样,它有些过于简单,并且在某些方面具有误导性。一种更为精细的回答是,这种对事后法(被谴责的做法通常被如此称呼)的禁止是必需的,其有助于在司法运作中确保公平,消除官员自由裁量中的压迫性和任意性做法。这种回答也有待探讨和完善,因为它也并非没有缺点。

坚持合法性原则在今天对其具有一些学术上的价值,从指明这一点开始可能是有所助益的。这一原则可能本质上是合理的,

对其几乎普遍的遵守是美国以及英国(程度略微较低)刑法运作的特征,这可能是我们对文明国家所做出的最大贡献。但是,事实情况是,这项议题仍然没有结果。除了像希特勒统治下的德国废除该原则这样的灾难性事件,以及取得胜利的同盟国在纽伦堡所进行的回击,很难提出恰当清楚的例子。经过审视,少数确实发生的例子,实际涉及立法机关是否具有垄断定义犯罪的制度性权限的问题(对此我们将会在下章谈及),而不是法院或立法机关是否必须在特定行为形式出现之前,决定什么可以被作为犯罪处理的问题。

这一问题看起来似乎已经消失的原因,并不难了解。今天的实践中不再有这样一些行为形态,即社会想要惩罚它们,但是不能被刑法的一般或特别禁止所规制。而且,似乎制定新罪的立法情绪比一般的公众压力更快明确成形。最近将持有致幻剂 LSD 入罪 81
的立法浪潮,就提供了最新的例子。这些法律没有例外地被制定出来,并且在通过之后的一段时间才具有刑法效力,对此没人感到奇怪。确实,法律常常在完成制定程序之后即直接生效。但没有人抱怨,这种前景将会导致数千 LSD 持有者逃脱应有的惩罚。我们根本就没有这样来思考问题。

通过如此立法来应对使用 LSD 行为,在当下已经比较罕见了。近年的大量刑事立法——每年的立法产物——可以分为三种类型:对已经存在于某些宽泛立法中的行为,进行非常细致且特定化的规定;扩张刑法的时间范围,使其适用于预备行为,尽管预备行为距离最终的损害结果还很遥远;改变(通常是提高)特定犯罪的刑罚。所有这些形式的立法,都不能被视为是对那种可能违反合法性原则压力的一种回应。这一原则在今天是如此的稳固,乃至于要想深入地理解它,我们就必须尝试想象一下它在一个世纪乃至更长时间以前的样子。

一个具有启发性的例子是盗窃法在18世纪英格兰的发展，杰罗姆·霍尔对此作了经典的描述。[2] 其整体主旨是，刑法对那时新兴商业和城市社会中日益复杂的财产关系予以回应。盗窃法，就其当时所发展的阶段而言，反映的是农业社会的情况。在这种农业社会中，人们面对他人贪婪行为的主要危险在于他人会偷走自己可移动的财物。针对财产的核心犯罪就是盗窃：以永久剥夺他人对财物的享有为目的，取走他人的财物。禁止通过诈骗来取得财产的规定，局限于通过利用虚假砝码或代币来进行欺诈，以及
82 一般审慎的人无法保护自我的行为。市场不断增强的非人格性特征，还没有迫使我们重新审视这样的一种观念，即无知或轻信的买家如果受骗则只能责怪他自己。通过破坏信用实施的盗窃（我们称之为侵占）还没有成为一种刑事犯罪，除非在非常有限的场合，即仆人侵吞了主人委托给他的财物。通过虚构一个事实，即仆人对财物没有法律上的“占有”而只有“保管”，这种情况被吸收到盗窃犯罪之中。这种策略维持了这样一种观念，即（针对主人的财物）非法获取是盗窃罪的本质。这种为此虚构事实的观点似乎受到了合法性原则的影响；但是让我们假定，1770年英格兰的法律，非常粗略地说就是上面所述的情况，然后让我们考虑两种实际的法律发展，其为与合法性原则相关的既有理论提供了检验的案例。

第一种涉及欺诈法律。[3] 一个名叫皮尔的人从养马场租了一匹马，声称希望骑马前往萨里，然后再返回。事实上，他将马据为己有；他因此被受骗的养马人指控为盗窃。这个案件给法官带来了很多麻烦。当皮尔已经合法地占有了马匹，这一行为何以能构

---

[2] *Theft, Law, and Society*, 2d ed. (Indianapolis, 1952), chap. 2.

[3] Rex v. Pear, 2 East's P. C. 685 (1779).

成盗窃？哪里有所谓的非法获取(trespassory taking)呢？显然，皮尔是一个偷马贼；但是他是否实施了一项刑事犯罪？法官认为，这种行为对商业关系造成了严重的威胁，法官对这一点的承认压倒了他们对扩张盗窃法适用范围的顾虑。就像盎格鲁—美国法的发展那样典型，在这种紧张的情况下，一种虚构的事实被设想出来。皮尔的重罪意图，不论何时在他的脑中形成，可以回溯到他租借马匹以及做出非法获取行为的时刻。这种方式为欺诈法律的大规模发展开辟了路径。显然，如果皮尔对养马人的默示表示，即他将会在租期结束时归还马匹，可以被视为与非法获取相当，那么任何虚假的借口都可以如此处理。讽刺的是，法官忽视了数年前议会通过的一部法律，该法被解读为将通过虚假借口获取财物的行为规定为犯罪。其后，英格兰的法官意识到了这部法律中的可能性，于 83
是我们现在所知的虚假借口的法律开始发展起来。皮尔的案件成为了一桩历史性的奇案，其之所以引人关注，主要是因为它为通过虚假借口获取财物的犯罪和使用诡计的盗窃创设了一项完全不理性的界分标准，而这困扰了一代又一代的法学生，但是又没有维护其他社会意义。然而它和我们的目的的关联性在于：通过司法裁决，皮尔因为实施了一项似乎并非犯罪的行为而被判处重罪。

相较而言，英格兰银行的一个出纳贝兹利，其命运则幸运得多。[4] 一位顾客交给他一张一百英镑的钞票，用于存入银行账户。贝兹利将这张钞票据为己有。当这一侵吞行为曝光以后，他被以盗窃罪起诉。问题又来了，哪里有非法获取呢？皮尔案中的脱困之道不再可用了。按照公认的财产法概念，一旦钱款被接收用于存储，那么钱款就归属于银行。而且因为盗窃不可能由顾客来实

〔4〕 2 East's P. C. 571 (1799).

施，那么就只能由银行来实施。如果贝兹利已经将钞票放到了银行的收银柜，哪怕只是一小会儿，这也不会有问题，因为此时钞票已经由银行占有，贝兹利侵吞钞票的行为已经构成了盗窃范畴中的非法获取，这就像之前描述的仆人的行为那样。但是，银行从来没有占有“它的”钞票。因此，没有盗窃存在。贝兹利被无罪释放。鉴于上述情况威胁到公众对英国最大金融机构安全的信心，议会通过了第一部侵占罪法案，其直接指向英格兰银行的侵占行为。十年以后，一个名叫沃尔什的证券经纪人将顾客委托给他的证券挪为己用。他被起诉，但是像贝兹利一样，也被无罪释放。[5] 因为议会的法案只适用于银行出纳，而不适用于证券经纪人。

所有这些都指向一个问题：为什么皮尔应当被定罪，而贝兹利和沃尔什被无罪释放？这种历史性的梳理可以告诉我们一些关于合法性原则的内容，而其难以从一种纯粹抽象和理论的讨论中清
84 楚地得出。首先，这三个人所实施的行为，被当时多数人认为是错误的，是不当地给他人造成伤害，因此也需要被阻止，尽管并不存在正式的法律禁止规定。由于当时刑法存在的缺陷，人们不会直截了当地说这三起案件中的任何一人实施了犯罪。皮尔案中的法官为了将皮尔的行为“解释”得符合盗窃罪，诉诸一种虚构的事实。贝兹利和沃尔什案中的法官则发现他们很难将存有疑问的行为解释为符合相应的法律。或许会有人主张，对于合法性原则所维护的价值而言，皮尔案的法官是错误的；但是，这三起案件形式上仍然符合这一原则。尽管皮尔案通常被认为是盎格鲁—美国法律史中法官造法最具广泛影响且（那些不喜欢这类事情的人认为）最无

[5] 168 E. R. 624 (1812).

正当理由的例子之一,但是做出判决的法官已经在他们权力范围之内尽全力去说服民众,他们的决定仍然符合合法性原则,即人只有在已经存在明文规定犯罪的情况下才能被惩罚。为什么?为什么那些法官不直接主张:尽管皮尔所为在行为时没有被规定为犯罪,但是我们仍然要将它作为犯罪处理?为什么贝兹利案的法官没有创设一个侵占的罪名?或者,在第一部受限制的侵占法律通过以后,沃尔什案的情形只是在侵占者的职业上与议会所规定的法律有所不同,法官为什么不类推适用该法来处理本案?

我们能否严肃地主张,皮尔、贝兹利以及沃尔什在现存的刑法中具有某种法院应当认可的信赖利益?假设这三人在实施其行为之前已经咨询了律师,并且被告知(他们肯定会被告知)刑法不适用于他们的行为;他们知道他们所做的事情是不正当的。为什么法律体系应当重视他们不正当的预期,即法律不会适用于他们?除此之外,是否还有其他用来支持合法性原则第一项主张(人们有 85
权获得关于法律如何要求的公平告知,如此他们才能相应地规划自己的生活)的例子?只有这样一种情况:如果公民在行为时并非犯罪,但是被普遍认为是不正当的行为而受到惩罚,那么当这种行为在行为时既不是犯罪,也没有被普遍地认为是不正当时,如何来保护公民,令其不因该行为而受到惩罚?"公平告知"的基本原理与皮尔案、贝兹利案或沃尔什案这样的案件没有太多或者根本没有关系。确实,它与盎格鲁—美国法历史中任何被认为背离合法性原则的案例都没有关系。个罪而非类罪的创设(通常被伪装说成"发现"或"解释")总是对这样一种情形的回应,即社群的安全感和适宜感被该行为所冒犯。"公平告知"的原理,是一种针对未来疑难案件而非当下简单案件的预防性的原理。这代表了一种在人类所处环境和法律之中,最具特色且最根深蒂固的一种反应:如果我们让你做此事,我们如何知道,你不会以此为正当理由,去做那些我们不想让你做的事情?无论称其为“坏的先例”,“滑坡”,“钉入的楔子”或者其他你想给出的叫法,它所表达的是一种根深蒂固的本能。而且,在我看来,只有作为那种本能的表达,合法性原则的理论基础“公平告知”才变得易于理解。在这些案例中,并非这个人——皮尔,贝兹利或沃尔什——被意外不公正地对待。而是说,如果我们让你对这些人这样做,而这些人完全罪有应得,那么我们如何知道,你不会对我们做同样的事情?

从这个角度来看,“公平告知”原理成为了合法性原则第二项且更为复杂的原理的简单伪装版本,即为了防止官员自由裁量权的滥用,需要进行“公平告知”。这种主张也并非没有困难。即使合法性原则在以下意义上被严格遵守,即如果没有现存的法律将行为规定为犯罪,则行为不能被科处刑罚,仍然存在很大的官员自由裁量权专断滥用的空间。服务于这种目的的主要技术便涉及对
86 “现存法”的“解释”。如果法律具有一定程度的概括性,(无论尽了多么严谨的努力来消除它们,不确定性的因素始终存在,这是法律的本性使然)那么案件就可能被带入这样一种境地,即有多少“不公平的意外”,就有多少官员自由裁量权的滥用,就好像在存有疑问的行为之前根本就没有正式法律规定一样。这种可能性,在一个像我们这样复杂的法律体系中乃是日常的现实,它不可能像我们通常所理解的那样,仅仅依靠合法性原则便可消除。相反,对它的控制需要发展出更为精细的理论,以及适用这些理论的充足制度构造。这些理论与法律制定和法律适用的权能分配有关,也与“法律制定”和“法律适用”的区分有关。如果没有这些理论,合法性原则在保护它声称所要服务的价值方面,将会有些希望渺茫。

就像通常所理解的那样,合法性原则假设了一个看起来似乎

可行的制度框架模式,刑事诉讼程序运行于其中。按照这一模式,存在两项必要的制度机构,一个制定法律,另一个对手头特定的案例适用法律。我们将第一个称为立法机关,第二个称为法院,并且我们假定,它们各自仅仅照管自己的任务设定。这种模式是如此的熟悉,以至于我们容易忽视与此相关的两个有意思的事实:这种功能划分在盎格鲁—美国法律体系的语境中是高度非典型的;而且它没有对盎格鲁—美国刑法的真实演化路径进行非常准确的描述。直到专业化行政机构发展起来——这一发展实际局限在本世纪(20世纪——译者注)——才形成了对立法创设和持续性立法服务的需求。在此之前,盎格鲁—美国法律体系中的大量的法律决策,通过法院对面临的争端进行调整来完成。对特定案件作出决定的规则,在案件之后得以发展,而不管法院虚构了一些事实去否定它。侵权法、合同法和财产法的构造,所包含的法官制定的、 87
回溯性的内容,比立法性、预期性的内容要多得多。刑法也同样如此,除了存在一些形式上的差异,即在数个世纪的法官回溯性造法之后,他们工作的成果已经被立法机关纳入了预期性的法典之中。如此一来,除了在极为有限的情形中存在例外,刑事领域的司法造法进程就停了下来。

鉴于这些历史事实,我们可以看到合法性原则的不寻常的一方面,而这需要进一步探究。合法性原则与盎格鲁—美国法的特性并不兼容,其如何被我们的司法所接受,是一项历史问题。抛开这一问题,我们需要探寻,遵守合法性原则的要求是否以及在何种程度上能够服务于我们所理解的刑法目的。为了做到这一点,我们必须关注两个我们目前仍未认真对待的问题:给不同法律机构分配“法律制定”和“法律适用”的权限,其功能是什么?以及“法律制定”和“法律适用”的准确内涵是什么?

第四节　权能分配

一种可能的刑法体系模式，将程序的启用完全交给声称自己遭受该行为侵害的个人来进行。这当然恰好是私人主体之间对损伤进行赔偿的处理方式，即便今天也仍是如此。在这种模式下，如果 A 杀死了 B，那么 B 的家庭，或其他被认为有充分利益提出主张的人，会申请法院将 A 传唤至法庭前，以实现对他的罪行进行审判的目的。如果法庭认为 A 构成犯罪，那么将会像今天的民事案件那样，判处 A 给予申诉人损害赔偿。但是除此之外，法庭还会对 A 科处一定形式的惩罚，以通过威吓、限制和改造的模式来实现预防 A 或其他人实施该行为的利益。这样一种体系会有助于实现刑法体系的目的吗？显然并不会。且不说实际的一些困难，这样一种
88 普通法、私人导向的刑事体系将会显示出一种基本的缺陷，即其法律实施将会非常零散和偶然，以至于无法实现预防的目的。受到侵害的人可能常常不会提出控告：因为他们可能太忙，太懒，太无畏，太胆小，或者其他原因。或者，尽管他们想要提出控告，但是他们可能没有能力这样做，因为他们不知道侵害自己的人的身份。又或者，尽管他们怀疑自己已经被以某种方式伤害，但是却可能无法充分确定所要控告的事实。

显然，在一个像我们这样的复杂的城市化社会中，个体主要是匿名存在的，刑法的目标需要一套能够查明犯罪行为、逮捕罪犯并且决定他们是否进入审判程序的制度。简而言之，必须有警察和检察官。但是，当这种公诉被国家机关而非个人提起时，也应当在刑事追诉的发动阶段，对自由裁量权的行使进行审查。在这里，我们可以看到合法性原则在当代刑法中真正的重要性；因为这一原则主要用来控制警察和检察官而非法官的自由裁量权。

在司法程序中,合法性原则并非防卫自由裁量权滥用的必不可少的手段,因为其他审查手段可以完成同样的任务。法院通过一种被描述为理性阐述程序的方式而公开地运行。他们必须论证他们的决定。仅仅说这个人因为做了一些坏事所以他应当进监狱,这是不够的。法院有义务将这个人所做的特定坏事与其他过去已经被规定为犯罪的坏事联系起来。我们称之为普通法方法的类比推理体系,是一种能够有效制约任意决策的手段。法院根据一种推理体系公开进行审理,其接受感兴趣的观众的监督,包括职业人士和外行人士,这样的一种事实阻碍了对合法性原则所代表价值造成的哪怕是最微小的侵害。

与此相对,警察和检察官则在一种秘密和非正式的背景中开 89
展工作。他们的工作过程只是以极为偶然且仓促的方式接受了公众的监督。尽管一些法院(尤其是大城市的基层法院,它们必须像流水线一样进行司法)有时也会像警察和检察官那样在非正式和缺少清晰性的情况下行事,但是没人曾经发现过哪位警察或哪家检察机关会像法院那样工作。当法官偏离了公开、公平、理性的模式,他们会被认为背离了他们的理想角色而受到谴责。但是,没有人期待警察或检察官像法院所被期待的那样工作;那根本就不是他们的角色,他们甚至不需要受到最低限度的心理约束,这种约束来自自我感知到的对一个被公认角色的违背。

合法性原则,并非对立法机关与司法机关之间权限的分配具有重要性,而是对通过非正式的调查、逮捕、讯问、控告这些代表刑事司法运作的手段,来发动刑事程序的部门之间的权能分配具有重要性。本书第二部分将分析这些手段。在这里它们的关联性只是在于,它们存在,且这种存在在权力的行使中引发了问题,而合法性原则是对此的重要回应。

那么,这是否意味着,合法性原则的传统关注重点,即划定立法机关和法院各自的角色,被扭曲了?被适用的法律是由立法机关“制定”,在行为发生之前将某些类型的行为宣告为犯罪,还是通过法院来“制定”,在行为发生之后由法院审判来确定其犯罪性?这是否真的没有区别?完全不是。传统的关注重点是完全正确的,尽管如我们所看到的那样并非因为传统的理由。其之所以正确是因为,在一个体系中,将至关重要的发动权力置于官员手中,而这些官员通过非正式且秘密的程序来运作,就像他们必须如此一样,则必须有一些机制来确保这种发动的决定在尽可能大的程度上是公正的、公平的和理性的。大部分的这些机制,我
90 们将会在第二部分看到,具有对警察和检察官所作决定进行事后审查的性质。但是最重要的机制是,通过集体的期望这一媒介来推动,要求警察和检察官将他们的注意力限定在已经被规定为犯罪的目录之中。当然,这样的一个目录仅仅只是包括了所有之前被法院认定为犯罪的案件的摘要,这在理论上也是可能的。但是,即使没有其他东西可以发挥作用排除这种情况,理性的韦伯式官僚制的命令也会确保,这一目录会看起来更像是一种具有立法性风格的一般化的,预期性的实证法的表述,而非司法裁决的摘要。

当然,发挥作用的不仅仅是理性官僚制的命令。如果刑法可以由法官事后来制定,而不是由立法机关事前来制定,那么执行的官员会受到强烈的诱惑,去猜测法官会在特定的案件中做什么。这种诱惑是无法被消除的,就像我们很快就将看到的那样,但是它可以通过在合法性原则下工作的执行官员所形成的思维习惯来减少至最低程度。举一个现代发生的例子,我们可以考虑一下危险药物如 LSD 的问题。如果法官拥有像立法机关那样宽泛的立法

权,那么任何认为服用 LSD 是一件坏事并且应当被作为犯罪处理的警察,以及任何同意这种看法的检察官,可能会联合起来针对服用 LSD 的人发动刑事程序。如果他们能够(在一个管辖范围内的数百名法官之中)找到一位同意他们观点的法官,他们将能获得一项刑事定罪。如果管辖范围内上诉法庭中的多数成员同意他们的观点,他们将会得偿所愿。

事实上,这种事情从来没有发生过,尽管这种压制 LSD 的使用的情绪在执法人员那里比在一般公众那里可能更为强烈。除了少数非正式的骚扰没有法律系统可以有效排除之外,由 LSD 服用者所组成的反常亚文化成员,仍然可以自由地追随他们的癖好,直到立法机关开始宣布,根据其运作模式,从今以后或从某天起服用 LSD 将构成犯罪。当法律制裁的发动由官员而非私人来控制,这 91
种确定性和规律性特别值得重视。

当然,我并不是说,背离这一原则的情况不会发生。这种情况确实存在,而且比起在美国,其在英国发生得更为不受限制,但是其发生频率也在降低,并且面临越来越大的反对之声。一个好的例子是,上议院在著名的肖诉检察长[6]一案中所做决定引发的轰动。在街头犯罪法案通过以后,其对伦敦街头的妓女卖淫行为进行了严厉打击。富有创意的肖先生发明了一种新的方法去为那些无法再叫卖的东西做广告。他编制了一本包括姓名、地址和电话号码的清单,并称之为《女士的名录》予以发行。他被按照法官所制定的图谋腐化公共道德罪定罪,而且上议院认可了这一定罪,因此证实了司法权可以将此前并非犯罪的行为入罪。当然,现在人们可以争论,上议院没有制定新的法律,而只是适用了旧法。这只

[6] [1961] 2 Weekly L. R. 897.

是主流观点的一种修辞，而且这种区分也肯定难以进行。但是肖先生的故事说明，即使是像英国最高司法法庭所做的如此谦和的法律增设（如果确实如此的话），其也引发了至今都未减退的争议风潮。法院没有完全停止这样的做法，但是对此他们会三思而后行；而且他们做得非常少，以至于每起案件都可能成为广受关注的争议案件。肖先生一案的背离程度很难与皮尔一案相比，但是对这一点20世纪的感受要比18世纪敏感得多。

第五节　模糊性、严格解释和预防性羁押

制度性的压力赋予了合法性原则当代的生命力，对其进行的考察表明，在一个现代的刑法体系中，立法机关是主要的法律制定者，而法院只是以一种从属和补充的方式扮演法律制定者的角色。
92 但是这个体系如何来完成这种权力划分的工作？为了理解在刑事司法体系中可用于维持对立法机关和法院所进行的角色分配的手段，首先有必要摒弃我们认为可以清楚区分这些角色的简单幻想。如我们将要看到的那样，在刑法的实施中存在一块具有重要意义的灰色地带。

规制犯罪行为的立法性法律，由禁止人们在未来做什么这样的概括性指示所构成：在司法程序中，就某些对程序有实质影响的事实发表虚假誓言，便是一项犯罪。而司法性法律则由将法律后果赋予过去实施的特定行为的特定陈述所组成：阿尔杰·希斯被判伪证罪，因为他在有权进行询问的大陪审团面前作证时，虚假地发誓说他没有将机密文件交给外国机构。立法机关的工作是制定法律，法院的工作是发现事实和适用法律。这些看起来似乎非常简单，直到我们发问，皮尔案中法院所为到底是制定法律还是适用法律。当然，这一问题很难用绝对的术语来回答。它只能通过评

估立法规定的概括性予以处理。

让我们暂时假定,正在思考起草新刑法典这一重大问题的立法机关,决定通过一条单一的法令来解决问题:不论何人,只要做了任何坏事,其就应当如正义所要求的那样受到惩罚。约翰·琼斯在与他的邻居争吵时,用锤子击打了对方的头部。如果法院要决定约翰·琼斯是否违反了法律,那么法院是在制定法律还是适用法律?当然,这个问题是荒谬的。在某种意义上,法院在同时做这两件事情。但是绝对化地对待法律制定与法律适用所隐藏的一个重大问题在于:法院有多大程度的自由来决定是否要将约翰·琼斯的行为定罪?这个例子的极端性让问题很清楚。但是只要立 93
法机关所做出的具有必要的概括性和不确定性的规定被用于决定刑法执行机关——包括警察、检察官以及(最明显地,尽管可能不是最重要地)法院——的事后行为,同样的问题仍将出现。几乎不用争论的是,上述假设的刑法法令——无论何人只要做了任何坏事,其就应当如正义所要求的那样受到惩罚——违反了合法性原则。如这一例子所展示的那样,形式上被适用的法律,是被控告行为发生时所存在的法律,但这还是不够的。必须存在一些机制来保证,授予执法者的自由裁量权大小不会超出可容忍的界限。设计这种机制的功能,以及决定何种界限属于可容忍的功能,都属于法院。当然,它们都属于法院并非偶然;但是,其也并非任何全能的法律制定者精心安排的结果。它仅仅只是一种制度性的必然。立法机关之所以不能做这项工作,是因为这项工作在运作上被界定为立法机关在已经完成其工作以后遗留的任务。那些执行法律的人不能做这项工作,因为没人可以做他自己案件的法官。(对警察国家的一个好的定义,就是一种允许执法者做自己案件的法官的制度。)

通过法院维护合法性原则的良好状态的机制，由一系列赋予刑法诸多特色内容的原则组成。对我们的目的而言，识别和描述其中的两项原则就足够了，其很好地代表了所涉及的价值。它们是因模糊而无效原则和要求严格解释刑法规定原则。因模糊而无效原则是美国宪法相当晚近的产物，但严格解释的原则则拥有悠久的普通法历史。由于它们不同的起源，这两项原则通常被认为是不相关的。但是，正如我们将看到的那样，它们具有密切的联系，而且最好可以被认为是同一范畴内的相邻部分。

根据因模糊而无效原则的最强形式，法院会对立法机关主张：你在从各种不同行为中挑选法律可能被适用的行为时，被赋予了如此广泛的自由裁量权，以至于我们根本就不会适用它。毫无疑
94 问，在上述讨论所假设的坏的行为规定的情况下，这是美国法院将会作出的对约翰·琼斯所作指控的回应。事实上，因模糊而无效原则已经在有限的一些案件中被频繁且严格地援引：在那些案件中，执行的自由裁量权被认为已经侵犯了诸如言论自由和新闻自由等宪法所保护的价值。作为一种给执法机构进行立法授权的宪法性限制，这一原则因此很少被适用于保护其所直接关联的价值；相反，它已经发展成为一种工具性的原则，而非拥有独立效力的原则。因此，联邦最高法院的判决似乎教导我们，模糊性之所以是坏的，不是因为作为一种概括性的规定，通过立法机关将定义犯罪的权力赋予执法机关和法官是错误的，而是因为当法院特别注意保护的某些价值（如言论自由）可能被这种授权所威胁时，它才是错误的。由于这种曲解，这一原则的实际运作已经导致了相当反常的结果。例如，很难想象有比以下案件中立法机关更加完全放手的做法："为了破坏竞争或排除竞争对手，以不合理的低价"销售商品，构成犯罪。《罗宾逊—帕特曼法案》第3章的这一条款，最近在

“国家乳业公司案”中,[7]得到了存在分歧意见的联邦最高法院的支持,尽管这种支持并不热烈。

然而,在本书中,这一原则的实际运作并非我们主要关心的问题。确实,因模糊而无效原则是一种宪法性原则,这对我们来说并非要事,除了它可能有助于解释为什么联邦最高法院如此谨慎地适用它。相反,我们关心的是它与刑法体系的理论关联性。这项原则首先是向立法者适当地提出,它是制定刑法条文的过程中应遵守的这样一项禁令,即除了处理立法者寻求预防的行为所合理 95
需要的权力之外,不得赋予更多的将行为规定为犯罪的权力,因为这种权力必然会带来对人类的自治的破坏。

我们这里所关心的另外一项原则,即对刑法规定进行严格解释的原则,或许会被认为是因模糊而无效原则的一种初级版本。这也是一项由法院所发展出来的原则,采取了法院在一起待决案件中向立法机关做出陈述的方式。这一陈述这样说道:“你在刑法条文中所使用的语言没有传达出一种规制我们面前的这个案件的清晰的意图。因此,虽然这个人可能做了一些我们都想将其作为犯罪处理的事情,但是他仍然必须获得自由。”出于多种原因(绝不仅限于这里简述的原理),法院传统上坚持维持了对这一清楚陈述政策的高标准遵守,以至于在一些特定的案例中有时结果确实显得非常奇怪。

让我们考察一下著名的“麦克博伊尔诉合众国案”。[8] 一项联邦立法将在州际贸易中运输被盗窃的“机动车”的行为规定为犯罪。麦克博伊尔运输了一架被偷来的飞机。霍姆斯大法官发表了联邦最高法院的一致性意见,推翻了有罪判决,指出该法不应被

---

[7] United States v. National Dairy Products Corp., 372 U. S. 29 (1963).

[8] 283 U. S. 25(1931).

"扩张"解释为包括航空器,"其基于这样一种推断,即立法机关如果之前已经想到这种行为,那么就会采用更加宽泛的概念"。人们可以很好地得出结论,在本案中法院表现得过于严格,就好像人们可以认为在"国家乳业公司案"中法院表现得过于放任那样。从某种角度来看,法院试图教育(或者可能是惩罚)立法机关,在语言的使用上不要缺乏精确性。[9] 一种更为开阔的观点,将麦克博伊尔案的判决视为合法性原则内在价值的象征性确认。法院不可能在真空中很好地做出这些象征性的表示。如果联邦最高法院确认麦克博伊尔有罪,这案子现在也会被遗忘,不论其关于立法准确性需求的陈述多么具有说服力。

96 这些原则在通常体现于法律中时所遇到的麻烦在于,他们出现在了程序中错误的地点。表面上,它们只是司法原则,尽管那是它们出现时的伪装。它们只是空洞的词语,除非它们被创设犯罪的立法机关以及执法官员(其不容易的角色在于介入个人自治领域,将实施了那些立法机关想要预防的行为的人置于刑事程序)所认可和遵从。

回顾一下,我们可以看到,我们所探讨的整个理论网络之所以必要,就在于一个关于刑法原理的基本事实:其对于秩序与自由之间竞争需求的调和,始于对行为适用的限制。尽管其寻求通过塑造人们行为的方式,以及介入呈现反社会倾向者生活的方式来控制未来,但是刑法将其影响效果及其介入都限制在事实上显然在过去发生之事的后悔时点(*locus poenitentiae*)。这种自我否定的规定,使得作为一种在自由开放社会中进行社会控制的手段的刑法变得可以被容忍。本书前面章节所概述的刑法原理所带来的其他

---

〔9〕 事实上,国会根本就没有吸取这一教训,以至于其修订法律时将被偷的船只排除在外。在这种法律解释的自我鞭笞式运用中,存在很多危险。

理论后果,尽管确实是非常基本的内容,但在这一原则面前还是显得不太重要。

本章所论述的所有内容,包括关于创设犯罪行为种类的权能分配,关于合法性原则及其工具性原则——因模糊而无效以及严格解释,都表明,这一理论的主体都服务于将刑法限制于行为这一单一的、重要的功能。一部纯粹行为主义的刑法会认为这种限制不合理而将其抹去。它会采用一切人类智力可发明的手段去探究未来,处理那些行为人付诸行动之前的倾向,即不顾过去的行为而去预防未来坏事的发生。而且,在这样一部刑法中,没有制度性权限严格区分的空间,也没有合法性原则及其伴随性原则存在的空间。目前对身份犯罪的宪法性批判,就是以因模糊而无效原则为基础,这并非偶然;因为,身份犯罪代表了在我们所接受的纯粹在行为性上强调预测的刑法的最清楚的例子之一。这种目前名声不 97
好的法律,其功能在于控制那些没有实施任何可识别的恶行,但只是被认为可能在将来会这样做的人。

在预防目的和刑法的适用仅限于行为这一观念之间,存在相当大的紧张关系。行为属于过去,它由可识别的、分离的事件组成。我们可以经验性地和历史性地感知它,处理它的法律必须发展出一种类似历史学家所拥有的那种证明方法。兰克的观念——就像过去本来的情况那样去了解过去——可以很好地成为刑事法院的座右铭。但是,正如我们所看到的那样,预防是以各种方式——威慑、剥夺能力、社会复归——和未来对话的一种目的。我们无法了解预防,我们只能预测它。我们的信心在于将行为看作一种预测的线索,这或许是我们最好的线索。但是,它仅仅只是一种线索,而且总是存在一种诱惑让我们忽视它,而热衷于其他可能看起来限制更少的一些线索。在将威慑作为一种预防方式的案件中,那种诱惑不是太强烈,因为威慑并非将一个人过去的行为作为他将来会做什么的预测工具,而是作为一种向他人展示的机会,即如果他们实施类似行为会对他们发生何种结果。因此,威慑将过去与未来之间的紧张关系降到了最低程度。剥夺能力和社会复归则不会那样轻易地放过我们。大体来说,在这个世界上,没有其他方式比强化某些行为类型不受鼓励这一理念,更能够影响人未来的行为。威慑的方法与那些模糊的概念如危险性没有关系。但是,当我们脑中所想的是我们称之为剥夺能力和社会复归的预防主义的独特行为模式,那么位于威慑观念中心的行为,充其量只是一种服务于目的的手段。如果我们可以在没有可辨别行为的情况下预测趋势和倾向,如果我们可以预防行为发生,并且由此避免历史性证据的限制,为什么我们不这样做呢?诱惑始终存在,而且刑法的历史充满了我们如何轻易向其屈服的例子。其中一些就是对
98 合法性原则的完全违反。另外一些例子在历史上被认为似乎没有违反合法性原则,但实质上它们已经违反了合法性原则。其他的例子则表现出与合法性原则的合理兼容。简要地看看预防性羁押范畴中的一些问题,可能是有所启发的。

完全违反合法性原则的典型是"出于调查的目的"或"出于怀疑"而实施逮捕。关于逮捕的法律的理念在于,任何人不得被剥夺自由,即使是片刻地剥夺也不被允许,除非有充分的理由可以相信行为人已经实施了犯罪。但是,这一理念每天都在实践中被无视数百次。那些被警察怀疑要做坏事的人,因各种预防性的动机而被拘留起来,有时只有几分钟,有时则是几天甚至几周。其中最崇高的动机是,通过讯问,结果将会证明这些人事实上实施了他们被控告的犯罪,即使缺失逮捕的正式理由。但是,更多的(可能是大部分)基于怀疑而实施的逮捕,连达到伪合法性程度的动机都没

有。相反，这种逮捕反映了这样一种观点：这些人可能会在未来实施恶行，如果他们提前得到干预，他们实施犯罪的机会和激励都会降低。已知的像大城市中的赌徒、吸毒者、卖淫者，尤其容易遭遇这类预防性拘留。正如我们将要看到的那样，在他们实施犯罪后越难被查明，这种在推定的结果发生之前对其进行预防性拘留的诱惑就越强。

如果犯罪的定义足够模糊并具有弹性，预防性拘留便能在惩罚已实施犯罪的伪装下来完成。最典型的例子便是流浪罪。如果没有合法的业务也没有看得见的生存手段而游荡即构成犯罪，执法者便有正当理由对人们进行逮捕和拘禁；表面上看是因为他们是“流浪汉”，实际上是因为他们可能要实施犯罪，除非对其进行制止。关于这个主题的另外一种非常常见的变化形式在于，以流浪罪的起诉作为工具，引导这些暂住者“搬迁”到其他地方，这样他们未来可能实施的犯罪就会发生在其他地方。任何特定执法官员的视野都具有一定的地域局限性。对他们来说，“预防”仅仅意味着他们负责的辖区的预防。所以流浪罪的法律被用来将犯罪问题从 99
一地推脱到其他地方。

流浪罪法和其他身份犯罪法目前已经声名狼藉。在之前提到的案例中，加利福尼亚州的一部法律，将使用毒品成瘾规定为犯罪，这被美国联邦最高法院宣布违宪，理由在于将遭受瘾癖疾病折磨规定为犯罪，属于“残酷且不寻常的刑罚”。[10] 在此引导之下，几家下级法院也认定，将成为常见的酗酒者规定为犯罪的法律也是同样有缺陷的。不论宪法基础是什么，这看起来很清楚，像流浪罪这样的法律与合法性原则不相兼容，因为它们赋予执法机关在

〔10〕 Robinson v. California, 370 U. S. 660 (1962).

定义犯罪时过度的自由裁量权,其已经达到了根本不需要行为的程度,也因为它们本质上是实现预防性拘留的机制。

我们可以期望,身份犯罪的逐渐消失,给其他便于实施(既包括刑事的,也包括非刑事的)预防性拘留的机制施加更多压力。如我们已经看到的那样,刑法所处理的行为,并非仅仅只是那些引起最终被认识的伤害后果的行为。我们不会等到醉酒的司机已经撞死了人才对其进行关押;刑法不仅惩罚醉酒驾驶,也惩罚交通肇事致人死亡。对于那些侵入他人住宅意图实施盗窃的人,我们不必等到他实际窃取了财物才对其进行关押;法律既惩罚夜盗(burglary)行为,也惩罚普通的盗窃行为。其实,如果我们足够幸运,抓住了持有专门用于夜盗工具的人,我们甚至不会等到一个夜盗行为实际被实施。这些犯罪,都是在某种程度上可能会导致一些最终伤害的预备行为,其与合法性原则的最低限度要求是完全吻合的。然而,上述所有犯罪确实都在一种非常真实的意义上涉
100 及预防性拘留。而且,其都提出了这样的问题:刑法对预备行为的禁止应当距离最终所认定的行为多远。

传统刑法赖以处理预备行为,以及在刑法中引入预防性拘留措施的主要理论机制,是所谓的未完成犯罪:未遂,共谋和教唆。这些未完成犯罪中的一种形态——未遂,值得以简要和非技术性的方式进行分析,看看它为刑法理论对预防性拘留所带来压力的回应提供了何种阐释。

未遂的法律明确地用于处理那些还没有达到最终被认识的危害的行为。在这种明确意义上,它不同于轻率驾驶和夜盗这种在形式上自我抑制的犯罪,如我们已经看到的那样,它们代表了一种处理还未形成最终危害后果的行为的努力。但是在未遂的法律中,这种不完整性的方面是外在公开的。未遂的主旨是行为人尝

试实施某一行为但是没有成功。现在,我们都频繁地朝着使之成为犯罪行为的方向行动,因此符合了未遂概念的这一本质要素。因此,关注这种理论的机制是有益的,直白地说,它的功能在于避免使我们都成为罪犯。

首先,并不存在一般的未遂犯罪这样一种东西,只有实施特定犯罪的未遂。假如我着手与我的表妹结婚,但是所在的司法辖区并没有将这种婚姻视为乱伦,那么我们可以站在圣坛与牧师一道开始进行结婚仪式,而我仍然没有实施一项乱伦的未遂行为。在这里的操作中,我们看到未遂法律最基本的限制性方面,其依赖合法性原则而获得其正当性。将这种依赖性与宽泛的身份犯罪以及基于怀疑的公然法外逮捕相比,刑法中行为限制的持久性变得十分明显。

其次,未遂的法律需要很高要求的证据证明,行为人确实已经实施了行为,而这一行为如果不是因为一些意外本可以引发犯罪。 101
相反,看起来有嫌疑但本质上无辜的行为则不符合要求。这种要求通过两种途径得以满足:其一,证明行为人怀有造成被禁止结果的目的;其二,证明他的行为已经在实现这一目的的道路上有了实质性的推进。书本中充满了很多案例,其中被告人购买枪支,发送威胁信,埋伏等候(laid in wait),以及实施了很多其他有威胁性的行为,但是最终被宣告无罪,因为存在疑问的行为被认为与预期目标太过于遥远,以至于不能构成未遂犯罪的行为要件。其实,对于一个人能够在多大范围内仍不构成未遂犯,现代的分析已经否定了很多被封为圭臬但过于限缩的理论。对于我们的目标而言,关键点不在于老法官或者新的批判者到底谁是正确的,而在于刑法实际上在处罚不完整犯罪行为方面展现出一种苛刻的标准。人们可以像我一样想想,很多未遂法律的理论,虽然仍然尊重直觉的合理性,为未遂制度的轻易适用设置了一连串的障碍,但是实际上纯属无稽之谈。我们可以看到,在刑法这个领域真正起作用的,是一种对预防性拘留终极寓意几乎本能的排斥。

未遂的法律代表了一种与预防性拘留的压力之间的艰难妥协。如果预防性拘留这一理念在刑法中被赋予了充分的支配地位,正如那些持行为主义观点的人希望看到的那样,那么这种妥协到目前为止仍然“供不应求”。在这样的一种妥协中,我们可以看到一种刑法本质上是自我否定的法律的范式:我们将会关心对未来反社会行为的预防,但是只有在我们能够扎根于对行为人过去所做的一些特定和具体事情的必要预测时,我们才会这样做。如果存在要求在法律中更广泛地承认预防性拘留观念的压力(它们确实存在),那么那些压力必须找到刑法以外的出口,并且最理想的情况也并非惩罚性的制裁。正如我们所看到的那样,这些压力
102 确实找到了出口,尤其是在快速发展的针对“精神病人”的“民事收容”(civil commitment)的相关法律中。也正如我们看到的那样,这些法律在其基本概念和实施中,并不回避无处不在的惩罚问题。但那是另外一个层面的事情。因为已经给出的理由,在刑法中坚守这一界限非常重要,即使我们希望或者被迫在其他地方给予预防性拘留的理念一定的空间。

第六章　罪责与免责事由

第一节　导　言

前文中我们已经了解到，行为作为刑事责任的必要条件是相当重要的。一体化刑罚理论的 103
基础价值要求，至少以事先被有权的国家机关规定为犯罪的作为或者不作为，作为刑事程序介入被告人生活的基础。本章中，我们将会探讨为什么行为是刑事责任的必要但不充分条件。

让我们从一些简单的例证开始：

(1)亚瑟被发现站在维克多的尸体旁，手持冒烟的左轮手枪。亚瑟并未太多抵抗就承认自己杀了维克多，但是他声称维克多用匕首攻击了自己，亚瑟担心自己的生命安全而实施了杀人行为。

(2)巴里在餐馆吃饭时注意到外面开始下雨，离开饭馆时，他从门边的衣帽架上取走了一件雨衣，雨衣领口上印有文森特的名字。文森特报案，巴里被捕。巴里承认雨衣不是自己的，但是他声称,自己看到过去六个月雨衣一直挂在衣帽架上,因此猜测雨衣的所有人已经遗弃了该雨衣。

(3)查理是一个毒瘾君子,离开美国去墨西哥度假旅行,回到
104 美国时被边境的移民局工作人员认定为毒贩。有成文法规定,毒瘾君子在没有向移民局登记时离开本国,构成犯罪,查理声称自己从没有听说过这一法律。

上述三个案例中,毫无疑问,行为人的行为符合适当公示的刑事成文法所预设的行为要件描述。然而,根据传统的法律原则,如果确证了亚瑟和巴里的免责事由,两人是无罪的,这一点相当清楚。相反,查理的免责事由则从各个角度考虑都不会对其有利。恰如我们所见到的,两种免责事由之间的界限是难以理解的,我们的刑罚理论要求我们应当注意上述三个案例中所有的免责事由,但是这三个需要考虑的免责事由又并不是不证自明的。

认定行为人刑事责任的因素除了行为之外是否还有其他的要素,应当包含哪些要素,是一个难题。在处理该难题之前,简略地审查"心理要件"等术语带来的语义学问题可能是有帮助的。一开始必须承认的是,这类术语所带来的一般是容易引起误解的印象,并没有实物来对照特定犯罪中的犯罪心理,更不用说总论意义上存在(犯罪心理作为每个犯罪的"公因式")了。这些术语仅仅是概括了一连串的概念,这些概念与行为可能构成犯罪的行为人经历的某些心理状态的存在或缺失有关。当我们谈及亚瑟具备谋杀的"心理要件"时,我们可能指的是下列情形中的一个或几个:行为人杀害维克多的故意;或者行为人意识到自己杀害维克多的风险但仍然继续射杀行为;或者行为人应当知道存在杀死维克多的实质风险,但(更让人怀疑的是)行为人事实上不知;或者行为人明知杀死一个人是不法的(wrong),或者他应当知道该行为的不法性;或

者行为人并不真的认为维克多要杀死自己；或者行为人确实认为
维克多要杀死自己，但是只有傻瓜才会在当时的情况下作出自己
要被杀死的判断；或者行为人在杀掉维克多时还没有达到醉酒而
无意识的程度；或者行为人即使受到强烈情绪波动的干扰，但还不 105
算严重的精神失常；等等。依据案件事实的不同和事实特定层次
的不同，选取上述情形中的一个或多个进行认定，当认定亚瑟具备
谋杀罪的心理要件时，上述心理现象中任何一个均可能成立。

从广义上来看，心理要件的问题有两个分析路径。第一个路径，我们可以称之为实证的（positive）路径，即识别特定的心理状态并使其对应到特定犯罪概念中的客观构成要件要素之中，美国法学会的《模范刑法典》中以极高的分析精确度的方式，对实证路径加以运用。《模范刑法典》界定了4个等级的心理要件，蓄意（purpose）、明知（knowledge）、轻率（recklessness）和疏忽（negligence），将其对应到3个客观构成要件要素中，分别是行为人的客观行为、附随情状（the surrounding circumstances）* 和行为结果。在该分析框架中，我们一般认定的诸如正当防卫之类的辩护事由，所包含的客观要件必须同时对应一个适当的心理要件。因此，在亚瑟案中，分析可能遵从以下路径：亚瑟明知地进行扣动扳机的客观行为，明知如下相关的附随情状：亚瑟持枪指向维克多、维克多是一个具有生命的人类、枪支里装填有子弹，等等。亚瑟也对维克多的死亡存在故意，或至少存在轻率（有意识地忽视了可能发生的实质风险）。现在，亚瑟案的事实看似已成定局（cut-and-dried）。关键问题在于，亚瑟所声称的自己生命处于危险的确信，能否影响到本案的定性，使本

* 关于 circumstances 存在诸多翻译方法，译者采取北京大学法学院江溯研究员的翻译方式。参见江溯：《论美国〈模范刑法典〉的犯罪论体系》，载《比较法研究》2016 年第 3 期，第 97 页。——译者注

案不再是谋杀案,而被认定为更轻的杀人罪行或者被认定为非刑事性的杀人行为。此处仍然要依据本案已经确认的证据。一个可能的结论是亚瑟并不真正地确信自己的生命处于危险之中(例如,如果并没有发现维克多持有匕首),并且基于此,亚瑟的辩护是无效的;再一个可能的结论是,亚瑟确实存在这样的确信,但是其根据却并不合理;还有亚瑟确实存在这样的确信,并且他实施该行为既非出于轻率也非出于疏忽。亚瑟是否被认定为有罪的关键因素
106 有两点,而这两点都是"心理性"的:(1)法律所要求的正当防卫生效的心理要件是什么,以及(2)基于亚瑟声称自己生命被维克多威胁的证据应当得出前文所述的哪一个结论。当然,《模范刑法典》的分析框架并不会告诉我们亚瑟是否应当被认定为犯罪,该框架只能基于一套给定的法律概念,让我们以有序的方式分析,亚瑟的行为是否构成犯罪,并且如果答案是肯定的,亚瑟实施了什么样的犯罪。分析框架显著的优点在于,其揭示了心理要件的复杂理念,证明了特定犯罪中没有心理状态这一实物,而是有一系列心理状态的结合,每个心理状态对应犯罪的不同要件,包括所谓的辩护事由。

第二个心理要件的分析路径,我们可以称之为反向的(negative)路径,其审查的刑事犯罪定义,一如 H. L. A. 哈特所定义的"可废止的"(defeasible)**:行为人杀害他人构成谋杀罪,*除非*行

** "可废止性"在法学中的运用最早出现在哈特的《责任与权利的归结》一文中,其早期并没有获得广泛的关注,随着人工智能与法学的融合,才得以被深入研究。这一理念意味着,法律推理过程是非单调性逻辑,具有一定的伸缩性和延展性,因此否定传统的单调逻辑或者线性论证方式。哲学文献可参见应腾、黄华新:《可废止逻辑结构化论辩系统的研究》,载《逻辑学研究》2018 年第 4 期,第 21 ~ 36 页。法学文献参见宋旭光:《法律可废止性理念的思想渊源》,载陈金钊等主编:《法律方法》(第 20 卷),山东人民出版社 2016 年版,第 162 ~ 176 页。英文文献参见 H. L. A. Hart, The Ascription of Responsibility and Rights, Proceedings of the Aristotelian Society 49, 1948 - 1949, pp. 171 - 194。——译者注

为人没有故意或过失地实施杀人行为，或*除非*行为人确信自己的生命处于危险之中；行为人取得他人财物构成盗窃罪，*除非*行为人没有意识到财物是他人的财物，或者*除非*行为人认为财物所有权人将其作为礼物赠送给行为人；行为人未按法律要求登记离开本国构成犯罪，*除非*行为人并不知道法律要求公民要登记。基于此种分析，心理要件被认定为仅与正当化事由、免责事由或减轻情节有关的事项。如果行为人杀了人，其就构成谋杀罪，除非行为人是出于意外实施了该行为，或者除非在正当防卫中实施该行为。该分析路径的支持者主张，实证路径过于严苛，并且不可能事先就认定所有免责事由（所有伴有某种心理状态或其他的事由）——这些免责事由发挥免除或减轻可能被认定为犯罪的行为（之责任）的功能。[1]

存在许多关于这两种路径优劣比较的争论。实证主义者，如果笔者可以使用这个术语的话，批判反向主义者过于草率；反向主义者则会批判实证主义者过于严苛，这一争论仅具有学术意义，这里的学术意义是“贬义的‘学术性’”，即这样的争论并不具有实践价值。采取某一种路径，或者采取综合的路径，都由特定情景下的分析功能所决定。如果某人参与刑事法典的起草，该活动必须精确地规定裁判犯罪应当证明的要素，精确地划分同样的外部因素出现时此罪与彼罪的界限（例如，区分谋杀罪和过失致人死亡罪），实证路径无疑更为优越。但是，如果某人正在努力地识别事实之外，法律性质裁判背后的真正规范，特别是这样的人处于并没有高度成熟的立法性规定的刑事司法系统中时，似乎也能得出相当的结论，认为反向路径更为优越。因此，美国法学会的《模范刑法典》 107

---

〔1〕 E. g. , Peter Brett, *An Inquiry into Criminal Guilt*, London, 1963, chap. 4.

精妙的立法建构活动采取实证路径,并不出乎意料;英国哲学家通过对英国法官的作品进行语义学分析,促进我们对于刑法理性之理解,其仰赖于反向路径,亦非偶然之举。对两者而言,采取的路径都是手头工作的最佳道具。无论工作是什么,两种路径之中只能选择其一的观念并不可取,因为上述(只可择一的)状况可以被轻易避免。

接下来,我将用几页的篇幅聚焦于反向路径,以分析心理要件的问题,因为反向路径主要应用于正当化事由和免责事由(例如紧急行为、被强制和错误),这些构成了基于前文建构的一体化刑罚理论体系之刑法理论的理性刑法的最低原则内容。可废止性的概念是分析的核心,其审查特定的、初步(*prima facie*)构成犯罪的行为,除非该行为的实施伴有特定的情状,这些情状与行为人的心理状态相关。我们的核心问题是,这些情状是什么,为什么这些情状应当被作为认定刑事责任相关的要件。

虽然一般会被忽略但明显的一点是,免责事由的类型(使用这一术语来宽泛地概括所有具备可废止性的、影响到犯罪行为的认定的情状)均与行为人的心理状态相关,而与行为人实施的客观行
108 为无关。如果亚瑟被免责,并不是因为他没有实施杀死维克多的行为;如果巴里被免责,也不是因为他没有实施拿走文森特雨衣的行为;如果查理被免责,亦不是因为他没有实施在缺乏登记的情况下便以毒瘾君子的身份离开本国的行为。如果存在一一对应的关系,(心理状态和免责事由之间的)关联将会比当下清晰明了得多。所有的免责事由都包含心理要件,但是并不是所有的心理要件问题都与免责事由有关。其他心理要件问题的范畴与等级划分相关,当然这不是我们此时需要关心的问题:针对不同但相关的犯罪决定不同严厉程度的刑罚。例如,如果行为人故意地杀害了被害

人,大部分刑法典会规定这一犯罪应当面临比过失杀人更严重的刑罚;如果行为人拿走了被害人的汽车并有非法占有目的,那么大部分刑法典也会规定,相较于仅仅是拿走使用一段时间,或者是不在意所有人取回财物占有可能性的行为,以非法占有为目的的取走汽车行为会面临更严重的刑罚;诸如此类。再次强调,这些区分完全由行为人心理状态被认定的类型决定。

此处进行总结,刑法中有两种心理要件的问题:与免责事由相关的问题和与分级相关的问题。这两个范畴占据了心理要件主题的全部。我们此处关心的是第一个问题,而不是第二个问题,因为本章的兴趣点在于刑事责任的前提条件,而不是处理实施犯罪的人的方式的不同。并且因为功能上的适当性,我们也会使用反向路径而不是实证路径分析心理要件的问题。

第二节 免责事由的一般原理

为什么刑法应当关注免责事由?如果行为人实施了行为,该行为外观上符合刑法条文所禁止的行为的描述,为什么这些行为在特定情状下可以通过援引缺乏心理要件这一免责事由,而免除刑罚?通过回溯此前关于刑罚正当根据的讨论,我们可以获得切入这一问题的抓手,但很快我们将发现,其答案其实一点都不明 109
确。我认为,上述尝试可能是有益的,因为其给出了我们这样的启发:仅仅纯粹地站在功利主义或报应主义任意一种的立场上,对于刑罚制度的阐释都是不够的。

该问题应当这样考虑:假定维克多当时确实在威胁亚瑟的生命,并且假定亚瑟当时确实理解自己所处的危险境遇,为什么刑事司法系统应当关注上面这两个事实,即便亚瑟故意杀掉维克多的事实是清楚的?报应主义对此问题作出的回答是,亚瑟并没有邪恶地实施行为。但这一回答并不直面确证刑罚正当性的报应主义立场,不尽如人意。在报应主义中,“罪责”的理念必须与社会后果脱离关系,相较于同样无须考虑社会后果、“无罪”必须不被惩罚的前提而言,这更加令人难以接受。进一步来说,报应主义的回答回避了有罪或无罪被裁判的尺度问题,并且报应主义对社会后果的罔顾,削弱了支持刑法作为社会政策工具,而不是一系列绝对命令(Categorical Imperatives)***集合的人所持立场带来的好处。

在功利主义的视角下,问题的答案乍一看似乎更加合理。认定亚瑟的行为为犯罪并不符合任何刑罚的预防性目标,威慑无法作用于亚瑟,如果亚瑟确实认为杀掉维克多是拯救自己生命的必要。恰如霍布斯指出的:“……任何法律都不能约束一个人放弃自我保全。假定这种法律有约束力的话,人们也可以提出理由说:‘如果我不做,我马上就会丧生;如果我做的话,就可以到以后才死亡,所以做这一桩事情就可以多生存一些时候;’这样说来,自然(本性)便迫使他做这一桩事情。”[2]****出于同样的理由,行为人实施紧急行为杀人,同样无法证明其有杀人罪的危险性;行为人的行
110 为所表现出的无非是自己的生命遭受危险,而剥夺了威胁自己之人的生命而已。因此,基于社会防卫之利益衡量,行为人无须受监禁或改造,即主张惩罚亚瑟并不符合功利主义的目的;但是这种观点证明的是惩罚亚瑟不符合仅考虑亚瑟本人时的功利主义的目的,并且确实如此。对亚瑟的刑罚也关涉对他人的威慑,如果我们因为亚瑟确实认为自己遭受威胁,而豁免亚瑟,这么做便可能招致两种“功利主义的损失”:我们可能鼓励他人伪造同样的免责事由,

---

*** 康德绝对命令,德语为 Kategorische Imperative。——译者注

〔2〕 Hobbes, *Leviathan*, Facsimile of 1651 ed., Oxford, 1958, p. 157.

**** 中文译文参见[英]霍布斯:《利维坦》,付邦译,商务印书馆 1985 年版,第 27 章。——译者注

并且我们可能会使成功伪造免责事由的具有高度杀人危险的人逍遥法外。

如果我们询问,在认定亚瑟“确实”确信维克多将要杀掉自己时,其意义指的是什么,那么问题将更加明确。此处的含义是我们确信亚瑟在当时具备此确信,我们确信的不是一个信念问题,而是基于相关证据而产生了这样的确信:亚瑟的自我保护、基于过去的行为和信誉我们所发现的亚瑟的人品、维克多事实上是否携带凶器、目击证人(如果有)眼里的事件如何发展等。所有这些证据(的确认)需要花费时间和精力,上述成本也必须(在功利主义者的视野中)被正当化。最终的认定不是事实问题,而是可能性问题。并且如果我们要求(像刑事法的典型做法一样),控方必须满足对事实审判人来说极高的可能性,即伪造免责事由的可能被证据排除;此处我们向亚瑟(和其他人)提供了一个温和的邀请,让他们不再欺骗我们。并且,如果像正当防卫这一类只要求相对客观的历史调查的免责事由,被客观地认定为真实有效的;那么例如精神病的那一类免责事由,又有多少是真实有效的呢?精神病(如我们将要看到的)是一团不具备可解释性、事实和价值纠缠不清的混乱之处。从功利主义的观点看,反对赋予免责事由决定性效力的观点十分有力。反对的观点充其量只是猜测,即认为不承认免责事由的法律带来的痛苦将超过更大程度上遵守法律的好处。同时,可 111
以观察到,在高度发达的法律系统中,“应报性”(deserving)案件存在总论性的、行政性的刑罚减轻事由,功利主义的力量可能较为迟钝。无论如何,如果我们只关心犯罪的预防,没有功利主义的计算能清楚地表征,免责事由应当被承认。

如果我们暂时聚焦于功利主义中的行为主义立场,反对免责事由的主张甚至更加有力。我们可以相应地回忆起来,在该立场下，威慑的考量被最小化了，刑罚个别化的目的被视为至高无上的，该观点表面上会稍稍产生一些支持免责事由的作用，因为正如我们看到的，典型的功利主义术语中，免责事由的致命弱点是威慑的放弃。然而，行为主义立场将犯罪行为的发生仅仅视为一个刑事程序介入的契机，而不是正当化根据；行为主义强调的是预测；行为主义追求的是识别危险的人并逮捕和改造这些人。推演到现在，可以发现，行为主义与被证明不具有危险性的正当防卫中的偶然杀人，毫无关联，行为人过去的行为只是其未来会如何行动的众多线索之一。如果我们将过去的行为作为刑事程序介入的基础，该基础在彻底的行为主义者视野中是不合理的，那么为什么建立了浪费资源的、筛查一些在广泛不相关标准基础上的潜在危险性的刑事程序呢？如果亚瑟杀掉了维克多，只要审查亚瑟然后决定对其采取何种措施。并且，我们别在法庭进行审查，在法庭中我们只会被一系列法律规定的莫名其妙的活动所阻碍；让审查过程发生在州立矫正部门的收容和诊断中心（Reception and Diagnostic Center of the State Department of Corrections），中心里我们能运用所有的科学知识，决定亚瑟是什么类型的人以及我们应当如何处置他。一言以蔽之，先裁决，后提问。如果反对正当防卫的行为主义的立场正确，思考一下其在精神病等免责事由中又是多么正确。结论显而易见，行为主义的功利主义体系并没有给刑法承认免责事由留有余地。

因此，承认免责事由的理由与反社会行为的预防并没有太大
112 的关系，该理由与其他价值相关，直率地说，与妨碍预防反社会行为的绝对效率的价值有关，与保护人类自主权有关，与最大化地实施选择自由的机会有关，与维持国家和个人之间的恰当距离有关，还与最小化国家干预个人生活方式的机会有关。关于限制国家干

预的立场可能需要一些展开:刑法原则和规则的设计并不只是授权法庭,让其认定对个人施加刑罚是否恰当;这些原则和规则同样被设计出来,用以指导审前刑事程序中各个阶段的工作人员,让其认定自身是否应当干预以及干预的程度。免责事由的规范至少在逮捕阶段对检察官的指导,和在裁判阶段对法官和陪审团成员的指导,是同等重要的。并且,即便我们通常并不认为警察在实践中,会对免责事由规范的细节进行过多判断,但相关的规范依然会指导警察何时应当停止逮捕。举一个简单的例子,一个人带着自己患有严重疾病的孩子,在去医院途中闯红灯,这不至于让行为人在交通法庭上受审后再予以免罪;对他而言,最具有操作意义的是,警察在打信号让行为人停下的时候,不是给他开出一张罚单,而是驾驶摩托车护送他到医院。即使用这种方式处理看起来有点奇怪,但是在该情景中警察的做法是特别地适用了免责事由的规范。

刑法中支持免责事由的观点,最可靠地建立在保护公民自主权的主张上,远超出犯罪预防计算的考量,这是此处考虑的重点。对没有"罪责"的人不施加刑罚,我们最佳的理由仅仅是,责任是限制国家干预边界的恰当标尺。责任的概念并不是一个反对理性分析的、形而上的建构概念,不能按照行为主义立场的主张进行理解;责任概念是报应主义者提供的有益工具,能够用于促进刑法特
定目标的实现:不是与预防反社会行为相关的目标,而是与在刑法 113
进行的不可避免、但模棱两可的事务中,限制损害其他社会价值息息相关的那些目标。

任何既定的免责事由类型是否应当被刑法承认,都没有一个先验的理由。相反,这是一个判断的问题,判断不可避免地承认一项免责事由,特别是这类干涉缩减了个人作出道德选择的能力时,

就需要在功利主义得失方面对此进行判断,承认免责事由造成的损失是否轻于免于国家干涉所获取的自由。这种判断作出的几项实践有助于赋予责任理念以实体内容,作为施加刑罚的限制标尺;其也会展现明确依靠前文所倡导为必要的理性的刑法,是多么复杂的公共政策的工具。审查几个具有代表性的免责事由的内容和合理性,我们将从似乎最牢靠地依据纯粹功利主义的一项免责事由开始,然后进入到可能被认为减弱功利主义基础的范畴,逐步抵达非功利主义的考量明确地扮演决定性角色的一点。

第三节　紧急行为

早期的英美刑法中,杀人罪的相关法律明确区分了两种非刑事性的杀人,“可正当化的”和“可免责的”。两种类型的程序性内容已然不再具有任何现实意义,但是两个概念对我们当下所指的、一般性的刑法中的“免责事由”的分析而言,仍然大有裨益。简单来说,两种类型的区分如下:如果我们认定行为不是犯罪的主要理由是该行为是我们所提倡的,或者至少不是主动地否定的,我们选择不作为犯罪处理的行为是刑法上“可正当化的”行为;如果该行为是我们所谴责的,但出于一些(行为本质)外部的理由,我们认为惩罚该行为并不谨慎,那么此行为就是刑法上“可免责的”行为。警察打死想杀死自己的持械抢劫犯,并不仅仅被免于刑罚,该警察可能会得到晋升,或者至少在档案中添一个嘉奖令。相反,同样的
114 警察杀掉一个16岁的男孩,这个男孩被错误地认为从抢劫现场逃离,这个警察可能(有些勉强)不会被以谋杀罪名指控,但他的职业生涯不可能因此事而有任何进步。在传统的刑法原则中,这两个警察都是我们一般所说的“免责事由”的受益者,但是支持两个案件结果的理由很明显地存在重大差异。

相较于其他行为人可以实施的行为，在包括不作为行为人的行为获得了大量的好处（或者更少的坏处）的情况下，我们可以发现限制刑罚的最有力的功利主义论证。这一功利主义的准则源自感知、直觉，但是往往不能与现实对接，生活充满了困境，无论做什么总能产生不想要的后果。如果我们不能最大化收益，功利主义的原则接下来会告诉我们必须最小化损失。警察杀掉绑架犯拯救无辜的被害人；迷路的登山家闯入山中小屋躲避暴风雨；救火队员破坏财产，防止森林火灾进一步扩散；救护车司机闯红灯，争分夺秒地把病重患者带到医院。上面的每个案件中，行为人都面临着困境，无论做什么都会产生损失；上面的每个案件中，行为人作出的选择都违反了刑法的一些实证规则。然而我们凭直觉就会认为对这些行为人施加刑罚是错误的。为什么？

首先，制定规则（或者没有制定对规则的例外），不鼓励人们实施那些我们期待其实施的行为，看起来是愚蠢的。像是限制面临困境的人们（只能）做出错误选择的规则，无论是通过作为还是不作为，都会对刑罚威慑的效力产生不利影响。并且，实际的刑罚施加并不能发挥任何有益的目的功能，因为我们假定被惩罚之人既不需要监禁也不需要改造。进一步来说，刑罚的威慑至少在一些案件中是效力不足的，因为行为人内心中有一股做出正确选择的冲动的力量。很明显，在一个人生命垂危之时也会有这样的做出正确选择的冲动，一如在登山家的案件中；但同样的，在不同选择存在巨大差异的所有情形中，通过最严厉的刑罚威慑才能削弱其 115
中一个选择的权重，这样说也是正确的。当刑罚威慑发挥效力时，可能会产生坏结果；当刑罚威慑无法生效时，刑法理所当然地成为被嘲笑的对象。

传统刑法可能相当明智地倾向于将每个情形按照其本原进行

处理,并且倾向于具体和个别化地阐释其解决方案,已经发展得相当成熟的法律规则的突出例证是处理自我防卫中杀人的法律、防卫他人的法律、犯罪预防的法律和其他类似的法律。然而,基于本书的目的,这些都能被一条简单的规定所概括:如果行为人面临邪恶的选择时依然选择了“正确”之路,该选择相关的行为即便会违反一些刑法规定,行为人仍然能够从对刑法规定的违反中得到豁免。当然,行为人之外的第三人也认定行为人的选择是“正确”的,这一点是至关重要的。在一个法律体系中,该决定权首先被赋予执法官员:对警察来说,他们必须认定该行为是不是可逮捕的罪行;对检察官来说,他们必须认定是否要指控被告犯罪、是否要因此启动刑事程序的更为正式的阶段。然而,恶之选择这一免责事由是否有效,最终必须经由负有职责的审判人员即法官或陪审团成员决定。简言之,必须有一系列的事后审查,包括资源运用的成本以及承认存在错误的可能性,像所有人类的活动一样。正如我们所发现的,不承认免责事由的反对功利主义者,恰恰有这些考虑。相较于其他可以想到的免责情况,反对的观点在这种情况下明显欠缺可信度,原因是,这一系列特定的、可能的功利损失,只能在明显过分的付出代价后,才可能避免:我们不仅仅会对那些不需要受刑之人施加刑罚;我们还会让我们所期待的、希望积极鼓动的行为成为不受欢迎之物;没有其他的免责事由类型会因此而有效。因此,我们可以得出这样的恰当结论,功利主义的论证能够自圆其说。

同时,上述论证必然会被报应主义的消极侧面之有关论证加强。我们可能会对“惩罚邪恶是正确的”这一理念的诸多理由吹毛
116 求疵,但是一个人如何能不同意“如果惩罚非邪恶是错误的,那么惩罚良善必然是错误的”之观念。请牢记,我们讨论的是行为人实

施了正确之行为的诸多个案；即使可能有一些残余的、微小的质疑，问询是否存在足够的功利主义理由免除行为人之刑罚，我们也找不出更强有力的案例支持基于报应主义立场的阻却刑罚。关于刑罚一般正当化的主张之间存在一些紧张，例如，威慑和特定案件中的刑罚正当化主张。恶之选择的情状证明了报应主义立场解决问题的能力，其能被视为在这种特定的语境下最具有操作效力的立场；这仍然不能够充分地说明，特定案件中刑罚并不能有助于任何有益的目的；在这样的框架下，功利主义的论述具有一种特殊的不确定性。（两种立场都有不足之处时）我们所要求的更多：我们必须能够主张，在例外的案件中施加刑罚是错误的。支持这样做的基础，没有比恰当的恶之选择的案例更清楚的了，案例中行为人已经证明自己不仅仅缺少可谴责性，也具有积极的道德优越性。

我们已经讨论的作出正确选择的类型中，并不是所有角色都面临困境；或者更为现实一些，有许多情况都很难界定正确的选择是什么。例如，思考一下被囚禁在战俘营的美国军官的情形，面对如果不这么做就会受到虐待的威胁，他们被迫为敌人进行广播宣传。这些军官被控违反军事法的多个罪名，他们提出抗辩，称自己是遭受强迫才实施上述行为。抛开这一辩护的技术性细节不谈，让我们假设法庭根据事后诸葛的逻辑认定，军官作出了错误的选择：他们的判断被对一个军官来说本不应屈服的个人安全和舒适的忧虑影响到了；他们所担忧的危险被夸大了；他们应 117
当施展拖延术而非投降等。我们还是要说，尽管法庭如此认定，尽管这些军官并没有表现得像大家想象中的那样大义凛然，他们在投降时也没有表现出任何非同寻常的懦弱：这些军官展示了其他军人在身处同样情景时该有的顽强程度（即使要比希冀的少）。在这样的情况下，这些军官应当被免责吗？或者，再思考一下下面的案例,[3]行为人驾车经过一条促狭的、起风的山间道路,突遇一辆故障车完全挡住了去路,故障车上有5个人。行为人踩住刹车,但可怕的是,刹车不起作用。行为人可能的选择:要么驶离道路,这一定会造成自己的死亡;要么冲撞上故障车,存在撞死乘客的实质可能性。行为人选择了后者,在随之而来的车祸中,故障车上的5位乘客都被撞死了。事后行为人被以过失致人死亡罪起诉,行为人却以行为被强制提出抗辩。很明显,该行为人作出了“错误的”选择:虽然没有办法衡量生命的价值,但是可以计算生命的数量,行为人选择了牺牲5人以拯救1人。然而没有一个诚实的法官或者陪审团成员会说,假如面对同样的困境,他们会作出不同的选择。

接下来可以提出一个问题是,是否存在法律设定的某个标准,而其是一般人无法达到的?功利主义的回答即便被众多学者假定是清晰的,但在实践中必定是模棱两可的。请注意我们现在处理的行为是不被期待的,而不像是成功的紧急权辩护如正当防卫那样被社会容许。我们没有任何动机运用法律去鼓励人们做出错误的选择。该主张必须依据如下观念:刑罚不能威慑一个发现自己处于困境之中的行为人,刑罚对于此类案件是失效的。即便这是真实有效的,该主张也不可能进一步认为,在行为人面临这种争议性的、模棱两可的选择时,免责事由的排除可能不会强加一个有些带有略微严格的自律感觉的行为选择。除此之外,允许这种偶然的、错误的免责也可能带来相应的功利损失;从裁判这类多样主张
118 时所耗费的巨大的时间、精力成本中,更大的损失将不可避免,只有小比例的此类裁判可能会带来更多的益处。为什么这些偶然

---

〔3〕 See Monrad G. Paulsen, Sanford H. Kadish, *Criminal Law and Its Processes*, Boston, 1962, pp. 367 – 377.

的、被迫实施的犯罪行为，不能简单地以"不幸的遭遇"处理呢？这样的话，执法官员就可以作出非正式性的不起诉，即使没有不起诉，矫正机构也可以认为其应得减轻处理，并因此将其排除在正式的刑事法网规制范围之外。

其回答是，如果全盘接受了上述方案，仅从术语中就可见，我们已经不再聚焦于刑法预防反社会行为的功能了。相较于对立法者同等条件下的假定，对个人要求更多的法律很显然是伪善的。如果人民在现实中找不到这种法律，就会做除了蔑视该法律之外的任何事情。现在，从削弱公然的伪善效力和遵守其规定所带来的结果之间的比较，我们可以很轻易地认为关注这些的做法本质上是功利主义的；但是这种观点本身则是冥思苦想、精心雕琢所得。证明关于刑法原则精妙之处的知识是相当困难的，其广泛散布于社会共同体中，以至于对公众如何看待法律具有重大的影响。只有相对而言对刑事司法的运行熟悉且敏感的少数个人，会暂时性地受到行为被强制不是辩护事由这一知识的影响；并且即使拥有这些知识，其所熟知的知识也会惊奇地迅速转向必然的（对违反这些知识的行为的）接受。是的，用埃蒙德·坎恩的话来说，这里诉诸的是公正感。因为这样做是伪善的，所以惩罚那些没能做出英勇牺牲行为的行为人是错误的；并且因此，不让人们有机会提起诉讼，也是错误的。这仅仅是因为我们选择在特定的案件中，纵容自己那被承认的道德上适当的感觉而已；道德适当感的承认远比紧急行为（邪恶中的"正确"选择）有问题得多。但是其在刑法中的构建，无论是否有些脆弱，仍然再一次证明了其与刑法中的一体化刑罚理论的相关性。

第四节　表面的紧急行为："错误"的定位 119

迄今为止，我们已经考虑了"真正的"免责事由：存在所主张的事态,一连串的观察者得出结论认为被指控的犯罪行为发生时确实存在这一事态。换一种说法,我们已经关注的情形在外观上具有可被证实的现实性,并且与行为人对该现实性的认知具有一致性。现在,我们必须提出的问题是,如果缺少这种认知一致性,应当如何予以区别对待。

回到亚瑟出于正当防卫杀死维克多的案件中,让我们假定对事实的调查结果导向维克多在当时实际上并不想杀掉亚瑟,仅仅是亚瑟这么认为而已。并且,为了排除与(心理要件)等级更为相关、而不是与犯罪性质更为相关的问题,让我们假定维克多手持的
120 是玩具枪,他玩耍式地指向亚瑟,而亚瑟合理地认为这是一把真枪。此处应当立即排除恶之选择免责事由(紧急行为)的适用,一个重要的理由是:我们鼓励哪个错误(错误地用玩具枪指人和错误地枪杀)都是没有益处的。问题在于我们是否打算容忍这一错误。如果在假想案例中,错误是“合理的”,脱口而出的最显而易见的能够予以容忍的正当化事由是合理的错误。基于其定义,合理的错误不会让一般人作出(与错误人)不同的举动,特别是当自我保护的意识促使他们如此行动时。在这个意义上,关于紧急行为的可免责错误的主张,更类似于在困境中识别“错误”选择的主张(例如前文的山中道路案)。如果行为人像是一个合理的、审慎的但不是英雄主义式的人那样行事,那么惩罚(他和)其他合理的、审慎的而非英雄主义的人便是伪善的。

然而,犯罪预防论的力量在不承认错误情形中的免责事由方面要比真正的紧急行为方面更为强力。对后者而言,虚构存在免责事由的可能性会通过对免责条件必须是“真实”存在的要求予以某种审查。如果免责事由的大门向“我感到我的生命处于危险之中,即使现在我承认事实上并没有”之类的状况打开,似乎就有可能不可避免地

产生更大功利损失。(当然)这种功利计算没有明确的答案。

进一步讲,我们可能会在给他人贴上谋杀犯标签时畏缩,当该行为人的罪行由知觉性的错误构成时,该错误让诉诸致命武力以保卫自己的生命成为看起来的必需之物。仅仅告诉该行为人其可能不会受到严重程度如其他杀人罪一样的惩罚,似乎远远不够,行为人应当被免除罪责,在任何文明的法律体系中,行为人都会被免罪的。本书倾向的理由是,行为人没有实施任何应得刑罚的行为。

功利主义的严苛路径之持续,将会阻碍这种免责事由被完全承认:当我们需要处遇一个杀死或者伤害他人的行为人时,该行为人基于错误的信念,确信自己的行为对于阻止对第三人的伤害而言是必要的;这种免责事由在上述情况下被表述清晰。18 世纪和 19 世纪法官续造的刑法能够轻易地得出这一结论:当被保护的人与行为人有特定关系,例如其是行为人直系家庭成员或者存在其他像是仆人的依附关系,这种错误是免责的。防卫他人与自我防卫的同化可能源于如下事实,当行为人的情绪在近亲属遭受攻击时被强烈地唤起时,期待行为人不作出任何举动是毫无用处的。但是法律在判例中发展得越发模棱两可,在那些由陌生人实施或者至少不是近亲属的人实施协助的判例中尤甚。有些判决认为这表面上是紧急行为的免责事由,有些判决则持行为人防卫他人需"担其风险"的立场,并且如果所谓的被害人并非"真正地"处于危险之中,防卫人不得从此辩护中获利。

晚近纽约的一起案件可以具象化这一问题,该案的基本事实是,行为人偶然遇到一个青少年男孩和两个中年男人的争执,[4]这个男孩被两个男人拖拽并且无力地、流着眼泪地反抗,行为人自认

〔4〕 People v. Young, 210 N. Y. S. 2d 358, rev'd, 11 N. Y. 2d 273 (1962).

为是营救者,攻击两个男人,混战中打伤了其中一个男人的腿部,
121 受伤的男人随即掏出一把枪,明示自己的警察身份并逮捕了行为人。事后证明,两个中年男人是便衣警察,正在实施抓捕这名实施了不轨行为的少年的行动,自以为是营救者的行为人对实际情况一无所知,随后行为人被控告以袭警罪,行为人主张,他确信自己营救男孩的紧急行为是一个免责事由。在这个问题上,纽约上诉法院的意见分裂成尖锐对抗的两派,预审法庭(Appellate Division)认为免责事由是成立的,上诉法院(Court of Appeals)则认为其无效,两种主张的投票结果均非全体一致。投票承认其作为免责事由的法官强调,不要压制人们协助其他人类同伴的行为之重要性;投票反对其是免责事由的法官则强调,保护警察免受缺乏见地、不知真相之人攻击的重要性。用功利主义的术语来说,该行为(的正当性)之争论处于僵持状态;用行为主义的术语来说,并不存在什么支持不判处行为人罪行的主张;(行为主义者主张,)该案件被充分研究后,有足够的时间认定,“善良的撒马利亚人”(Good Samaritan)倾向的面具是否掩盖了富有攻击性的好武人格。用报应主义的术语来说,从另一个侧面来看回答是相当清楚的:如果被告人对当时情景的错误感知,本质上没有可谴责性,他的行为也不再是可谴责的,就应当按照行为人正确地发现两个中年男人作为袭击者、男孩作为无辜的被害人那样处理。

一体化刑罚理论要求认可该免责事由,一个行为的道德属性并不内化于行为之中,而是在行为人与之相关的心理面向中。如果一项规则能够使行为人基于自身的理解作出价值选择的能力最大化,那么该规则就是最好的。没有人能够衡量两种规则之间相对的效用性,但是规则之间的相对的道德性是清楚的,并且只要在相对的效用性受到真诚的怀疑时,相对的道德性就应当成为主导

的论述依据。在那种即使仅仅工具化地使用道德谴责作为制裁措施的法律体系中,相对的道德性需求也未曾减少。

第五节　严格责任:否定“错误”

当我们离开困境选择的论域,该论域由专业上被众人熟知的正当化事由和免责事由的法律所组成,“错误”变成了启动一个广泛免责事由新论域的可用标志。诚然,错误的理念下位于心理要 122
件的整体问题,需要注意精神失常免责事由这一可疑的例外(我接下来会阐述,将其看作其他论域的问题要比视为心理要件的问题更为有用)。当我们说到,一个行为人,其行为的其他要素符合犯罪的定义,唯独缺少所要求的心理要件时,我们此话的含义是,行为人在作为犯罪构成的实质要素的事实或价值问题上犯了错误。

下面几个例子将会表明,错误的问题在刑法中无处不在:亚瑟被指控杀人罪,但是他主张自己以为射杀的实际上是一头鹿。巴里被指控盗窃雨衣,但是他主张雨衣实际上是一个遗弃物。查理被指控持有海洛因,但是他主张自己以为口袋中的白色粉末是滑石粉。丹被指控犯有重婚罪,但是他主张自己以为第一任妻子已经和他离婚。伊万被指控法定强奸罪,但是他主张女孩告诉他已经达到性同意年龄。弗兰克被指控出售劣药,但是他主张就自己所掌握的情况而言,药物满足要求。乔治被指控没有填写所得税回执,但是他主张自己并不知道所谓的所得税。哈利被指控运输秘密武器,但是他主张自己并不知道这是违法的。

在现行法下,亚瑟、巴里可能还有查理的抗辩可能会被听取,此即,事实审判员将会认定上述行为人是否陷入了自己所主张的错误,如果确证行为人陷入了错误并且(一般地)这项错误被认为是“合理的”,那么行为人就不构成犯罪。最近的情况和过去 15 年一样,丹的错误被简单地忽略了;但是,丹在某些法域可能会被免责,如果他的主张得到确证的话。伊万则可能没那么幸运了,即便目前有一些新的发展趋势有利于他。弗兰克、乔治和哈利只能省省力气了,他们基于陷入错误的无罪辩护不会被采纳。

如果上述所有的结论看起来是令人困惑且武断的,这仅仅是因为错误论本身就是令人困惑且武断的。传统刑法习惯审慎地但有时却漫不经心地适用严格责任或无过错责任处理错误论这一问
123 题。基于本章论述之目的,严格责任能够被定义为否认所有陷入错误的抗辩。一如我们所发现的,行为功利主义的刑法视角中,就存在适当的理由无视陷入错误的抗辩;但是,恰如我们已经得出的结论,如果刑法的预防目的被报应主义立场的消极侧面所限制,那么陷入错误就必须被进行考量,并且如果具备相关性且具有可信度,那么就应当被接受为免责事由。

关于传统刑法如何倒向动不动就仰赖严格责任,以至于对传统刑法的基本理论根基构成损害,并不是我们此处所要关心的。但是,反思美国最高法院裁判的、削弱心理要件要求的一个著名案例,可能具有指导意义;因为该案例表明,重要的价值可以轻易地被牺牲,既可以漫不经心,也可以故意为之。在"美国诉多特维奇"(United States v. Dotterweich)[5]案中,限缩在本论域的一个问题是,在州际贸易中,某公司运输伪造标签和掺入次品的药品,该公司的经理是否应当被认定为《食品、药品和化妆品法》(Food, Drug, and Cosmetic Act)中的"人",尽管事实上经理与运输行为无关?布法罗制药公司是药品批发商,从生产商手中购得药品后,用自己的标签重新打包并运送这些药品给订货单上的各个医生,多特维奇

[5] 320 U.S. 277 (1943).

和某公司被以两次州际运输伪造标签和掺入次品的药品的罪名起诉。第一次运输的是一种药鼠李(一种树皮制作的缓泻药)化合物,虽然与说明书一致,但是其标签内容包含了某种制药成分,不久之前,《美国药典》(National Formulary)删掉了该成分。据此得出推论,该药物是仍在使用旧标签的药物。第二次运输的是洋地黄制剂药片,该药品不具备标签上的药效,公司并不生产这些药片,仅仅是用自己的标签重新包装药片而已。基于目前所出现的情况,卖家在没有进行化学分析的情况下,不可能知道药片并不具备标签上表明的疗效。陪审团认定多特维奇有罪,但因为“一些无法解释的原因”并不能就公司的罪行达成一致,多特维奇最终被判处罚金刑和“60 日监禁刑的缓刑”,但根据现行法他本会被判处 1
年的监禁刑。上诉法院推翻了原判决,其理由是现行法不能被解 124
读为可以适用于主犯(这里指的是公司)的代理个人,因为只有主犯才具备从其供应商处获得未掺次品的保证书并最终脱罪的能力。因为并没有明确的成文法规定作为基础,以区分公司高管——例如多特维奇这种可能获得上述保证书的主体——和货运办事员、其他底层雇员这种事实上实施被禁止的运输行为的人,以及那些没有必要被成文法条文涵射的取得了上述保证书的主体。上诉法院的预审法庭得出结论,对多特维奇的判决不成立。[6]

值得注意的是,关于上述行为是否确实属于“被禁止的运输行为”的问题,被处理得相当粗糙。上诉法院仅仅认为“故意违反实定法”不是犯罪的构成要件,案件中的运输行为基于实定法是不法的,讨论就此结束。多特维奇(或其他人)是否未履行采取合理预防措施的义务之问题,并没有递交陪审团审查,疏忽作为一种可能

---

〔6〕 United States v. Buffalo Pharmacal Co. ,131 F. 2d 500 (2d Cir. 1942).

的罪责形式被忽略了。

上诉法院的观点至少在两个问题上有其优势，这两个问题可能因合并分析而变得模糊：第一，是否任何负责运输的人都应当承担刑事责任，无论其在自己负责的范围内是否具备可责性（“严格责任”的问题）；第二，多特维奇是否应当承担刑事责任，尽管他自身与运输行为无关（“代理责任”的问题）。很明显，第二个问题的回答依赖第一个问题的解决：如果没有人实施犯罪，多特维奇也不应当被认定承担某项犯罪的代理责任。因此，基本的问题是成文法是否规定了严格责任。

弗兰克福特法官（Mr. Justice Frankfurter）发表的法庭意见，并没有对严格责任和代理责任的问题进行基本的区分，这不能被曲
125 解为法院认为因为责任是严格的，所以责任也是可以代理的。但是所谓《食品、药品和化妆品法》舍弃了心理要件并科处严格责任的前提是假设而非经过检验的：

> 对多特维奇的指控现在基于一种熟悉的立法类型，其中刑罚被作为有效的规制手段。这种立法摒弃了对犯罪行为应当具有不法行为的意识的传统要求。出于对公共利益的考虑，该立法使得某些行为损害个人利益（而缺少心理要件）时会被以无罪处理，但具备针对公共利益的危险时行为人应当承担刑事责任。[7] 因此，得出这样的结论很清楚，运输此类物品是“应当根据成文法受到刑罚的，如果条文规定是伪造标签（或掺加次品），并且条文规定可以是在没有任何有意识的欺诈情况下伪造标签（或掺加次品）。

---

〔7〕 参见“美国诉巴林特案”，United States v. Balint, 258 U. S. 250。

根据运输物品的种类使这一风险由货运人承担，这再自然不过了……"〔8〕

值得注意的是，这段即兴发言足够准确地揭示了关于心理要件问题的观点，尽管事实上，这是最高法院第一次在重要的联邦刑事立法中解释心理要件。同样值得注意的是，援引段落中体现出的对心理要件原始的、狭义的理解方式。援引段落似乎在强调，"有意识的欺诈"和"对不法行为的意识"不可能是一个严苛的标准，这一观点似乎是说并且只能理解为为严格责任预留了空间。公司或其负责代理人轻率或者疏忽地实施行为，是否意味着有可能没有达到此类不法运输的标准？不销毁旧的药鼠李标签就准备新的标签，可能是一个不可免责的疏忽大意，也可能不是。但是下级法院不是应当被告知这一问题应递交陪审团审查吗？本案为构建一个更具类型化的、心理要件的体系性标准提供了很好的机会，但这一机会并没有被把握住。

接下来，让我们思考刑法中理论根基内容已经被侵蚀的部分。在传统普通法决定多大程度上回应心理要件理念时，可以考虑四 126
个范畴，对此可以描述如下：

(1)基本犯罪全部或者部分抛弃了心理要件；

(2)疏忽是可责性的一种形式；

(3)排斥对法律的无知(*ignorantia legis*)；

(4)针对公共福祉的犯罪。

基本犯罪。典型的例证是性犯罪，尤其是"法定强奸罪"和重婚罪。通常认为，在这些传统的犯罪形态中，存在刑法上严格责任

〔8〕 320 U. S, pp. 280－281.

的例证。这些例证可以作为如下主张的基础:全部抛弃心理要件的犯罪和部分抛弃心理要件、或者仅有一个客观要件对应心理要件的犯罪之间并不存在明确的、可操作的界限。这一主张看起来并不令人惊讶。诚然,如果排除部分抛弃了心理要件的犯罪,仅将全部抛弃心理要件的犯罪定义为"严格责任"犯罪的话,那么"严格责任"犯罪只能是理论上的空谈,因为任何犯罪总有那么一些客观要件与心理要件藕断丝连。在法定强奸罪和重婚罪的场合,排除心理要件要求的是"附随情状"这一要件,从而导致严格责任的科处:在法定强奸罪的场合,附随情状是女孩的年龄低于性同意年龄;在重婚罪的场合,附随情状是当事人一方或双方都不具备再次结婚的合法自由。虽然在重婚罪领域内,出现了与传统立场对立的判决这种值得肯定的趋势,但是在美国,确信具有再次结婚的合法自由不是一个针对重婚罪指控的辩护事由,仍然是一个通行的规则。诚然,这种观点很明显会获得宪法的支持。在法定强奸罪的领域,传统严格责任的观点也没有受到一丝的挑战和削弱。

这些都是为人熟知的例证,可能有观点认为,相较于一般的、普遍的心理要件适用原则,这些例证代表的是极端、非常态的例外,但实际情况可能恰好相反。在杀人罪领域就有两个引人瞩目的例子,重罪谋杀规则和轻罪过失致人死亡罪规则,目前都有独立的效力范围,不能简单化地作为杀人罪原理的更为一般化适用的
127 例证,但是这两个规则都表明严格责任适用于杀人罪的结果要件。当抢劫犯应当自动地对被其目标被害人射杀的共犯的死亡结果负责时;或者当行为人实施殴打行为引致了没有预见并且不能合理预见的被害人的死亡结果时,其杀人罪的罪责也是建立在拒绝考虑结果要件与心理要件的联系的基础上的。

对于此等情况下科处严格责任的主张,标准答案存在于性犯

罪案件的既定规则之中。可以将其归结为这样一种判断,即既然基础行为是“不法的”,行为人就必须对行为的所有结果负责,无论其是否预见或者追求这些结果。但是该观点拐弯抹角地宣称,行为人与不满性同意年龄女孩性交时,即便其对于女孩的年龄缺少认知,因其基础行为是“不法的”,也应当认定为法定强奸。关键问题是,行为人是否应当对自己没有注意到特定要件的犯罪,承担与自己注意到特定要件的犯罪同样的责任。事实上,已经发展出各种不同的限制方案,发挥防止因严格遵循“自担风险”观念而造成极其荒唐后果的部分功能,但是该事实的存在也不应当转移人们对严格责任与心理要件的精神不相容的注意力。

疏忽。如果行为人蓄意地或轻率地造成了被禁止的危害,我们会毫不犹疑地认定行为人具备与自己的行为相关的、所要求的心理要件。但是如果行为人疏忽地造成了被禁止的危害,就会产生不同的问题,疏忽并不能轻易地被转化为一种心理状态,根据其定义,疏忽是缺失某种心理状态。简言之,疏忽不是传统意义上的某种心理要件类型,而是心理要件的扩张。

有观点认为,疏忽作为一种责任类型,在刑法中没有存在的空间,因为用刑罚威慑疏忽地造成危害的行为,必定或者无法发挥效力,或者不公正,或者既无法发挥效力又不公正。[9] 但是,无论这一哲学立场多么值得肯定,疏忽在刑法中具有重要地位的事实则是毋庸置疑的。可以看到,其最直接的体现就是,法律中将驾驶机 128
动车疏忽地致人死亡的行为犯罪化了,但是刑法中关于疏忽的规定是普遍存在而远不止于此的。每当所提出的有关行为人的认知的问题并非是关于行为人是否事实上知道,而是关于行为人是否

〔9〕 E. g., Jerome Hall, *General Principles of Criminal Law*, 2d ed., Indianapolis, 1960, pp. 135 – 141.

应当知道时,疏忽就足以成为一种可责性的形式。在杀人罪案件中,对死亡危险的疏忽地无视和对死亡危险的有意地无视之间存在区别,非常概括地说,这一区别就是过失致人死亡罪和谋杀罪之间的分界线。此外,通过对行为人关于危险的认知适用外部标准,或者通过对行为人关于诸如正当防卫等免责事由的根据的认知适用外部标准,谋杀罪本身有时候也会被认定为可能疏忽地实施的犯罪。以外部标准为根据认定行为人应当承担最严重犯罪的责任时,我们其实就是从纯粹理论的立场往后大幅撤退。但是,即使所谓疏忽的谋杀罪因其反常性而被否定,我们仍然必须面对疏忽作为一种可责性的形式不能与心理要件原则相协调所带来的挑战。

有观点认为,相较于那些反映了行为人的主观意识的可责性形式,疏忽与严格责任更具有亲缘性。[10] 但是,有些差异还是相当重要的,立法认定某一行为类型的所有情形都是不可接受的和陪审团(司法性地)认定某一特定的行为情形是低于预先建立的社会标准的行为类型之间的差异即是如此。决定性的差异在于,立法不能且不会预见到可能影响陪审团对特定案件的看法的各种情形及其变种。如果存在一个需要陪审团裁判的过错问题,主观过错和客观过错之间、“行为人知道”和“行为人应当知道”之间的界限是非常模糊的。通常,“行为人知道”的判断仅仅反映了“行为人应当知道”这一推论。相反地,“行为人应当知道”的判断则可能包含更多的无法阐明的陈述:“并且我们认为行为人可能确实知道,但是我们不能足够确定地这样说。”主观意识的归责和客观过错的归
129 责之间并不存在一条确定的界限:两者都只是连续链条上不同的点而已。陪审团进行个别化认定过错的机会可能毫无瓜葛地落到

〔10〕 Richard Wassertstrom, *Strict Liability in the Criminal Law*, 12 Stan. L. Rev. 731, 741 - 745 (1960).

这个点或者那个点上。如果从这一视角出发思考问题,尽管不是理所当然的,刑法对未被指控已经抛弃心理要件标准的犯罪偶然地使用疏忽标准,看上去就是值得欢迎的。换句话说,对我而言,将疏忽视为对与心理要件概念相联系的诸价值的延伸而非对其的背离,是适当的。

对法律的无知。不知法不免责的原则在我们的刑法中根深蒂固。如果刑法真诚地反映最低限度可接受的行为的普遍的社会标准,那么将"对法律的无知"原则和心理要件要求相协调就不会有任何困难。但是,轻微罪和法定犯罪的增多造成了尖锐的问题,这两类犯罪中有许多都是将初犯者几乎都无法知晓其违法性的行为犯罪化了。有时立法会明确规定行为人对法律要求的认知是罪过的必要要素,但更多时候立法不会对此明示。法院也很少通过发展可以直觉地感知的区分无辜行为与违反了晦涩难懂的法律条文的罪过行为的理论,来弥补上述缺陷。

《模范刑法典》的起草者认为,如果因为缺少法律公示或者合理的接触该法律的机会,被告人能够证明其确信自己的行为在法律上并不构成犯罪,则其应被赋予有限的辩护机会。[11] 该抗辩事由内涵的范围宽广程度并不明确,我倾向于将其解读为建立了一个对法律的无知或错误的疏忽标准。如果以我的观点解读(或扩张),其将大大地化解"对法律的无知"的悖论。如果我们假定,行为人未能注意到自己的行为违反了特定的法令是不具备可谴责性的(只要行为人不熟悉特定社会的通行准则,或法案与该通行准则不符合,这种情形就是寻常可见的),那么刑罚就不可适用,其理由 130
恰恰是与严格责任相关的那些论证。

---

〔11〕 American Law Institute, *Model Penal Code* § 2.04 (3), and Comment, pp. 138 – 139 (Tent. Draft No. 4, 1955).

针对公共福祉的犯罪。自从弗朗西斯·B. 塞耶(Francis B. Sayre)开始使用这个术语,该类型的犯罪就被解释者作为心理要件原则的主要“例外”进行研究,并且被法院作为便捷的代入工具加以认定,凡是可以理解为摒弃心理要件的犯罪都可以认定为这一犯罪。与那些更为隐秘地侵蚀刑法体系的内容不同,针对公共的福祉犯罪的主要意义,可能就在于这些犯罪公然嘲笑心理要件。尽管大量的法官造法分别确证了在违反食品和药品法律规范、涉酒精的法律规范、交通规则等领域都应当抛弃心理要件,但是也有个别法院明确表示需要考虑和阐明对轻微罪行适用特别的“刑事”制裁的正当性。反过来说,这些犯罪被认为是不同于传统刑法规定的其他内容,作为令人生厌的因而与刑事程序的保障没有瓜葛的复合范畴的某个种类。无论在认定该范畴的犯罪时如何限制心理要件的偏离,毋庸置疑的是,接受这种偏离已然构成刑法领域心理要件一般理论向前发展的强力阻碍。

对心理要件的“例外”的讨论试图表明,在本章开头列举的每个案例中,“错误”的抗辩应当得到考量,如果存在相关的事实支撑,抗辩应当被接受。然而,只有在那些刑事制裁完全适当的案件中,该结论才会产生。这里我们触及了本书的一个主要议题,其名曰,刑事制裁不应当被适用于琐碎的违法行为,例如轻微的交通违法,这或许是当下刑事制裁被滥用的最为引人注目的例证。可责性的问题同样集中在这一点上。将所有的由立法者不假思索地贴上犯罪标签的行为类型,都以完整的可责性理论架构加以审视,可能最终会导致法院的不堪重负。然而,无论刑事裁判的结果多么严重,无论我们是否发挥了刑事制裁的全部力量,我们的原则都敦
131 促我们考虑心理要件的辩护。此处必须划定的底线是,不能仅仅根据偶然地(因立法)贴上的“犯罪”标签就将行为认定为犯罪。除

了犯罪标签之外，包含了羞耻和自由丧失之效果的有条件的或绝对的监禁刑，应当区分于法律施加的其他制裁。当法律允许科处如此严重程度的刑罚时，被告人应当有权利通过提出前文所讨论的各类抗辩事由提起关于可责性的诉讼。如果认为法庭的负担过重，那么就应当广泛地适用比监禁刑更轻缓的制裁。立法不应当允许在广泛适用监禁刑时却又普遍不要求认定心理要件。

第六节 警惕精神失常的抗辩

刑法中，没有比这更激烈的议题了：是否，以及如果是的话，到什么程度、依据什么标准，“行为人的行为虽被认定为犯罪但应当被免责，其依据在于行为当时，行为人正遭受精神疾病或缺陷之困苦。特别涉及，国家机关和公权力之使用，通过裁判谴责被告人，以随之而来的、其中不可避免包含惩罚要素的制裁的方式进行（无论我们试图对矫正过程作出何种理解），上述这些应当存在明确的界限区分于不具备惩罚要素的处遇模式，即使后者也可能涉及部分人身限制”〔12〕。这是《模范刑法典》起草者描述该问题的方式，他们的描述已经近乎完美。

标准的问题是法律论争的核心，已经存在众多关于传统的麦纳顿规则、不可抗拒冲动测试、杜伦规则（Durham rule）和《模范刑法典》公示的优势和劣势的讨论。在本书的尖端讨论中，我并不解决上述（哪个规则最优）的重要问题，而是聚焦于一个前置的问题：为什么存在精神失常的抗辩？特别是，刑法的根基原则性内容是
否必须假定存在这种免责情形？我认为当下这是必须的；但是我不 132
同意那些主张精神失常源自功利主义要求的观点。基于纯粹的刑事

〔12〕 Model Penal Code, Comment, p. 156 (Tent. Draft No. 4, 1955).

制裁预防功能之观点,主张精神失常的抗辩确实有些力不从心。毫无疑问,该主张更为坚实的基础在于反映在一体化刑罚理论中的、与刑事责任相关的命令体现出的那些限制内容。

让我们从思考以精神失常为由裁判无罪的后果开始。我们可以假定,在即使不是全部也是大部分今天的案例中,这种判决的实际操作不会是从监禁机构中释放被告人,而是自动地或者通过一般的程序之操作,剥夺被告人的自由,将其监禁在名为精神病院的机构之中。我们还可以假定,虽非一直发生但也习以为常的是,上面的情况涉及的那个机构在很多方面非常像一座监狱,被告人的监禁并不像通常意义上的治疗,并且行为人的释放部分取决于自己受到审判的行为的严重性,部分取决于重复同样的或类似行为倾向性的评估。有主张认为,应当设置远比当前更具有辨识力的调查,但是我们应当将这些调查视作既成的事实。对于大部分人而言,他们被调查后推定存在精神失常就证明了精神失常抗辩的愚蠢。批评家们问道,为什么不舍弃这一抗辩事由呢?为什么不减轻刑事程序的压力,不再处理这一事由的认定呢?为什么不让身患精神疾病的被告人按照无视其(精神失常的)标签判决进行处遇呢?[13]

这一主张铿锵有力,但却华而不实。我们必须容忍精神失常辩护所带来的困扰,因为需要把(精神失常)这种情况排除在以自由意志为主要范式的刑法之外。恰如我此前已经指出的,刑事制裁并不建立在人类的行为*是*自由选择的问题上;该哲学论争是无关紧要的。为了实现比预防社会上不被期待的行为远远重要的目的之功能,刑事制裁的适用*假定*人类有自由选择权。有条件地和工具性地定位自由,是精神失常辩护中的关键内容。必须存在一

---

〔13〕 See J. Goldstein & J. Katz, *Abolish the "Insanity Defense"—Why Not?* 72 Yale. L. J. 853 (1963).

些普遍的假定认为有一些人,出于精神疾病的原因,显著地损害了自己的意志能力。再一次强调,认定案件中精神失常是不是事实, 133
无关紧要;如何区分一般人和意志能力受损的人,也不是特别重要。此处强调的是,有些底线必须明确地刻在国家机关身上,无论这些底线是对是错,这一底线就是精神疾病会造成意志能力损害。

我们如何理解意志能力损害是一个受到文化条件限制的事项,没有一成不变的回答,也没有纹丝不动的法律回应方式。例如,当前我们认为癫痫(epilepsy)造成意识的强烈损失,以至于意志能力被彻底磨灭。如果行为人在癫痫发作时实施了犯罪行为,我们认为行为人缺乏实施自愿行为的能力并因此认定其无罪。这与因精神疾病判处无罪的情况不同,癫痫的判决让行为人不会受到任何类型的监禁,仿佛行为人根本没有实施犯罪行为。而在另一个极端,我们认为一种与都市贫困(比如在城市中得不到五险一金等)相联系的文化性剥夺,在非常现实的意义上,限制了个人选择的能力,并且使得行为人比“一般的”社会成员更易受影响而实施反社会行为。但是,我们认为对都市贫困人口的限制实属一种过于“长臂”的管辖行为,很难将其认定为免责事由,尽管有些理由是行为人情不自禁地实施了犯罪行为。可能有一天,法律在文化上和哲学上采取对意志能力损害的不同观点,然而,那一天还没有到来。精神疾病的辩护在某些情况下处于两个极端的中间,个中状况可以帮助我们解释为什么意志能力损害在法律上是如此的充满矛盾,为什么我们又怀着如此矛盾的心情承认其作为辩护事由。这种情况也可能会发生改变,如果一些精神疾病的类型被证明存在化学基础或者其他明确的生物学起源,我们可能会放弃这种矛盾的无罪释放但仍然监禁的处理方式。当然,这完全是一种推测,这里强调的是,我们对于意志能力损害的态度是会发生改变的,同样的,刑法也会为之改变。然而,作为立场问题,对那些被认为处于严重意志能力削弱状态的行为人,施加刑事判决、进行道德谴责,将会导致责任理念在最关键的用途上遭到抛弃。

强调意志能力削弱可能看起来是"唐·吉诃德式"的,对那些熟悉精神疾病辩护标准论争的人而言尤甚。麦纳顿规则,这一在
134 目前大多数美国的司法实践中仍然被坚持使用的标准,同时遭受着攻击和辩护,其理由竟都是麦纳顿规则过于关注认知能力的减损。恰如亚伯拉罕·S.格兹泰因(Abraham S. Goldstein)教授明确指出的,这是对麦纳顿规则发展和实际使用的误读。[14] 我同意格兹泰因教授的观点,攻击和辩护都是一种误解,但是基于当前论述的目的,这并不是很重要。如果麦纳顿规则或其他的某个规则聚焦于认知能力的减损、聚焦于行为人理解行为本质和特征的能力,那么问题依然存在:为什么该规则聚焦于能力?似乎对我而言答案是清楚的,这是一个纯粹工具性的考量和聚焦。我们关心认知能力的减损并不是因为认知能力减损自身有什么规范内容,而是出于更为长远的目的;我们免除不理解法律的人的罪责不是因为该行为人无法理解法律,而是因为行为人缺少理解能力导致他无法作出有社会意义的选择。认知不是意志的辅助和补充,而是其先兆和线索。

精神失常辩护在一般意义上不能被认定为免责事由。更有力的说辞是,精神失常辩护成功开启了另一个惩罚的方向,该惩罚并非一种刑事性的惩罚。将行为人强制监禁在精神病院,因为行为人通过实施通常被认定为犯罪的行为,展现出自己的危险性,这种强制监禁很明显是一种惩罚,恰如我们此前已经定义的。但是,这不是刑事性的惩罚,因为即便其施加是为了预防更进一步犯罪的

---

[14] *The Insanity Defense*, New Haven, 1967, chap. 4.

实施,但是其施加并没有表示社会对一般犯罪的谴责。如我们所见,这是区分刑罚和其他形式惩罚的关键,其明确了精神失常辩护的案件中,(惩罚)缺少了什么。用一句谚语形容,案件中的行为是"生病了而已,并非作恶多端"(sick not bad)。

将其类比(或甚至等同)于心理要件,精神失常辩护的攻击者和辩护者所强调的这一论述,只是一种转移人们注意力的话题罢了。精神失常的辩护与心理要件之间,和其与未达到刑事责任年
龄的辩护之间,都没有关联性;至多这些辩护中可能包含所谓的 135
"规范性的心理要件"。反对精神失常辩护的观点是,像任何心理要件辩护一样,其最终都会产生完全的无罪效果。[15] 反对者认为,基于精神失常的原因而免除罪责,就意味着行为人缺乏犯罪构成所要求的蓄意、明知、轻率或疏忽,对应到指控犯罪的客观要件;并且,如果确实如此,就证明行为人没有实施指控的犯罪,行为人应当被无条件释放。因为我们很明显不想这样做,反对者认为该辩护事由只是一个"赝品"并且应当被废止。同样犯了方向性错误的辩护者(或支持者),主张精神失常的辩护必须被保留,因为其是心理要件层面的一部分。为了不让任何一个主张混淆责任的概念,需要指出在精神失常辩护中并不存在专业内称为责任要件的东西。

这些主张,因为援引了特殊的辩护事由如"部分精神失常"或者"限制责任能力"的主张,而染上了一些合理的色彩,特别是在杀人罪的法律规范中。此处的理念是,心理疾病可能会被援引,证明行为人缺少特定的杀人罪所要求的心理状态,例如一级谋杀罪要求的预谋和故意。援引心理疾病的效力明显,如果被事实审判员

---

〔15〕 这一主张至少被作为一种假设由格兹泰因和凯兹提出,前引〔11〕,第 865 页。

在特定案件中接受的话，会产生将一级谋杀罪降为二级谋杀罪甚至过失致人死亡罪的效果。该辩护事由与精神失常的辩护毫无关系，精神失常的辩护压根不会定位到任何犯罪的构成要件，只会定位到行为人的整体精神状态。“部分精神失常”的辩护仅仅是有力的规避可能被判处死刑犯罪的工具而已。

综上所述，精神失常的辩护并没有被包含于复杂的、构成责任规范大部分内容的心理要件辩护之中，也与之缺乏内在联系。精神失常的辩护是颠覆性的、独特的辩护事由，与行为人实施了什么、确信什么无关，而是与行为人本身是什么样的人有关。

第七章　证明与比例原则 136

第一节　证明标准

除非行为与罪责的理论保障被保护而免受刑事程序日常损耗的侵蚀，否则其没有太大的意义。坚持遵守刑事行为立法禁令中的原则，固然非常好；但是，书本中的原则并非被适用的原则。谁来适用它，以及通过何种标准来适用？当我们考察了刑事程序的运作之后，对“谁”来适用的答案将变得清晰，它由三部分组成：法官，他们负责刑事审判；检察官，他们决定对哪些案件提出控告；以及辩护律师，他们通过正式和非正式的手段试图为他们的客户保障可能的最好结果。对于我们目前关注的适用标准，需要进行证明理论的考察。

一起刑事案件，或是任何为此进行的诉讼，都需要对过去的事情做出判断。就像任何历史重构，这样的一种判断并非一种确定性的判断，而是一种可能性的判断。我们从来不能了解过去,哪怕我们是以某种偶然的方式"了解"了我们直接感知的东西。在普通的民事诉讼(关于商事交易的争端,财产的所有权和使用权,个人损伤和财产损失)中,我们满足于让关于过去事情的判断体现出一种对各种可能性的平衡。或者,就如证据法所规定的那
137 样,如果原告不能以优势证据证明支持其主张的事实,那么他将败诉。

刑法中通行的是更为严格的标准,其表明了我们对待刑事制裁的发动更为严肃的态度,这同时也对标准的实施造成了一些独特的困难。传统上我们认为,被告人被推定无罪,其犯罪必须被超越合理怀疑地证明。尝试定义"合理怀疑"是徒劳的。它所体现的并非一种量化标准,而是一种裁判的态度。如果在裁定实际发生的情况与认定被告应为被控告的罪名承担责任的法律要求是否符合时存在一些犹豫,而深思也无法使之消除,那么陪审团必须宣告其无罪。即使法院对此产生犹豫,可能也应当照此处理,即感受到这种犹豫的法官不应当允许陪审团裁定案件,而是应当直接做出无罪判决,或者如果他确实让陪审团做出了裁定,其后也不应采纳他们的裁定。但是,只有相对较少的刑事案件走到这一阶段。因此,对这一标准的关键运用,是由检察官在决定已被逮捕的人是否应当正式被以一项罪名来起诉时作出的。检察官必须实际上评估其为审判所能收集的证据的证明力,考虑这些证据如何能够经受交叉询问的挑战,或就他所知的内容会在对立面被如何评价,以及对于他是否可能成功地达到超越合理怀疑的证明标准做出总结。简而言之,他必须做出预测并据此展开行动。这一预测是对可能性的一种评估,不同的检察官会做出不同评估,其取决于从乐观的性格、责任心程度,到案件的重要性、来自公众的压力等许多因素。但是在每个案件中,每个检察官都必须以某种方式做出这一预测。

它是针对任意起诉的一种难以对付的障碍；它也是对轻易定罪的一种难以对付的障碍。

这一高证明标准，本身是刑法最低限度理论内容的一部分，它和关于“免责事由”的理论内容的那些方面有重要关联：刑事案件 138
中犯罪心态或者心理要素的证明。如果那些理论要具有任何生命力，那么它们必须被认可为起诉所必须超越合理怀疑证明内容的一部分，就像对外部事情的重构被认为是这种证明负担的一部分那样。除非责任(guilt)被视为要素的复合体而非单一实体，否则这种认可不会有效。尤其是，起诉必须被要求证明被告被控告罪名的每一要素都超越了合理怀疑，而且对这些要素的证明也必须在证否所有相关免责事由时被考虑进去。如果被告主张他是正当防卫杀人，那么起诉就必须超越合理怀疑地证明他不是出于正当防卫而杀人。如果被告主张他误以为他所取走的财物是遗弃物而非他人财物，或者他误以为他的第一任妻子已经与自己离婚，又或者他误以为其他的一些事情，如果这些属实，则构成一项免责事由，那么这些主张必须被超越合理怀疑地证否，以此才能证立罪犯的责任。这一要求所造成的难度不应当被低估。它意味着，起诉必须证明一项消极事由，这常常是一件困难的事情，而且，其必须证明一项并不涉及客观事实，而涉及被告人心理状态的消极事由。

正是这种实践的证明困难，而不是其他定义明确的概念性定位，导致了严格责任实质性地侵入了刑法。即使所有需要证明的仅仅只是疏忽，即被告人的错误是不合理的，起诉方也更倾向于不要承担这样的证明责任。但是没有逃避的出路。如果罪责在刑法中有什么意义的话，也就是说，如果“罪犯”有什么意义的话，那么免责条件必须被证明不存在，这样才能成立责任。当然，这并不意味着，起诉必须在每一起案件中否定所有可以想到的免责事由。

只有在存在证据支持免责事由时才需要这样做,不论该证据是出现在控方所呈现的证词中,还是辩方所呈现的证词中。用证据法
139 所使用的术语来表述,即辩方具有举证责任,控方具有说服责任。

我一直主张,一体化刑罚理论要求,控方对不存在免责条件的证明应达到超越合理怀疑的程度。这远非今天刑法的普遍做法。那些我们非常矛盾的免责事由,例如精神失常的抗辩,经常留给被告来证明。而对新的抗辩事由如法律认识错误的承认,只是过渡性地通过以下方式达成,如允许这一辩护得以呈现,但要求被告来承担对此的证明责任,或者为控方否定这一辩护,设置比超越合理怀疑较低的证明标准。但是,这些机制是一种对罪责原则的妥协,而这种妥协不会持久。对刑事制裁的特殊性质向我们所提出的要求看得越清楚,我们就越不愿意允许这种对基本原则的妥协。近期的刑法立法修订,证实了对这一观察的预测。在我们审查刑事制裁的背景下,以下这一点是显而易见的:证明标准及其囊括免责事由在内的普及化发展,是针对刑事制裁的不明智和宽泛适用的强有力的控制手段。

第二节　比例原则与惩罚

最低限度理论内容的最终要素也是最复杂的部分。它涉及犯罪的严重性和对他们惩罚严厉性之间的关系,以及这种关系在刑法结构中的表现。从一种对刑事制裁采取纯粹行为主义的观点来看,这一问题不会出现。按照那种观点,唯一重要的是罪犯,而他的行为根本不重要。惩罚将是完全个人化的。没有什么原则规定,法律的结构应当反映犯罪严重性的程度。反社会的行为将只根据两个因素来特别地被处理:剥夺罪犯能力的需要,以及使其复
140 归社会(rehabilitating)的可能性。一旦罪犯被认定为不会再犯,情

境谋杀犯(situational murderer)可能就会被尽快释放;暴力的精神病患者和无法改造的开空头支票者,则可能都会被终身监禁。

严格古典的边沁功利主义观点会指出一种有所不同但同样简单的方案。施加“痛苦”时的“经济”原则要求,应当将刚好足够(而非更多)威慑罪犯不要实施某类犯罪的惩罚,分配给那一类犯罪。惩罚的明细表或价目表会非常详细。然而,启动原则本身会非常简单:诱惑越大,惩罚就越大。

报应性惩罚的基础原则尽管也有所不同但同样简单。它要求,惩罚与在特定犯罪中所体现的罪责程度相当,有时或许可以允许比特定罪犯通常恶行有所减轻的惩罚。就像在古典功利主义观点的例子中那样,报应性惩罚也有一个惩罚的明细表,但是它围绕一项非常不同的原则建构起来(虽然或许产生相当类似的结果)。

我们所致力推动的惩罚一体性理论,要求对多项惩罚目的采取一种一体化的路径,认识到这些目的之间的紧张关系不能被完全消解。其必须从各种角度博采众长,并认识到没有哪个目的是完全决定性的。惩罚必须被个别化但是必须在限制范围内,这些限制涉及威慑的需要、对于相对道德性的判断,以及预测未来行为的相关困难。问题在于重点是什么,或者说,这也许是一个关于什么应当是出发点的问题。

我认为,这一出发点应当由为刑事制裁体系提供立法框架的紧迫需求来决定。让我们假定,当前的事实情况以及未来一段时间可能保持的状况:刑罚的标准模式是监禁。那么问题变成:什么是做出量刑决定的最佳权能分配方式?立法机关最适合做什么,以及根据何种标准?法院最适合做什么,以及根据何种标准?矫 141
正机构最适合做什么,以及根据何种标准?

立法机关无法规定,被定罪的每个罪犯应当在监狱中待多少年,多少月,多少日。它所了解的只能是犯罪,而不是犯罪人。审判罪犯的法官同时了解二者,但是他也没有处在决定个体罪犯应当服刑多少年,多少月,多少日的最佳位置上。他只能预测,罪犯可能如何回应惩罚;什么会实际发生在罪犯身上,罪犯会或者不会发生何种人格的改变,都是未来的事情。矫正机构处在最佳的位置,对特定罪犯的未来行为进行众所承认的推测性评估,因为只有矫正机构才知道矫正程序如何地影响罪犯。因此,应当由矫正机构或者由其所通知的释放机构,来作出决定。但是,位于程序终端的人处于最坏而非最好的位置来决定,在严厉性的程度上对特定犯罪可能科处刑罚的范围应当定于何处。法官基于他对案件事实的了解,对威慑因素和报应因素有所观察,处在更适合作出判断的位置。而立法机关对刑事行为的整个范围都有观察,则处在最好的位置。显然,这些机构各自负责一部分工作,但是这些部分应当通过评估这些机构各自的强项和弱项来决定。

立法机关应当负责根据严重性的某种标准对犯罪进行分类,并为每项犯罪设置惩罚范围。实践中,这意味着决定监禁刑的最长期限,而且或许也决定其最短期限。通过控制最短期限和最长期限,人们可以得出无数种排列和组合。人们可以为每一项犯罪设置一个不同的刑罚期限,这样也仍然不会近乎穷尽可能的组合。很多现有的刑法典都展示了这种期限的多样性。例如,在加利福
142 尼亚,光是适用于重罪的就有约 45 种最长和最短期限的组合。不论按照何种标准,这一数量远远超出了立法者合理区分不同严重性的能力。《模范刑法典》建议,对于要求超过一年监禁刑的犯罪(重罪),只应当设置三种立法类型,配置最长五年自由刑,十年自由刑,和终身监禁。人们可能会争论,是否三种类型已经足够(最近纽约的修订呼吁五种),但是显然立法的判断无法延伸得更远。

因此,立法的决定应当限制于,将那些已被选中作为犯罪的行为归入数量相对较少而相当总括性的类型之中。除了这样一些犯罪(如轻微的交通犯罪),罚金是其通常的刑罚,且本身就不应当规定为犯罪,立法机关面临的第一个问题就在于,是将一项犯罪归入重罪还是轻罪。这些类型并不是不可避免的,确实,作为重罪和轻罪习惯性分界线的短期(短于一年)自由刑,关于其有用性可能就存在一些争论。如果决定赞同长期自由刑,那么立法机关就必须依据对犯罪严重性的理解,决定将犯罪放在有限数量的何种类型中。

正确地来看,法官的功能在于决定,立法规定是否应当在个案 143
中被遵循,或者关于特定罪犯的特殊情形是否导致该案中立法确定规范的减轻或可能的加重惩罚。减轻惩罚的机制应当包括以下的部分或全部情形:免除监禁(缓刑和/或暂缓判决),降低犯罪等级(随之减少潜在的监禁长度),以及降低法定最高刑期。加重惩罚机制应当(通过像计划这样的简单形式)增加罪犯可能的服刑长度。之所以可能适用加重惩罚,原因在于存在一些特殊的情形,例如罪犯之前实施了犯罪或者实施了多项犯罪,这表明这一罪犯体现出了比其他实施特定犯罪的人更大的威胁。法官所做的这一有限的个别化工作,将会留给矫正机构和假释委员会一项任务,即精确地决定,在立法机关规定、法官裁定的惩罚限度内每名罪犯应当服刑多久。

以上概述的权能分配,大体上符合《模范刑法典》量刑条款所反映的学者对此主题的共识。虽然这一描述过于简化,但是它表明,在一个试图追求(如我所论述,它必须这样做)多个惩罚目的的体系中,问题会变得非常复杂。具备了对量刑问题复杂性的(尽管是不完整的)理解后,让我们回到我们的主要关注点:在对不同类型犯罪决定刑罚的相对严重性时,立法机关应当采纳的标准。为了简化问题,让我们假定唯一可用的独特“刑事”惩罚就是监禁,这实际上非常接近案件情况。那么问题就变成:在量刑程序中,对于其他参加者的犯罪行为,多少数量的这种惩罚应当被允许科处?要记住,我们已经避免了忽视犯罪的本质,也避免了仅仅依据罪犯的个人特征来做出差异化处理。立法机关不能满足于说,像极端的行为主义立场拥护者可能所主张的那样,对于所有罪犯所实施的所有犯罪,可允许的刑期范围都包括一天至终身监禁。假设我们从头开始,我们应当做何种区分,又基于何种原则做出区分?

对犯罪进行区分的观点必然意味着比例性。不论脑中想的是威慑、剥夺能力或是二者的结合,不可回避这种立法努力的出发点是这样一种观念,即一些犯罪应当比其他犯罪被更加严肃地对待,惩罚的严厉性也应当与犯罪被认定的严重性具有比例性。严重性被认为主要是代表道德谴责还是潜在的社会损害,对这一目的并没有差别,尽
144 管当对犯罪科处刑罚的实际程序启动时可能会存在一些差异。关键点在于,不同的犯罪被区别性地理解,而不论为何如此。

现在出现了两个问题:在严厉性的范围内,我们如何确定惩罚的上限和下限;以及对位于上限和下限之间的犯罪,我们如何配置刑罚。例如,如果我们确定,刑法所保护的最重要的价值是个人的身体完整性,那么就会有某一理由来说明,为何不将最严重的可能的惩罚科以包括从谋杀到扇耳光在内的所有侵犯身体完整性的行为。表述这一问题的那样的方式迫使我们认识到,像以上所述那样概括性的价值过于宽泛,以至于在这种探寻方式中无法得到太多运用。即使我们认定对身体完整性的保护是最高的价值,我们也不会将对身体完整性的各种威胁视为同等严重。确实,我们不会认为,对生命的所有威胁都需要采取最严厉的威慑和剥夺能力的手段。持械抢劫和醉酒驾驶不可能被置于同等地位,即使后者

被认为可能导致更多的死亡结果。

比例性包含的不仅仅是对行为模式的区分。它也包含了一种金字塔效应。一般来说,越是严重的事情,比那些不那么严重的事情就更为少见。谋杀比伤害的案件要少,抢劫比盗窃的案件要少,轻率驾驶比非法停车的案件要少。那些我们认为应当科以最严厉惩罚的犯罪比那些仅需科以中等惩罚的犯罪要少,而后者又比我们认为相对宽大处理即可的犯罪要少。这一观点可以通过观察任何刑法典得到验证,或者通过观察科以罪犯的实际惩罚得到更好验证。关于前者,《模范刑法典》(如我们已经观察的那样)将所有重罪分为三档,最长惩罚期限分别是终身监禁,十年自由刑和五年自由刑。按照这一法典,只有四种重罪属于第一档,十二种重罪属于第二档,但有三十二种重罪属于第三档。换言之,仅仅只有十六种重罪被允许设置十年或以上的最长监禁期限。当我们对现有制度安排下的实际情况进行考察,也可以发现同样的金字塔效应。 145
1965 年,加利福尼亚监狱有 4830 名罪犯获得了首次假释。准确地说,其中百分之一(48 人)的罪犯服刑超过十年,另外有百分之七(360 人)的罪犯服刑五年以上十年以下,剩下的罪犯服刑少于五年。(服刑超过十年的罪犯半数是谋杀犯。)

这些例子表明,理论上刑罚严厉性的范围很小,实践中刑罚严厉性的范围则更小。由于被判处重罪的绝大部分罪犯实际上不会在监狱系统中服刑很长时间,所以立法机关必须通过对大量犯罪相对较窄的区分范围来满足自身需要。假设所有的最严重的犯罪——谋杀、强奸、绑架、持械抢劫以及类似犯罪——都被科以最严厉的惩罚,那么只有很小的区分可用于处理大量的犯罪。因此,比例性原则及其伴随的金字塔效应,严重地限制了作为一种处理诸多反社会行为机制的刑事制裁的灵活性。

第二编　程　　序

第八章　刑事程序的两种模式

第一节　导　言

刑罚是一件令人不悦的、最好避免的事情，这似乎是犯罪人都有的普遍印象。犯罪人通常 149
行事谨慎以防被逮捕。如果被逮捕，犯罪人又通常否定他们的罪责(guilt)，抑或使出浑身解数不与警察合作。如果被诉至法庭，犯罪人则穷极所有资源抵抗判决下达。并且，即便在被判决并移转至监狱后，犯罪人也依然没有停止为了自由的努力。这是一场从起点到终点的斗争，这场斗争通常指的是刑事程序(criminal process)，这个简明扼要的术语却代表着所有活动的复合之物；活动是指使犯罪嫌疑人负担实质刑事法律效果(或者取消这一负担)的操作。刑事程序只能以指向统摄羁押、侦查、审判犯罪嫌疑人的法治原则(rules of law)这种片面的、不充分的方式予以描述；刑事程序至少包括重要性与以最粗糙的方式理解国家公权力机关活动一致的程序性规则(procedural rules)。晚近以来强调对刑事司法执行的实证研究的结果是,我们刚开始意识到这种一致性是如此粗糙。

与此同时,实证研究这种新增长的知识可能部分地导致我国部分法律决策机构,尤其是美利坚合众国最高法院,开始有意增加
150 统摄刑事程序运行的法律规定。晚近以来,相关法律已然呈现内容和速率的指数级增长之势。我们面临一个有趣的悖论:我们发现刑事程序的实然(“是”)状况越多、我们受到程序(正义)应然(“应当”)指导越多,实然和应然之间的分歧似乎就变得越大。我们发现,只有极少数人在刑事程序中获得充分的辩护;我们同时被告知,宪法要求人们在刑事程序中享受足够的法律代理服务。我们发现,威权强制常常用于从犯罪嫌疑人口中取得认罪供述;我们转而被告知,以强制得来的供述为基础的裁判可能不被承认具备效力。我们发现,警察经常使用违反第四修正案保护的隐私权的方法收集证据;我们随即被告知,以此方式取得的证据必须在刑事审判中排除。但是,这些关于程序应当如何运作的规定,并不会自动转变为刑事程序中官方行为模式的一部分。实然和应然之并存益艰,关于我们所欲的为何种刑事程序之问萦绕耳边。

我们所有的刑事程序类型是一个刑法应当理性规制到的行为类型的决定性因素。符合逻辑地说,实体法问题似乎是优先的:实体法决定了进入刑事程序的行为类型,并随即决定了处理这些行为类型的刑事程序的最佳设计方案。但事实并不如此运作。整体上来看,刑事程序和刑法内容已然至少在内容上相差无几地成为

一种规定(given),*但是在其他严格意义上刑事程序远没有成为一种规定。

刑事程序的样态大致以两种方式影响刑法的实体内容：首先，一个人在将一种新的行为类型犯罪化并因此加重刑事程序负担之前，想要了解的是，刑事程序适用的难易程度。刑事程序越高效(expeditious)，其能应对的人数越多，因此，能被刑法全部或者部分禁止的反社会行为类型也就越广泛。另外，刑事程序的适用越困难，基于同等水平的人力和运作资源，该刑事程序能应对的人数也就越少。将犯罪嫌疑人关押入狱越困难，基于同等数量的警察、检 151
察官、辩护律师、法官、陪审团成员、缓刑官**等，刑事程序在一年内能处理的案件也就越少。刑事程序的特有功能及其可以有效处理

---

* "given"以名词形式出现时，往往有"假定""给定"之意，第一版译作中将其译为"既定事实"，但其反映在汉语中并不能体现"内容"和"严格意义"上的区别。其在专业的法律英文词典中并没有名词含义，结合前文实然与应然的二分，可以在译法上求助康德哲学。"given"对应德语"gaben"，在康德哲学中的动词之意为"给予"，名词之意为"给定的"。在物质和感觉的二分探讨中，物质的客观实在性在感觉中被给予我们。(《纯粹理性批判》)然而，道德法则却是*仿佛*被给予的，而不*是*被给予的。(《实践理性批判》)到了美学领域，审美领域的知性概念的不足性被拿来与理性领域的"想象力""直觉"之于"给予"的不足性相对比。(《判断力批判》)由此可见，虽然康德没有明确进行定义，但是给予是在理性领域中不同于想象力和感知的一种对实在性进行确定的东西。此处将其译为"规定"，则是借助了阐释学理论等方面的探讨。新康德主义中的马堡学派对"给予"的概念进行了否定，并在知识论的领域继续展开，因此从阐释学领域进行理解和翻译并不存在障碍。"规定"之意则对应其中的刑法内容，作者认为，实体法是由诸类型的行为规制组成，因此刑法的内容大多为行为规范，规定或指导特定主体如何符合刑法地行动，以此为类比，刑事诉讼法在内容上应当也是由规定特定主体在一定刑事程序中如何行动的规范构成的。"被给予"的探讨部分可参见[法]让－吕克、马里翁：《所谓实在论：对象还是事物》，邵奇慧译，《法国哲学研究》第3辑，上海人民出版社2020年版，第95～96页。"给予"在理性领域对应"知性"的不足性可参见陈剑澜：《康德审美判断力批判的意义》，载《北京大学学报(哲学社会科学版)》2018年第6期，第65页。关于知识(阐释理论)中的规定性可参见高楠：《阐释的被规定性与共识性》，载《社会科学战线》2019年第1期，第198～202页。——译者注

** 指负责监视缓刑犯的政府官员。参见宋雷主编：《英汉法律用语大辞典》(第2版)，法律出版社2019年版，第1656页。——译者注

的行为类型之间存在一种潜在的、次级的和更微妙的关系。可能是最清晰的但严谨来说绝不是唯一一个的例证便是所谓的无被害人犯罪的领域,即那些没有让任何人感到被伤害,因此也没有驱使其(受害人)寻求公权力救济的犯罪行为。通奸罪即为一例,有些法域规定,两个没有结婚的人之间性交是违法的。此处存在(或可能存在,取决于法律是否被认真对待)一个根本的实施问题,因为自愿实施性行为的双方往往并没有感到被侵害,因此此类案件其也往往不会向警方报案。赌博和毒品犯罪中的获得同意的交易也呈现出同样的问题,出于我们往往科以此类行为更严重惩罚的事实,这两类犯罪面临的无受害人问题要比通奸行为更加尖锐,发现被实施犯罪的困难性进一步增加了逮捕已知实施了犯罪的犯罪人的困难程度。在此意义上,无被害人的犯罪往往比可确定犯罪人的犯罪对刑事程序提出更大的挑战。但是,如果刑事程序设计了一定的处置措施,增加此类犯罪实施被发现的可能性,那么该挑战将被最小化。如果可以诱导犯罪嫌疑人犯罪,如果警察可以在缺乏证据表明嫌疑人犯罪时就可以逮捕和搜查,如果窃听和其他形式的电子监控被允许,发现无被害人犯罪的实施将会轻而易举。但是如果上述措施被规定禁止且实践中遵循了禁止规范,发现无被害人犯罪的实施则会困难重重,并最终达到刑事程序处理无被
152 害人犯罪低效之至、执法无所作为的地步。

因此,一条通往核心问题“刑法为何而善(good)”的务实路径将作出两方面要求:一是整体评估刑事程序是社会控制的高速运转保障,还是减速降温工具;二是一系列特别评估,针对刑事政策处理特定的反社会行为的适当性问题。如果我们想要建立精心制定的、影响立法上规定刑事制裁的标准基础,这样的评估是必要的。我们如何理解结合静态和动态因素的、自成体系的刑事程序?

可以肯定的是，刑事程序存在不受地点和时间变化的方面。但是其动态性是明确的，于今可能比过去更加清晰。我们需要意识到刑事司法系统变动的潜在可能，意识到正在发生的变动和未来可预期的可能的变动方向。我们需要从拘泥于事无巨细地描述20世纪中期的美国刑事程序的运作状况或可能如何运作的猜想的领域中脱离，使我们可以开启发现刑事司法系统作为一个整体能够处理人民期待其处理的多样任务的进程。

进行这项工作的方式之一是对现实进行抽象，建立一种模式。某种意义上，模式恰恰是对关于刑事程序的宪法和实定法规定进行审查的产物。这实际上是分析法律系统的传统运作方式，作为当前价值选择的索引而具有强有力的作用；但是传统方式所产生的模式并不会告知我们太多某些刑事司法系统面临的重要问题，且只会偶然地反馈一些关于刑事司法系统实际运行中有用的东西。此外，这种模式可能源自脱离书本法律（应然）的努力，源自尽可能描述实际生活中刑事程序如何运作的努力；而现实描述中的刑事程序从属于对实际发生的专断的调查，其中互相对抗的价值要素的存在将被掩埋。我们所有的刑事程序类型严重依赖于在其 153
习惯运作的过程中明示或暗示地反映出来的价值选择，我们所欲的一种模式则能使我们清楚地识别潜藏于刑事程序诸细节之下的价值选择。简言之，我们所需要的是规范性（normative）模式，形式上可能复杂多样，本质上则只能名“规范”而不言他。

两种刑事程序的模式将引导我们窥探刑法核心的规范上的自相矛盾***。这些模式并非以“是”和“应当”标注，也不可作出那种意义上的理解。相反，这些模式代表着抽象出两种相互竞争、以在

*** antinomy，即二律背反。——译者注

刑事程序运行中占据优先地位的价值的努力。两个模式并不是分别代表“与现实相对应”和“为理想而代言”,因而也不排斥彼此。这两种模式仅仅出于描述刑事程序运作(方式)之方便(而总结),程序日复一日地发挥作用涉及了两种价值系统竞争需求之间的一系列微小调整,而该程序的规范性未来似乎也涉及两种竞争诉求的紧张对抗之间的一系列解决路径。

我称这两种模式为正当程序模式(Due Process Model)和犯罪控制模式(Crime Control Model)。本章剩余部分我将勾勒两种模式丰富的前提条件,后续的章节我则会展示两种模式如何适用于刑事程序连续的各个阶段中出现的、经过挑选的、具有代表性的问题。随着我们审查两种模式在每个互相接续的阶段之运作方式,我们将面临两个进一步的追问:第一,我们当前的司法实践大致对应于两种模式之极端间的哪一范围?第二,当前和可预见的趋势下,司法实践应当沿着哪个范围的哪个方向前行?

在任何两极化的(理论)努力中都有潜在的风险,本章的计划也不例外。简单来讲,价值问题过于多样,无法只靠是或否来回答。两种模式相较于现实有所失真,并且,因为两种模式的规范本质,此处也存在将一种模式视为“善”(good)而将另一种视为“恶”(bad)的危险。与我一样,读者也会有自己的偏好,但是我们不应当过分苛求于刑事程序中的问题恰好都有两极化的回答。重大的
154 公共政策问题,本质上恰如任何识别规范选择“正确的”答案的努力一样,都超出了当前问题的范围。本节所要做的主要是澄清讨论的主题,采取的方法是区分出作为基础的相互竞争的政策主张的前提,并审查这些主张一旦被完全接受将会产生的后果。

第二节　两种模式的价值基础

任意一个我们将要审查的模式都试图赋予刑法复杂的价值基

础以可操作的规则。恰如我前文已经提出的，识别两种相互竞争的价值系统是可能的，体现在紧张活动中的两种价值系统的激烈对抗，在刑事程序的发展过程中已然可察。该发展过程中的角色——立法者、法官、警察、检察官、辩护律师几乎没有在给定的事项中稍作停顿，阐述清楚其自身立场下的价值。确实，将一系列内在的和一致的价值（阐明任务）归位于上述角色中的任意一个，都是过于简单化的处理方式。两个相互竞争的价值清单中的任意一个都将是我们在这一部分深刻阐释的，清单所包含的元素都明确地代表了一定时间、一定角色对刑事程序的偏好。没有任何一人能被清晰地界定为同时保留两种模式所有价值的角色。两种模式分属两极，因此其价值基础亦然。但是如果一个人支持一个模式的所有价值而排斥另外一个，那么他将被视作狂热的信徒。本文呈现的价值只是分析的辅助，而不是行动的指示。

*一些共同的基础。*然而，两种模式并非绝对地两极对立。即便构建缺少制度基础、纯粹形而上的模式是可能的，但这种方式并不服务于我们的目标。我们所假设的并不是能够“放之四海而皆准”的刑事程序，而是在当前美国社会框架中运作的刑事程序。该 155
设定为两极对立留足了空间，但也同样要求遵循某些限制。如果一种刑事程序的模式忽略了美国法律系统相对稳定性和持续性的特征，其将与我们的核心问题毫无瓜葛。为方便起见，稳定性和持续性的特征可以大致等同于美国宪法明文规定的底线性的、共识性的限制；更为重要的是，其还可以等同于一些“潜规则”，这些“潜规则”能被标注为下位于这些限制。当然，宪法一直是众多影响刑事程序的措施的支持者和反对者上诉的依据，这是事实。并且只有天真的人才会否认追溯至宪法可以得出结论。然而，刑事程序的一些前提是被广泛承认的，因此可以被视作任何刑事程序模式

的共同基础,我们的首要任务是明确这些前提。

第一,宪法的溯及力(ex post facto)条款(禁止事后法条款)中隐含的一个前提是,犯罪行为的识别独立和优先于犯罪人的识别。**** 犯罪行为定义的广泛或限缩是一个重要的政策问题,其多样的结果高度依赖于制定相关决策者所坚持的价值。[1] 但显而易见的是,一定有一种定义的方式在某些层面区分和优先于刑事程序的运作。若非如此,我们处理有组织犯罪现象的努力的确看起来滑稽可笑(这里并不是说我们在基本假定的限制内穷尽了以任何处理有组织犯罪问题的可能性)。

限制冲突领域的一个相关假定是:当有明确的证据表明犯罪已然实施和羁押、裁判行为人是可预期的情况下,刑事程序的启动一般应当被有职责的人提起。即便警察和检察官被授予广泛的不
156 启动刑事程序的自由裁量权,但这些官员没有一般的豁免权(dispensing power)已然成为共识。如果一项立法已经将特定行为入罪,那么刑事程序任一阶段的决策者都被期待接受这一基本设定作为行动前提。某些偶发的案件中,相关的决策者似乎并不服务于自身的既定角色,这些案件的冲突本质凸显了(作为刑事程序的)前提的力量。该前提可以被视为溯及力条款的另一侧面。恰如行为没有被刑法事前规定为犯罪行为就无法进入刑事程序,如果行为已被冠以"犯罪"之名,那么刑事程序中的参与者必须在其职责范围内展开活动。

**** 这里应当指的不是刑法教义学者所熟知的"不法和有责的区分"这一命题。《美国宪法》第 1 条第 9 款和第 10 款分别限制了联邦层面和州层面的立法和司法溯及既往,1925 年的比泽尔案(Beazell v. Ohio)确定的规则是新纳入刑法范围的犯罪行为不会影响已经被定罪量刑的犯罪人的刑罚;因此,虽然行为人可能在事前同时实施了两个犯罪行为,而只被判处基于一个犯罪行为的刑罚,事后新规定另一犯罪行为时,也不会增加行为人的刑罚。See Beazell v. Ohio, 269 U. S. 167 (1925). ——译者注

[1] 参见前文第五章。

第二,限制国家机关调查和羁押犯罪嫌疑人权力的前提。我并不是指第四修正案禁止不合理的搜查和逮捕以同等效力同时适用于州和联邦政府所产生的冲突(这一冲突在近期至少是粗略地得以解决);[2]相反,我所讨论的是如下的一般前提:在执法者一定程度的监视和控制活动中,个人的安全和隐私不能被任意地侵犯。想象一个压根都没有对此前提进行口头承诺的社会也是可能的:纳粹德国相当接近了,但没有完全达到这种程度。然而,我们所在的社会中,没有人会支持任何人可能随时被监禁,没有任何人会支持对犯罪嫌疑人无休止的调查,没有人会支持在官方调查行为违反了一些标准时而(对被害人)毫无补偿。即便这个前提可能没有太多积极的要素(大部分是消极的否定和限制),该前提的缺席将会激发部分最具争议问题的讨论。如果缺少一般的共识,以对警察拘留和调查的权力作出部分限制,那么《统一逮捕法案》 157
(Uniform Arrest Act)最具争议的条文(授予了警察即使缺乏逮捕的根据也能在短时间内拘留他人进行调查的权力)将会成为对威权国家(all-powerful state)的巨大让步,而不仅仅是目前所被承认的警察权力的实质扩张。[3]

第三,有一个较为复杂的前提,通常被如下术语所围绕:"对抗制""程序性正当程序""被告知和被听证的机会""出庭日"等。上述所有术语的共同理念是,在程序中,被裁判的犯罪人并不是客体,而是一个独立的主体(entity),如果行为人渴求、要求程序运行中的角色向独立的有权机关(法官和陪审团)证明自己犯有被指控的罪行,亦是被允许的,这是一项最底线的前提。这里所使用的术语是"被允许"而不是"必须",该前提只是允许而不是命令被告人

---

〔2〕 Mapp v. Ohio, 367 U. S. 643 (1961); Ker v. California, 374 U. S. 23 (1963).

〔3〕 参见下文第九章。

在刑事程序中自行或者通过代理人扮演一个活跃的角色。刑事程序变成或者有能力变成，如果不平等、至少是独立的角色们的竞赛，我们可能看到，两种模式的大部分空间都被一些或更强或更弱的信念所占据了，信念关乎这场竞赛应当如何进行、案件应当如何处理以及被何种规则所统摄，这是讨论的事实基础。犯罪控制模型一般削弱程序中的对抗层面，正当程序模式则将对抗视作核心。但是程序作为共同的也很重要的基础，产生了如下两点为人接受的共识：每个人都具有主体性，（司法过程）至少存在产生一定程度的对抗的可能性。

对共同基础的讨论也就到此为止了，即使是在最限缩的视野下，共同基础的内容也相当丰富。人们不应当忽视其存在，因为从定义上说，共同基础使得两种模式冲突之解决成为可能。刑事程序的修辞中，包含着大量"真实地"存在于共同基础之中的争议诉求。例如，对抗制的前提"必须"包含对被告人法律援助的指派，或者反过来说，追诉犯罪嫌疑人的职责"必须"包含没有辩护律师介入的询问。我们可能对这些诉求一笑了之，他们只是一些修辞而无实质内容，但是这些术语被塑造的形式阐明了一个重要事实：刑
158 事诉讼程序的价值前提中*存在*共同基础，其令接下来的问题讨论成为可能。

犯罪控制的价值。犯罪控制模式下的价值系统，以通过刑事程序抑制犯罪行为作为前提。法律实施没有将犯罪行为置于严密的控制之下，被视为公共秩序崩溃的导火索，继而使得人类自由的重要条件丧失。如果法律不被实施（这是说，如果存在较高的概率在刑事程序中没有逮捕和裁判犯罪人的情况，其将被称作法律不被实施），对法律控制的无视将会滋生。守法公民接下来将变成各类对他利益不合法侵害的受害人，并且，因此他作为社会成员的自

由将受到侵犯。这项主张最后演变成刑事程序是社会自由积极的保障者。为了实现这个至高追求，犯罪控制模式要求把主要的精力置放到刑事程序识别犯罪嫌疑人、确定刑事责任和保证定罪之人受到适当惩罚的效率上。

当然，程序运作的效率并非一个空洞的标准。采用“效率”这一术语，我们指的是刑事司法系统逮捕、审判、裁判和惩罚绝大部分被定罪的犯罪人的能力。在一个只有最严重的反社会行为形式才被入罪和犯罪率极低的社会中，相较于美国而言，刑事程序可能会要求每个案件在侦查、检察和审判上人均时间的大量投入，且其仍以一种难以忍受的效率运行。相反，一个准备大量增加压制犯罪资源投入、需要处理犯罪率的上升的社会，可能无需效率的牺牲，但是仍要继续维持复杂和消耗时间的刑事程序系统。然而，美国的刑事司法系统可能并不同于上述任何一个，我们使用刑事制 159
裁处理范围不断拓宽的入罪行为、事实上居高不下的犯罪数量，即便其程度和趋势都难以估量。[4] 同时，即便无法确定明确的衡量标准，仍然可以看出，我们似乎并没有在经济的公共领域投入极大数量、更不用说极高质量的通过刑事程序抑制犯罪行为的资源。这些因素与效率标准存在重要的关联，因此也与犯罪控制模式相关。

为了顺利运行，犯罪控制模式必须带来高额的逮捕率和判决率，并且必须在处理案件数量极高且资源投入极度受限的情况下完成。因此，该模式必须对速度和终局性有额外的追求。相应地，速度取决于非正式性和一致性，终局性取决于将质疑的可能化归最小。刑事程序必须不再受制于冠冕堂皇的正式习惯仪式，这些

---

〔4〕 See President's Commission on Law Enforcement and Administration of Justice, *The Challenge of Crime in a Free Society*, Washington, D. C., 1967, chap. 2.

仪式并不会推动案件的进展;案件事实可以通过警察局内的询问得以快速确定,而不是通过法庭的正式询问和交叉询问程序。由此观之,犯罪控制模式相较于司法程序而言更加青睐非司法程序,相较于正式活动而言更偏爱非正式活动。但是非正式性并不能完全保障效率,为此还需要一致性的补充。惯常的、固定的步骤在大量案件被处理的情况下是根本性的。以上述前提为基础顺利运行的犯罪控制模式必须是一种行政化的甚至是管理化的(managerial)模式。脑海中浮现这样的图景:流水线上的工人处理着无休止的案件溪流,将案件输送到站在适当位置的工人,这些工人对每个案件进行着微小却本质性的操作,让案件逐步前行直至最终成品,或者用现实发生的来说,直至一份结论性的文件。犯罪控制模式中
160 的刑事程序被视为一种筛查程序,每个连续的阶段——逮捕前调查、逮捕、逮捕后调查、庭前准备、审判或认罪答辩、裁判、处遇——包括一系列程式化的、惯常化的操作手续,而每个手续的成功标志主要是其导向了最终成功的结论。

什么是最终成功的结论?一项自较早的阶段就排除了被逮捕之人不可能是犯罪人的结论,一项随后保障,尽可能以极快的速度作出有罪判决,最小化质疑的机会,更不用说提起事后审查的结论。其利用行政专长,主要是警察和检察官的权力运作,得出可能无罪或有罪的初步结论。可能无罪之人被筛查了出去,可能有罪之人被快速地走完剩余的流程。犯罪控制模式运作的关键在于那些不被筛查之人,我称其为有罪推定。这个概念需要进行一些解释,因为有罪推定看起来令人震惊地宣扬与我们普遍接受的无罪推定之理念相反的观点,作为犯罪控制模式的核心因素,其在某些方面与刑事程序运作的真实情况相符合。

有罪推定是一项令刑事司法系统卓有成效地处理大规模案件

变为可能的理念,恰如犯罪控制模式所主张的,其前提是警察和检察官的筛查程序是可靠的、针对可能有罪之人的指示器。一旦有人被逮捕、被调查而没有被发现可能无罪,或者换种说法,一旦有初步结论被作出,认为有足够的有罪证据支撑以对其作出后续的行动,那么所有接下来的针对该行为人的活动都是基于他可能有罪的观点。每个案件中的这一过程中,产生有罪的准确观点的时间点存在不同;大多数案件中,有罪观点可能产生于犯罪嫌疑人被逮捕之时,甚至如果可能有罪的证据在进入当局视野时就已经足够确实充分,有罪观点可能更早产生。但是所有案件中有罪推定都运作于"犯罪嫌疑人"转变为"被告人"之前。

当然,有罪推定并不是一个固定的、有载体之物,该前提甚至不是通常意义上的法律规则。有罪推定仅仅是一系列复杂的态度、心情的结果。如果确信刑事程序初期的非正式的事实发现活动的可靠性,那么程序剩余的部分相对粗略并不会造成任何运行 161
效率的减损。有罪推定在犯罪控制模式中的运行,正是对这种确信的运行式的表征。

我们常常认为无罪推定是刑事程序的至高指导原则,并且我们将会看到,无罪推定将在正当程序模式中占据重要地位;但是,认为有罪推定是无罪推定反面的观点是错误的。无罪推定并不是有罪推定的反面,反而与有罪推定毫无瓜葛,两个概念是不同而不是对立的理念。其不同之处可以通过如下例证得以展现:一个谋杀犯,出于自己的想法,在众目睽睽之下枪杀了被害人。警察到场时,行为人缴械投降并说道:"是我杀了他,我很高兴。"行为人的供述得到了几位目击证人的证实,紧接着他被逮捕并被送至监狱。上述情景可能略微极端,并不能准确地代表大部分刑事案件,但是在本案中如果再坚持行为人仍然有没有实施杀人行为的可能性的观点，显然就有些荒谬了。但是这并不在无罪推定的范畴内，无罪推定指的是在有权机关作出有罪判决之前，犯罪嫌疑人应当以尚未确定罪责的方式被对待，其理由与本案可能的结果毫无关系。

无罪推定前提指导的是司法工作人员如何推动刑事程序，而不是结果的预测；然而，有罪推定仅仅是纯粹结果的预测。可见，无罪推定是指导官方当局忽视有罪推定的结果，合理对待犯罪嫌疑人；实际上，无罪推定告知司法工作人员对概率上、基于事实更加可能的结果视若无睹。无罪推定进行此番指导背后的原因也在那些推动正当程序模式的价值基础范围内，我们将很快谈及。这里只需要注意的是：有罪推定是描述性的和事实性的；无罪推定是规范性的和法律性的。纯粹的犯罪控制模式和无罪推定原则没有关联，即便我们会看到，犯罪控制模式的实践状况被艰难地调整到符合无罪推定这一至高原则。有罪推定的犯罪控制模式为其立场寻得了事实依据，即作为首要目标的抑制犯罪能够通过高度简略的刑事程序实现，而无需效率的明显减损（恰如前面定义的）；因为案件运行中存在这样一种可能性：初期由警察机关、检察机关进行的筛查程序取得了足够的、保证事实发现可靠的结果。诚然，犯罪控制模式采取了相当强势的立场，认为后续的程序，特别是那些具有审判性质的、正式的程序，不可能像先前的专业行政程序所能完成的那样得出可靠的事实发现结论。刑事程序因此必须特别强调行政性事实发现过程的质量，以此推导，尽可能少地、本质地限制行政性事实发现程序，并且减少对诸如强化可靠性、排除服务于其他目的的措施的活动的管控，就是重要的了。恰如我们所见，这种对行政性事实发现的限制观在犯罪控制模式的发展中是一个经久不衰的话题。

如我所言，在犯罪控制模式中，刑事程序的重心在初期的行政

性事实发现阶段。后续阶段相对不那么重要,具有补充性地位,应 162
当尽可能精简。这一状况也催生了与当前占据主导地位的理念的冲突。纯粹的犯罪控制模式对审判性程序的众多明显特征/价值几无染指,且在现实中投机取巧地与审判价值妥协对接。然而,即使在纯粹的犯罪控制模式中,在初期的筛查程序得出可能有罪的结论后,依然需要一定的制度对待犯罪嫌疑人。如我们所见,作为焦点的制度是认罪答辩,即便该制度的运用令审判性的事实发现功能降至最低。对于犯罪控制模式,我们可以针对其最核心的本质和最成功运行的程度进行如下评价,犯罪控制模式提供了两种可能性:行政性事实发现程序产生(1)犯罪嫌疑人的出罪或(2)认罪答辩的开启。

正当程序的价值。如果犯罪控制模式像是工厂流水线,正当 163
程序模式则看起来非常像障碍赛。该模式接续程序中的每一个模块被设计出来,都是为将被告人带入下一阶段设置令人生畏的障碍。正当程序模式的理念并非犯罪控制模式价值的反面,并不是以"抑制犯罪绝非社会所期待"理念为基础的,即便针对该模式适用的批判大张旗鼓地如此主张。正当程序模式的理念由一系列复杂原则构成,其中某些原则基于对社会控制制度效力的判断,其他的原则与相距甚远的考量因素有关。相较于犯罪控制理念,法律的正式形式在正当程序理念中根深蒂固、烙印深刻,然而精确地追寻其构成的线索极其困难,下文只是作出一个试图接近的努力。

正当程序模式与犯罪控制模式的根基在事实发现过程可靠性方面发生了对抗。前文已经提及,犯罪控制模式严重依赖于侦查机关和检察机关工作人员的能力,依赖于工作人员在非正式的活动中给定的完全统领地位下的行为,其目的是探知和重构针对犯罪事件现场真实发生的可以接受的还原结果。正当程序模式否认了该前提,认为该前提实际上是可能存在错误的,是非正式的、非裁判性的事实发现之理念。人类在观察琐细之事方面的不足已然臭名昭著——当时的情景越容易激发情绪,回忆的内容越可能出错;羁押于看守所中犯罪嫌疑人的认罪供述,有可能于肉体和精神的双重高压下作出,警察借此可以在结束问询时得到自己想听到的,而非真相;证人可能心怀偏见或利欲熏心,无人想面对发现真相所带来的麻烦,除非那些专门被指派以保护被逮捕之人利益的角色(显然警察并非这样的角色)。对诸如此类的状况的考量全然造成非正式的事实发现程序得出的描述性罪责结论遭到否决,而与其相对的、正式的、裁判性的事实发现程序将得到坚守;此类程序中,针对被告人的案件在公正的、公开的审判中进行,仅在被告人有充分的质疑的机会后才进行认定。即便如此,随之而来的依然是不曾消散的、对正当程序模式倡导的事实发现程序的信任危
164 机。人类出现错误的状况客观存在,进一步的审查是有必要的,或者至少是存在被应用的机会的,以防特定事实被忽略或在激烈的对抗中遭到隐瞒。于今,这种附随的审查应当适用到何种程度,是一个前沿的、充满争议的问题,在纯粹的正当程序模式中,问题的回答应当是:只要出现事实性错误的主张还未受到公开的、裁判性的事实发现程序的审查,就至少存在适用此类审查的状况。可见,正当程序模式对终局性的需求相当之低。

正当程序理念发展的源流并不足以支撑正当程序模式。如果关于两种模式的所有争议是一系列有关事实发现程序可靠性的问题,我们可能会得出仅有一个模式具备最高可靠性的结论,该模式的本质性构成要素旨在解决事实问题而非价值问题。即便现在将讨论的问题限缩在可靠性上,该问题也并非仅评估何种事实发现程序(无论是孤立或综合的)更有概率产生最具可靠性之结果;问

题的基本范畴明显超然于此。同时,这里也存在一个绊脚石:何种
程度的可靠性能与效率兼容?假设非正式事实发现程序会出现一
些可被裁判性事实发现程序所补救的错误,裁判性事实发现程序
提供这种支持的倾向性尚未确定,或者没有被事实证据所否定,或
者也缺乏类似于可靠性的增长为 x 个百分点/x + n 个百分点的预
测;仍然存在的问题是在衡平可靠性和效率性的价值"竞争"时,应
看重哪一个(所谓可靠性是指每个案件中事实上的罪责被精确认
定的高度盖然性,所谓效率性是指处理进入刑事程序大量案件的
高速和迅捷)。犯罪控制模式对在大量案件中出现错误的低概率
性持乐观态度,诚然,虽然只占一小部分,犯罪控制模式也对出现
错误的数量具有更高的宽容度。正当程序模式坚持的任务是尽可
能防止错误的发生和驱除错误;犯罪控制模式接受一定程度出现 165
错误的可能性,程度的上限是不干扰抑制犯罪目标的实现。原因
多样:一如,有太多有罪之人成为刑事法网的漏网之鱼;二如,更准
确地说,公民对刑事程序存在不可靠性的普遍认知会降低刑法的
威慑效果。由此观之,可靠性和效率性并非对抗的两极而是互补
的双方,刑事司法系统之所以可靠*是因为*效率卓著;可靠性只有在
因其减损而削弱效率性时才成为一个独立的问题。上述内容均被
正当程序模式所反对:如果效率需求是实现可靠性的捷径,那么绝
对的效率追求必须被否定,刑事程序的价值目标至少在保护无罪
之人和裁决有罪之人方面是均等的。这不似工业技术中的质量控
制那样,偏离标准的容忍度,随着产品使用目标中标准一致性的重
要程度而变化;相反,正当程序模式像是必须将最重大的投入置放
于质量控制方面的工厂,这必然会造成产出数量的减少。

上述内容仅仅是两种模式理念分歧的开端。正当程序模式会否认所有加强事实发现程序可靠性的努力,并且会持续创设一揽

子制度和程序,其基础与犯罪控制模式的价值目标截然不同。诚然,得出如下结论可能并不是那么过于简单的:从历史的发展来看,正当程序模式目标所表征的教义强调之处已经从对最初的可靠性关切程度的最大化,转变为各类不同的且更广泛的价值之混合。可能如此描述并不充分,这些价值可以在个人优先这一主概念和国家权力限制这一辅助概念的复合中得到表达。

刑事程序的结果中包含耻辱和丧失自由,这被视为国家能施加于个人身上最严重的剥削。而且,达至这些严厉刑罚的刑事程序本身就被认为具有威权性、限制性和贬损性。权力总是容易被
166 滥用的:有时候这种滥用程度较轻;而有时候这种滥用明目张胆且丑陋万分,一如在刑事程序之中。恰恰是因为国家威权影响个人的威力,刑事程序在正当程序模式中必须受到控制,谨防其以最高的效率运作。根据这一理念,最大的效率意味着最大的暴政;并且,即使没有人会断言最小的效率意味着最小的暴政,正当程序模式的支持者也会接受缓和地实质性降低刑事程序运作的效率,以阻止公权力对个人压迫的观念。

正当程序模式应用的、体现反对公权力价值的、看起来最为缓和但本质上深远非凡的机制,是罪责法定(legal guilt)原则。根据该原则,仅仅基于可靠证据,在所有可能性中,行为人事实上实施了被指控的犯罪,该行为人也不能被认定负有刑事责任。相反,当且仅当这些事实性的认定基于刑事程序的惯常路径,由被授权者在严格的职责范围内的行动作出时,该行为人才承担刑事责任。并且,即便事实性的认定确实是或者可能是对行为人不利的,如果被设计出来保护行为人和维持刑事程序的整全性的那些规则失效的话,行为人也不应当承担刑事责任:给行为人定罪的法庭必须有权处理该类型的案件(审判管辖权),并且必须在地理位置上是合

适的(地域管辖权);距离犯罪行为实施的时间不能过于遥远(时效法);行为人事前必须未因同一或相似犯罪行为而被裁判有罪或无罪(禁止双重危险);行为人必须在某一类人的范围之外,例如儿童或者精神病人,这类人在法律上不承担刑事责任(刑事能力)。诸如此类。上述要求均与行为人实施或参与被指控犯罪行为的事实问题无关,但基于上述要求对行为人有利的认定结果,在法律上行为人是无罪的。无论在什么阶段,负有职责的人作出了充分的事实认定,很明显只能由审判机关保有上述阻却罪责的原则,并且有 167
意愿地予以适用,该审判机关才能被视为负有作出法定罪责认定的机关。警察和检察官被排除在外,首先因为其缺少这些能力,其次则是因为其缺少明确的适用阻却罪责教义的意识。只有公正的审判机关才是公认的作出不同于事实罪责的法律罪责的机关。

罪责法定概念出自本文此前谈及的、明显唐·吉诃德式的无罪推定的阐释。在警察侦查结束后而被指控实施犯罪,该行为人很难被推定为无罪的,这里所采用的解释是事实意义上的无罪概念。但是如果我们采用的解释是,作出有罪认定的前提是通过一系列法律原则的检验,这些法律原则在多个侧面通过对特定的实体或者程序规则的遵守,发挥限制国家公权力的功能,为被指控之人恰当地援引而出罪;基于该解释,作为一个推定的问题得出行为人更有可能有罪的结论显然无法使人信服。

除了推定的问题,正当程序模式假定了遵守无罪推定原则的功能性理由:敦促国家在审判环境中证明所指控的案件,无罪推定有助于发挥所有限制针对个人刑事制裁的限制性原则和阻却性原则的功能,因此增加行为人获得有利于自身判决的机会。在此意义上,无罪推定原则能被认为是自我实现的预言(Self-Fulfilling Prophecy)运作的一种。通过发展出让成功的辩护主张与事实性罪责脱离的程序条件,该路径证明了无罪推定原则的立场,即事实性罪责也可能是法律上无罪的,因此应当给予行为人获得无罪处遇的机会。

无罪推定的可能性在刑事程序被视为纠正自身滥用的恰当方式时,就被极大扩张了。该观点可以比其他观点更好地、更大范围地认定两种模式之间的距离。理论上,犯罪控制模式能够容纳一
168 些规则,如受禁止的非法逮捕、不合理的搜查、强制讯问等;犯罪控制模式不能容纳的是,刑事程序自身通过排除合法取得的证据或者通过刑事程序违反其遵守的(基于无罪推定原则的)规则而宣告判决无效等相关的规则。同时,即便首先致力于维持可靠的事实发现方法,正当程序模式最终也会吸收预防性和威慑性的规则。此类规则即使在完全遮盖非法性的案件中也会催生事实罪责,(吸收相应规则后,正当程序模式)仍然为审判性的事实认定者确证被告人的罪行留足空间。另外,只有通过将程序中错误的警察行为和检察行为入罪,刑事程序自身才能有充分的动力得以维持,这一思路提倡正当程序模式。

正当程序模式复杂的思想中另一条(令人注意的)线索是平等理念,其自身也是复杂思想的简写。该理念晚近以来才作为强调正当程序模式价值需求的明确基础出现,然则其似乎(一直以来)代表着、至少其潜在功能中是影响公权力行为的最强有力的规范。基于最明确的表述,平等理念认为:“在那种行为人靠自己的财力受审的裁判中,毫无平等、正义可言。”[5]该主张的事实基础是,刑事被告人阶层中在可用的经济手段方面存在巨大的不平等,对抗制刑事司法系统中有效辩护作用的发挥,很大程度上取决于被告

---

[5] Griffin v. Illinois, 351 U.S. 12,19 (1956).

人能够搅动的资源;然而从实际来说,刑事被告人中“贫困”阶层的巨大比例将会使有效辩护难以介入。这一事实前提被最近的研究强有力地证实了,相应地,其成为不断强调刑事程序规范的导火索和效力对象。

从上述事实前提推导出的规范群,并没有坚持所谓的为所有刑事被告人提供严格的、质疑刑事程序的平等机会是公权力机关的责任这一立场。相反,这些规范以刑事程序理念作为出发点,认 169
为由公权力机关进行的行为中蕴含着严重剥夺人权的可能性,(因此应当)施加一些公共责任以确保经济缺陷不会破坏被告人的诉讼能力,被告人可以利用诉讼能力对刑事程序进行强有力的质疑。最广义来说,平等规范的作用是阻止经济能力变为权利行使的绝对障碍的情况出现。例如,被告人拥有上诉权,但是其行使却要以被告人出资购买审判文件为条件。除此之外,平等规范支持如下主张:无论什么情况下刑事司法系统都需要在理论上为任何被告人提供质疑的机会。例如,如果被告人享有充分的被代理权,有一定机会通过审前听证敦促公权力机关出示证据,阻止案件进入庭审阶段,平等规范可能会主张其他人也享有这样的机会。一定意义上,刑事司法系统为极少数人服务,他们的资源能让他们利用所有的辩护可能性,其他案件的当事人也应当享有这样的权利,这成为衡量形式程序发挥作用的基准:这并不是尽可能保证绝对意义上的同一,而是要制定措施保证刑事程序整体上被认定为在同一个普遍秩序中运行。这种规范要求本质上具有相当的彻底性。即使规范命令可能一开始只是限制特定案件的裁判过程中被告人因其相对的能力缺乏、无法提出恰当的质疑,而受到伤害或者不公平的对待;平等规范很快就上升到另一个层次,要求刑事程序整体上要适用于最小化区别待遇,而不是仅仅作出一系列具有溯及力的处理歧视问题的判决。

应当观察到,平等规范的影响随其引入刑事程序的时间点的早晚而差异巨大。如果引入是从顶层设计、确定刑事程序应当如
170 何运作时开始的,那么平等规范对于特定问题来说,作用不是那么明显。例如,被告人是否应当享有有效的法律援助以确定是否进行有罪答辩。基于完全独立的考量,我们可以认定让一般意义上的被告人获得这样的法律援助是或不是良善的。但是在平等规范被引入模式基本固定的刑事程序之中时,其影响将会非常深远。如果我们的刑事程序模式赋予具备一定经济能力的被告人在进行认罪答辩前咨询律师的权利,那么平等规范将会施加强有力的压力,让刑事程序赋予所有类型的被告人同样的权利;如果刑事程序未能做到这一点,其将会被视为具有功能障碍,并因此可能释放被告人。某种意义上,平等规范已经具备了影响现实刑事程序的功能,似乎其引入相对来说属于后一种场景(不是在顶层设计时引入的),并因此主要处理已经基本固定的刑事程序系统;该系统中大部分相对经济能力欠缺的被告人受到的处遇和小部分经济能力充足的人所享有的权利之间存在极大的差异。出于这个理由,平等规范已经具备实质影响,在未来可以期待其发挥更多功能。

正当程序模式还有最后一种思想脉络,其时常被忽略,但是如果毫不掩饰地思考这个问题,就需要直接面对这股思想脉络。具体来说,这是对刑事制裁道德性和功利性的怀疑态度,无论是针对上述两者的全部或者部分;这个问题是宏大且复杂的,是人类迄今为止动用大量智识解决的主要问题之一,完全可以作为一篇全新论文的主题。为了简明扼要地表述这个问题,保罗·贝特(Paul Bator)教授的阐释毫无疑问是最好的:

总体来说,刑法公正谴责和正当惩罚的理念不过是残酷的伪

善,这是广为人知的,是(受刑之人)被一个高高在上、自鸣得意的社会施以心理上和经济上双重迫害的伪装。刑法理念的前提是不(符合现代)科学的,是过时的,即那种人们具有道德上自治的选择是否遵从刑法典中明示价值的那种理念。刑法依靠刑罚实现对社会成员教育和威慑的功能,也是一种错误理解,特别是在处理那些大部分社会成员恰好都有可能实施的犯罪案件时。刑法并没有实现个别化的、人性的、针对被告人的复归,这也是不人道的、不经济的。〔6〕

上述怀疑主义的观点,可以说在当前广为流传的观点中,在最具有影响力的、最雄辩的学者群中盛行不衰。这种怀疑主义造成 171
了某些对刑事法程序的不同态度,再次援引贝特教授的话,造成了"对内发自刑事司法系统本身、认为系统传统结构缺乏公正性的这一观点的奇怪认同;对刑法基础的根本性分歧和担忧,不可避免地创设了严峻的压力,要求至少扩张适用、(减少限制)解放那些发挥促使更倾向于通过审判性的判决(处理案件)或者限制自身权力的程序功能的程序和原则"。简言之,对权力行使目的的怀疑,创设了限制权力行使过程中对自由裁量权的限制。

我们无须到对刑事制裁整体上依据的前提进行极端怀疑或整体否定的地步。仅仅是反思刑事制裁的多元功能,就有可能产生担忧情绪;仅仅通过刑事制裁适用(在所有处遇手段中)比例增加的判断,也有可能产生这种比例增加是极权制裁不理智开端的担忧情绪。如果对刑事制裁特定功能的正当性产生怀疑,促成对刑事程序的限制趋势,最终不得不在某些引起质疑的功能之沿用和放弃中做二选一的选择题,其理由却与上述质疑毫无瓜葛,这样的

〔6〕 Paul Bator, *Finality in Criminal Law and Federal Habeas Corpus for State Prisoners*, 76 Harv. L. Rev. 441, 442 (1963).

讽刺让人忍俊不禁。

任何刑事程序模式都需要解决两类问题:一类是规则应当如何设计,另一类是规则应当如何实施。第二类问题至少和第一类问题一样重要。我们可以从前文对两种刑事程序模式的细节描述中看到,模式之间的明确区分不仅仅在于运作的规则,也在于在面临违法的指控时制裁如何启动,还在于(这是同样重要的一点)在什么条件下制裁启动得到允许或受到要求的时效。

如我已经主张的,正当程序模式至少规定了一些针对程序自
172 身违反运行规则时的制裁。程序的两个层面(规则层面和违反规则的制裁层面)之间的关联,是一个纯粹形式上的问题,除非存在一些机制让双方互相发动。正当程序模式中两个层面关联的关键是律师辩护对于特定对象的可得程度。该模式的诸多规则要求,潜藏在不同程序阶段、不同进程中律师法定辩护可得性的术语之中,这是传统所认定的层面。除此之外还有一个假定,即律师辩护应当在刑事程序中无处不在,这也是一个必要条件,该假设的目的是启动对违反规则行为的制裁。这些制裁越容易发动,律师辩护的功能就越加重要,尤其是发挥制裁应当被恰当发动的功能方面。相较于程序被视为主要与事实罪责的认定之效率相关的观点,如果刑事程序被视为一系列审查自身运作的情形之总和,律师辩护的定位无限接近于程序的中心。如果刑事程序运作的平等是主导性的规范,律师辩护对于某些人的可得性应当被视为对所有人的可得性。在刑事程序所有争议性层面中,得到律师辩护的权利,包括条款中公权力机关的定位,大部分取决于刑事程序看起来是采用了什么模式,或者至少是其解决机制灵活易变(即使在犯罪控制模式中律师辩护也可得),除非问题遇到了两个模式的矛盾之处。

我并不打算主张,如果采取了一种或多或少接近于犯罪控制

模式的刑事程序模型，享有律师辩护的权利就消失不见了；我只是认为在那些判断是否一个刑事程序模型已经彻底不在正当程序模式范畴之中的问题里面，律师辩护权利就变成了一个核心。其成为核心的根据可以在两种模式的基础假定中找到，即由国家和被告人占主要地位的刑事程序是对抗性的，此时刑事程序的规则生效。构建将核心责任置放于审判性主体如治安法官或者审判法官的刑事程序模式，我们可以看到，被考虑的该模式对审判性主体的定位会产生一种微小但是重要的调整。出于当前的论述目标，称这些调整是微小的足矣，（因为）两种模式基础的多元假定，在美国刑法系统的语境下，将这种审判性主体视为相对被动的角色存在，并因此让律师辩护的功能具备最核心的重要性。

在我们进入到对实践中两种模式具体细节的审视之前，还需要注意最后一个介绍性的内容。对于形塑实践中刑事程序运作的 173
国家权力资源，我们应当作出何种假定？在承认我们所讨论的模式只是模式的情况下，在两种模式对抗的价值需求之中，哪一个公权力机关享有甄别和遴选（价值需求）的权力？美国刑事司法中的限制性特征在该语境中再一次发挥了作用。该系统不是一个立法至上的系统，独立的美国审判机关的单独审查，创设了一个限制性的、最终是形塑性的对刑事程序的影响。因为犯罪控制模式基本上是一个积极主动的模式，强调公权力在每个阶段的存在和发挥，其依据的权力最终是立法权（尽管看似是行政权）。因为正当程序模式基本上是一个消极被动的模式，主张公权力要在本质上受限制、要在运作模式上“进入牢笼”，其依据的权力是司法性的，并且援引超越立法的规范即宪法规范。至于两种模式冲突的程度问题，需要通过正当程序模式（而不是犯罪控制模式）来解决，发挥效力的国家公权力是司法权，该权力以认定某些规则无效化的方式独立运作。这既是正当程序模式的优势,也是其劣势:称之为优势是因为美国的刑事司法系统援引宪法,作为终局性和至高无上的规范;称之为劣势是因为,在实践的具体案件中一味地说“不”是没用的,需要参与实践的公权力机关工作人员普遍地适用(宪法性的)消极、否定规范。毫无疑问,强化正当程序模式的主张来源于法院,但是同时拒绝这一主张的则主要是警察机关和检察机关。

第九章　实践中的模式：
从逮捕到指控 174

第一节　导　言

现在我们转向对犯罪控制模式和正当程序模式的某些细节的审视，刑事程序边边角角都伴有问题，甚至只是全部介绍一遍就要写一本书。本章以及第二部分剩余章节的目标限缩为：简略回顾发生在刑事程序各个阶段中有代表性的问题，同时关注到支持本书论证的几个不同的方式。首先，也是最直接的，无论哪个模式看起来与实践相一致，都要注意现实刑事程序的极端复杂性；即使是犯罪控制模式也消耗着大量的人力资源（而不止正当程序模式如此）。其次，笔者努力甄别的是贯穿于整个刑事司法系统中，两个模式对立的、表现在司法实践中的相关主题，该主题的讨论也能得出一些基本的倾向性选择，反作用于现实运作的刑事司法程序。最后，类型化上述主题也能够佐证前文所提出的主张，即司法实践中的刑事程序倾向于且大部分近似于犯罪控制模式,但是当下努力的趋势是让其发生巨大转变,进入正当程序模式的范畴。

基于描述和分析的目的,不同的刑事程序划分方式是存在的。
175 我们可以把刑事程序视为三个主要阶段或时期构成的整体:从逮捕到指控犯罪嫌疑人的阶段、从决定指控到定罪量刑的阶段、从再审到纠正早期可能犯下错误的阶段。从第一个阶段我选择了五个问题,来展现两种模式对立的价值需求:逮捕调查、电子窃听、“合法”逮捕后的羁押和讯问,以及辩护律师会见的问题,最后一个问题在第一阶段或者说预备阶段具有特殊的重要意义。从第二个阶段我选择了三个问题:(1)逮捕决定,其中需要特别强调的问题是是否以及需要多大程度地进行“外部”审查。(2)审前羁押。(3)认罪答辩。从第三个阶段,我选取了直接上诉和附带上诉相关的问题,涉及受到庭审的平等问题,是联邦刑事司法系统中的特殊问题,以及刑事诉讼程序中修订规范的溯及力问题。最后,我讨论了获得律师辩护这一普遍和战略上关键的问题作为后记部分。

这里处理的主题在刑事诉讼的诸多其他问题中也有体现,包括警察圈套和线人的使用、刑事案件中的事实查明、精神失常辩护的提出和陪审团审判制度等。考虑到这些和其他的问题,可以有信心地宣称,在两种模式中,矛盾以相同和相似的形式出现;也可以有信心得出结论——刑事程序当前的状况和未来的趋势本质上是相同的。

第二节　逮捕调查

一般来说,直接影响犯罪嫌疑人的第一个刑事程序阶段,是采取限制其人身自由的措施。一旦警察认为犯罪已经实施,并且警
176 察识别出实施犯罪的人,警察将会控制犯罪嫌疑人,因此犯罪嫌疑人的(事实)罪责原则上成立了(典型的做法是让被害人指认或者

其他证人指认或者引诱其招供)，其将会面临进一步的刑事司法程序。有时候即使有人没有被怀疑实施任何明确的犯罪，警察也想要将其拘留，或者是因为警察机关认为受调查人符合一般意义上的嫌疑人特征，有可能被发现实施了某个犯罪行为；或者是因为警察机关认为其介入可以阻止某个犯罪的发生；或者是因为警察希望通过刺激受调查人，能够劝导其不再实施某些被怀疑的不良行为或者促使其离开某个地区。

剥夺人身自由的行为通常被称为逮捕。“逮捕”的术语传达出伴随着这一活动而来的严重法律后果；因此，特定形式的人身限制，例如在街道上拦住某人进行询问，或者将某人带入警察局进行简短询问，期间并没有特定的提起指控的倾向，是否属于真正的“逮捕”便成为争议颇多的问题。因为我们对于存在对抗关系规范的讨论，将会涉及众多不同种类的限制活动，这些活动被认为是否可取的回答又依赖于特定模式中的诸命令；因此就没有理由把所有的限制活动都不假思索地称为逮捕，这种做法只是从其物理描述的意义上使用该术语而不是从可操作的法律规范的设计目的意义上进行理解。

这个阶段的刑事程序面临两个关键问题：(1)警察被授权作出逮捕的基础是什么；(2)警察作出“合法”逮捕的后果(如果有)，是什么。这是区分两种模式的问题，另外也可能代表着一种区分范式，该范式有助于理解大量的、发生在调查和逮捕阶段的其他问题。

犯罪控制模式。当然警察应当在有一定的线索，认为行为人实施了一项特定的犯罪行为，如谋杀罪、强奸罪或者入户盗窃罪时，享有逮捕该行为人的权力。但有观点认为，逮捕*只有*在上述情况下才是被容许的，这一观点是荒唐的。街上拦人询问或者甚至 177

带人到警局进行一段时间的询问,以及其他大量情况下必要的调查产生的轻微人身自由和隐私侵害,这种大量的情况只是被一种涉及“一定的线索”这样的伪善之举所指称。例如,警察掌握了嫌疑人的前科背景,随时可以出于有限的认定是否实施了反社会行为的目的而进行逮捕,特别是前科犯罪已经实施且嫌疑人确实有可能再次实施的情况下。再如,已表现出自己可能要作恶的行为方式活动的人,可能被逮捕调查,结果可能是行为人已经实施了犯罪;但更为重要的是,无论是在大街上还是在警局中,让此人停下并对之进行询问可能会阻止一项犯罪的发生。再举第三个例子,行为人靠犯罪为生,应当让他们意识到出现在社会上是不受欢迎的,如果这些人仍旧坚持自己的犯罪职业的话;定期检视他们的活动,无论是否进行逮捕,都将向这些人传达这一社会态度。

简言之,警察出于调查和预防的目的进行逮捕的权力,是一项警察恰当地行使自己职务所必要的权力;唯一的问题是,出于调查和预防目的的逮捕,是应当伪善且含蓄地实施,还是应当公开且明确地实施?书本上的法授权警察实施活动的方式,如果与众所周知的警察行动存在严重背离,只会导致对法律的不尊重。

警察没有理由通过逮捕或控制守法公民滥用这一权力,无辜之人自然不用担心这一点。审查警察的自由裁量权,让警察命令卓有成效地认定何种情况下以及花费多长时间,一个人可以被拦下并被控制接受调查,就已经足够了。但如果法律限制警察作出一项被认为是必要逮捕的自由裁量权,那么法律要么应当规定非常宽泛的外部限制,以处理所有可能的案件,要么应当仅仅规定所有情况下明显合理的行为,后者可能更为可取。

对违反规则的行为作出适当制裁的问题(这些规则被设计出
178 来用以限制警察权力)至少在对犯罪控制的目的的重要性方面,作为一个特殊事项,与这些规则实体本质上的问题同样重要。最具合理性的制裁是,通过最具有资格判定犯错警察是否达到职业警察标准的人,即警察部门的上司,对犯错警察进行惩戒。上司的惩戒可能会让犯错警察变成更好的警察;那些看起来不能达到标准的犯错警察,应当被驱逐出警察队伍。在普通的庭审中,对被捕之人的民事补偿,也不失为一种可能,即使这些补偿可能不足以发挥教育犯错警察的功能。完全不可承认的发生在刑事程序之中的制裁方式是驳回起诉或排除证据。这种对警察错误行为的制裁,只会给犯罪分子带来意外之喜,而不会影响到犯错警察的行为。正如卡多佐(Cardozo)所说:"犯罪分子自由了,因为警察犯错误了。"[1]规制警察行为的规则往往是非常技术化的,产生了一定数量的善意的错误,意识到这样一个事实就会发现这种制裁是多么笨拙。犯错的警察可能永远不会知道或者只是模糊地意识到自己的行为使得犯罪分子重获自由,犯错警察的错误更有可能被影响其自身的措施以及不会偶然惠赐犯罪分子好处的、因此降低执法效力的那些措施所纠正。

一般来说,有两种方式可以赋予警察足够的、作出逮捕调查的自由裁量权。第一种方式可以叫作直接的路径:(条文)明确地规定,授予警察阻拦、问询他人的广泛权力,不考虑被阻拦和问询的人是否有合理怀疑实施了特定犯罪。第二种方式可以叫作间接的路径:规定足够宽泛的犯罪行为定义,赋予警察逮捕的权力,该权力建立在传统的"相应根据"基础上,指向形形色色的实施可疑行为的人。流浪汉法、妨害治安管理法和将不说明自己身份以回应 179
警察询问规定为犯罪的法律,都是间接路径的示例。采取何种路

[1] People v. Defore,242 N.Y. 13,21 (1926).

径并不重要,通常是两种路径的结合会催生预期的结果。

正当程序模式。自由的公民享有一项基础权利,基础的意义在于其他权利依附于此权利,其就是除非有充分的根据,否则不会受到人身限制的权利。唯一衡量根据充分性的标准,是经过长时间洗礼而保留至今的规定:除非认定犯罪可能已经实施,除非此人是可能实施犯罪的人,否则不能逮捕此人。一般而言,这种认定应当被治安官在决定是否颁布逮捕令时独立作出,但是在紧急的场合下,这种认定也可以被警察作出,如果警察依据盖然性,认定此人(无须过多行政性侦查)有可能受到接下来的司法性审查之时。任何稍微宽松的标准都会产生严重滥用权力的可能性,不断重复的警察调查实践已经证明了这一点。默默隐忍无差别逮捕行径的社会是伪善的;但是一个赞同其合法性的社会本质上已经是极权主义社会。

调查逮捕的广泛权力对于警察活动的有效进行而言是必要的,这一点还远远没有得到证明。认定广泛权力是必要的论点面临着一项严重的不一致的批判,因为这一论点同样支持法律的修订是必需的,法律需要与普遍、即便可能是不受承认的司法实践相一致。如果调查逮捕现在实际上已经被广泛地容忍了,主张将其合法化是必要的防止警察活动效率受到损害的条件,这个观点毫无道理。然而,最终效率所要求的是什么的讨论与此毫不相干。一个以效率为全部导向的犯罪控制系统将会是高度极权性的,因为该系统要求隐私权的全部失效。我们必须做好牺牲的准备,为创造一个保护个人隐私,强调尊严至上、个人尊严不可侵犯的社会承担相应的成本。这些成本不可避免地包括一些效率牺牲;因此仅仅需求效率本身,对于正当化任何侵犯个人自由领域的活动来说是远远不足的。其必须要证明,有效的执法受到了严重的损害,

因为没有采取计划的措施,损害到达了社会秩序的最低保证个体 180
充分享受个人自由的必要条件难以维系或者严重损害的程度。没有论点能够证明我们目前处于或者接近这种程度。

扩张警察留置个人进行询问的权力,产生的实际后果是其并不可能对社会所有阶层的公民都产生此类干扰。如果有这样的后果,实践本身就会发挥一些限制性功能,因为公众将会强烈抗议,使得这些措施无法使用。相反,危险在于警察权力以一种歧视性的方式用于特定的公众,这些公众往往是贫穷之人、愚昧之人、文盲以及不受欢迎的人或者是其他包含着这些特征的人,这些人很少能引发他人对其窘境的关注,社会上绝大多数人对其悲惨遭遇毫无反应。这些少数群体对法律从没有展现出过高的尊重;如果警察现在秘密进行的行为被视作官方许可的活动,那么其对法律的尊重又将跌入新的谷底。

因此,我们需要做的不是将当前非法但是广泛进行的活动合法化。相反,我们需要重新确证这些活动的非法性,同时采取行动降低其发生率。这种需求促使我们思考对非法逮捕的制裁问题,至于其可能的边界,这些制裁应当被定位于刑事程序本身;因为刑事程序追求效率的做法本身就是一种错误的、对不当扩张警察权力的推动,导致基于任意的缺乏比相应根据宽松的标准进行的逮捕活动盛行,刑事程序应当惩罚这种行为,即使因此被贴上了效率低下的标签。作为底线的要求,任何通过非法逮捕直接或者间接获取的证据,都应当被排除;除此之外,任何基于非法逮捕开启的刑事指控,也应当被驳回,尤其是那些伴有偏见的指控,至少应当产生如下结果:如果要重新启动,整个刑事程序必须从零开始;所有的记录、工作文件等诸如此类的材料,如果是在非法程序过程中一开始就准备好的,必须被没收和销毁。

大部分非法逮捕并不会被刑事指控（这是其毋庸置疑的恶果之一），并且因此刑事程序内部也没有义务施加任何制裁。一系列
181 措施应当加以配置，为逮捕调查施加有效的制裁。以一般侵权行为之诉指控警察的方式已经被证明在效用上非常受限，应当补充规定针对公权力机关雇用的犯错警察的法定诉讼条款；且规定足够高的最低补偿标准，让诉讼不至于浪费司法资源。因为律师提起的针对犯错警察之诉发挥着重要的公共服务功能，故而也应当规定被告人胜诉案件中相应主体能够支付足够的律师代理费用。诸如此类的措施可以施以公权力机关压力，使其规范恰当的警察行动；同时刺激公权力机关抑制非法活动，现在他们缺乏这一动力。对犯错警察的直接惩戒措施也是符合预期的，但是期待行政权力部门创设这种措施显然是不现实的。此时产生了外部审查的需求。这种需求在于保证法律的公正实施；可能更为重要的是，这种需求同样在于消除普通民众对警察凌驾于法律之上的担忧。基于这个目的，建立平民委员会（不被警察所控制的委员会）的需求就产生了。其对于那些投诉非法警察活动可能的人而言可能提供指导；或者如果不能直接参与行动，在那些初步调查中明确显示出控诉价值的案件中，平民委员会至少有发动惩戒程序的需求。

现状和趋势。警察在街道上阻拦他人、搜寻武器、要求他人回答自己身份相关问题的法定权力是模棱两可、界限模糊的。毫无疑问，警察向其他人一样，可以与他人搭讪并且询问问题。问题在于，如果对方拒绝停留或者拒绝回答问题，警察可以做些什么；并没有权威的观点认为，在警察缺乏相应根据进行逮捕时，警察控制住拒绝停留和回答问题的人是存在宪法根据的。如下问题相当棘手，如果被告人主张警察实施非法“阻拦”，警察自身也很难出具明确的证据来逮捕刑事被告人。除了棘手之外，这个问题还具有核心

意义的重要性。警察和公民之间的交互每天发生成百上千件,涵 182
盖了友好的询问到火爆的碰撞,占据了法外狂徒的生活。从一个简短的当街询问,和查证身份或“冻结”紧急状态,到更进一步地采取强制措施将嫌疑人带入警察局,进行一段时间的询问来确认是否存在逮捕该嫌疑人的相应根据,两种状态之间确实存在重大差别。上述两种措施都是介于完全从警察介入自由的行动中豁免和逮捕他人(传统意义上的带入监禁机构,基于合理的问询是否犯罪的理由)之间的中间状态,问题在于,是否应当存在中间状态,以及如果要存在,是否应当建立针对自由社会中的威权的、一种平滑的范式?

已经存在了诸多试图通过立法建立中间状态的努力。首次起草于 1941 年的《统一逮捕法》(Uniform Arrest Act)授权警察“在有合理的理由怀疑犯罪正在实施、已经实施或者预备实施时,可以一般性地阻拦任何人,并且可以询问他的姓名、住址、工作以及去处”。该法案进一步规定,被询问的人如果没有得出关于自己的、令人信服的答案,可以被“留置”在警察局受到进一步的问询和调查,“留置”的期间不能超过 2 小时。仅仅有 3 个州批准了这一法案,[2]并且其中一个州显而易见地成为该法案失败的证据。该法案并没有规定,如果根据该法实施了错误逮捕是否应当补偿的问题。

所谓的“盘查”(stop-and-frisk)法于 1964 年在纽约州通过,规定了相似的当街询问条款,但是并没有规定进一步的留置。该法案也授权警察在“合理怀疑受到生命和身体威胁”时,可以以搜寻武器为目的,调查任何可疑人员;该法同时规定警察可以扣押武器

[2] 特拉华州、新罕布什尔州、罗德艾兰州。

或“任何其他（警察发现的）可能构成犯罪的财产”。问询后，警察必须在“如果是合法持有”就应当归还和“逮捕此人”（推定是非法
183 持有）两个选项中择其一。上述最后一项规定被理解为支持如下有罪裁判：在搜寻被拦截的嫌疑人身上可能的武器时，如果在其口袋中发现海洛因，将其认定为毒品持有犯罪，并且如其被理解的那样，纽约上诉法院支持了这样的合宪性。[3]

晚近以来，美国法学会《模范审前程序法典》（Model Code of Pre-Arraignment Procedure）起草者提出了一种处理问题的方法，规定了20分钟“调查性拦截”（investigative stop），警察在可以合法出现的街道或任何其他地方享有这样的权力，在此期间（20分钟内），警察可以拦截、询问和搜索任何人的危险性武器，如果这些人被认为明知已经实施了犯罪，或者被观察到的线索表明，这些人实施了或者预备实施一项犯罪。如果没有发现可以正当化逮捕的相关线索，警察必须告知被拦截人留置将在20分钟后结束，被拦截人会在此期间后自由离开。调查性拦截不可适用于某些轻微罪：法定刑低于30日监禁的轻罪、流浪罪和公共场所游荡罪。除了上述个别轻微罪，调查性拦截的范围和刑法规定的犯罪一样宽泛。本法案的起草者并未完成这项任务，目前也没有表明对于抑制滥用警察权力者所实施的、可适用的制裁措施之范围。

“毫无疑问，普遍来看警察拦截并询问嫌疑人的实践表明，警
184 察并没有足够逮捕嫌疑人的理由。”[4]众所周知，提出这样一项评论性观点的学者是弗兰克·瑞明顿（Frank Remington）教授。他进一步阐释，虽然事实上情况无疑是清晰的，但是其却难以证明；同

[3] People v. Sibron, 18 N. Y. 2d 603 (1966), rev'd, 88 Sup. Ct. 1889 (1968). 进一步参见本部分最后几自然段的论述。

[4] Remington, *The Law Relating to "On the Street" Detention*, 51 J. Crim. L. C. & P. S., 386 (1960).

样清楚的是,许多受到阻拦的人也没有给出关于自身的、令人信服的回答,被带到警局接受进一步的调查。最近,哥伦比亚地区进行了一项关于“调查逮捕”的研究,该地区警察使用这项术语代表缺乏相应根据而将人带入监禁场所的行为,研究显示 1 年内发生了 3743 起这样的“逮捕”。[5] 这项数据显示,该地区在此期间整体的逮捕数量(共计 415,925 件)中,只有不足 1% 的行为属于此类“逮捕”。但是因为此类“逮捕”明显地只会发生在重罪的调查中,故而更为相关的数据是重罪逮捕中调查逮捕的百分比。这项数据是 28%,或者每 4 项重罪调查中有 1 项是调查逮捕。大部分这样的“逮捕”发生在街道上,但是也有相当比例的行为发生在嫌疑人的家中。

当前制裁非法逮捕的措施基本上包括:排除刑事指控中,由非法逮捕行为中的调查获取的证据;对违规警察的侵权之诉;除了极个别的情况外,还有向警察机关的举报,包括向机关专线举报和无“公民”审查。因为只有极个别的非法逮捕会进入最终的刑事指控阶段,通过排除非法获得的证据来进行司法控制;这项措施并不是一个十分有效的制裁手段。然而,这项措施仍然是目前最好的,因为其他的整体上几乎无效。

在支持技术性“逮捕”中占据优势的严苛的标准,和前文描述的哥伦比亚地区实践的基本上无效的标准之间,寻求一个中间状态的压力已经非常大。该压力已经造成刑事指控数量的增多,最终该压力由最高法院承担,最高法院也拥有了在调查逮捕议题下发展出合宪的原则的机会。最高法院似乎已经得出某些中间状态是必要的这一结论,且纯粹的正当程序模式或纯粹的犯罪控制模

---

[5] Commissioner's Committee on Police Arrests for Investigation, *Report and Recommendations* (Washington, D. C., 1962), p. 8.

式都无法实现中间状态。一系列晚近的判例中,出现了援引第四修正案命令的可能,其审查的是执法之必需性;这一过程是漫长的。上述判例中,“特里诉俄亥俄州”案(Terry v. Ohio)[6]的法院维持了有罪判决,支持通过当街留置,以及警察发现形迹可疑而开
185 展的武器搜查,获取的证据,显示非法持有瞒报枪支的被告人依然应当被判处刑罚的结论。法院已经阐明,毫无疑问警察在拦截和搜查嫌疑人时,没有合理的根据和线索进行技术性的“逮捕”。法院的论证着重强调,授权警察出于自我保护目的进行武器搜查的重要性。该论证明显存在的问题是,警察存在以防卫自我之目的进行武器搜查的伪装,搜寻(其他)犯罪证据的倾向。

该案判决的同一天,另外两起判例中,法院努力回避上述问题,即除了武器之外,在被盘查人身上发现的其他证据,能否被作为有罪证据这一问题。在“西布朗诉纽约”案(Sibron v. New York)[7]中,在警察声称的武器搜寻过程中,嫌疑人口袋中被发现了毒品持有罪的相关证据,法院认为当时的情状并不能正当化自我保全的武器搜寻;相较之下,“皮特斯诉纽约”(Peters v. New York)案中,被控罪名是入室盗窃器械的持有,法院(相当值得怀疑地)得出结论,搜索过程中器械的发现是伴随合法的逮捕发生的。因此合宪性的问题和证据的可适用问题,即在上文中“特里诉俄亥俄州”案中所提出的问题,被简单地回避掉了。纽约州的这两起案件中,警察的行为都依据纽约的盘查法,法院拒绝认定该法案的有效性;相反,其仅仅支持警察行为的合理性必须要根据第四修正案进行判断。

如果此前刑事程序中的合宪性裁判进程提供了一些指导,我

---

[6] 88 Sup. Ct. 1868 (1968).

[7] 88 Sup. Ct. 1889 (1968).

们现在能期待的是一系列高度特定化的判决，两个相反立场的各自支持者，能从判决的只言片语中剥离出自己所持立场规范正在发挥效力的佐证。盘查案例并没有涵盖前文哥伦比亚地区所描述并加以证明的那种无差别调查性逮捕的认同理由。并且，犯罪控制模式的支持者似乎取得了第一场胜利；这些案例使得许多地方 186
公权力机关指示当地警察部门停止调查逮捕成为不可能发生的事情，就像是报告之后的哥伦比亚地区委员会面临的状况那样。

调查逮捕的问题现在比以前更为清晰可见，最高法院第一次对该问题的尝试解决和纯粹正当程序规范之间的鸿沟是根本性的。然而，其根本性的程度并不如最高法院的立场和犯罪控制模式规范之间的巨大差距，或者确切地说，不如最高法院的立场和目前我们所知的司法实践情况之间的巨大差距。实证研究下，(问题)可见程度的增加和晚近司法关注的觉醒，将我们带到了开始寻求一些法律规范的地步；但是改革之路一时还是迷雾重重。

第三节　“合法”逮捕后的羁押和审讯

一旦犯罪嫌疑人被带入监禁场所，普遍面临的问题是认定接下来对犯罪嫌疑人做些什么。犯罪嫌疑人不能被立即交付审判，他的案件“并没有开庭”，因为此时并没有对他的指控。总有人要认定是否应当通过填写呈交法庭的起诉书，正式指控犯罪嫌疑人，以及如果要起诉，哪一项或哪几项特定的罪名应当被指控。典型情况下，这是检察官的工作；然而此时检察官甚至普遍不知道犯罪嫌疑人在监禁机构中。进一步来说，此处仍有的疑问是，对犯罪嫌疑人的指控，是否应当不被一些中立机构进行评估，以认定是否应当受到司法审理；还存在的问题是，犯罪嫌疑人是否应当被羁押在监禁机构中，直到其罪行被审判，还是在裁判之前应当释放他，作出该决定的时间和地点都应当有相应的规定。上述的决定进一步引发的思考是:是否应当继续羁押犯罪嫌疑人以等待有权机关指控,并且如果不应当的话,是否应当释放他以等候下一步的刑事程序等。至少在理论上,上述问题的确定要在审判官基于自身职责
187 (即众所周知的治安官的职责)所处的庭前听证阶段中加以确定。这个阶段往往作为刑事程序中的先期调查和逮捕阶段的终点而存在。我们随后会基于本范畴的两个竞争性模式和该阶段的重要性,分析不同的观点,并且思考这些观点分析中可能的解决路径。值得注意的是,任意模式在此意义上都必须规定刑事程序中"侦查"阶段的终点,"侦查"的术语表示某种从刑事侦查到刑事起诉的机制。当然,这并不是说所有案件中的界分点都是一致的;(此处)重要的议题仍然是进入起诉阶段后,对犯罪嫌疑人采取的警察活动的范围和程度,或者反过来说,侦查和逮捕阶段可以进行的检察活动的范围和程度。暂时先不管这些复杂的问题,一系列(其他)问题也出现了:被告人在逮捕和由治安官庭前听证的中间时点,什么情况下可以被要求进行合作调查?警察是否可以无限期地羁押被告人,或者是否必须在特定时间内将其转移给治安官?如果是后者,是否应当对那些违反时间要求限制的行为施加一些可能的制裁?犯罪嫌疑人可否在这段时间内被警察审讯,如果可以,应当受到什么限制?如果被告人在这段时间承认了自己的罪行,有罪供述在庭审中的使用是否应当受到限制?被告人是否应当在逮捕和庭前听证阶段之间获得辩护律师的协助,如果应当,在什么条件下获得协助,以及如果警察不遵循这些条件要求,会产生什么结果?

犯罪控制模式。警察不能被期待通过独立调查就能解决案件,信息的最佳来源往往是犯罪嫌疑人自身,没有嫌疑人的合作,

许多犯罪根本不能得到解决。警察必须获得恰当的机会，在犯罪嫌疑人有机会编造故事或者决定不与警察合作之前，来私底下审讯犯罪嫌疑人。心理学意义上的最佳时机是逮捕犯罪嫌疑人之后，立即取得此类合作，此时犯罪嫌疑人还没有机会重整自己的力 188
量。任何外界的干扰都会让犯罪嫌疑人在审讯中的合作前景变得渺茫；因此犯罪嫌疑人不能获得会见家人或朋友的机会，并且最特别的是，犯罪嫌疑人不能获得咨询律师的权利，因为律师会告知犯罪嫌疑人的第一件事就是不要告诉警察任何东西。一旦犯罪嫌疑人获得这种协助，从他口中得到任何有用信息的机会就趋近于零。

当然，警察不能被赋予无限羁押犯罪嫌疑人进行审讯的权力，他们也不能存在这样的想法。审讯期间合作前景渺茫的时点将会恍然而至，并且无论如何，警察都没有额外的、充分的资源对犯罪嫌疑人进行无限的询问。但是针对警察应当被授权花费多长时间审讯犯罪嫌疑人，其后即将犯罪嫌疑人转移给治安官，不能够制定机械和迅速的规则。犯罪的严重程度、复杂程度、犯罪嫌疑人展现出的反侦查老练程度，所有的这些都是认定犯罪嫌疑人应当被羁押时间长短的相关因素。标准的时间跨度应当基于以下因素：基于所有的情状，合理地假定，使用可以期待的合法的审讯手段，获取有用的信息或者可以期待的外部调查获得犯罪嫌疑人有罪或无罪的、令人信服的证据。上述因素下的时长可以作为标准。

犯罪嫌疑人一般情况下不应当被封闭性单独监禁，应当赋予其家庭成员知晓其所在位置的权利；但是家庭成员不应当被授予与犯罪嫌疑人交谈的权利，因为这可能会削弱审讯的效力。偶然情况下，交谈可以被正当化，但是不是所有的交谈都能获得正当根据，因为潜在的共犯如大海中的针，警察也不知道嫌疑人犯罪中的同伙是否已经被逮捕。

但是,所有这些(问题的)描述的意义在于,如果警察的工作效率不受到削弱,机械和迅速的规则不能被制定。接下来可以得出的结论是:规则必须是灵活的;在特定情况下一些善意的错误也可以产生,其并不具有可罚性。如果羁押一个犯罪嫌疑人过长时间
189 的侦查错误出现,该警官不必受到指控;因为如果警察没有充分的基础确信犯罪嫌疑人已经实施了犯罪,就不会羁押他如此之久。公众可以在警察资源被无效使用时提出控诉,根据是针对不法案件中对不可交易秩序的恢复,以及正常情况下警察资源应被有效使用的行政管理的一般模式的恢复。

任何在警察审讯期间从犯罪嫌疑人口中获得的可信供述,都应当然地作为指控犯罪嫌疑人的可用证据。刑事侦查是真相的调查,任何有利于调查的行为都应当得到鼓励。可以肯定的是,存在偶然的警察行为没有达到职业要求的标准的危险,也存在警察使用强制措施迫使犯罪嫌疑人作出有罪供述的危险。这当然不可饶恕,但是同时我们应当牢记,逼供认罪的不法行为可能会最终带来犯罪嫌疑人无罪的判决。每个案件中,被告人的有罪供述是否不可信,是一个事实性的问题。(得到无罪判决的)有罪供述作为证据的案件中,被告人必须让陪审团确证如下(法律)情况:有罪供述作出是受到高度的威权压迫,其可能性远远高于有罪供述不真实的可能性。为了认定这个问题,事实审判官应当被授权审查案件其他证据,并且应当对比指向有罪的证据、倾向于支持有罪供述的证据,应当被考虑到认定有罪供述是否为真的可能性对比中。

需要承认,这不是说警察对犯罪嫌疑人违法滥用权力就应当是被宽恕的;这里仅仅是说,权力使用行为本身并不是有罪供述可信度的决定性因素,因此其对于有罪供述的可适用性也应当不是决定性的。如果花费时间进行探究的话,监禁机构中错误对待犯

罪嫌疑人的、保证错误行为较低概率发生的可用制裁手段是非常丰富的,应当通过内部行政手段提出职业标准,而不是通过随机遴选(起诉事件)的刑事指控排除不正当的警察行为,来更改相应的结果。这一建议是从实践中使用强迫性手段较少的事实中推导而来的,如超期羁押但是没有人身虐待,这样的事实不应当对认罪供 190
述的可适用度产生决定性的否定影响。

正当程序模式。为了获得正当效力,逮捕的决定必须基于相应根据,确证犯罪嫌疑人可能实施了犯罪。换言之,除非手头的信息在当时表明,被告人有可能进入下一步的法定程序,本案可以作为具有可诉性的案件,否则警察不应当实施逮捕行为。据此推断,如果适用正当逮捕标准,被告人无须陈述额外的证据。逮捕被告人是为了下一步进行有罪答辩,而不是因为逮捕时并不存在的、针对被告人的指控能继续进行。

一旦犯罪嫌疑人被逮捕,不应有不必要的延期,犯罪嫌疑人就应当被转移给治安官,这就是说,只要犯罪嫌疑人逮捕的初期记录预备手续已经完成,就已经具备了(移交给治安官的)现实可能性。任何被逮捕的人,都有权主张审查针对自己逮捕的合法性,也就是说,在审判进程中审查是否存在羁押自己的相应根据。作为一个实践问题,除非被告人被迅速地转移给治安官,否则其享有的权利将伴着延期逐渐被稀释,而变得软弱无力。因为犯罪嫌疑人直到在被司法性地认定有罪或无罪之前,(在理论上)都应当是自由状态,逮捕后必须在程序中确定其释放的条件,如保释。同样,除非犯罪嫌疑人被迅速地转移给治安官,否则这项(确定释放条件)权利也会随着延期而被稀释,变得软弱无力。作为一个实践问题,犯罪嫌疑人除非被迅速告知有这项权利,否则不可能获得并主张这项权利。再一次强调,犯罪嫌疑人在被带到独立的审判官面前接受裁判之前，迅速地执行程序是必要的，如果想要其权利不会被延期稀释的话。

如果出于审讯或调查的目的，警察羁押犯罪嫌疑人将永远不具有正当性。当然，在逮捕和转移给治安官之间，时间间隔的存在是必然的，期待警察在此期间对犯罪嫌疑人保持完全沉默、毫无作
191 为则是不现实的。然而，在将犯罪嫌疑人转移给治安官这一相对较短的时间跨度内进行的审讯行为，和让犯罪嫌疑人作出有罪供述所必要的审讯行为之间，这两者在现实中仅存在时间这一项差别。基于这一事实，任何此类审讯行为都应当被主张非法。

一旦犯罪嫌疑人被逮捕，应当由警察告知他自己没有义务回答任何问题，且告知他自己在拒绝回答问题后不会遭受任何伤害，告知他可以出于澄清自己嫌疑的相应利益而回答某些问题（但是他所说的每一个事项都将成为呈堂证供），并且，最重要的是，犯罪嫌疑人如果希望，就有权会见律师。

如果犯罪嫌疑人在被捕期间，并且在转移给治安官之前，作出了有罪的供述，这些陈述的可适用度基于如下条件应当被排除：(1)警察没有告知犯罪嫌疑人相应的权利，包括受到律师协助的权利；(2)在要求的权利告知之后（随即）被问询，除非被告人明确表示放弃沉默权和会见律师的权利；(3)羁押超过了转移给治安官的必要期间，有罪供述是在羁押中作出的；(4)有罪供述是在其他逼迫手段被使用之后才作出的，如暴力取证。上述条件下的任意一项有罪供述都应当被视为“非自愿的”，并且在庭审中应当被排除，其目的是让警察脱离获取此类有罪供述（而其仍然有效）这种不切实际的幻想。

排除此证据的合理性，并不在于有罪供述不可信，而在于其不符合刑事司法系统中对抗性的前提，即国家指控被告人而不能强

迫其在刑事程序中进行相应合作，亦不能利用其对自身合法权利的无知，这属于国家层面的事项。据此推断，其他证据与认罪供述的可采纳性无关，或与基于部分（被强迫的）认罪供述而认定裁判无效的必要性无关。同时还可推断，认定有罪供述可采纳性的程序必须如此，目的是通过认定可采纳性的程序避免任何对被告人的不公正。特别的是，在陪审团审判中，在法官裁判前，认罪供述的可采纳性应当由陪审团进行听证，并记录在案，这样审判法官就 192
具备明确和不可推脱的认定责任，判断陪审团是否应当听取有罪供述；亦是这样，再审法院也就具备了十分明确的基础认定裁判法官是否得出了恰当的结论。

现状和趋势。犯罪嫌疑人的逮捕和转移给治安官之间的这段时间内，警察审讯的权力晚近以来逐渐受到承认；但是亦有强烈和明显的推动趋势，限制此类审判的持续时长和先决条件，该趋势具备裁判性。该趋势的早期阶段，最高法院逐渐设置严格的标准，以认定什么情况下有罪供述是“非自愿的”，并因此认定对被告人不利的证据不可采纳。相关判例中，自愿性的标准并不是有罪供述的可信度，而是有罪供述与对抗制刑事司法体系前提条件的兼容程度，即对被告人的刑事指控案件必须建立在“以独立和自由为保障的证据之上”，国家不允许“使用自身强权来证明针对被告人的指控是基于其自身的供述”[8]。即使该标准表面上是以判例群为基础的，但是认定审讯的情状是否为这种所指的“性质上威权”的一种普遍性和自动适用的标准模式，逐渐得到了发展。因此，越来越多晚近的判例试图脱离个案审查模式。最高法院的联邦刑事指控中展现出的第二阶段，体现在最高法院监管联邦刑事司法中的

[8] Rogers v. Richmond, 365 U.S. 534, 541 (1961).

行政内容的实践之中,其设置了所谓的“马洛里规则”(Mallory Rule)来排除以下有罪供述,即超出必要的、“没有任何无必要的延迟”的转移给治安官的羁押期限,在此超期羁押中取得的证据。[9]各州不受该要求的限制,并且一般来说不会将其适用于本州自己的刑事指控活动中。但是,直到最近,羁押的时长仍然是最高法院显著强调的要素;在部分最高法院基于此类供述而推翻州刑事判决的判例中,这一点有所体现。

但是,现在最高法院采取了一种彻底的新路径,来处理警察审
193 讯的问题。最高法院放弃了自己传统的个案判断自愿性路径,放弃了马洛里规则中的限制时长路径,而援引第五修正案中关于禁止强制自证其罪、以限制警察在监禁机构审讯犯罪嫌疑人中的高压威权的相关规定。在“米兰达诉亚利桑那州”(Miranda v. Arizona)案[10]中,法院认为,在被告知有权保持沉默和有权咨询律师之前,警察不可以在监禁机构中审讯犯罪嫌疑人;如果犯罪嫌疑人表明保持沉默的态度,审讯必须中止;如果犯罪嫌疑人表明咨询律师的态度,审讯必须延后到律师出现为止,或者在犯罪嫌疑人不能获得律师服务的案件中,审讯必须延后到有律师进行援助之时;如果律师未出现,审讯仍然继续进行,犯罪嫌疑人也作出了陈述,“公权力机关就承担重大的证明责任,举证被告人明知并且有意识地放弃了”自己所享有的权利。

其他原则性的转变进一步令这项新的宪法限制变得严苛,其坚实地建立在如下前提之上:有罪判决所依据的认罪供述,如果部分被认为是非自愿的(基于米兰达规则,这一有罪供述必须被认定为非法的),无论其他有罪证据多么有力,判决必须被驳回。并且

[9] Mallory v. United States, 354 U.S. 449 (1957).

[10] 384 U.S. 436 (1966).

各州被告知,公权力机关必须建立起针对有罪供述可采纳性的诉讼程序,不能向陪审团隐蔽地主张有罪供述的实质内容或者推断的事实中不利于被告人的相关机会(前文所提及的必须记录在案)。[11] 除了放弃权利的可能性外,该可能性遗留了一道微小但是明显不和谐的开口,似乎可以认为,如果该陈述发生于逮捕和转移给治安官期间,法院事实上排除了犯罪嫌疑人作出的任何陈述的证据。

米兰达规则实际上会收到何种效果,现在为时尚早,不可知晓。但是,初期的证据表明,米兰达规则并没有明显降低犯罪嫌疑人在监禁机构中作出的自证其罪陈述的比例。大量的犯罪嫌疑人明显地想要"放弃"自己享有的权利,并且在缺乏辩护律师协助的情况下作出陈述。这些"权利放弃者"是否以及何种程度上有助于将这种论述合法化,仍然有待观察。但是,除非最高法院根本上转 194
变自己的方向,仍然可以有把握地预测米兰达规则并没有产生预期的、降低有罪供述发生的效果,尤其是发生在缺乏经济手段获得律师支持的犯罪嫌疑人身上的有罪供述;法院可能会以正当程序模式为方向,采取下一步的动作,这将会直接禁止犯罪嫌疑人对警察作出的供述作为证据。我们可以思考,在后一点上,是这条路径还是其他针对两种模式张力的解决方案是可取的。

有罪供述的问题可能是目前刑事程序中面临的最引人注目的问题。该问题的发展表现出刑事程序一般性的、典型的发展特征:(1)用广泛的、准立法式的管理性规则,替代更为传统的、基于个案判例的裁判性规则;(2)运用平等规范,降低或排除由不同的经济手段造成的处遇不公;(3)限制执法的自由裁量权。所有的这些特征似乎意味着,刑事程序正在被逐步带入正当程序模式的范畴,至

---

[11] Jackson v. Denno, 378 U. S. 368 (1964).

少在表面上统摄程序的规范层面如此。

第四节　电子监控

随着电话窃听装置的发明，在电子信息技术迅猛发展的推动下，有史以来最强有力的监控设备军械库被建立起来了。克拉克法官(Mr. Justice Clark)，在最近最高法院最重要的判例“伯格诉纽约”案中，给出了现在可能出现情形的生动描述：

> 专业化的电子设备现在已经相当成熟(一般被认为是“窃听”)，具备在绝大多数当前情境中窃听任何人的能力。这些设备区别于“搭线窃听器”，后者只能在电报的拦截或
> 195 电话信息的获取中发挥作用。这些设备体型微小——比一枚邮票还小(30 毫米×30 毫米×10 毫米)。它们被安装在房间内，获取一些秘密对话，并且能发送到半个街区之外的接收器上。据介绍，特定类型的电子射线可以通过直射墙面或者玻璃窗，捕捉其后反射的声波。1940 年以来，窃听变成了一项声势浩大的工程，涉及建设完整监控系统的生产活动已然开启，该系统能够受到远程控制，自动记录下绝大多数场景下的声音。隐藏在书本里、灯里或者其他房间内不被察觉的地方中的微型麦克风，或者被制造出来放置在钢笔笔头、领带扣、翻领纽扣或者衬衫袖口处的设备，能够让这些强大的无线传输设备信号范围达到半英里。接收器能够在一定射频上无干扰地接收信号。并且，随后还发展出组合的微型传输设备，能够传输 300 英尺内的视觉和声音信号。与之类似的还有抛物线式麦克风的成熟，其无须被放到监控的房

间内,就能够窃听到对话。[12]

考虑到科技发展的速度,很难想象出未来几年内会发生的变化。这些奥威尔式(Orwellian)的表现为刑事程序不断施加困难的问题,体现在为这些设备用于犯罪调查提供许可的执法活动的压力,以及在公权力机关大规模入侵公民私生活领域时,看到这一过程中个人自由逐步毁灭的公民的另一个方向的压力。如果用于隐私窥探之目的,使用这些设备的行为应当被禁止,这属于社会共识;但除此之外,分歧就产生了。执法活动是否应当全方位地被允许使用这些设备,以及如果全方位地被允许,需要在什么类型的情景下使用以及受到什么样的控制,上述问题中存在令人痛苦但迟迟未决的争议。

犯罪控制模式。与有组织犯罪之间的战争,促进了电子监控使用的需求。多组织体联合的有组织犯罪中身居高位的成员,与下位直接参与犯罪实施的成员,被层级结构所隔绝开来。如果高位成员涉案,必须证明这些成员直接参与了计划和阴谋。因为其角色甚至不会被直接实施犯罪的成员所知悉,在任何非法的赌博 196
或毒品交易中皆如此,唯一地取得对高位成员不利证据的方式是,监听这些成员的电话交流或者监控其讨论活动。几乎没有例外的是,顶级地下犯罪巨头的落网和审判,都严重依赖电子监控获得的证据或者证据指示的方向。

毫无疑问,滥用可能产生,但是其危险性远比使用这些设备的必要性更值得我们注意。对监视设备使用的司法控制,可能不会阻止高涨的执法热忱,因为对法官而言,他的作用仅限于作出批准令,要求警察在有合理的依据下希望使用电子设备窃听对话或者特定的电

[12] 388 U.S. 41 (1967).

话线或者在特定的地点展开窃听。这对热情高涨的执法者来说不具有说服力。法官不能实施持续性的、事无巨细的、对监控的审查。此外,这项(监控)工程本质上就会产生大量的、占据较高比例的无用信息。但是,我们并不否认在原则上应当获得法院的批准令,只要法官并不要求所寻求信息的精确度到不可能的程度即可。毕竟,如果我们明确地知道自己在找寻什么,我们就无须进行此番找寻了。

警察被授权使用监控设备的犯罪类型不应当有任何限制:有时地下世界的重要巨头,可能仅仅因为一项相对较轻的刑事指控,就被扳倒并绳之以法。基于同样的理由,我们应当自由地运用所发现的内容,无论其是否与我们找寻的相一致。守法公民无须担心,如果窃听到的对话不会产生任何犯罪活动的证据导向,我们也就对此毫无兴趣。执法活动既缺乏时间也没有意图去建立一项非犯罪活动的信息档案。

正当程序模式。宪法第四修正案明确规定的隐私权,不能被强制地为所谓的执法紧急状态让路。电子监控的使用恰恰构成了一种无差别的普遍搜查,促成独立战争和宪法起草者们反对的、警惕的事态的发生。以必要的名义,此类权力的授予准允不被审查
197 的警察或检察官几乎随心所欲地窥探公民的私生活。意识到这一点,也一定会造成思想、感情之表达自由遭受抑制,此类自由恰恰让我们的社会生活充满意义。任何条件下、任何人进行的电子监控都应当被认定为非法的。

这是最理想的立场。如果最理想状况无法建立,其底线也一定要是,警察使用电子监控的权力被严格限制在一些非常严重的犯罪中的一些极少数对象。“与有组织犯罪之间的战争”实在过于模糊,直接抹除了“提供充足保护”这行醒目的大字。并且有组织犯罪者所实施的、被指控的犯罪,也有其他非有组织犯罪者实施

过。大部分应当被授权使用电子监控的案例应当是间谍活动案件、叛国活动案件以及其他直接影响国家安全的罪行、案件。并且即便在直接影响国家安全的案件中，也需要有相当的、作用于认定是否应当授予调查权力的司法控制。

现状和趋势。在著名的 1928 年奥姆斯特德(Olmstead)案中，最高法院以 5∶4 的微弱优势，认定通过电话窃听对话得来证据的可采纳性，此类证据并不违反第四修正案。[13] 表决中对立双方的票数接近，是法院自该案开始表现出矛盾情绪的前兆。1934 年国会通过了《联邦通信法》(Federal Communications Act)第 605 条，规定拦截和泄露有线通信为非法。最高法院随后解释为，该条禁止在联邦层面的审判中出示窃听证据。此后，虽然符合逻辑，但产生了(审判)开始逐步区分窃听和其他不被联邦立法影响到的电子监控形式这一反常的现象。该规则随后发展为其他监控形式的合法性规则，以其是否存在物理的、有形的介入为标准，审查其是否存在拦截。晚近以来，构成介入的相关概念逐步被放弃，但当下仍然坚持的重要区分是，区别对待窃听(无条件地禁止此类行为)和其他形式的电子监控，尽管后者可能具备更强的侵略性。

已经有了一些立法尝试，通常在意识到有组织犯罪的调查后，这些立法规定了执法者或多或少地受限的电子窃听权力。最近， 198
国家犯罪(控制)委员建议应当通过此类立法。有趣的是，司法部长拒绝在委员会的请求上签字，再一次表明本议题下的极端冲突本质。1967 年春，最高法院裁判了重要的“伯格诉纽约”(Berger v. New York)[14]案，审查了纽约的一项立法的合宪性，该法授权获法院批准令的电子监视。法院认为，纽约州的立法违反了第四修

〔13〕 Olmstead v. United States, 277 U. S. 438 (1928).

〔14〕 388 U. S. 41 (1967).

正案,裁判的语言表明了本质性的疑虑,即是否除了那些基于有效的司法保证文件的电子监控现在得以维系之外,所有的授权电子监控都不被支持。因为出于获取切实证据的需求,特别要求取得一项调查批准,能够提前描述要窃听的对话的情况是极为罕见的,最高法院的例外可能并不能符合当前执法的需要。1968 年的《犯罪控制法》(Crime Control Act)最近由国会通过、总统踌躇着签署并生效了,其似乎要将比最高法院晚近一系列的判例所认定的范围更宽泛的那些电子监控行为正当化、有效化。但是,执法活动将受到法案条款的统摄,除非法院提出一项确定的、相反的规则,但是这样规则的出台可能需要花费数年的时间。

第五节　非法获取的证据

所有的刑事程序都具备一些规则,描述警察什么情况下可以进入他人家中的私人领域搜索相关证据,辅助确证被控告人的罪行。美国的刑事司法系统中,这些规则往往与规定逮捕可以作出的条件规则相联系,两者相近但绝没有一种必然关联。本部分,我们并不关心何种情况下基于两种模式中的一种,应当规定特定搜查的合法性。相反,本部分聚焦于两种相反模式在一个限缩议题
199 上的对抗立场:假设案件中的搜查是非法的,隐私权被非法侵犯的被害人应当获得何种恰当补偿,又应当规定何种制裁预防未来类似的非法入侵?这一困难的议题中,对抗中的两种模式发展的立场也存在尖锐的区分;现实世界状况的变化程度也是迅速且剧烈的。

犯罪控制模式。警察注定会犯错误,并且当然希望这些错误被最小化。警察犯错和常人犯错一样,解决错误的办法是对受到实际损害的、隐私被不当侵犯的被害人提供赔偿,并且通过戒律和

教育，矫正犯错警察未来的行为。让被指控的当事人，由于警察错误而在罪行得到证明后意外地出罪，这种规定既不明智也不必要。

针对非法搜查的赔偿，除了提起民事诉讼之外，无须规定其他的特殊形式。一般的侵权之诉，对于守法公民而言足矣，只要其利益遭到侵犯，犯罪之人亦然。让犯罪人雇佣律师起诉警察，说服陪审团，如果他可以表明自己确实以某种方式遭到了实际损害，他就应当获得金钱赔偿。警察的戒律和教育是一个问题，与其他在大型官僚机构中维持道德和标准的问题一样，这也是对警察机构提出的挑战。"被害人"应当有权让自己的诉讼得到审查；但是一旦事实进入相应的行政性机构视野中，"被害人"就不再享有额外的利益了。

任何情况，毫不关注获得手段就断言证据在刑事程序中不应当被采纳，这样的理由并不成立。此处不像有罪供述的问题，此处的证据可信性或可靠性没有问题，无论怎么获得，物证就是物证。如果犯罪嫌疑人被怀疑非法持有海洛因，在厨房架子上发现了海洛因，这一毒品的客观存在就是其罪行的有力证据，无论搜查行为在事后被法官认定为合法的还是非法的。

正当程序模式。侵犯他人财产最普通的赔偿方式，总体上对警察无效，即作为一种手段，保证警察行为与非法搜查和非法获取相关的规则相符合的功能是欠缺的。被害人往往无资格提起诉 200
讼；即使他提起了，陪审团也断然不可能认定赔偿；并且即使陪审团认定了赔偿，警察提供的证据也成为了被害人犯罪的根据。相似地，机构戒律也是无效的预防措施。警察被期待获得裁判的相关证据；如果警察取得了证据，上级不可能将他们的不法行径视为无效的证据取得。问题是，从警察立场来看，合法性往往意味着无效性，警察一般会将有效性视为超出宪法内在良善意义的至

高价值。

唯一有效的控制非法搜查的方式是，剥夺非法搜查取得的利益，这意味着所有非法获得的证据都不能被认定为证据，在庭审前或者庭审中，此类证据应当被排除；如果没有，全部或者部分基于此类证据的判决应当被推翻或驳回。除此之外，任何通过总体上表现出非法搜查迹象的行为获得的证据，也应当被禁止，这样此种行为就不会被简单的遵循上级命令的说辞所回避掉了。在令人生疑的案件中，非法取得与案件是否存在关联以及关联的强度如何尚不清楚，应当采纳的、解决疑虑最有力的、针对采纳证据的标准应当是，无论何时发现证据是由非法搜查取得的，其都应当被判定为无效。可能发挥作用的另一条途径是，实行预防性的规则，要求驳回这种起诉，无论何时发现证据是由非法搜查获得的，而不仅仅是非法证据排除。

现状和趋势。直到当下，非法取得证据在州层面和联邦层面产生的法律效力具有极大的不同。排除规则仅仅适用于联邦层面的案件。各州有权无视该规则，并且采取补偿的方式解决非法取得证据的问题，尽管存在第四修正案对不合理搜查和取得的禁止，应当类似地适用于联邦和州层面的这一事实。20 世纪 50 年代，一些此前并没有选择适用证据排除制裁模式的州，开始以排除规则
201 对待非法搜查。紧接着，1961 年最高法院在“马普诉俄亥俄州”(Mapp v. Ohio)〔15〕案中主张，各州应当履行宪法性义务，在本州刑事案件中适用排除规则。该判例可能是有史以来对州刑事程序实际影响最大的一个判例。

排除规则对警察活动的影响则是一个争议问题，没有相对可

〔15〕 367 U. S. 643 (1961).

靠的证据证明规则的威慑和预防效力。但是无论其对警察主要行为的影响如何,不可否认,该规则已经产生并且会持续产生对刑事程序本身来说深远的影响。特别是在有关所谓的无被害人犯罪案件中,非法活动的证据往往源于有侵略性的警察活动,已经有相当多的无法被证明的指控被迫中止。毒品和赌博案件中获得证据的困难是客观存在的,因此可能对警察来说,处理此类行为的效率被削弱,似乎是一个实质性的反对(排除规则的)理由。随之而来的是,对非法搜查获得证据的严格审查,判定此前非法行为是否污染了此证据,现在当然地变成了各州刑事指控中日趋重要的议题了。

第六节　律师辩护的可得性

州事程序初期阶段中产生的绝大多数问题,都面临着一个无处不在的话题,即辩护律师的可得性。在本书相互竞争的观点对抗的模式中,辩护律师的主题与其他主题,存在双向的关系,各自为对方的原因和结果。辩护律师的重要性要么被强化要么被削减,有赖于在规定逮捕、调查、审讯的规则中所采取的立场。此外,如果开始讨论辩护律师在刑事程序当前阶段的有益性和无益性,这种讨论中的立场本身也可能会决定许多其他规则。并且,作为一个司法实践问题,辩护律师的可得性对于法定规则适用的效力而言,注定有着重要的影响,无论该规则是否可能受到了挑战。接下来,简要地再次审查辩护律师在当前刑事程序阶段可得性的问 202
题,作为程序的独立特征来说,是值得展开的。

犯罪控制模式。从犯罪嫌疑人被逮捕开始,到他被转移给治安官为止的这段时间,可能是犯罪调查中的一个关键阶段。该阶段是调查性(事实性)的,而不是裁判性(司法性)的。这一时点缺乏根据要求,或者根本无法承担律师的介入。如果允许被告人会

见律师,那么被告人的权利则受到了充分的保护;如果被告人已经雇用了律师,那么告知律师其客户已经被羁押了,被告人的权利也得到了充分的保护。如果被告人的羁押存在任何非法现象,根据人身保护法(habeas corpus)他可以获得赔偿;否则,此阶段所有的警察行为出现的可想到的问题,都可以在程序后面的阶段进行审查。特别是排除证据的制裁方式被应用于刑事程序中的情况下,此阶段允许被告人会见律师的理由压根就不存在了。同时,应当注意的是,对于警察来说,在这个时点,在没有任何不当干涉的前提下询问犯罪嫌疑人是绝对有必要的,这是警察唯一争取最了解事实之人合作的机会。因为警察在缺少相应根据的情况下,并不会实施逮捕,能从犯罪嫌疑人口中获得有用信息存在高度盖然性。如果犯罪嫌疑人被授权在此程序阶段咨询律师,犯罪嫌疑人可能会被律师惯常地教导不要说任何事情,最迅速地厘清案件的道路就被提前关闭了,警察必须采取更加劳民伤财的寻求证据的途径,不再受到犯罪嫌疑人能够提供的指引。这一道路关闭也会对无辜的犯罪嫌疑人产生不利,因为该无辜之人可能会忌惮作出让自己早日被释放的那些有利于自己的陈述。在此程序中的唯一受益人是有罪的犯罪嫌疑人,其相应地让有罪判决之下达变得困难重重。如果警察在每个案件中,都在没有犯罪嫌疑人协助的情况下进行完全调查,也会有很多琐事,在(与有犯罪嫌疑人协助情况下)相同条件下的警力资源的背景下,刑事程序能够处理的案件将会被大量缩减。更为直接地说,社会共同体所享有的、反对犯罪活动的保
203 护将会受损。律师的位置应当在法庭上,律师不应当在庭前介入刑事案件。

正当程序模式。坚定的、老练的罪犯完全知道在警察审讯中保持沉默,他知道自我辩解的陈述往往会成为呈堂证供,他知道自

己不需要说话，他知道自己不可能从谈话中得到任何好处。一个毫无经验的落入法网之人则对此一无所知。除非操作性规则加以禁止，这两种犯罪嫌疑人的处境注定是不平等的。

相似地，刑事程序中，国家和被告人的资源差距，没有比逮捕时的更大了，此时警察行为中无处不在的是一展雄心（但符合规则就无法推进案件）、突破规则、滥用权力的机会。对于这些机会不加限制是现实情况，只能寄希望于警察自我限制的良知。后续的矫正虽会（让警察错误）减轻但尚不足够，警察局中真实发生的情况只能为犯罪嫌疑人和警察所知；不难推断如果出现矛盾时，谁的说辞会被采信。

唯一保证这两种同样让人不悦的不平等不会对刑事程序产生决定性的恶性影响的做法是，要求在逮捕时（1）犯罪嫌疑人立即被告知自身保持沉默和会见律师的权利；（2）犯罪嫌疑人应当被敦促尽快会见律师，要么自己雇用要么相应机关指派；或者（3）律师没有出现，没有保护犯罪嫌疑人的利益之时，犯罪嫌疑人不会受到警察审讯。

现状和趋势。犯罪嫌疑人被逮捕后，除非被授权会见辩护律师，否则不会有警察对其采取重大行动，我们正迅速地朝这个方向发展。即使在逮捕中没有被普遍承认的会见律师权利，在接下来 204
的程序并不会由于会见律师相关权利未能落实而失效的意义上，本阶段反对律师会见可能会让所有警察调查活动中的成果付诸东流，正逐步成为一个实践性事实。恰如我们已经提到的，米兰达案裁判令从犯罪嫌疑人口中得到供述变得相当具有风险。法院最近认为，让犯罪嫌疑人参加辨认活动而不授予律师出现的机会，会导致辨认中的目击证人证词被排除。[16] 在警察审讯的案件中，仍然

---

〔16〕 United States v. Wade, 388 U. S. 218 (1967).

需要被研究的是,此刑事程序阶段会见律师权利的“放弃者”对上述判例实践效力的削弱程度。诚然,我们还需要花费相当长的时间才能实现律师的广泛参与,刑事程序的初步阶段,从逮捕到起诉,仍然根据犯罪控制模式在运行;但是已经有了日渐增多的、强有力的向正当程序模式的推进。

第十章　实践中的模式：从起诉到定罪量刑

205

第一节　起诉决定

在正式的刑事程序运作中，我们的犯罪嫌疑人仍然只是犯罪嫌疑人。他被带到监禁机构，受到调查并且可能接受审讯；如果他所涉的案件是很典型的案件，至此警察几乎已了解了所有在案件的情境中能了解的一切。接下来要做什么，取决于接下来一系列问题的回答，这些问题也与未来要作出的裁判和裁判进程中的诸多角色有关：犯罪嫌疑人的事实罪责是否有合理的可能性（成立）？是否有足够的合法的、可采纳的证据来确定犯罪嫌疑人在庭审中的罪责？谁应当被授予确定这些问题的权利？如果有的话，什么样的质疑，应当且能够由被告人提出（无论如何提出），针对被告人应当被采取进一步的刑事程序？另外，是否存在对事实罪责或者建立法律罪责可能性的实质怀疑理由，谁应当被授权、应当在什么程序之中来认定犯罪嫌疑人应当被释放？

广义上讲，这个阶段的主要问题是，作出起诉犯罪嫌疑人的决定，即通过指控其触犯了一项罪行而将犯罪嫌疑人转换为被告人的决定，是主要以行政性手段作出还是主要以司法性手段作出？为了简化这个议题，我们假定警察已经满足对其自身的要求，逮捕
206 决定不存在问题，犯罪嫌疑人具备事实罪责，因此排除了程序是否正当的问题，排除了谁来决定释放犯罪嫌疑人的问题。很明显，现在的主动权必须从警察手中转移给检察官，从事实罪责的认定专家手中转移到法律罪责的搭建专家手中。这一阶段必须作出的决定是筛查决定：犯罪嫌疑人是否应当被转移到进一步的刑事程序中？这里的筛查决定是由警察和检察官中的某一方独立作出，还是应当进行"中立"审查？如果是后者，应当规定什么样的机制来保证审查的充分程度，以及如果不够充分，应当施加什么样的制裁？这些问题在当下实践中广泛出现，我们可能通过思考两种模式给出的答案，对这些问题进行澄清。

犯罪控制模式。检察官在评估警察获取的证据以及认定证据是否足够支撑犯罪嫌疑人的有罪判决方面，占据着可能的最佳位置。检察官在任何案件中、在任何情况下都必须做上面提到的事情；由治安官再做一遍这样的工作会造成时间和资源的浪费。检察官在推动不可能获得有罪判决的案件方面，毫无斗志；检察官的职业声誉往往建立在他在所有经手的案件中有罪判决的比例。因此，基于完全不合理的指控，犯罪嫌疑人不被起诉的利益，被本阶段完全依赖检察官自由裁量权的筛查决定充分保护着。任何刑事司法系统，如果被要求对所有刑事案件进行初期司法审查，都将会因为不堪重负而崩溃。没有足够多受到充分训练的治安官来进行筛查。初期听证中应当被期待的是辩护律师的指派和保释的设置。

在某些情况下,检察官可能在决定起诉犯罪嫌疑人时,需要一些帮助。检察官可能需要收集社会上对案件的态度,如果案件引起了社会上的广泛关注,或者涉案犯罪嫌疑人是个官员或者其他具有非凡地位的人。也可能相反,检察官收集普罗大众的一般观 207
点来认定其是否支持自己的起诉。在此类情况中,大陪审团制度被证明是有效的,可以作为一种小型的民意调查来支持检察官。如果大陪审团反对(案件起诉),检察官需要压下案件不再进一步推动,并且可以把各种批评意见推诿给大陪审团。相反,如果大陪审团同意,通常检察官会表明提出指控的态度,任何作出的起诉都会被大陪审团的权威和声望所保证。当然,大陪审团程序的有用性取决于其隐秘性。大陪审团并不是对抗程序,犯罪嫌疑人不享有出庭的权利,也没有作证时获得律师协助的权利,还没有知晓大陪审团面前发生的事情的权利。如果隐秘性的条件被打破,大陪审团机制仅仅是另一个延迟或挫败刑事司法机器运行的情景而已。

因此,简言之,检察官应当控制起诉决定。检察官应当被授予通过取得信息或者劝说陪审团成员支持起诉的方式提出正式指控的权利。在这两种案件中,检察官不应当等待审判官来判定证据是否充分地支持正式的刑事指控。将“犯罪嫌疑人”转换为“被告人”的决定应当完全由检察官作出。

正当程序模式。期待每一次逮捕行为都能得到足够充分的、支持刑事指控的证据,这是愚蠢的。一些筛查必须进行。恰当的筛查程序形式是初期听证,由治安官进行,如果被逮捕之人在前一个阶段没有被释放的话。检察官和警察一样,在进行这样的筛查工作方面都不可信。这一刑事程序阶段的自由裁量权都意味着对抗制度的实质放弃。为什么我们应当期待一名检察官,在无人对

其进行监督的情况下，来认定是否有足够的证据对一名犯罪嫌疑人提出指控？特别是，为什么我们应当在大量的案件中抱有此种对检察官的期待，明明有如此多的案件，警察手中的证据不可采纳，但是如果不终结刑事程序，可以发现一些可采纳的证据？除此之外，任何认定手头的证据是否充分以支持起诉的标准，注定过于
208 宽泛，难以不偏不倚地予以适用，除非该标准被中立地、公开地适用，但是这两个“副词”都无法和检察官的所作所为沾边。

从犯罪嫌疑人的立场上思考问题，一般来说，犯罪嫌疑人没有资金来获得充分的辩护，并且可能根本上就忽略了自己的权利。如果在刑事程序的这个关键节点上，犯罪嫌疑人要去回应一项刑事指控，这个时点的压力最终会转化为认罪答辩，特别是犯罪嫌疑人因为自身的经济状况，可能会被延迟审判，困于监禁或者进入辩诉交易程序。如果刑事程序建立起一种高速的和非高压威权式的机制，无须审前羁押就进行定罪量刑，可能会找到更多放弃初期听证要求的理由。如前所述，这种由中立的审判官进行的筛查工作是必需的，如果犯罪嫌疑人被授予充分的机会质疑针对自己的刑事程序。

初期听证应当公开进行还是私密进行，是由犯罪嫌疑人进行选择的。犯罪嫌疑人应当被授予出席听证和获得辩护律师协助的权利，检察官应当被要求公示足够的证据，它们在种类上、形式上都具备可采纳性，这些证据有力地支持一项对犯罪嫌疑人指控后的判决。很显然，传统的大陪审团程序并不符合这些要求。即使不反对大陪审团作为一种替代性指控措施，充分的初期审查也不可替代，并因此应当一般化地执行刚刚描述的这种司法性听证。

很明显有效的“司法化”预备审查的实施标准，要求辩护律师对于犯罪嫌疑人来说，在此阶段是可得的。诚然，如果辩护律师要

在此阶段发挥作用,律师应当可能在更早一点的阶段就介入案件,在逮捕后越快越好,这样辩护律师就可以在听证前熟悉案件,而不是在听证中再去了解相应案件。同样相当明显的是,被告人必须要被告知,以使他理解初期审查的功能、与初期审查有关的律师协 209
助的作用。若非如此,初期审查中的权利放弃就不可能站得住脚。诚然,任何初期审查中的权利放弃都应当被允许,除非犯罪嫌疑人获得了律师的协助,这种说辞是令人生疑的。保证这一程序的唯一有效制裁是如下所述的无效化制裁:没有充分初期审查而作出的判决,不应当生效。

现状和趋势。很难去高度概括地说,今天的法律规范很强烈地指向正当程序模式,而现实情况甚至更强烈地向犯罪控制模式靠拢。即使有普遍的规定,初期审查也没有作为筛查措施发挥其作用,其今天的主要功能是确定保释。实践中大部分案件里面发挥筛查功能的是检察官,其在警察的协助和建议下进行筛查。

初期审查作为筛查措施的失效似乎是两个因素作用的结果:法院在这个阶段审判资源的不充分,和这个阶段刑事程序律师普遍不具有可得性。在美国司法体制中,指派治安官是一个相对地位较低的官员,甚至可能没有接受过法律训练;在一些较大城市,治安官的日常工作在所授予的概括权力范围内,被大量的轻微案件洪流所淹没。治安官既没有时间也没有能力进行充分的初期审查,甚至对一些相对严重的、在他被指派的职责范围内的案件也是如此。治安官也没有动力去实施初期审查,一般是奔走呼号的辩护律师推动治安官进行初期审查。相对较少的犯罪嫌疑人可以享有辩护律师在初期听证中的代理服务,并且甚至有可能坚持不下去初期听证,现在初期听证已经变成了一个不常见的程序了。

目前广泛被接受、适用的外部筛查程序是大陪审团。但是,大陪审团基本只以检察官办公室的外延发挥作用,鲜有例外。检察官向大陪审团递交案例,有效地支配着程序进程,检察官审查目击证人证言,没有予以反对的挑战机会。大陪审团所面对的证据的
210 有效性,往往不会被随后的审查所否定;既是因为审查采用的是相对宽松的标准,也是因为发现大陪审团听证过程中发生了什么的困难性(大陪审团具有隐秘性)。即便似乎出现了一些消弭大陪审团隐秘性的趋势,其本质上还是被日渐觉醒的意识所驱动,即意识到大陪审团事实上并没有扮演一个中立的刑事程序角色;但是大陪审团被迅速地转化成正当程序模式所呼吁的那种中立的、司法性的审查工具,似乎也是不可能的。

初期听证相关的变化似乎愈加强烈,法庭并不直接要求起诉的相应根据的司法性认定,要求这种认定的充分宪法性基础也可能受到怀疑。但是,有效的律师协助应介入早期的刑事程序正在成为一项普遍认同的观念,例如,1964 年的《刑事司法法》(Criminal Justice Act)规定了联邦刑事程序中的律师条款,明确要求在犯罪嫌疑人第一次出现在(调查)委员会或法庭前,律师应当被指派,这一期间即初期听证。律师在此阶段的有效协助将有可能提供充足的、必要的推动力,让初期听证重新发挥自己的功能,并且让初期听证成为起诉中的必要程序,迫使检察官将案件提交司法性审查,即便会付出案件中止的代价。

第二节 审前羁押

刑事程序中,起诉决定到审判之间必然存在一些时间间隔。(更准确地说,是在将案件递交进行有罪裁判和裁判本身之间必然存在一些时间间隔。裁判不需要并且在目前大部分一般的安排下不需要进行正式审判,一项裁判的核心含义是中立法庭基于充分

可靠的事实确定法律罪责）被起诉犯罪而尚未被裁判的被告人会面临什么？回答对于塑造接下来的程序具有重要的影响。诚然，回 211
答可能取决于是否还有后续的程序，一旦被告人仍然被羁押在监禁机构中，他可能会在辩诉交易中认罪，因此削减有罪认定的程序的周期并且直接转移到仅仅剩下最终处遇的阶段（量刑阶段）。

坦白来说，这个问题在美国的刑事司法中的回答，是保释或监禁：被告人是否能上交足额的保证金，保证自己会出席审判；或者相反，被告人是否没有这种缴费能力，而仍然被收容于监禁机构，直到案件准备上庭而自己被带到法庭上，要么进行庭上答辩，要么进行认罪答辩？划分两种模式的问题，要比这个简单公式所展现的更为深刻。两种模式提出了对现在制度安排的问题：基于什么理由，正当化在被告人罪责被正式裁决之前，而将其监禁的行为？是否只有相关的被告人不出现在法庭上的可能性这一个考量因素？如果如此，经济上的保证是否是唯一或者最为适当的确保被告人出庭的措施？如果不是，其他相关的考量因素是什么？被告人可能篡改、推翻证据的可能性，例如，威胁相关目击证人，是否是一个相关因素？被告人在保释期间实施其他犯罪的可能性，是否是一个相关因素？被告人可能获判的罪责等级，是否是一个相关因素？这一系列的问题，正反复出现在日复一日的刑事法制管理中，可能被我们两种模式的审查内容所澄清。

犯罪控制模式。绝大多数被指控犯罪的人都具备事实罪责，引致正式起诉的逮捕背后有双重的可靠性保证：实施逮捕的警察的判断，同时也被检察官所支持，检察官判断是否有充分的认定被告人为犯罪人的证据。出于所有实用性的目标，被告人就是犯罪人。仅仅是因为刑事程序这一流水线，不能足够迅速地、立即将被告人置于无法获得自由的境地。如果被告人重获自由，必然会存 212

在后续不出庭的风险,在被告人明确认识到自己的罪责和意识到自己有从可能的刑罚中脱身的现实的例外性之时,该风险尤甚。如果被告人不自愿出庭,我们必须消耗自己有限的资源追踪该被告人并将其带到法庭上。如果上述(不自愿出庭的)情况仅仅是偶然发生的和小范围发生的,这对于刑事司法系统来说是可以承担和容忍的;但是如果大量的被告人在庭审前被释放,问题就有可能脱离控制,我们也可能面临一个恶性循环,即越多的人不出庭,越多的人就被煽动不出庭,整个刑事司法系统将会崩塌。

没有出庭并不仅仅存在(被告人)庭前就获得自由的风险,即已经(事实上)确定的犯罪人可以被预见到,有可能实施进一步的犯罪的风险,此时在绝大多数场合下,等候庭审自身就构成了不赋予庭前自由这一规范背后充足的理由。犯罪人越顽固,上述情况的发生可能性就越高。入户盗窃犯将实施更多的入户盗窃,贩毒者将会售卖更多的毒品,持枪歹徒会实施更多的抢劫行为。保释犯罪人带来的对公民生命和财产安全的危险可以轻易避免,甚至让人暂时性地认为保释是不可原谅的。

即使在等候庭审期间,对于初犯和其他似乎不太可能重复犯罪的人而言,庭前能获得自由的良好理由也不能诉诸权利。法院倾向于对初犯和其他轻微罪犯罪人处以较轻的刑罚。针对这些犯罪人的案件可能在起诉阶段就被驳回了,因为不值得使用有限的资源起诉这些犯罪人。如果案件没有被驳回,犯罪人也可能不过是获判缓刑,或者罚款,或者暂缓量刑,所有的这些处遇措施都不会对其未来的活动产生任何重大的影响。对于许多这样的被告人来说,在监禁机构内待上一小阵等候审判,不仅仅能有效地提醒他自己的犯罪之债尚未偿还,同时也是被告人唯一能收到的有效提醒。

除此之外的其他因素,可能是现在认罪答辩的被告人,有显著升高的比例在庭前保释的自由期间,最终选择出庭。被告人明知自己的罪责会被很快地确定,并且为了赌一个无罪释放的机会,被 213
告人所消耗的,不得不是在监禁机构中的几周或几个月的等候庭审的时间。但是如果这些被告人在等候庭审的时候获得保释,他们作出有罪答辩的动机就会显著降低。刑事程序不可避免地会拖延,同时也有一些虽然不是不可避免,但是可能由粗心或者恶意引起的拖延,除了让被告人置于羁押在监禁机构的境况之外,这些拖延是有利于被告人的。最终被认定为无罪的被告人的比例不可能出现显著的升高,因为此处我们所考察的仅仅是有可能具备罪责的那些被告人。当然该比例也可能有一些升高,部分因为目击证人可能因为延迟审判而缺席,部分因为如下事实:有些我们知道是有罪的被告人,将会因一些人类的错误——法官、陪审团或检察官的错误而脱罪。但是极少数被告人本应被定罪而脱罪的这个事实,仅仅是一个次级的考虑因素;诉讼案件时间不必要地增加的主要风险,是为本就不堪重负的刑事程序增加无法忍受的压力。这个因素独立地构成针对警察作出庭前保释这一规范的反对理由。

这些反对自动庭前保释的论证,并不是支持现有保释系统的必然论证,当前保释系统建立在庭前保释名义上是一个权利的基础上。承认保释之权利,似乎将保释系统置放在与我们的模式基础前提对抗的地步。但是,司法实践中没有这样的“权利”,因为指派治安官被授予了自由裁量权,可以确定一个被告人无法负担的保释金额。而(承认)这一维度则是与我们的模式所需求的自由裁量系统相类似的,我们的模式授权法院,在警察和检察官的专业帮助下,无论出于什么理由,遴选出不应当被庭前保释的被告人,并且确定他们没有被保释。

诚然,保释系统中存在犯罪控制模式所不需要的不公正问题。例如,最终被定罪量刑的被告人,并没有理由不应当将庭前羁押的一段时间折抵最终的量刑监禁期间。除此之外,还有大量的警察
214 效率的例证,可以因不用羁押轻罪、微罪的犯罪人,而不必将警察局和拘留所挤得满满当当,警察的工作效率可以得到提升。针对上述例证,利用传唤制度而不是逮捕或逮捕后无须缴纳保释金的保释制度,可能在削减庭前流程中用以保障(被告人出庭)的警力资源方面,更具有可取性。但是,如果对一些人来说,审前羁押期限要被缩减,其理由应该是明确地出于刑事程序效率之目的,而不应当是出于庭前保释"权利"这种抽象理念之目的。可以肯定的是,严重犯罪案件中,审前羁押被告人服务于刑事程序的目的,这应当被视为规范。如果要求保释出于一定理由,这一当下的刑事诉法系统没有保证较高的审前羁押率,那么该系统就应当被能够产出高审前羁押率的系统所替代。

正当程序模式。被告人不是犯罪人,必须要看到,被告人的身份和已经被充分认定实施犯罪的犯罪人身份之间存在最明确的区分。可能最重要且一定最明显的区分二者的实践性界限,在于人身限制的界定。延迟正式的审判程序,只能由负有这一职责的有权机关即法院作出,因此在正式的审判程序之前,被告人的身份不能同化于犯罪人,尤其是在一些最为重要的层面上。这样做既有实践上的理由,也有逻辑上的理由。被审前羁押的被告人,在准备自己的庭上辩护时受到了严重的阻碍。被告人需要的是,能够在自由的、不受限制的基础上与辩护律师交流,在监禁机构中总有一些东西让上述基础难以实现,这已经是臭名昭著了。被告人是最有可能会见和找寻有利于自己的目击证人的人,但是如果身处囹圄,被告人就无法实施上述两个举动。被告人没有任何收入,可能

丢掉自己的工作，被告人的家人可能遭受严峻的经济困难，上述所有都有可能发生于被告人最终被判处有罪之前。更进一步，审前羁押中的经济和其他剥夺措施，都是压制被告人抵抗意愿的威权措施。被告人更有可能屈服而作出有罪答辩，并且因此，放弃了刑 215
事司法系统中为了对抗不公正的判决而规定的多元的保障。如果上述状况大规模发生，对抗制刑事司法系统整体都会遭受打击，因为其正当性在于卓有成效的（来自被告人的）挑战和质疑。

被告人在定罪量刑之前被授予保持自由之身的权利，只要其自由没有产生推翻刑事司法秩序的威胁，皆应当如此。被告人的自由之身，若要产生推翻刑事司法秩序之后果，只会发生在被告人故意地不按时且不到指定地点出庭之时。如果应当被判处无罪的被告人没有出庭，刑事司法系统中设置庭前保释的合作前提，实际上就没有实现。因此，庭前保释权在实践中，以不威胁刑事程序整体的方式运行，就是重要的。

庭前保释的权利，坚实地建立在保释制度的基础上。保证金对被告人遁逃的威慑，足够保护刑事司法系统的正当性，同时能够确保被告人在审判前享受自由，这已经得到了充分的考虑。这一判断已经具备了第八修正案之背书，即"超过的保证金不应当被设置"，这一公式似乎仅仅能够确保非死刑案件中的保释正当性，这些案件可以设置一个合理的保证金数额。但是，这种字面解释忽视了保释条款的精神，第八修正案的背书应当被解释为，要求被告人庭前被释放，以保证金为基础，或者以其他什么措施为基础，或者是这些措施的组合为基础，只要这些措施保证被告人能够出庭，就不会妨碍其与出庭保证无关事项的自由（也就是说，仅仅对那些与出庭有关的事项进行限制）。保释仅仅是一种，且不是唯一一种，保证被告人出庭的方式。如果保释制度并不足以推动预期目标群的实现,那么其他可选择的方式就应当得到发展。这些可选择的方式可能包含用刑事处罚未出庭的方式,威慑被告人脱逃;使用传唤制度而不是逮捕(将其带入监禁机构)来推动刑事起诉;基于被告人自行具结,或者一些负责人员的监管,并且使用现金保释而不是保释保证书,释放被告人。

216 保释适用的场合,必须基于个案的实际情境而不是基于机制要求确定保释金数额。因此,被起诉犯罪的本质仅仅是几个考虑作出保释决定的重要因素之一。通过特定犯罪量表,机械性地设置保释金,可能会产生否定被告人权利之效果。本质上来说,设定保释金的听证程序必定是一个事实发现程序(而不是审判程序),在该程序中被告人的经济资源、社会根基、起诉犯罪的本质和情状、其他相关的因素都被考量在内,从而得出保释金的底线要求,保证特定被告人有合理的出庭可能性。当然,将保释金设置为被告人可能无法负担的数额,是完全不可取的。对于这种情况,及时的上诉审查必须是可得的,用以纠正其错误,这也是保释决定必须在其他人事后可以评价的记录基础上的另一个原因。充分调查和其他事实发现资源的程度与保释无关,被告人应当支付象征性的保释金或者无须保释金而重获自由。羁押的期限应当不能超过逮捕后明确犯罪嫌疑人情况相关事实的最低期限要求。通常来说,此时治安官已经决定将被告人转移到随后的刑事程序中。

但是,此处仍然存在对于某一阶层的广大公民而言,所有的保释金都是“超过的保释金”的情况。该阶层的公民就是宽泛意义上所谓的“贫困阶层”。保释系统实践的研究已经证明,即使是最低限度的保释金,即500美元,保释保证金可能只有25美元或者50美元,仍然有相当数量的公民没有上交保释金,并因此被审前羁押。可能众多这样的没有上交保释金的判决中,被告人是自愿的:

被告人明知自己的事实罪责，可能仅仅决定自己不值得花费一笔保释保证金。但是，许多最终被认定为犯罪的被告人支付了保释保证金，并且在庭前就被释放了，这些人意识到自己的罪责可能与 217
贫穷之人的罪责等同，但是这些人利用了自己的权利，从审前羁押中被保释了出来，享受自由。单纯地剥夺穷人享有同样的权利是不公平的，因为对于穷人而言，保释保证金的边际效用要远远大于其之于富人的微不足道。无论如何，如果所有收容于监禁机构中的人被告知可以用除了支付保释保险金的方式重获自由，许多现在花费数天、数周、数月羁押于监禁机构的人，会用其他方式主张自己的权利，这是清楚的。并且如果事实上如此，庭前保释的条件如果是经济能力，那么该系统就是具有歧视性的。诚然，当前系统如果涉及了经济上无能为力之人，假定其无法发挥作用，那么最好是建立一套排除富裕和贫困等因素的保释系统。但是，我们无须采取这种极端观点就可以发现，一个系统中，庭前保释的条件唯一地，甚至或者是大部分地取决于保证金的提供，那么该系统就是一个存在严重缺陷的系统。

其他审前羁押的基础要么完全没有优势，要么就面临需要处理的特殊问题，比起一般性地允许审前羁押的规则来说，建立在更具有歧视性的基础上。将审前羁押作为一种前置于（或替代于）定罪量刑程序的非正式刑罚手段，有违我们的正义观念。并且涉及被告人可能实施更进一步的犯罪可能性时，这在很大程度上也有问题，因为审前羁押（或释放）阶段根本就没有认定的、已经实施的犯罪。实体刑法实施的诸多限制，保障我们免受仅仅针对倾向于犯罪而进行的刑罚。预防性羁押的逻辑会延伸到刚刚从监狱中被释放的犯罪人：为什么不再次逮捕他们，为什么不把他们锁起来，因为他们可能再实施新的犯罪？

如何处置“危险”但是并没有被认定为实施犯罪的人物，是一个棘手的问题，其远远超出对被告人实施预防羁押的问题。如果有解决方案，那么该解决方案中必须包括设置如何认定谁是“危险”的这一标准，并且规定最低限度的正当程序，在管辖州基于“危
218 险”的理由试图羁押他们时，保障这些人被告知和接受听证的权利。无论解决方案是什么，都不能忽视基本的正当程序要求，即都要设置不具有歧视性的、公正的对被告人的预防性羁押。无论如何，通过缩短起诉和审判之间的时间间隔，问题都能有所缓解。

某些案件中，逍遥法外的被告人有较高概率会威胁目击证人，破坏证据或者阻碍案件的程序，这都是有可能的。根据一些发现，涉嫌有组织犯罪的被告人尤其可能实施上述行为。这一观点不难理解，组织化程度越高，对个人实施阻碍行为可能性的关注度就越小。至于这种威胁的等级可以用其他方式进行解决：通过为目击证人安排警方保护、将被告置于由藐视法庭权力支持的禁令之下、对干预目击证人的行为规定刑事处罚等类似的措施。在被告人实施不法行为之前进行羁押的副作用非常明显：其仅仅因为“内心倾向”就对被告人施加刑罚，而“内心倾向”完全是不可证明的东西，并且因此这种方式为最为泛滥的权力滥用行为提供了方便。一旦出现被告人实施了阻碍行为的具体信号，那么基于阻碍行为已然发生的客观证据，对被告人进行羁押就是完全正当的。但是基于事实已成的证据和基于事实未定的怀疑，是天壤之别的两件事。

总而言之，庭前保释应当是一项规范，刑事程序应当规定的唯一条件是，应当保证被告人在审判时出庭。被告人的出庭应当被除了羁押之外的其他措施所保证，羁押不能仅仅因为被告人不能支付保释费用就被应用。

现状和趋势。第八修正案所构建的法律规范（禁止超过的保

释金要求）被理解为：在非死刑案件中，基于合理的保释金，授予绝对的庭前保释之权利。相应的，保释金的数额被要求仅仅以保证被告人到庭为单一考量因素；其他的考量因素不被容许。联邦的标准也在各州盛行的活动中有所回应，即便该标准还没有被官方正式确立为规则，但似乎联邦对保释的宪法性规定被主张同样适用于各州。当前欠缺保释金设置的上诉审查控制机制，发挥这一 219
功能的法院拥有巨大的自由裁量权。降低保释金的命令仅仅在特定案件中，保释金的设置被认为超过了特定起诉罪名的基准线时，才会下达。如果被告人无法支付保释金，那么他就并没有一个普遍的获得保释的权利；并且被告人认为自身遭受了不公平的羁押时，对其救济据称是快速地推动审判。

实践中，对保释实践的司法控制也没有太多。保释金被机械地设定，大部分取决于被起诉的罪名，实践中几乎没有针对特定犯罪嫌疑人的状况调查，也没有对该被告人到庭可能性的调查。因此，保释还是监禁成为仅仅靠被告人的经济资源和获得专业担保人提供保释的能力就能回答的问题了。整体上说，帮派分子或者老练的犯罪人，因为保释而出狱；初犯和轻微犯罪人（却因为没钱保释或觉得不值得）而留在狱中。进一步来说，实践中的司法系统允许甚至推动保释金额以确保被告人留在监狱为导向而设置。毫无疑问，保释有时候被用于法律规范否定的一些目的，因为推动救济措施并不可能，保释决定的自由裁量本质和缺少辩护律师的协助以唤起（负有职责之人的）注意，违反了法律规范的要求。值得注意的事实是，没有获得保释的被告人很大程度上等同于没有得到辩护律师协助的被告人。多个违反法律规范之劣势的叠加，让对大多数人的宪法性背书和权利保障在实践中“付诸东流”。如果法律规范被认为符合正当程序模式的多个层面，那么明显的是，现实中通常出现的情况更加接近于犯罪控制模式。

当下,存在广泛的、掷地有声的、影响力日益增强的对刑事司法系统运行的不满,因该刑事司法系统主要依靠经济手段保证被告人的直接出庭。与我们所考虑的其他趋势不同,这个趋势本身
220 在性质上并不主要是司法性的。目前并没有标志性的判例创设新的法律规范,同样的情况发生在调查实践中会见律师权利的确定方面。相反,这一趋势主要由工作在行政性和附属行政性团体中的人所推动,他们已经在各自的州勾画了此类事物的诸多细节,并且形成了新的、回应相关事实所展现出的需求的规范。现在进行的实证研究,主要目的是证明其他保证被告人出庭措施的有效性:改善的事实发现机制,以在缺乏经济条件的情况下,确认释放被告人的风险是否在控制范围之内;使用数量上等同但方式上不再是保释保证金的现金保释金,目的是减少对职业保证人的依赖;借助传唤制度而不是逮捕制度,在轻微罪案件中作为起诉的启动制度。1966 年国会通过了《保释改革法》(Bail Reform Act),现在应用于联邦法院所有的刑事指控之中。该法的目的是“改变与保释相关的诸实践,保证所有人,无论其经济地位如何,都不应当在出庭之前受到不必需的羁押……当羁押既不服务于正义之目的,也不服务于公共利益时”。该法要求,在没有金钱支出的情况下就应当释放,除非法官认为“此次释放并不能合理地保证被告人按照要求到庭。”在这样的案件中,被告人被指示可以利用多样措施中的一种(其中只有一个是保释)来保证自己的出庭。总统执法和司法委员会(President’s Commission on Law Enforcement and the Administration of Justice)在 1967 年的报告中,敦促各州采纳与联邦立法相一致的综合保释改革立法。

《保释改革法》在联邦法院保释实践中是否收到可喜的成效,

要想知道还为时尚早。但是保释的改革已然发酵,在可预见的未来,各州的立法和法庭的规则只会加强与正当程序模式的一致性,而不是延迟这一趋势的现实化,这一预测的论调是较为可靠的。庭前释放的刑事被告人比例会显著增加,随之而来的是不进行认 221
罪答辩的刑事被告人的比例显著增加。这些被告人要么让检察官减轻起诉之罪行,来换取他们认罪答辩("辩诉交易"),要么让检察官在法庭上(而不是在庭前)证明其罪行。

第三节　认罪答辩

绝大多数刑事指控因进入认罪答辩而终结。认罪而不是接受庭审是目前确定罪行的主要模式。普遍承认的是,刑事指控到庭审阶段案件数量的任何明显的增加,都会造成刑事司法系统的崩塌。认罪答辩制度本身被刑事程序早期阶段运行着的诸多因素所影响,尤其是庭前保释存在与否、辩护律师是否可得这两个因素。无论是作为逻辑推理的事项还是作为推定事实的问题,如下状况是清晰的:因保释出狱的被告人和享受辩护律师服务的被告人,相较于缺少上述两个优势的被告人而言,具备更低的认罪可能性。在大多数案件中,这些优势帮助被告人成功地进行了辩诉交易,获得一个减轻刑罚的指控而不是让其依然坚持上庭,这是一个较优的结果,在现实中是完全有可能的。虽然如此,如果刑事程序的早期阶段已经形成了有利于被告人的实践惯性,那么根本性地增加进入庭审阶段的案件比例,似乎也是有可能的。增长的数量由以下事实所表征:如果联邦法院处理的案件中适用认罪答辩的案件减少了25%,那么进入庭审阶段的案件数量大约是当前的2倍。1956年至1962年,联邦法院中大约80%的刑事被告人进入了认罪答辩或者无罪申诉(*nolo contendere*,指的是刑事诉讼中,被告人虽然认罪但是不放弃申诉)程序,大约剩余的20%的案件进入庭审阶段,如果前面假设的25%案件进入庭审阶段的话,那么联邦法院审理的进入庭审阶段的案件数量将翻倍。

两种模式如何处理认罪答辩?我们将主要分析认罪答辩制度相关的三个层面:如果可行,什么条件下认罪答辩应当被认定为“非自愿”而无效的?进入认罪答辩的被告人在何种程度上应该需
222 要辩护律师的协助?如果应当进行认定,法官在接受认罪答辩后,应当在认定被告人事实罪责和法律罪责方面负有何种责任?

犯罪控制模式。提审之目的在于要求被告人承认被指控的罪行,大部分案件大概率不会进入庭审阶段。对于检察官、法官和被告人来说,以不进入庭审的方式终结每个案件——这些案件中对于被告人的事实罪责不存在任何真诚的怀疑,事关上述每个角色的利益。如果刑事程序早期阶段按照应然的方式发挥功能,只有极少数的案件应继续进行下一步的刑事程序;总有一些无法进入认罪答辩阶段的案件,这些案件没有妥协的余地,或是由于犯罪的严重程度,或是由于对被告人的处遇。被指控逃税罪的银行经理和谋杀罪的实行人有此共同之处:两者将会持续斗争,他们几乎没有什么可失去的了。除了类似上述(公共)诉讼意愿强烈的案件,其他的刑事案件应当一般以认罪答辩结案。如果这一普遍的标准被接受的话,接下来的细节问题就不再困扰各方了。

不进入庭审而终结刑事程序,具备显著的社会益处,只要被告人自愿进行认罪答辩。许多微妙的、相互影响的因素都可能影响被告人的意愿,因素之间的相互作用是不会休止的,其中就会有可能令刑事程序的目的失效的因素,而该因素可能在大量的案件中都是本质性的。例如,法官在认定认罪答辩时,可能会当然地询问被告人是否被提供了承诺,因为检察官或警察作出的减免刑罚的

承诺如果不能被实现,该承诺就属于检察官(或警察)处理案件不当的证据。但是如果法官确实发现其作出了不正当的承诺,正确的做法不是驳回此次认罪,而是授予被告人特定法律地位的权利,使被告人基于自身意愿进入认罪答辩。绝大多数案件中,上述法官问询的功能在于保证记录制度的常规有效性,并不是保护被告 223
人的任何权利。相较于坚持花费时间和金钱而参加庭审的被告人来说,认罪答辩的被告人可以期待刑罚上的更多减免,法官也应明确说明这一点。

一般来说,刑事被告人能充分自主地作出是否要进行认罪答辩的决定。如果被告人有律师并且有咨询认罪答辩的意愿,这也是正当的。但是国家并没有为被告人在提审阶段指派辩护律师的义务。认罪答辩所需要的只是,被告人理解了该制度的实质、一般过程及其结果,并且基于自己的自由意志决定是否参加认罪答辩。法官的职责是确保这些条件得到了满足。如果坚持辩护律师和法官都参与认罪答辩,那么就会造成不必要的资源的重复利用。

法官并不需要在犯罪委员会中审查犯罪的事实情况,除非那些法官认为这能够更好地履行量刑职能的实施情况。除非有实质的罪责证据,否则案件根本不会进入刑事程序阶段。(因此,)对于罪责问题中法官所认定的全部要件,如果在接受认罪答辩之后仍然进行通盘认定,将会损害该程序的效率,(实质上)将提审作为简易的对抗庭审,从而减损认罪答辩制度的目的。更不必说,不应当对辩护律师的可得性有所要求,因其与事实罪责的问题无关。当具备事实罪责的被告人被定罪量刑,尽管辩护律师的可能存在与案件的是非曲直毫无关系,也应当是一件值得庆贺的事情,而不应当(像正当程序模式一样)提出警醒。认罪答辩的优点之一就在于能够发挥回避问题的功能,避开那些只会减损刑事司法效力的问题。如果被告人意识到自己的罪责,并有意愿接受刑罚,那么诘问早期刑事程序阶段可能产生的错误,于被告人于社会都没有任何功能可言,这样的诘问会让被告人免受正义应报的刑罚。

正当程序模式。提审是整个刑事程序的支点,这个阶段可能
224 会发生两件事情:一是早期阶段可能的错误和权力滥用,二是大量未经审查的刑事程序阶段进入到司法审查,或者这些错误和权力滥用被认罪答辩永远地掩盖了。认罪答辩不仅仅是迅速处理刑事案件的措施;同时也是一种铁幕(Iron Curtain),几乎是完全不可逆地阻拦了任何对早期刑事阶段的中立审查。认罪答辩因此不应当受到鼓励。确实存在认罪答辩是应当被准允还是应当彻底被抛弃的严峻问题;但是认罪答辩应当被一些保障措施所限制,保障措施的目的在于减少认罪答辩的发生,阻止认罪答辩被用于可能严峻挑战刑事程序存续的那些案件中。

无论是检察官还是法官,都不应当给被告人带来压力,引诱其进行认罪答辩。被告人接受辩护律师的充分建议后进行的辩诉交易,在法官的审慎监管下,可以作为一条终结刑事案件的可接受路径。但是为了避免任何可能的高压威权,检察官不应当有推动或建议一个妥协性认罪的倾向。法官运用量刑的自由裁量权,迫使被告人进行认罪答辩,无论是以特定案件中的严重刑罚相威胁,还是以驳回减免处遇(例如缓刑)相威胁,都是明显不正当的。刑事被告人有权在其被起诉的案件中被以法律规定的程序加以对待,无论可能认定的证据具有多么大的压倒性优势。刑事审判不应当被视为遭唾弃的负担,而应当作为刑事程序合乎逻辑和恰当的高光部分。据此,惩罚坚持需要庭审的被告人,或者如果该被告人仍然坚持,就以不利后果相威胁,只会损害刑事司法系统的目标。

在没有辩护律师协助的情况下,被告人不应当被允许进入认

罪答辩阶段。如果刑事被告人不能在有辩护律师在场的情况下得到公正审判，那么他获得正当程序对待，不得不在缺少专家协助的情况下处理认罪答辩阶段高度技术性和复杂策略的问题，这样的可能性又有多低？放弃律师辩护在此阶段是否应当获得准允，是存在疑问的。作为一个司法实践问题，如果法官在听取被告人希望进行认罪答辩的过程中，告知被告人法官现在踌躇于是否接受 225
此次认罪，阐释了咨询律师的好处并且立即指派了一名律师，上述放弃律师辩护的行为几乎不可能发生。

尽管有这些限制，即使限制被真诚地遵守着，仍可能有很大比例的刑事被告人选择认罪答辩。因此，随即产生了如下问题：法官应当在认罪答辩前就应当努力设定的、确保程序性惯例得到落实的保障是什么，因接受认罪答辩的实际效果是终结刑事案件，不再向后续的司法性审查迈进。首先，法官应当要求检察官制作证据提纲、简要总结，展示（可能出现在法庭上的）证人、证言和相关证据。法官应当确信本案中存在充足的、认定起诉罪名的证据；法官同样应当确信检察官计划展示的证据是可采纳的，符合可适用的证据规则。除了对证据的自由心证之外，法官也应当在检察官和辩护律师的协助下，拥有调查早期刑事程序阶段可能存在权力滥用行为的权限，权力滥用行为包括非法获取证据、不当认罪、在适当阶段没有辩护律师参与、审前羁押的不当超期等，为了认定是否存在此类权力滥用作用于被告人的认罪答辩。只有法官确证了记录在两个层面的明确性：罪责要件的齐备、早期刑事程序阶段权力滥用行为的不存在，此时法官才应当接受认罪答辩。在那些保护性措施没有被适用的场合下，被告人应当随即被授予放弃认罪答辩、进入庭审阶段的权利。

现状和趋势。即使可靠的数据很难获取，目前美国认罪答辩

实践的总体外观,仍然极有可能更为符合犯罪控制模式,而距离正当程序模式较远。刑事程序初期阶段的压力,尤其是在逮捕后身
226 处监禁机构的被告人和没有律师协助的被告人身负的压力,连同提审之前一段时间遭到各方施加的压力,往往使这些被告人产生强烈地进入认罪答辩程序的愿望。律师的协助,就在提审阶段的可得性而言,在大部分案件中都是敷衍马虎的。权利放弃很容易就进行了,相应地扩散至大量案件。并且法官的角色相对消极,没有一种普遍有效的质疑和问询事实罪责的模式,也没有调查早期刑事程序阶段权力滥用可能性的普遍实践。

但是,已经出现了一些认罪答辩可能获得日益严格审查的趋势。如果检察官进入认罪答辩的基础是自己无法达成的承诺,那么这样的认罪答辩应当被认定为“非自愿的”。一些法院已经采取了这样的观点。此外,更为严格的评价被告人对认罪答辩本质和后果理解的标准,已经成为新的发展趋势。“吉丹诉韦恩怀特”(Gideon v. Wainwright)案的全面影响目前尚不可知,但是似乎催生了如下标准:没有辩护律师的协助,进入认罪答辩程序可能会招致批评和驳回。更何况有如下可能性,吉丹案标准的适用将会保证辩护律师参与认罪答辩的案件比例高于目前此类案件的比例。

辩诉交易的实践自身招致批评的可能性较低;相反,规范化和平等化辩诉交易中的条件和状况的趋势似乎开始出现。辩诉交易发展过程中出现了如下特征:更强有力的对辩护律师参与的支持和更积极的审判法官的角色定位。如果这一预测是准确的,认罪答辩制度仅仅会在成本高于收益的情况下才能保证其现在在刑事程序中的支点地位,也即犯罪控制模式所追求的“效率”之减损。

第十一章　实践中的模式：错误审查

227

即便现在可能达成了共识，认为所有的刑事程序都应当规定一些措施，纠正发生在此前刑事程序阶段中的至少一部分错误，应当牢记，刑事案件中的上诉审查制度还不到一百年。如果该制度确实“在今天走向反方向，即让刑事判决变成被单一机构认定的、不经审查的那种东西”[1]，这将强烈地诉诸刑事程序灵活、动态之特征，并且产生易变之结果，可能有助于让刑事程序处理现实无穷尽的可能性。即便有如下共识，即某些意义上上诉审查是刑事程序的一个标准特征，仍会产生许多关于两种模式中此类审查发挥效力界分的附属问题。什么问题是具备可上诉性的，是只有“法律”问题，还是“事实”问题

---

〔1〕 Paul Bator, *Finality in Criminal Law and Federal Habeas Corpus for State Prisoners*, 76 Harv. L. Rev. 441. 453 (1963).

也可以？如果确实存在，那么上诉审查的经济障碍是什么，是否应当认定此类经济障碍的正当性？上诉审查是否可以一般性、自动性地进行，还是应当建立一定的筛查措施，排除上诉审查适用于一些不必要的事项？如果发现了错误，应当采取什么标准确定审查的结果？被告人是否必须表明结果可能有所不同，或者某些错误
228 是否应当具有决定性，并且如果这样的话，哪一个因素应当具有决定性？审查恰当的期限是多少，即审查是应当自初始程序（“上诉”）具有受限的持续性，还是应允许其作为全新的程序（“附诉”）进行？

审查主题的划分方式，与上诉和附诉之间的划分方式相一致，这将是一种非常方便的做法，因为两种划分方式的区别，已经在我们对于刑事程序的思考中贯穿始终。但是遵循这种划分方式还有另外一个理由：其令我们能从单一的刑事司法系统处理问题的前提条件出发，评估热点争议问题对联邦制的影响，并评估其最终对刑事诉讼的形塑作用。出于这个目的，我们将构建人为的、可能存在一些误导性的前提，即上诉审查涉及的是在单一刑事司法系统中进行的审查（上一段的不必新开启一个程序），附诉审查涉及联邦对各州刑事程序的审查。基于此，我们将在本章澄清部分问题。

第一节　上　诉

上诉制度的一般作用，当前主要建立在此前刑事程序发生过什么的假定之上。如我们所看到的，犯罪控制模式，非常强调认罪答辩作为核心的罪行确定措施；相对较少的案例会转移到更为正式的审判程序，这些案件是认定被告人的事实罪责存疑的，关于事实罪责的疑问被设定为由事实审判员处理。相应地，上诉审查制

度的角色是高度边缘化的:其用于纠正偶然的偏轨行为,即事实审判员或是对事实罪责产生了错误判断,或是犯了足够大的程序性错误,导致罪责确定的程序的可靠性陷入怀疑。

相反,有观点认为,正当程序模式中的上诉审查阶段能够发挥更为广泛的功能。当然,其运作在于纠正评估事实罪责的错误(至少是这些错误确实损害了案件认定时),但是纠正错误只是其功能的开端。其更为重要的功能,是作为被告人权利侵害的救济(就像 229
在本模式中设定的那样),这种权利侵害发生在刑事程序的早期阶段,能够被纠正;其同时可以威慑,使此类权利侵害在此后的案件中不至反复。上诉救济被视为与警察和检察官等存在距离、独立存在的,其与审判法庭的关系在正当程序模式中受到捍卫和拥戴。即使上诉阶段在犯罪控制模式中被视为一个遥远的、边缘的刑事程序附属物,正当程序模式中的上诉阶段被视为本质上具有根本性、数量上具有重要性的内容。对上诉阶段的两种不同的看法,在上诉审查的范围应当多么宽泛和上诉审查开启条件的难易程度,这两个问题的分歧上尤为瞩目。

犯罪控制模式。一旦有罪判决作出,无论是在有罪答辩中作出,还是在审判中作出,刑事程序的至高目标应当是尽可能迅速地实施法院作出的刑罚。我们一定可以这么说,违反法律的人必须即刻且确定地受到刑罚处罚。如果程序允许乃至鼓励刑罚的延误,这个至高目标将受到削弱。因此,我们应当评估任何一种审查制度,主要依据其对于有罪判决终局性的影响。坦率地说,上诉审查应当被卓有成效地抑制,因为上诉审查之进行本身就会成为相当可靠的指示器,表明案件中存在有关事实罪责错误的实质可能性。

如果刑事案件中上诉审查的可得性是一个权利问题,必须要对此施加限制,保证权利被负责任地行使。尤其是,上诉审查的成本,材料费用、记录和摘要的打印费以及最重要的律师费,都难以节省或者由纳税人支付,除非上诉审查被筛查,并且被认定为确实可能存在价值。筛查权力应当移交给作出有罪判决的法院,因为该法院最有可能熟悉案件,并因此最有能力作出有价值的认定。如果当事人无法支付特定金钱,判决不应当进入上诉审查,该判决应当是终局性的,因为上诉审查只会导致自由裁量权的广泛滥用。
230 虽然在理论上,同样的程序可能应当适用于所有的上诉审查中,但用(金钱)这种方式加以限制就是充分的,因为实践中,上诉程序的成本可以压制那些提出不重要的上诉的被告人之意愿。上诉保释仅仅可以作为一种恩惠被适用,并且在上诉审查中提出了不具有根本性的问题时,其就不应当被加以适用。

上诉审查中不应当提出刑事程序较早阶段中没有提出的问题。不能因为证据不够充分,就推翻有罪判决,除非上诉法院发现基于现有证据,一个理性的事实审判员不会作出有罪判决。无罪判决中上诉审查对于检察官的可得性,应当在程度上与有罪判决中上诉审查对辩护律师的可得性相同。与作为事实罪责基础的证据充分性无关的错误——证据可采纳性或者证据排除中的错误,法院的指示错误(例如未履行阐明义务),庭审中检察官的错误行为等,都不应当成为在上诉审查中推翻有罪判决的基础,除非发现某一错误的存在与否可能让结果有所不同。最后,如果上诉法院得出结论,认为基于所有证据的审查,被告人的事实罪责具有充分的基础,那么任何错误都不能产生有罪判决的驳回。

正当程序模式。公权力滥用在刑事程序中的第一次救济发生在庭审中。但是,庭审中并不总是能够完成矫正,并且庭审程序本身确实可能会成为额外权力滥用的土壤。如果权力滥用没有被纠正,其也就不会来到公众视野中,因为在大量的案件中,庭审程序

的公开性仅仅比侦查和检察程序高一点点。上诉权是被告个体人权的重要保障。除此之外,该程序在立法进程中发挥着重要的功能;因为进入上诉审查阶段的刑事案件,是这些基础权利表征的生动材料,是立法进程的稳定溯源。如果正当程序模式要维持动态性的特征,就必须有充分的、不受限制的上诉程序阶段。

不应当限制被定罪的被告人提起上诉的权利,相较于刑事程 231
序的其他阶段来说,经济限制尤其不能成为本阶段的一个障碍。如果上诉人不能支付材料费用,那么该费用必须要被免除;如果上诉人不能负担案卷影印,那么必须要给他一份;如果上诉人不能雇佣律师,那么必须给他指派一个。最后一点尤其重要:可以被弥补的错误是否可以正当化上诉审查中,被告人就有罪判决中的特定事项寻求律师帮助的行为,鉴于上诉阶段并没有技术性问题?没有律师会建议提起毫无根据的上诉,但是只有律师能够辨认是否存在相应根据,因为本阶段的刑事程序主要问题是法律错误而不是事实罪责。并且,即便上诉审查前的保释提出了相较于庭前保释而言,不同的和更为限制性的议题,准允上诉审前保释的自由裁量权,不被威权式地操纵来压制有价值外观的上诉,这是极其重要的。当这种自由裁量的判断不可避免时,上诉审查权应当被移交给上诉法院,而不是给原审法院。

即便被告人不应当保持沉默,让庭审阶段的法律错误不受质疑,但上诉人也不应当严苛地要求自己提出的质疑都被审查。上诉法院应当被授予关注损害被告人权利的明显错误之权利。没有单一的标准能够确定可以撤销判决的错误;即便是非实质性的错误类型,如果具有累积性和重复性,那么也足以推翻判决。当然,任何错误都会损害被告人的基本权利,这些权利保护被告人免于非法搜查和扣押、强迫认罪,和不自愿的自证其罪,无论案件已经持续了多久,这些权利损害都构成推翻判决的根据。简单地重复一遍,刑事程序本身必须为其过程中的权力滥用负责,并且应当预防公权力的不当应用。并且,上诉程序应当对庭审阶段中第一次
232 出现的权力滥用,规定如针对不当检察行为、有害的案件公开、无效辩护的制裁。有罪判决的推翻,相较于确证正当价值和提供预防这些价值受到损害的范例而言,付出的代价已经很小了。上诉法院认为有必要惩戒警察、检察官或者庭审法院的行为,但是没有推翻原判决,这只会滋生对上诉法院极力确证的标准的不尊重。

现状和趋势。上诉审查仅仅发生于小比例的案件中。上诉审查是金字塔的塔尖,代表着数量上历经前置筛查严格缩减的、一小部分案件的最终选择。虽然如此,上诉审查有着与比例和数量不相称的重要性,因为刑事程序的上诉阶段是示明原则性的法律规范的场所。上诉案件的发生数量和被推翻判决的比例之间似乎存在着相当恒常的联系,未成功的上诉在法律上也不重要;成功的上诉,其理由或多或少在推翻判决上具有一些普遍适用性,(因此)能够协助构建可操作的规范。因此,上诉审查的数量越多,推翻判决的数量往往就越多。并且随着推翻判决的数量增加,禁止性规范往往更为复杂、准确,规则精确。因此,在现实意义上,上诉程序可得性的问题,在战略上是两个模式斗争的主要问题。上诉审查越少,犯罪控制模式就越有可能占上风;上诉审查越多,正当程序模式就越有可能成为刑事司法的主要面貌。

相较于刑事程序中的其他阶段,没有一个像上诉审查可得性一样体现出正当程序模式的胜利,其至少在所主张的规范方面,得以迅速和完整地确立。仅仅花费了 10 年,统领有经济能力的上诉的法律规范和统领没有经济能力的上诉的法律规范已经存在不

同,经济能力的差距毫无疑问仍然存在,但是法律规范已经被迅速地推入到正当程序模式的范畴。在一系列标志性的判例中,最高 233 法院建立了相应规则,在州层面和联邦层面相似地被适用,即处于经济不能状况的被告人必须被实质地平等化。[2] 如果刑事程序记录的影印本根据上诉之目的是必需的,国家必须给那些无力负担之人提供一份。上诉程序的筛查作为解除经济限制之前提,已经在很大程度上被消解,可能已经从根本上被排除了。并且,上诉审查中的律师辩护权得到了保障。当然,一如其他阶段,正当程序模式规范的发展已经转化为操作性事实,提供必要资源以让发展中的规范变得具备可操作性的进程才刚刚开始。

关于上诉审查的范围和标准,趋势似乎正确地走向正当程序模式的规范要求。被认定为"宪法性"的错误,越来越多地作为与事实罪责证据充分性无关的、原则上推翻判决的基础。并且甚至是非宪法性的错误,也被作为开启原则上推翻判决之基础,对抗此前已经充分建立起来的缺乏记录评估不得推翻判决的规则。上诉程序是正当程序模式主张规范的最佳实践(*par excellence*),因为本阶段在传统上就聚焦于法律罪责而不是事实罪责。今天,在上诉审查阶段可以看到的,只是对最高法院更加强调以正当程序规范来管理刑事诉讼早期阶段的逻辑肯定。

第二节 附 诉

刑事程序以有罪判决结束时,该判决是否只被法院系统内部直接的上诉审查所评价?即便在没有提出上诉审查的案件中,也可

---

〔2〕 Griffin v. Illinois, 351 U. S. 12 (1956); Coppedge v. United States, 369 U. S. 438 (1962); Douglas v. California, 372 U. S. 353 (1963); Draper v. Washington, 372 U. S. 487 (1963).

234 能出现这样的问题。在有罪判决是在认罪答辩中作出的情况下，该问题尤为尖锐，因为作为一个特殊问题，该情形下的任何上诉都是极度不可能出现的。州法律、法院和联邦法律、法院的同时存在，使本问题变得复杂。基于本文描述两种模式竞争的限缩目标，我们将仅仅聚焦于众多问题中的几个，它们发生在这一情况下：州的刑事程序得出有罪判决，此时作为州监狱中犯人的被告人主张，根据联邦人身保护程序，只有在违反宪法和美国国家法律时才应当被监禁，其基于第四修正案的权利受到了州刑事程序的侵害。

很明显，这个问题的一个重要维度是第十四修正案权利应当如何认定。我们可以粗略地指出，正当程序模式的原则已经被转译为州法院要遵守的、第十四修正案规定的法律命令。因此，附诉部分提出的实质问题已经逐步成为与我们正在审查的正当程序模式的核心原则相关的问题。我们现在转向的程序性问题，都是一个基础问题的不同个侧面：在什么情况下，联邦对州法院有罪判决的附诉，可以基于正当程序模式扩展的被告人基本权利，令州法院有罪判决无效化？两个代表性的问题，可以展现两种模式在此层面上的距离：第一，联邦援引第十四修正案，但这已经在州的刑事程序中被人身保护程序上诉人所主张过了，无论是在庭审、在上诉或者（如果有的话）在州层面的附诉程序中，州法院已经考察过这个主张并且否定了第十四修正案支持此案件，上诉人可否在联邦人身保护程序中重新就此问题提起诉讼？第二，如果联邦人身保护程序上诉人，在州刑事程序中没有把握住提出第十四修正案主张的机会，并且因此基于州程序规则不得提出这项主张，尽管如此，他是否仍然被许可在联邦层面的认定中保有提出这项主张的
235 权利？对于这些问题的肯定回答，往往为正当程序原则提供广泛的司法上的正当性；但是否定回答则让犯罪控制模式的影子挥散

不去,尽管书本上的规范更偏向正当程序模式的原则,这是客观事实。我们不需要描述两种模式在这两个代表性问题上的立场细节;这些细节已经在上诉阶段两种模式的运作中尽数体现了。

直到1953年,联邦宪法性主张和对州刑事案件有效性的裁决,是否可以被联邦法院在人身保护程序中重新审查,仍然是十分令人生疑的。标志性的判决"布朗诉艾伦"(Brown v. Allen)案[3]主张联邦法院拥有这项权力,随着州监狱中的犯人提起人身保护程序申请数量的增多,在"汤森诉赛因"(Townsend v. Sain)案[4]中,最高法院重审了布朗案确定的原则,并且设置了明显有利于申请人身保护程序的收押人,而不是有利于现有的低一级法院的实践的规则。该规则认定,基于第十四修正案的规范,收押人应当拥有证据性听证的权利。

最高法院实质上允许联邦法院对州法院已经进行过听证的主张重新审查,与此同时,如果首次听证发生于州法院,收押人基于第十四修正案主张州法院拒绝听证,最高法院似乎实质上否定了联邦法院重审的权力,因为有些州法院在程序上默认对收押人进行此类听证。随后数年间,针对程序上默认对收押人进行听证的情状下,是否应当基于人身保护的目的不再进行审定,出现了诸多有争议的观点。争议最近至少暂时性地被最高法院在"费诉诺亚"(Fay v. Noia)案[5]中解决,该案以概括性的语言,主张联邦人身保护法院可以(并且在一般案件中应当)审查联邦主张,即便收押人没有寻求州层面的救济,如果州层面存在此类救济的话。因此, 236
例如,一个州监狱的犯人反对其判决,理由是强迫认罪,但是没有

〔3〕 344 U.S. 443 (1953).

〔4〕 372 U.S. 293 (1963).

〔5〕 372 U.S. 391 (1963).

提起针对有罪判决的上诉,并因此不能获得州层面的附诉审查,这样的犯罪不再被禁止寻求联邦人身保护而得以释放。

布朗案和费案确立的原则造成的共同影响,已经授予联邦法院广泛地对州刑事司法运作监管之权力。当然,任何个体收押人想要成功适用人身保护程序(得以释放),仍然面临巨大的阻力。大部分没有辩护律师协助的案件中,被告人必须说服联邦巡回法庭法官这一群以冷静著称的人,案件具有一定的价值,即使是在听证之前,这一价值也一直存在。但即使附诉阶段收押人试图开启这一进程中存在诸多困难,理论上附诉的可适用性已经得到了显著的扩展,无论是在州还是在联邦层面的刑事程序上,其晚近已经成为一个正当程序模式得以维持、据其发展、扩张影响的强有力的武器。

第三节　后记:辩护律师可得性

如我们所见,在刑事程序的每个阶段,两种模式在被告人辩护律师的功能和定位上存在差异。在犯罪控制模式中,基于其行政性和管理性的倾向,辩护律师是奢侈的、稀缺的;每个阶段辩护律师都成本巨大,只有极少数进入庭审阶段的案件,以及更少数地进入上诉审查的案件,辩护律师对于犯罪控制模式而言不仅仅是可容忍的。正当程序模式,以对抗性和司法性的倾向,让被告人的辩护律师成为贯穿刑事程序的关键角色;诚然,正当程序模式的有效性前提取决于辩护律师的参与。"吉丹诉韦恩怀特"(Gideon v. Wainwright)案(以下简称"吉丹案")[6]的判决,即州必须为那些经济上无法雇
237 佣辩护律师的被告人指派辩护律师,因此成为最长远、最连贯的国家制度中的重要一步,让刑事程序向正当程序模式迈进。这一发

〔6〕 372 U.S. 335 (1963).

展趋势产生的众多问题仍然要被澄清。应当指派辩护律师这一权利适用于何种刑事指控,是只有“严重”的犯罪吗?如果回答是,“严重性”的标准是什么?辩护律师权利何时获得,何时终止?指派律师和雇佣律师之间是否存在同样的限制?上述问题背后还隐藏着更多的问题,即辩护律师协助的有效性,是否要求国家为提供服务的律师进行经济上的补偿?是否应当制定相应的法律规定,为有效辩护的其他成本提供保障?这些问题的回答将会本质性地改变和形塑刑事程序。

我们不能忽视这一系列问题的重要性,可以认为,吉丹案的原则仍然会持续很久,成为刑事程序变革的分水岭判例,或许是持续性最强的判例,即便变动的齿轮已经行将寿终正寝,刑事程序的规范已经不可逆转地发生了改变,并且不仅仅是要坚持辩护律师必须要参与刑事程序这一点上。除了前提的接受之外,吉丹案并无其他意义,这一前提由于具有现实性而铿锵有力,即要坚持刑事程序的对抗性和司法性本质。只要吉丹案仍然是具有法律效力的判例,州刑事程序的规范内容将仍然具有正当程序原则普遍意义上的核心内涵,并且将会为正当程序模式规范在其他刑事程序部分的扩张提供基础。

但是吉丹案和判例似乎并不能单独地决定刑事程序的样态,其他国家制度考虑更多的问题是,利用更多资源让规范不仅仅作为推翻极个别有罪判决的基础。吉丹案原则的适用可以提供解决改变的力量和守旧的观念之间冲突状态的范式,无人会质疑刑事程序的规范已经迅速且壮观地向正当程序模式迈进。但是现实世界中,刑事程序的实践运作是另一种平行发展模式,且会持续至未来。对刑事程序改变的方向和速度无法进行现实意义上的评估, 238
因为无法评价的不仅仅是已经发生的规范变革,还有变化和惯性的力量竞争,而这将决定这场变革将在多大程度上成为现实。

第十二章　趋势及影响：一个尝试性的评价

239

刑事程序在大多数案件中的运作可能相当接近于犯罪控制模式的规定。出于我们现在系统性整理的证据，被印象意义上的“感觉”所强化的情况是，在美国当前的广泛文化中，表明现实世界的刑事程序更具有行政性和管理性，而不是对抗性和司法性。然而，如果我们所观察到的，官方认定的刑事程序规范，正在迅速地提供一种看起来越来越像正当程序模式所描述的那些标准一样的标准。

重复总结这一发展的细节实属没有必要。其主要推动的是刑事诉讼每个阶段的“司法化”，加强被告人质疑刑事程序运作的能力（同时体现在已经采取的相反的行动或者是以此类行动相威胁），并且让所有被告人的能力平等化，使其可以平等地利用创设的质疑机会。至少在理论上，如果按照第二部分前几章所提倡的那样推动、塑造,刑事程序就会从流水线转向障碍赛。这已经是具有统领性的规范趋势,我们现在必须评价其持续性。

也有一些相当明显的否定因素:首先,这个趋势基本上依赖于
司法判例。诚然,这个趋势主要是由司法机关引领的,即美国最高
法院。对刑事程序态度的变化或者法院的人事变动(这可能是同 240
样的东西)能够以两种方式延缓或者翻转这一趋势。第一种方式,
并且是更为明显的方式,判例可以被推翻。最近数十年大多数的
发展趋势都是由推翻先期判例完成的;判例的不稳定性是其发展
的特征,并且毫无理由去假定判例只能向着某个方向发挥作用。
一些最重要的判例是相对分裂的判断之结果,极少数法院的判例
是以其他理由进行强有力的上诉审查得出的。第二种相对较为微
妙并且可能更为严峻,对强化正当程序模式这一持续过程的威胁,
是法官不断缩减的热情对意志产生的影响,其热情或是对相关原
则的坚持,或是持续地为自己的观点辩护、斗争;意志受影响的法
官会中止或者宽缓自己对于刑事程序的审查,无论是在州法院层
面还是联邦法院层面的实际运作中。还需要牢记在心的是,法院
对于这些事务的管辖权几乎完全是自由裁量式的和具有示范意义
的,任何可感知的步调的松弛或者语气的温和,对于(法院审查)功
能的忽视,都会迅速地向低级法院传达信息,而低级法院必然是刑
事程序规范一线的维护者。这并不是说,刑事程序的改变只能由
最高法院不断设定新的规范,才能得以持续。我们也可能得到以
下观点,一个持续性地提倡正当程序模式目标的法院,其主要任务
是将过去数十年间具备高度开放结构的裁判宣告精细化。但是这
种巩固(自身功能的)努力不亚于革新的努力,因为其需要延绵不
断地聚焦精力,推动持续性。最高法院是否自愿,是否能够提供这
种稳定的、但是不易察觉的领导力,仍然需要观察。

除了判例的不稳定性和步调的放缓,还有另外一个主要原因,说明为什么以司法性本质作为主要品行的趋势面临着潜在的弱势之处。法院在自身可以介入刑事程序的少数例外案件中,只能施加无效化的制裁。这一制裁已经足够强力,尤其是在法院自起诉
241 开始便积极地适用时,但是无效化制裁也有自身的限制。法院不能任命、管理和掌管财政,建立一个完整的系统,向那些不能雇佣律师的被告人提供律师服务。法院只能否认不完整系统中刑事程序的有效性,乃至认定其并不是一个系统。而且,法院大体上只能无效化那些被转移到审查程序的刑事程序,和一般会要求辩护律师协助(但实际上没有)的案件。因此,需要审查的案件是由于缺少辩护律师;急缺辩护律师的案件则是最需要审查的案件。恰如弗洛伊德(Freund)教授所言,法院若未拥有足够的能力去处理个案,本身也能成为缺陷。适用于个案的无效化制裁可能刺激改变的发生;但是个案本身并不是改变的有效工具。

关于向正当程序模式发展趋势的持续性,还有第二个相关的、值得相对谨慎注意的地方。无论推动刑事程序改变的倾向在公权力机关和附属公权力机关中分布多么广泛,只有少数声音会否认立法性协助的核心地位。然而,立法性的回应相当缓慢且只能勉强提供一个妥协方案。只举一例即可,"约翰逊诉茨伯特"(Johnson v. Zerbst)案[1]的原则已经持续了30年,该案认为联邦法院的被告人在自己无法雇用律师的情况下,应当被授予指派律师的权利。这些年间,不同的联邦巡回法庭不断努力建立起来的指派和补偿辩护律师的系统,使得这一规范实践化,并且一直没有放弃,重复地向国会(提出立法建议)展开努力。最后,只有在总统

〔1〕 304 U.S. 458 (1938).

明确地将其作为任期内的工作项目，并且司法部长向自己的办公室施加压力，要求制定一揽子特定的计划（均是第一次），这一改革最终由1964年的《刑事司法法》启动。

上述进程的经验教训似乎很明确，立法程序并不是最快的，甚至不是最好的推动措施。为了让立法通过，一般必须要进行动员。刑事程序的改革只得到少数政治性呼吁的声援，并没有太多选区选民予以支持。除了极少数关注这一问题的专业组织有所呼吁，这些组织的关注度和权力成反比。如果说花费了25年才 242
让约翰逊案的原则进入青春期，那么吉丹案的“童年”会持续多久呢？

唯一需要对抗的并非保守主义。对正当程序模式的敌意和对法院试图将自身共识性作为统治规则印象的敌意，被警察和检察机关卓有成效地推动着。每一步向正当程序模式的重大进步，都会迎来一次刑事程序面临紧迫的崩塌的可怕预言。因为司法活动严重依赖于宪法，并没有太多立法性回应的例证。但是毫不犹疑地给出修饰性的问题“法院是否给警察戴上了手铐”以确定性答案的人，并不需要把自己提出的解决方案转化成立法；上述情况是现实状况，并且这种状况只要通过抵制立法、抵制法律向正当程序模式处理现实问题的操作提供资源，就可以良好地得到维持。

所有的立场的背后，都是一股神秘的力量，即公众观念。但是公众观念矗立在哪儿，无人可知。电视和大量媒体似乎让刑事被告人的辩护人变成了民间英雄。然而现在也可以产生如下质疑，公众中的非乌合之众的那部分人，对正当程序模式的信条没有太多认同。“街头犯罪”的担忧很难，很难与对被告人基本权利的关心和挂念齐头并进。达成刑事程序中的利益平衡是很难的。如果个中的多方利益是可以计算的,可以发现目前是强调被告人的利益。但是有些证据表明,至少一部分公众既相信被告人应当享有(刑事程序中的)大部分利益,又相信这一钟摆的走向是偏离既定秩序的威胁。这种思索转变为政治运动的参与者的思想时,很明显存在反对上述趋势的有力潮流。谁能明确说出来正当程序模式接下来会发生什么呢?

所有的这些可能有利于描绘一幅偏向一面的精确图画。正当程序模式的一个最强力的特征是其因可视性、公开性而欣欣向荣。人们乐意接受刑事程序的整个过程,只要刑事程序不是过于时常地,或者过于明确地提醒人们存在血淋淋的细节。特定案件越频
243 繁地被揭发存在隐私侵犯、存在强迫认罪、存在超量的保释金、存在审前羁押的不当期限、存在辩护律师协助权利的剥夺,这些案件越难变成可持续性的维系,认为刑事程序应当主要是行政性的和管理性的。根本上说,正当程序模式取决于所谓的不公正感发挥的功能,包括最高法院法官在内,没有人不会忌惮于可怕例证的力量,并且这正是正当程序模式罕见的力量。刑事程序是自我维持的,因为其实践是可以发现自身持续运行的现实材料,如果要检阅正当程序模式革新的能量的话,只需要暗戳戳地保持沉默即可。

但是我们不可能背地里保持沉默。从小的方面说,美国过去15 年至 20 年间刑事程序研究的繁荣已经催生了一代学者,他们拥有独特的认知和刑事程序问题的解决方案。这些学者相应地对法律专业的学生产生影响,可能扭转美国法律行业历史性的忽视刑法问题的趋势;并且这些学者和学生能够给我们这些非法律职业人士,至少是那些有心于法律事业的业余爱好者,以启发。这些趋势也催生了关于刑事程序的新的新闻行业板块,这将保证刑事程序不会跌出公众视野之外。正当程序模式是学术界最为有力的立

场,作为一种文化延后实现的结果,我们可能不会看到上述状况对法院的全部影响,直到下一代律师和法官,将正当程序模式作为自己的武器为止。

在与刑法领域直接相关的竞技场之外,对国家生活不断增长的兴趣,可以被期待作为推动正当程序模式发展的一种副产品,有两点可以特别被提及:公民权利和贫穷。刑事程序已经并且可能持续地是为公民权利斗争的重要场所。刑事程序的威权式应用,包括警察的残忍行径、基于不充分根据进行的逮捕、超出标准的过高保释金,或者不合理地保释否认、拒绝辩护律师参与案件、不公正的审判等,已经聚焦于并且将会持续地使人们的注意力集中在对刑事程序充分挑战的问题上,这是正当程序模式的主要动力。 244
其正如耶和华的证人充分利用了自由言论之基本权利,也正如黑人人权的维护者对我们刑事程序法中权利的运用一样。除此之外,黑人刑事被告人的比例与黑人在人口中的比例不相符,前者远高于后者,这个事实已经引起立法性的和附属公权力机关的修正刑事司法程序的兴趣。贫穷问题远远没有被解决。如我们所见,正当程序模式理念的重要维度是其坚持平等规范在刑事程序中的运作。犯罪问题是贫穷问题的一个重要内容。当前国家对贫穷的关注不会减弱,起初是间接的随后是直接的,国家要去面对贫穷和刑事程序之间的重叠关系。刑事司法的运作和贫穷必须一同在国家政策的方案中进行处理,已经部分地成为广为接受的原则。因此除非是当前出现了公权力机关对贫穷问题关注度的转变,正当程序模式的支持者可以期待强有力的公权力的协助,但迄今为止还没有实现。

除了冒险猜测当前刑事程序趋势的持续性之外,人们不能再做更多的事情了。至少在短期看,正当程序模式中规范的发展和巩固并不会宽松下来,这似乎是可能的。特别是,要求在刑事程序中进行质疑的机会平等的规范，可能会被牢固地确立下来。这一趋势，以指派律师权利的判例为象征，最终可能会以一种不是扩张被告人的某一特定实体权利的方式而结束。如果这些权利没有被进一步扩张，或者即便权利遭到了削减，仍然会有大量的质疑刑事程序的机会，远远超出当前刑事被告人能运用的能力。如果当前向正当程序模式处理方案前进的趋势，在逮捕权力、非法获取证据的使用、警察审讯期间的认罪、庭前保释和早期阶段对辩护律师的
245 可得性等事务中陡然停止，当然不可能是终局性的停止，在理论上程序运作的方式也与正当程序模式非常相似。存在激烈争议的问题在于，大量的刑事被告人没有资金提出自己本可以进行的对程序的质疑，如果他们发现自己处理这些问题的经济能力被一些措施所改善，这些措施的目的是吸收那些只能由少数有能力雇佣律师的人享有质疑程序的机会（而让多数人享有），他们能否因此提出质疑。国家机关和附属国家组织展现出来的兴趣，表现出以多种方式实施规范的正当程序，表明这个趋势既具有可持续性也具有影响力。

在向正当程序模式进发的趋势中，刑事制裁得到的意义是什么？如果这一趋势不仅仅成为法律规范，还成为实践性的事实，被告人拥有更佳的挑战刑事程序运作的机会，远远超出现在的状况，对我们假定理性的立法者所考虑的应用和限制刑事制裁来说，事实应当是如何的呢？这些问题当然在某种意义上是相互依存的，官方决策者在确定正当程序模式发展、变动为操作性事实的程度上，有着极大的发言权。无论如何，让我们做一个简单的假设，某个程度的这个趋势不可逆转，无论是基于什么理由，或者无论多么步履蹒跚，理性的立法者会发现自己面临刑事程序的具体运作模式发生改变的这一事实。

现在刑事程序似乎转变为某种公共政策的笨拙工具，特别是

处理大量被告人的情况下。刑事程序可能无法保持犯罪控制模式预想的低成本、高效率的同等程度，这反映出当前现实世界的情况。与目前投入其运转的资源水平相当，刑事程序处理每年都不断迅速增长的案件的能力，将会受到严重的削弱。

一个解决方式是在刑事程序中投入更多的资源——更多的警察、检察官、法官和其他支持性的措施。即便这毫无疑问会造成用于刑事程序的公共资源的扩张，可能要比所谓犯罪率增长和人口数量增长所带来的扩张更甚，目前我们并没有投入极其稳定的精力，关注刑事程序的资源需求。除此之外，即便有意识地选择一些 246
让我们导向这个方向的做法，也可能令自由社会中的生活质量受到公共资源投入增加的颠覆性影响，即这些资源被用于侦查、起诉和对那些已经被认定为犯罪人的刑事处罚活动。刑事程序操作中可用资源的增加毫无疑问是正当的，即便是不考虑正当程序模式的转向要求，亦是如此；但是在有其他选择的情况下，以增加犯罪控制的资源的方式，有意识地选择处理完全转向或者主要趋势的转向的问题，这是不明智的。

此处的其他选择，我会推荐由理性的立法者重新审查现在的刑事制裁手段，审查并认定哪些制裁是相对无用的，哪些可能是有正当性保障（并且可能有一些公共福祉的取得）地进行限制或予以放弃的。特定时期、特定区域的刑法典从来不是事物本质上的内容，刑法的行为规范内容在过去一个世纪已经极大地扩充，主要是因为宣告某一个不具备可期待性的行为作为犯罪行为，是立法性的处理复杂和相互依赖社会中的麻烦问题时，阻力最小的行为。因此我们继承了回应性刑事立法的奇怪混合物，从最严重的对重要社会利益的行为类型，到潜在危害是琐细乃至不存在的行为类型，都被规定于其中。

我们一直追问的是，最可怕的、威权的制裁运用方式之用途。当刑事程序开始适用刑事制裁，产生了深刻的变化使得刑事制裁不再适合轻易地被应用之时，提出这样的追问是尤其恰当的。

第三编　界　　限

第十三章　界限问题的一种解决路径

第一节　导　言

在第一部分中,我们将刑事制裁的基本原理追本溯源至惩罚的不可避免性与道德模糊性。在目前对人类行为的来源和控制知之甚少的情况下,我们不可避免地要用惩罚(无论其是否为刑罚)作为一种减少我们所认为的反社会行为出现的手段。我们同样无法回避的结论是,惩罚在道德上是模糊的:我们无法确定地认为实施惩罚的好处多于其带来的危害。不可避免性与道德模糊性之间的张力使我们必须坚持一系列复杂的原则,以对刑罚制度可能用以预防犯罪的手段设置一定的界限。

在第二部分中,我们检视了发生于刑事程序各个层面上的价值冲突,并从中发现了一系列限制性规则,使得刑事程序成为一种难以实施且代价高昂的社会控制手段。这些规则通常类似于正当程序的要求,与刑法学原理中的责任原则相呼应。在这两种情形下,政府对公民的权力都被设置了明确的界限,其结果就是以牺牲社会控制的绝对效能为代价,来造就一个适度自由的社会。

250 对刑法基本理论和刑事程序的双重考察说明,刑事制裁作为一种名誉污损和自由丧失的独特组合体,在一个自认自由而开放的社会中,应该只在极少数的情况下动用。但是,应当以何种标准来指引立法活动确定启动刑事制裁的恰当情形呢?我们如何决定哪些行为才应被犯罪化呢?本书的第三部分就旨在通过一般论证和具体例证两种方式,对这个难题作出一些尝试性的解答。

某种意义上,所有的界限性标准都可归结为一项简单的指引:首恶之行首罚之(first things first)。刑事制裁是法律的终极威慑。因犯罪而被处以刑罚既不同于出于公共利益的规制,也不同于因行为损害他人而被迫付出的赔偿,更不同于因疾病而受到的治疗。这种制裁不仅独具强制性,从最广泛的意义上讲,也格外昂贵。它应被留给那些真正危害严重的行为。

在确定哪些"行"应被视为"首恶"时,有几种因素应该被纳入考量范围。这一账册的进项是因成功预防或减少我们所讨论的这种行为而形成的社会获益,这种获益因获得成功(无论怎么定义之)的预期而被打了折扣。账册的出项是道德成本与实际运作成本,这可以根据反社会行为的预防之外的种种价值进行估算。最后,我们面临一个选择的问题,即要获得同样的结果,我们还可以运用哪些其他的社会控制手段?这个选择问题是特别关键的。如果存在一些理想选择,能够避免对目标的巨大损害和我们一直面对的障碍,或将它们最小化,那么我们就必须认真考虑这些选择。如果不存在这类理想的选择,那么我们就必须面对无为这种选择,而不是就此放弃。因此,如何选择正是我们在本章的下面部分首先要解决的难题。在接下来的两章里,我们将考察一下,在决定哪种行为应该(或不应该)被作为犯罪行为处理时,我们心目中理性而明知的立法者应考虑的几种限制性标准。第十四章探讨的是从运用刑罚的哲学根据和其对运用的限制中显露出的一些标准。在第十五章中,我们将讨论与刑事程序的应用方面或者“社会成本核 251
算”方面有关的各种标准。这本账册的收支平衡是为了通过例证大体说明,本书第三部分提出的那个界限话题可以怎样被应用到刑法中一些棘手问题的解决中去。

第二节　选择问题

在面对是否要将某种行为犯罪化(如今这种情况出现得很多)或者是否要继续对某种行为适用刑事制裁的问题时,明智的立法者会问自己还有没有什么别的社会控制方式可用。当他这样自问时,他就摸索进了一片为法学冷落已久的领域,即制裁领域。可事实上,我们并没有一套关于这样一些问题的系统的理论体系,即有几种制裁方式可强化那些为法律所鼓励的行为的基本规范,或者这些制裁方式的独有特点、优势和劣势、我们期望其运用带来的益处以及其启动所导致的社会成本。人们希望,以详细事实考察为基础的法律研究最终能够成就一门关于制裁的实用法学。作为探索这一未知领域的尝试,我在本书前面部分提出了一种较为粗略的制裁方式种类的四分法,即赔偿、规制、刑罚和处遇。其每一种都包含有多种形形色色的制裁方法,现在我们就要对其中的一些加以考察,以弄清它们与目前所使用的那些刑罚方式有怎样的联系,并且针对以它们——在特定犯罪中——取代刑事制裁的观点会有些什么样的反对意见。

第三节 赔偿和规制:以酒后驾车为例

赔偿指涉因某人的行为造成损害或威胁,而对可确认的受益
252 人或受益群体索取金钱偿付或要求履行某种行为。其最典型的形式出现在民事诉讼中,即个人或群体因某项法律义务被判决支付金钱。如果我因一位醉酒司机的疏忽造成的交通事故而受伤,我可以起诉他,令他弥补我受到的伤害。假如我负担得起诉讼费用,且被告或其保险人有能力支付赔偿金,诉讼将是一种有效的制裁机制,然而仅止步于以赔偿作为减少酒后驾车的唯一机制恐怕无法令人满意。私人当事方间诉讼的不确定性使得与遏制酒后驾车有关的公共利益无法得到充分的保护。代表受到伤害的个人提起公诉来索赔可能会减少诉讼上的障碍,但这将耗费大量的公共资源;此外,除了对我们试图改变的不良行为有间接而微不足道的影响以外,我们没有理由认为这样做还会产生什么其他的效果,因为我们的主要目标是为酒后驾车的受害者提供赔偿,而非阻止人们酒后驾车。

如果我们更进一步,对酒后驾车征收罚金并将之没入公库,我们就从赔偿转向了惩罚。这种制裁方式在很多领域都行之有效,但酒后驾车显然不在此列。酒驾司机对不快结果的感受并不会因为罚金的受益人是公众而非受害人而改变。大多数情况下,只有当我们要防范的反社会行为以经济收益作为目标时,征收罚金才是一种有效的制裁。此时需要明确的问题是,这种惩罚(出于公共利益的罚金征收被归结到此概念项下)是否必须是刑罚。如果一项制裁的最终结果是对金钱的收取,而非常见刑罚形态所带来的名誉污损和自由丧失的结合,我们是否还必须使自己背上责任要件与烦冗的刑事程序的负担?答案明显是否定的。在大量的经济

案件中，尤其是当法律规制的对象是公司法人而非自然人时，可以 253
也应当摒弃刑事制裁的形式。轻微的交通肇事、违反食品药品管理法规、违反建筑法规及其他类似的情况，最好通过民事机构而非刑事规制解决。法学理论已经很好地解决了这个问题，即可以创设一种介于民事赔偿与刑罚之间的中间性的制裁种类，将其命名为民事犯罪、违警罪或是违规行为。不幸的是，司法实践要赶上法学理论的脚步尚且有很长的路要走。我们仍然使刑事程序背负着规制各色行为的重任，而这些行为本能以民事手段被更高效快捷地处理。我们或许可以期待，从正当程序规则日益烦琐的要求中抽身而出的渴望将加速其中一些领域的改革，融合了赔偿、规制与惩罚的中间性制裁手段将取代刑事制裁的地位。

规制是一种略显松散的制裁类型，包含了一系列直接将公权力的影响施于私人行为实施前后的手段。许可作为适用最为普遍的规制性质的手段之一，就包含了事前与事后两种规制。让我们再次以酒后驾车问题作为具体的实例展开。许多行为未经某些形式的官方审查“合格”，个人即不得从事。开业行医、驾驶商用飞机、理发、驾驶汽车只是此种普遍适用的规制形式的实施对象中的少数几种。许可的严格性与其适用的频繁程度取决于所涉人群的数量、禁止不合规行为关系公共利益的程度，并在一个较大的区间内变动。数千万人在通过最低限度的熟练程度测试后即被许可驾驶汽车，并且在多数州，这种测试后续不会再次进行。相比之下，只有几千名飞行员被授予了驾驶客机的许可。他们必须通过严格的技术熟练程度、健康状况和情绪稳定性测试，且以上测试必须颇为频繁地每隔一段时间就重复进行一次。他们必须持续进行训练
以保证其技术与时俱进，此外还要接受观察和评估他们表现的检 254
查员的监督。这是一种避免“酒后驾驶”的途径。然而，对于管理

数以千万计的在国家高速公路上驾驶车辆的机动车司机而言，这明显不是一种具有可操作性的方法。个体化的事前规制成本过高也过于繁重，因此难以作为普遍适用的规制方式。而且，当人们意外遭遇此种规制方式时，它表现得极其令人难堪，任何曾被警察拦在安全路障前的人都可以证实这一点。事前规制对私人活动的自由所施加的限制性影响意味着，除一些经过极为慎重的筛选且显然十分重要的行为领域以外，所有行为领域都应当禁止其适用。

如果说个体化的事前规制成本过高，那么我们对作为事后规制方式的暂停或吊销许可证能够抱以何种期待呢？当下我们的确以吊销驾驶执照作为对酒驾的制裁方式之一，然而它并非最先被采取的手段。我们以对酒后驾车的刑事定罪作为启动吊销驾驶执照这一行政程序的触发条件。但我们可能会问，为什么不直接完全跳过刑事程序？如果我们的目标是防止司机酒后驾车上路，为什么不以直接吊销驾照取代通过刑罚间接为之的解决方法呢？理论上讲，作出这样的安排并不困难。当一名司机被怀疑酒后驾车时，有逮捕权的官员可以向当地的机动车管理部门投诉，继而后者给出一份答复（order）说明不暂扣或吊销该司机驾照的原因。听证会所关注的证据事实与刑事诉讼中涉及的完全相同，但其不受刑事法的限制，包括对刑事程序而言最为重要的由陪审团审理的权利和排除合理怀疑的标准。最终的结果将是一项关于暂扣或吊销该司机驾照的行政命令；酒后驾车不再是一项需要被施以刑罚的犯罪，但在被暂扣或吊销驾照的情况下驾车将取而代之成为一项
255 罪行。简言之，刑罚将不再是第一手的制裁方式，而会变为制裁的最后手段。

如果我们确信驾照被暂扣或吊销者将不再开车，那么以规制手段取代刑罚将具有明显的好处。刑罚与生俱来的名誉污损与自

由剥夺代表着人性尊严与自主权的净损失,考虑避免这种损失则极具吸引力。吊销许可证同样是一种惩罚,但在其他条件相同的情况下,我们应当倾向于选择不带来耻辱与剥夺自由的惩罚。当然,任何惩罚都包含了某种程度的自由减损,但被剥夺驾车的自由与被关进监狱可不仅仅是程度上的差距——除对无辜者造成威胁的情况以外,吊销驾照仍保留了行为人参与社会生活的自由之身。

不幸的是,我们不能保证暂扣或吊销驾照会是一种有效的制裁方式。由于技术尚未取得重大进展,以使不用停车盘问就能识别无证驾驶者成为可能,我们有充分的理由相信,大量的人仍会冒着被抓的风险继续驾驶车辆。刑罚只会被推迟一步适用,而非被避免适用。如果说有什么改变的话,那就是法律的威慑力会降低,因为无证驾驶的司机被逮捕的可能性小于醉驾的司机。矛盾的是,正是吊销驾照所具有的更大的严厉性导致了其作为第一手制裁方式的相对无效。刑法的这套机制——尽管有其恐怖之处——带来的惩罚通常不如人们观念中吊销驾照所致的麻烦严重。对许多人来说,几百美元的罚款乃至三十天的牢狱生活所导致的实际困难小于永久或长期丧失驾车的权利。如果人们这样认为,他们就没有什么动机遵守吊销驾照的规定。只有当惩罚的严厉性与确 256
定性相结合时,惩罚才是有效的。因此,找到可行的替代方案并不容易。我们一直以来考虑的这些选择,充其量只是推迟了刑事制裁的适用。

第四节 处遇:民事收容的情形

替代刑罚的最具吸引力的选择似乎是处遇。每一种正直和同情的天性都促使我们以帮助代替伤害。但我们发现,如果不经过某些象征性的步骤,实现这种置换将困难重重。启动处遇而非惩罚最重要的象征性标志是“疾病”这一标签。因此,认为我们希望阻止的各种越轨行为与其说是“真正的”犯罪,倒不如说是疾病,成为司空见惯的观点。提及这一思潮的例子,药物成瘾、酒精依赖与性变态会立即浮现于我们的脑海中。当下的开明思想告诉我们,这些都是应当作为疾病治疗而非作为犯罪惩罚的行为形态(或状态)。要实现这种喜人的进步,必须满足何种条件呢?

条件只有两个:首先,为了使疾病这一比喻说法恰如其分,我们必须有足以治疗的措施;其次,在通常情况下,那些备受折磨的人认为自己罹患疾病且希望被治愈。显然,这两种条件是紧密相关的。有充分的治疗措施这一说法越是令人信服,人们乐意接受此种帮助的可能性就越大。更为微妙的是,接受“治疗”这一说法的思潮同时也是采纳“疾病”这种称谓的思潮。药物成瘾者如果能够被严正地告知有一种具有相当高成功率的特效治疗方法,他们更可能认为自身确需处遇,并愿意接受治疗。当存在可靠的疗法
257 时,对异常愚蠢和极为抗拒的人也仅需要最低程度的强制。人们可以设计相当精巧的学说,解释为什么对结核病之类传染病的非自愿入院治疗应当或不应当被归类为惩罚;重点在于,极少有“顽抗的结核病人”受到刑罚或处遇,尽管这种事情是可能发生的。

近十年来,人道主义对处遇的追求与适当处遇手段的欠缺之间的张力引发了一个引人注目的现象,即强制性民事收容这种混合型制裁措施增加。当涉及毒品问题时,我们有必要对这一现象进行详细的考量。在这个问题上需要说明的是,强制性民事收容绝不能够被认为是刑事制裁的替代品,其原因与不能将吊销驾照视为对醉驾的刑罚的替代大致相同。民事收容要么是刑事程序的一种后果,要么是若不遵守则将导致适用刑事程序的一种条件。前一种情形下,那些身陷刑事程序的人将被送到一个名为医院而

非监狱的地方。这至少是强制性民事收容在加利福尼亚和纽约的表现形式,这两个州已经具备了制度化的程序。这种转换无非是一种标签的变化,如果行为人直到定罪后才会被以此种方式处理则尤为如此。后一种情形下,我们可以要求毒品成瘾者不等被逮捕或定罪即自行去医院治疗。但如若那样,我们或许可以颇为有把握地预测,刑事程序将很快被适用于没有报告治疗的人。

民事收容最值得一提的是,它代表了一种策略,即把司法资源更加合理地分配给适用刑罚的犯罪人群体而非其他的犯罪人。无论以何种名义,它仍然是一种惩罚,而且是一种连其标签中所述的最小优点都不具备的惩罚。和其他制裁方法一样,我们面临着严峻的困境:刑事制裁作为制裁的最终手段是无可取代的。

第五节　无为的选择 258

无为总是作为一种选项存在。在进行了详细的成本收益评估后,我们可能会得出这样的结论:与其诉诸现有的制裁措施,不如完全不采用任何制裁。任何一个立法者在考虑了此种可能性之前,都不能说他已经彻底想清楚了这个问题。只有当我们面对这个“零假设”时,才真正直面了问题的核心:按照我们的价值标准,抑制某类特定的行为到底具有多大的重要性。举一个极端的例子——尽管其在历史上绝非杜撰——让我们假设这样一个立法者,他决定杜绝两个未婚成年人之间的性行为。在对各种可能实施的制裁进行快速地分析后,他会发现,事实上刑罚是唯一能够确保达到这一效果的手段。他很快会意识到,要达到实际的执法效果,需要极为激进的执法手段,即大规模的监视。相反,如果希望通过少量惩戒性的检控显著阻止人们通奸,立法者将要面临的是授权进行无法避免的武断决定,即对谁进行侦查、逮捕和起诉。不久,我们的立法者就会得出结论,这种成本高得难以承担,除非对通奸行为的抑制在他的社会目标中近乎高居榜首。

“无为”本身并不是一个非此即彼的命题。我们可以认为,作为一个整体的社会问题过于宏大,无法仅仅通过刑事制裁的运用加以解决,而只能以刑事制裁解决经过筛选的某些方面的社会问题。例如,如果我们认为通过刑罚或是对刑罚寥寥粉饰后的产物——民事收容来解决毒品成瘾问题的社会成本过高,那么就可以削减使得大批瘾君子获罪的使用和持有毒品类犯罪,缩小刑事制裁的适用范围,而仅仅对营利性毒贩诉诸刑法。此种途径能否对不法交易产生明显的影响可能存疑,但这一转变有一个很大的
259 优点,即一方面大幅削减了执法开支,另一方面也极大地减轻了人们的痛苦。简言之,无为这一选择往往包含了少为这种中间道路。

最终,制裁方式的选择这一问题,包括无为(或少为)这种选项在内,是一个资源配置的问题。我们无法像希望的那样拥有这世上所有的好事,不幸的是,这也意味着不能阻却所有的坏事。我们必须权衡成本并分清轻重缓急。仅需对犯罪阶梯匆匆一瞥就将明白,我们尚未做到这一点。在考虑并某种程度上权衡了各种因素之后,我们总存在这样的问题:我们还有哪些选择?如果最终选择了无为,结果会更好吗?采取无为的方案是与美国的气质极为背道而驰的,我们绝不轻易与“邪恶”和平共处。然而,有一点似乎已经清楚:在某些适用刑事制裁尚存争议的情况下,无为这一选项提供了可采的最佳答案。

第六节　作为资源配置问题的界限

据估算,用于执法的公共开支每年约为 40 亿美元,且这一数

字会在未来十年内至少翻一倍。没有任何数据表明这一数额如何被分配于形形色色的刑事活动中，尽管这看起来令人难以置信。同样，被卷入刑事程序中的人口数量也未被统计，而这或许是一个比资金数额更为重要的数据。这好比通用汽车公司不知道是凯迪拉克还是雪佛兰的生产成本更高，或是类似于国防部长承认其对五角大楼在洲际弹道导弹还是回形针上花费更多一无所知。正因为如此，理性的立法者对于如何最有效地使用这笔勉力维持的执法费用茫然无知。在这种一无所知的糟糕状态下，明智的建议是执行一些基本的财政纪律。

我们无法心想事成，犯罪预防也是如此。在轻微刑事制裁中 260
的治安、检控、司法和矫正上花费的每一小时，都意味着在预防严重犯罪上同等时间的丧失。相反，将每种轻微的、虚构的或者是存疑的犯罪从刑事犯罪的清单中剔除都意味着对大量资源的解放，以将其更为高效地用于满足刑事司法系统中具有更高优先级的需求。无论我们理性的立法者是忙于修订现有的刑法典，还是考虑一项关于动用刑事制裁的新提议，他都应当牢记资源的稀缺性，每一美元、每个工时都是各种用途间竞争的对象，再回到我们论述的起点，他不仅应当重其重，而且应当轻其轻，后者或许更为困难。

261 # 第十四章　寻找界限：法律与道德

第一节　不道德性：一个必要条件

关于法律与道德之间的关系的论争旷日持久。然而，对于争论中的法律是哪一种法律则缺乏足够具体的考量。刑事制裁代表了一种极为特殊的法律类型，其本身就具有道德风险。正如我们所见，刑罚的基本原则要求，除非行为被认为具备有责性，否则任何人不应当以罪犯论处。当犯罪以“严格责任”论时，对上述要求的无视有助于淡化刑法的道德影响。如果被定罪比得一场重感冒坏不了多少这种观念深入人心，那么刑事制裁的目标效果就会大打折扣。我们当前面临的问题在于，刑事制裁的道德力量在决定哪种行为应当被以犯罪论处时发挥了何种作用（如果其确实发挥了作用的话）。如果缺乏责任要件就不能对个别行为实例施加刑罚，这对行为类型而言意味着什么？

这远非一种不言自明的关系。当一个人没

有正当化事由地实施了被禁止的行为,责任这一要件就被满足了。他之所以有责,是因为实施了一种法律已经告知其不可为的行为。如果他认识到法律禁止售卖人造黄油,那么只要他出售了,他就是有责的,无论出售人造黄油在道德上(即无关法律)被认为是好的、坏的或是无关紧要的。他是有责的,因为他明知故犯,违反了法律 262
的禁令。在这种情况下,如我们所见,行为人对法律禁令的明知十分关键,这也是为什么我们认为,除非已经告诫了一个人他的所作所为是非法,对他适用刑罚都实属不当。如果他已经被如此告诫,惩罚就被正当化了,这与对被禁止行为的道德评价全然无关。

那么,我们是否可以断言,在行为的不道德性与刑事制裁适用的妥当性之间存在某种联系呢？我认为可以,但仅仅在极为审慎的前提下。暂且不论我们所谓的不道德是何种含义,我们可以发现,在个案的有责性要求与刑事制裁相关立法援引的界限标准之间存在某种可类推性:只有被普遍认为不道德的行为才应当被冠以犯罪之名。此种审慎的界限划定有以下几点理由。首先,在决定何种不良行为应当被以犯罪论处时,我们所遵循的筛选原则应当确保至少有一项反映了刑事制裁的基本特征,即道德谴责性。换言之,我们应当运用制裁的力量,而非漠视或削弱之。如果最初制裁所处理的行为就被认为在道德层面上是有问题的,那么就可以说在该问题上刑法的适用过程已经“占据上风”。这部分是公众的态度问题,部分是刑事程序执行者的道德取向问题。保持刑事程序以最高效率运行的方法就是确保该程序的执行者坚信他们正在做正确的事情。而要使他们认为自己的所作所为是正确的,最可靠的方法是仅令他们打击他们认为错误的行为。如果刑事制裁被广泛运用于处理道德中立的行为,执法人员可能会对自己的工作产生至少是下意识的抗拒心理,而公众会认为,刑法对于道德性问题乃至一些可容忍的行为提供的指引都是混乱不堪的。

反对给刑事制裁的适用加上这种审慎界限的观点认为,如果接受了这一界限,我们就放弃了一个塑造人们对何谓不道德行为
263 所持观念的机会。“立法机关已经制定了一项刑法这一事实是一个强有力的影响因素,使潜在犯罪人认识到该被宣告禁止的行为是违法的,即使他不认同这一立法的目的”。[1] 这一观点忽视了很多极可能影响刑事制裁的正确适用的微妙之处。刑事制裁的运用总是涉及对人们可能的反应的预测。如我们所知,人们并不总是以默许的方式回应新的刑事禁止规范。他们的抵制对于新规范的确立有时候是致命性的,禁酒令所遭遇的情况即为是例。当此种情况发生时,其影响就不仅仅波及眼前的禁令,而是体现在人们对法律禁令的一贯态度中。发生此种情况的风险不容忽视,但只要遵循笔者所主张的审慎界限,便可毫不费力地避开这种风险。此外,尽管反对意见假定刑事制裁是处理特定种类行为时可采用的唯一或是最好的制裁方式,但事实情况极少如此。最后,当有其他种类的调整方式作为适用的前置条件时,刑事制裁似乎才能够对一些新出现的行为类型发挥最佳的效用。例如,假如没有个人资产评估这一传统的发展在先,我们当下强力执行的针对逃税者的刑事制裁能否一如既往地行之有效,就要打上一个问号。将某种行为犯罪化并不绝对意味着使人们认为其不道德。即便确实如此,也仍然存在一个问题(我们尚未详细讨论),即塑造公众对何谓不道德的看法所导致的负面效应。最后,还需要提出一个问题:建立一种有关道德的观念统一体,是否是一项非极权主义社会应当交付于法律领域,尤其是刑法领域的使命。

---

〔1〕 Harry V. Ball and Lawrence M. Friedman, *The Use of Criminal Sanctions in the Enforcement of Economic Legislation*, 17 Stan. L. Rev. 197, 217(1965).

问题依然存在:我们在讨论谁的道德？我们很容易滑向这样一种假设:在这个社会上存在一种法律应当关注的权威道德情感共同体。当这种假设被用来支撑这样一种论断,即特定类型行为的不道德性是宣告该行为属于犯罪的充分条件,我们将发现其变 264
得格外危险。但当人们将不道德作为动用刑事制裁的必要条件时,需要探究的问题就仅仅是,是否存在任何重大的道德情感共同体对认为该行为不道德这一观点持反对意见？是否有某些社会群体会因该行为的犯罪化而被边缘化或是受到冒犯？假如确有此事,那么在采用刑事制裁时就应当审慎当心。

我们可以对此种审慎的界限作如下总结:刑事制裁一般应当仅限适用于无重大社会异议地被视为不道德之行为。犯罪列表不应当被扩张到超过这一点,并且,随着道德观念的转变,这一范围应当受到限缩。

第二节　不道德性:一个不充分条件

如果说行为的不道德性是动用刑事制裁的一个一般性的必要条件,那么它是否也是一个一般性的充分条件呢？这才是“法律与道德”之争的关键问题。传统道德据称是社会凝聚力之所在。我们不仅必须教育传授之,而且应当强力执行之。道德的推行并不需要其他的正当化依据。抨击该观点的思路通常如下:首先,确定何种行为应当被视为不道德并非易事;其次,在确定不道德的行为是否应当被犯罪化处理时,其他因素(主要是可执行性)也应当被纳入考量范围。除此之外还应当加上第三点:用刑法处理所有我们认为不道德的行为绝非正确之举;即便是最极端的法律伦理学家也不会如此敦促。因此,除非对被禁止行为的选择根本就是随心所欲的,我们都必须对其他因素加以考量。

人们通常认为,仅因为恪守诺言会带来不便就违背之是不道德的。它不仅不道德,而且,如果轻易背信之风愈演愈烈,日常生活事务中的行为都将受到严重影响。然而,我们并不将背信者投
265 入监狱。他们的所作所为可能被视作不道德且有害的,但这并不导致刑事制裁的动用。相关例子不胜枚举,但有一点是显而易见的。不管出于何种原因——其他(法律或非法律)制裁措施的可采性、就免责理由达成一致的困难性、因承诺种类不同而导致的不同社会意义,我们都避免适用法律谴责这一制裁。

对道德判断的分歧程度是人们对自动推行道德犹豫不决的一个显而易见的原因。在一元社会中,一种固定而同质的伦理观、宗教与阶级结构有利于使得一个价值体系获得普遍的认同。但这绝不是对 20 世纪美国社会的写照,也非对其多元化和自由愿望的反映。在一个既不存在也不期望拥有一套统一道德规范的社会中,道德价值的推行会带来高昂的镇压(其他道德观念的)成本。例如,我们尚未对吸烟、喝酒、赌博、通奸或是吸毒的"道德性"达成共识,更不用说我们的言行之间还存在巨大的鸿沟。社会越是多元化,道德的推行就势必越是具有压制性。而且社会越是多元化,这种压制对社会风气的背离就越是强烈。道德性立法在这个国家比在其他国家,如葡萄牙,更有可能给社会带来损害。在一个像我们这样的社会中,某些紧张和对立最好不用刑法来调整。

后续内容大部分是为了说明,推行道德是代价高昂的任性之举。不道德显然不应当被视为一项将行为作为犯罪禁止的充分理由,甚至不能算是主要理由。道德教化应当归于家庭、学校和教堂,而我们有很多家庭、很多学校和很多教堂。我们的道德世界是多中心主义的,国家,尤其是当论及最具强迫性的制裁方式时,不应试图将虚假的大一统强加于之。

正如路易斯·亨金(Louis Henkin)教授在一篇思想深刻的文章中所说,在世俗社会中,对罪孽加以放逐本就不是权力有限的政府被允许具备的功能。[2] 他认为,除了基于非常有限的依据来处 266
理一些长期备受关切的行为以外,在诸如性行为与猥亵之类的领域动用刑事制裁(或是任何其他法律制裁)都可能存在宪法性的障碍。当然,何谓长期备受关切的行为并不好说,这一点我们将很快在下一节发现。但限制规范不会自动生效这一事实并不会令其丧失效用。如果立法者除了他或他的选民憎恶某一行为之外再找不出其他更好的理由禁止该项行为,那么他最好三思而后行。

第三节　"对他人的危害"

在过去的百年间,自密尔(Mill)的伟大著作《论自由》问世,关于道德与法律之争的事几乎是不可动摇地被确定了,他宣称"在违背该人意志的情况下,将公权力正当地施加于任何文明社会成员的唯一理由只能是防止对他人的危害"。几乎在该主张出现的同时,斯蒂芬爵士(James Fitzjames Stephen)就在《自由、平等、博爱》一书中对其提出了挑战。德夫林(Devlin)勋爵和哈特(Hart)教授最近的论战也基于此。或许这个话题已经没有进一步讨论的余地。尽管如此,我们仍必须探寻如何将这一问题置于对限制性标准的探索中。

首先必须承认的是,密尔的方案解决的问题微乎其微。后来他在文章中将"对他人的危害"这一概念扩充至对他人利益"损害的危险",由此我们可以得出一个多少有些似是而非的观点,那就是任何特定行为方式在某种程度上都包含了此种危险。问题并不

---

〔2〕 *Morals and the Constitution*: *The Sin of Obscenity*, 63 Colum. L. Rev. 391 (1963).

在于是否会有危害发生,而在于危险的间接性与可能性。一些行为比其他行为更具危害性,如杀人比念诵巫术咒语危害更大,强奸比阅读淫秽书籍危害更大。在资源有限的世界里,我们需要对不同危害的严重性与间接性加以区别对待。从这个角度看,"对他人的危害"与其说是一种必须严格遵守的原则性区分,不如说是一项需要审慎把握的标准。

267 当然,"对他人的危害"并不意味着确切的个人。讨论"无被害人犯罪"成为了一种潮流,即那些没有直接的、确定的受害者提出控诉的犯罪。确切的被害人的缺位会导致执行困难重重,也会鼓励不良的执行方式。但对这些困难的预期并不能够使我们停止对明智的刑事制裁适用方法的探寻。就无人提起控告这一意义而言,许多针对政府管理的犯罪都是"无被害人犯罪"。诸如贿赂与间谍这类交互型犯罪由于具体被害人的缺位而被公认为侦查难度较高,但它们造成的"对他人的危害"却未必小到我们可以忽略将其作为刑事制裁的对象。

在笔者看来,"对他人的危害"这一方案似乎具有如下两种作用,因而有理由被纳入动用刑事制裁的一系列限制性标准中。第一,这一原则可以确保,某种特定的行为方式并不会单纯或主要因为其被认为是不道德的而成为刑事制裁的对象。它迫使我们精确地调查,如果不以刑法抑制该行为,会产生何种严重的后果。第二,它直接导致了一系列大规模长期的调查,以探寻对相关行为施加刑事制裁的影响。如果不权衡利弊,我们就很难有的放矢地处理"对他人的危害"这一问题。从这个意义上讲,这是一个起点性的问题,与该问题本身相比,着力考虑关乎终局性决定的深层次因素更为重要。正是出于这两个工具性的原因,而非其内在的正当性或是适用的便利性,这一方案应当被纳入限制性的标准之中。

第四节　刑罚的目的

在第三章和第四章中，我们评估了功利主义的刑罚主张，它们似乎普遍适用于一般的犯罪行为。但我们尚未将这些刑罚主张与界定特定犯罪的限制性标准联系起来——这是一项更具实践意义的工作。对于那些可以帮助我们决定何种行为应该当被作为犯罪处理的功利主义预防模式——威慑、恐吓、剥夺能力与社会复归——我们能从中认识到什么？ 268

首先，很明显的一点是，除非对特定行为类型施加刑事制裁能达成至少一种功利主义的预防模式，否则我们最好弃之不用。在教堂打喷嚏就是一个相对没有争议的例子。

恐吓是 种潜在有效的标准，但这要求我们掌握比当下精确得多的有关犯罪人经历的知识。我们的确了解恐吓的消极方面：对于一些具有反复性和心理强迫性的犯罪，如签署空头支票和卖淫，过去的刑罚并不能够有效抑制其再犯。然而，对于恐吓的积极方面，我们却缺乏有说服力的数据证明。是否存在能够被证实可以由过去刑罚抑制其反复性的犯罪？由于在过去的刑罚与未来的行为之间很难建立起因果关系，对于特定犯罪，犯罪人是否会因曾受到过刑罚而降低再犯率的预测，即使比现有理论更为精妙的研究都不可能提供更为有效的线索。

社会复归具有比恐吓更为丰富的意涵，就这一点而言，作为将行为界定为犯罪的基础，它在显得颇具吸引力的同时又危险重重。其颇具吸引力的原因在于它降低了刑罚的消极影响：我们将通过矫治那些导致人们实施反社会行为的缺陷性格来减少反社会行为的发生。其危险则在于将其付诸实践比口头宣言困难得多。疾病是一个富于欺骗性和误导性的类比。仅仅在某种泛泛的比喻意义上,我们才可以将诸如酗酒、吸毒成瘾、性变态等现象称为“疾病”。然而,当下却有一种趋势,即人们就像这一比喻是真的一样来使用它,并且大胆地更进一步,假定了一项接受治疗的义务,对该义务的违反会被视为动用刑事制裁的充分根据。撇开其他的反对意见
269 不谈,由于我们尚无令人满意的治疗方法,这种路径是有缺陷的。如果说暂时性的戒断疗法就意味着对酒精依赖或是吸毒成瘾的治疗,我们就会有充足的理由要求人们接受戒断疗法并以刑事指控这一威胁作为其后盾,正如我们对肺结核或天花疫苗所做的那样。但当该“疾病”成为个人整体生存状况的组成部分,而“治疗”要求该生存状况经历剧烈的改变,将社会复归作为动用刑事制裁的充分理由的主张就会迅速瓦解。对于任何将现在并非犯罪的行为犯罪化的提议,或是任何主要基于社会复归的主张而将某种行为继续作为犯罪处理的理由,我们都应当保持警惕。

剥夺能力只有在如下情形中才是一种有价值的主张,即能够证明实施特定行为者如果不被剥夺能力,其中的大部分都将很有可能继续该行为。极少的谋杀犯会再次杀人,由此剥夺能力理论就不堪一击。较高比例的夜盗犯与武装抢劫者倾向于重复实施该罪行,剥夺能力这一主张也相应地更具说服力。

正如我们所见,威慑是正当化理由中唯一提出以犯罪种类(相对于犯罪人种类)作为识别根据的一般化主张。但其有效性明显地变动不居。当被抓获的概率很大,行为人可能会斟酌风险,或是尽管风险不大但行为人极其惧怕被定罪的情况下,威慑可能最为有效。换言之,高风险的预谋犯罪或是守法者实施的犯罪是最有可能被刑事制裁震慑的犯罪类型。

由此可见,将行为界定为犯罪的功利主义根据最好是在威慑和剥夺能力皆为有效的情况下提出:人们相对更可能因被抓获的

可能性而改变行为,并且刑罚有可能预防进一步的犯罪。这两者在多数情况下都没有什么关联,并且我们将看到,二者之间有关联的情况少之又少。

第十五章　寻找界限：得与失

第一节　远近程度与琐碎与否

任何刑法典所禁止的行为都可以按照距离刑法要预防的最终危害的远近进行层级排序。我们禁止向醉酒者售酒是为了降低如下的可能性：他可能会醉酒驾车，可能与另一辆车相撞，使另一辆车上的乘客受伤，或是导致另一辆车上的人死亡。这样我们就有了一张从非法出售酒精饮品到过失致人死亡之间的距离频谱。类似地，我们将持有专门用于夜盗的工具视为一种犯罪，以减少夜盗罪的发生，从而可以降低由夜盗罪引发的其他犯罪的发生率，如盗窃、抢劫、强奸乃至谋杀。大部分夜盗犯可能并未打算实施故意伤害或是杀人行为，但作为夜盗犯与被害人对峙的结果，这些情况仍可能出现。

在制定刑事禁令时，最为棘手的问题是确定距离我们所担心的最终损害最远的、可以着手采取有效预防性干预措施的一点。如果在危险尚未变得急迫之前就能够阻止危险行为以及识别危险人物,那当然再好不过。或者说,看起来再好不过。事实上,为了提前介入而扩大刑法的管辖半径是一项极为冒险的事情。在每个案件中首先要面对的问题是(或者说应该是):如果没有为刑罚威慑所阻止,预备 271
行为导致法律试图预防的那种最终危害发生的可能性到底有多大?一个与此相关的问题是,预备行为本身是否是对社会而言有益的,或至少是中立的,从而对其禁止或限制可能过度阻止了人们做本应可以自由为之的事情。用我们熟悉的法律术语来说,该风险是否重大,又是否属于合理风险呢?我们已经很习惯于看到法院在事后运用这些标准来判定存疑案件中的行为是出于"轻率"或是"疏忽",从而决定让行为人承担民事或是刑事责任。但并不存在相应的观点认为,事前运用相同的方法对于立法者评估何时对预备行为进行刑事制裁是审慎的也有用。然而,与司法相比,立法更加需要良好的判断。

执行问题亦是一个相关的考量因素。总体而言,存疑的行为越是远离我们所担心的最终危害,对该行为的发现与对实施行为者的逮捕就越是困难。综合考虑个人自由的最大化与执法压力的最小化,向犯罪频谱远端的扩张必须相当谨慎。

一个因过于极端而显得可笑的例子是最近纽约市议会的一项法案。在消防专员的迫切要求下,立法会投票决定将在宾馆、汽车旅馆或其他公共住所场合吸烟的行为认定为犯罪,对行为人处以一百美元的罚款或三十日的监禁,抑或二者并处。该法案的补充条款要求,该禁令管辖范围内任一上述场所的业主均需张贴有关的告示。当然,无须质疑的是,大量严重的、有时是致命的事故由人们在床上吸烟引发,而如果人们不在床上吸烟,情况会好得多。但我们需要考虑到,没有最为严密的监视,这一禁令就不可能施

行；还需要考虑到的是这种监视必然带来对隐私权的侵犯。以及，
272 即使抛开执行问题，也需要考虑将这种普遍从事的行为宣告为犯罪的影响。人们不禁要问，要求旅馆在每个房间张贴警示危险的告示并不会使得该刑事禁令被同等良好地遵守，那么它到底达到了何种效果呢？另一种替代的解决方式是，无论造成的损害大小，在床上吸烟引起火灾都构成犯罪。此种禁令至少是可执行的，无论它是否被执行过。既然如此，鉴于醉酒与床上吸烟引起火灾之间广为人知的联系，我猜旅人们应当万分感激，议会没有更进一步，将醉倒在纽约州旅馆的床上定为犯罪。

刑事定罪不再像其过去那样令人敬畏，因为立法机构（如上述例子中的纽约市议会）倾向于将规定刑罚仅仅作为表达他们反对某种行为的一种手段。此种倾向导致了两种琐碎化：对象的琐碎化与目的的琐碎化。对象的琐碎化意味着对应受罚行为的选择与通常实施的刑罚不成比例；目的的琐碎化则意味着立法者对于他们投票支持的禁令的实际执行持漠不关心、玩世不恭的态度。这两种琐碎化都应当被谨慎地避免。一个理性的立法者不应投票支持对以往合法的行为施加刑法禁令，除非他做好准备证明：首先，该被禁止的行为对于重大社会利益具有极大的威胁以至于其愿意看到实施该行为的人被处以刑罚；其次，他愿意执法投入足够的司法资源来对违法者进行侦查、逮捕和判决。在大多数情况下，这两种要求是互补的。

这一原则主要以罪刑相适应原则为基础。无论理论上还是实践中，如果我们能够摆脱该原则的限制，就没有理由避免上述琐碎化趋势。事实上，没有任何方法可以对其进行衡量。无论何时，只要我们不愿规定极为严厉的刑罚以换取问题行为发生的大幅度减少，我们就应当将这种不情愿当成一种警告，避免将该行为作为犯

罪处理。 273

多严厉才算是足够严厉(或多宽大才算是过于宽大)是一个经验问题,由于单纯刑事犯罪的定罪这一事实到底具有多大的威慑力很难评估,这一经验性问题显得尤为复杂。反过来说,也不能孤立地回答这一问题。其取决于刑事定罪的贬值程度。我们越是不加区分地将行为视为犯罪,一个人被判犯有某种所谓罪行这一事实本身就越不令人感到羞耻。在这方面,我们已经远远偏离了智慧之路,以至于需要相当强大的想象力来设想被贴上犯罪标签这一事实将会有何种效力。但如果我们从定罪转向刑罚,我们就拥有了存在于现实或潜在的监禁判决中的剥夺自由的大致标准。如果我们准备好进行刑罚威慑,并在足够的案例实施之以使这种威慑变得可信,那么我们就已经越过了上述琐碎化的界限。在这个层面上,一种行为形式被视为应当受到刑罚,虽然远远算不上将其作为犯罪来进行威慑的充分条件,但它显然应当成为必要条件。

对这一条件的遵守要求我们放弃对诸如罚金之类制度的依赖。如果在大部分应受谴责的特定行为形态发生时,我们的最大要求不过是向公共财政支付罚金,我们就不应当使自身背负发动刑事制裁的多重负担。无论是交通违法,在非狩猎期内狩猎,违反住房规定,或是成千上万轻微的调整性或限制奢侈行为的犯罪中的任何一种,对于我们并不认真打算用真正的刑事制裁惩罚的犯罪,我们都应该将其从犯罪清单中清除出去。[1]

可以用一个现成易得的概念工具来完成这种必要的清除,即公众提出的恢复罚金制度的民事法案,该法案已经得到了许多法 274
学家的提倡并且开始被立法机关认真研究。诸如“民事犯罪”“违

---

〔1〕 See above, pp. 130 - 131.

法”“违警罪”等不同的术语也被提议用于此种类别。无论其名称为何,这一创举应当满足两个标准。《模范刑法典》的规定很好地阐明了第一个标准,“违法行为并不构成刑事犯罪,对违法行为的认定也并不引发任何基于刑事犯罪有罪判决的资格丧失或是法律上的不利”。〔2〕第二个标准,如果能够得到严格的遵守,则迟早会使得第一个标准没必要存在,即刑事程序的机器应当尽可能少地被用于执行这些法律。这一限制不能被普遍适用于侦查层面,因为初步判定行为应当进入刑事还是民事程序正是警察权力的基本目标。当然,如果碰巧在具有特定目标的警力手中被执行,就像在食品药品监管或是住房规范维护等领域那样,这种区分会更容易完成。但即便是这些领域,在某些时刻对同时规定有民事和刑罚的行为应该如何处理也需要作出决断。这个时刻往往发生在公法办公室(public law office),该机构现在可以是也可以不是专门负责刑事诉讼的部门。这一时刻需要对刑事或民事作出明确区分,以使得后续的所有事项都可以被分离。一旦有权的法律专员作出起诉决定,刑事程序的形式与标签就应当仅适用于那些目标是寻求刑事定罪的案件。否则,提交的文件就不应当作为刑事文件对待:被告人应当被私人控诉而非被起诉书指控,应当进行抗辩而非进行有罪或无罪的答辩。审判不应当在刑事法庭进行,尽管审判法官可能既审理过刑事案件也审理过民事案件,但这一案件应当被放在民事审判的日程表上。刑事证明的重担与有责性的刑事原则同样不得适用(这是对公诉人责任的实质性减轻)。在该过程的
275 每一个阶段,都应当想方设法,把正在进行的程序与刑事制裁程序以任何形式相混淆的可能性降到最低。

---

〔2〕 Model Penal Code 1.04(5) (Proposed Official Draft,1961).

如果上述标准被严格地且不折不扣地执行，而且毫不考虑其他界限标准所带来的限制，保守估计，刑事程序给这个国家带来的负担将减少一半。而且除却这样做的有益经济效果，我们还会在明确刑事制裁适用的目的上获得巨大的收效。笔者并非认为所有刑事判决都应当导致科以监禁刑的结果。相反，我们需要在刑事制裁的范围内，比当前更多地利用监禁的替代措施，特别是缓刑基础上的有监督的释放。或许可以将缓刑归为一种特殊的刑事制裁，因为其包含了对自由的附条件剥夺。如果违反了缓刑的条件，那么缓刑将被撤销，由监禁刑取而代之。除缓刑以外，在一定比例的刑事判决中，尤其是在那些有不法获利的案件中，罚金刑似乎是最为恰当的制裁方式。但这应该总是由审判法官作出的回溯性决定，对被告人及其犯罪行为所揭示的内容进行回顾。从检察官的预期观点来看，特别是当同一种行为可能有刑罚和民事惩罚两种选择时，只有当似乎存在判处监禁刑的实质正当性时（当然，对这种实质正当性，法官也可能最终否定），才可以发动刑事程序。

笔者始终主张，一个试图区分可以被认为不重要的行为与不能被如此认为的行为的明智立法者将会设定一条界线，自此界线始，监禁刑或该刑罚的威胁看起来明显具备了正当性。同样，执法人员在判断时也应当对这条界线保持敏感。当我们考虑到该界线是否应当更具限制性时，更为困难的问题就出现了。笔者已经提到了出现在短期监禁刑适用中的困惑。极短的监禁刑期是否有助于实现任何刑罚的目的，即便是威慑这个它唯一可能合理促进的 276
目的，还远未可知。而且，短期监禁刑带来的高昂社会成本是不言自明的，而我们尚未充分应对这种社会成本。但是，如果断言我们对施加任何短期监禁刑以外刑罚的抗拒本身就是一种拒绝适用刑事制裁的理由，则太教条主义了。不过，这可以被恒常地视为一个警示信号。如果我们不愿认真实施一项要求最高刑罚的执行计划,比如超过三个月的监禁(这是司法上依据宪法规定确定的“轻罪”分界线),那么我们就应当认真考虑完全不适用刑事制裁的可能性。再次强调,这并不意味着我们必须做好准备在所有或是大多数案件中作出三个月以上监禁的判决,而仅仅说明我们应当准备看到,这类刑罚更多地作为最大限度的刑罚,适用于待解决行为中的最为恶劣的案例。

最后,避免琐碎化还需要考虑谁可能陷入此种琐碎化。当我们谈到立法机关时,总体而言,我们指的是那些有权宣告特定行为类型应当被作为犯罪处理的机构。一般来说,这指的是美国国会和各州的立法机关,但这无论如何也不能算是穷尽了可能被称为刑事立法主体的种类。还有两种其他的政府权力机构同样有权创设罪名:地方政府(市、区等)与行政机关。地方政府或是通过明确的立法授权获得这种权力,或是在假设界定犯罪的权力属于“地方自治”的前提下行使这种权力。一般来说,这种权力仅限于对违反当地法令的行为处以相对较轻的刑罚。这种地方法令不能与国家法律相冲突,而且存在一套相当复杂且不尽如人意的法律原则,意图通过州法来限制地方的“先占权”(preemption)。这个问题往往具有明显的政治色彩,如曾经发生在加利福尼亚州的情况——比起州立法会在全州范围内的授权,洛杉矶市对道德犯罪的规制更加严厉。

行政机关创设犯罪的权力来自立法的特别授权。通常来说情
277 况是这样的,行政机关被授权对其管理领域内的事项制定规章制度,且立法者授权了全部或是部分的(重复或“故意”)违反这些规章制度的行为可以被作为犯罪起诉。由于立法主体对行政机关制定的规章制度缺乏例行审查,这实际上就意味着行政机关决定了

何种行为被认定为犯罪。

由地方政府和行政机构定义犯罪存在相当大的琐碎化风险。这二者在考虑因素上都极易目光短浅;二者的立法也都产生于第一层次立法主体已经制定的法律的空隙当中。我们对这些第二层次立法主体所制定的刑事规定的数量与性质均缺乏研究。行政机构可能创设得很少,但地方政府明显制定了很多。常规保存的警察、检方与司法数据并未区分刑事禁令的来源,这种疏忽使得对这一问题的研究极为困难。然而,在这些被第二层次立法主体(特别是地方政府)纳入刑事程序的违法行为中,存在大量并不严重的行为,这一点目前看来是合理的。如果这一假设被证明是正确的,那么消除刑事制裁琐细化计划的一部分将是对这种不断扩张的刑事立法施加一些严厉的限制,如果不能完全消除它的话。

第二节　犯罪关税

与保护性关税的类比可以说明刑事制裁具有重要的经济意义。字典对关税的定义是“政府对进出口货物征收税款的计划、制度或者价目表”。如果关税是为了“人为地保护民族工业”,这就是我们所称的保护性关税。

经济学家告诉我们保护性关税是不经济的,因为它们阻碍了自由市场本应带来的自愿的最佳配置。保护性关税声名狼藉,但 278
其仍然蓬勃发展,这主要是由于以保护性关税之名提出的各种主张对于立法者而言具有相当可观的吸引力。有些人认为,这种吸引力主要来自金钱和选票;高尚者或是负责人会说,这是为了国内经济的健康发展,或是按照当下更为时髦的说法,是为了国防的需要。无论这种吸引力的真正基础到底是什么,保护相关商业贸易免受残酷的竞争这一说辞,总是能为对纺织品、自行车、手表、奶酪以及诸如此类货物的保护提供正当化理由。竞争是好事,但奶酪更好,特别是威斯康星州的奶酪。

奶酪更好,可能是这样。但毒品也更好吗?赌博也更好吗?由业余得令人害怕的人实施的堕胎手术也更好吗?我们通常不认为这些不利事项类似于被关税保护的商品,但很容易阐明的是,它们正是如此。我们讨论中的关税正是刑法,或者更为准确地说,是将下列行为规定为非法的具体刑法规定,如贩卖毒品、开设赌场或是为不想要孩子的孕妇实施堕胎。当然,没有人会按照关税制度的运转方式去设计这些刑事法令。这些法令的目的并非通过使这些特定商业领域的企业免于面对竞争以提高其获利。事实上,我们很少认为此类行为包含商业因素,因为我们对待犯罪的感情化阻碍了我们以此种方式看待它。我们将某种行为作为犯罪对待,并且通过刑罚的威慑或是偶尔施加惩罚的方式来防止或至少减少其发生,以此来支撑我们对犯罪的宣告。这远非提供保护性关税,且恰恰相反,或者我们这样认为。然而,刑法中涵盖的一些奇怪的、风格迥异的行为类型却具有一种相同的特质,由此产生了与预期相当不同的效果。很简单,我们所讨论的行为,无论它可能是什么,无论我们认为它多么可憎,都是一种商业贸易。

贸易包含愿买者和愿卖者之间的交易,双方均从该交易中各
279 取所需。通过将符合以上描述的行为认定为犯罪,我们实际上在做的事情是通过增加出卖方承担的风险,从而提高其出售物品的价格,来限制货物的供应。看起来,我们要做的事情就是提高价格:例如,令购买毒品过分昂贵以使人们不再购买之。如我们从目前经验所知,事情并非如此。即使不得不偷钱来支付价款,人们也会继续购买毒品。经济学理论通过引入弹性需求理论来解释这一现象。只有当需求相当有弹性时,增加价格才会减少需求量。愿

意支付两千美元买某种车的人,在价格突然翻倍时不会再愿意购买它。但当商品是某种人们极为想要以至于不怎么考虑价格的东西时,如盐、药物或是毒品,需求就是刚性的。如果所涉出售商品刚好是非法的,犯罪关税就开始起作用了。不管我们认为自己正致力于何事,当我们将具有刚性需求的商品的贸易定为非法,其效果就是保护了愿意违法的从业者的垄断利益。事实上,我们向该从业者表示:“我们将通过将其非法化从而使之具有风险的方式,设定一道进入该商业领域的屏障;如果你甘冒此风险,你将免于同那些不愿担风险者竞争。当然,如果我们捉到你,你可能(尽管并不必然)被逐出该商业领域;但同时你也可以自由地摘取我们提供的温室环境中结出的果实。”

禁酒令是犯罪关税运作的经典范例。违法者垄断了酒类贸易,进而攫取了巨额的垄断利润,并且在酒类贸易犯罪关税的保护墙后组建了能迅速从我们打算施加的任何犯罪关税中获利的犯罪集团。酒类贸易犯罪关税消失后,同样有利可图的毒品交易发展起来。此种关税极为高昂;我们对毒品犯罪者的惩罚极为严厉,因此只有最为大胆的冒险者才会涉足该领域。我们是否显著减少了流入本国的毒品总供应量还远未可知。我们所做过的是引导该贸 280
易集中于越来越少的人的手中(如果毒品管理局和联邦调查局可靠的话),并且将毒品的价格抬升到新的高度。

如果一夜之间撤销对出售毒品的所有管控(可以说这一步骤在当前的政治条件下是不可能实现的)会带来何种影响,不同的人有不同的看法。我熟识的一位身居高位的警官断言,毒品成瘾率将会立刻攀升。而一位精神病学家反驳说,如果毒品变得容易获取,吸毒成瘾将丧失其很大一部分的吸引力。谁能评说他们两个谁是对的?相反,如果说经济学能带给我们什么启发的话,上述变化带来的经济效应是可以清楚预测的。伴随着管控的消失，毒品的价格将会暴跌，紧随其后的将是现有不法供应者的经济崩溃。

毒品并非绝无仅有的例子。例如，考虑一下堕胎问题。总体而言，在本国实施堕胎手术是非法的，除非继续怀孕对母亲而言是致命的。但相对较少的堕胎手术是基于上述理由或者基于妇女如果被迫生养小孩将使其精神健康严重受损的理由，在知名医院由声誉良好的医生公开实施。更为大量的堕胎手术——据估计每年高达一百万例——是秘密进行的，因为实施者知道，一旦他们引起了警察的注意，逮捕、定罪与监禁就很有可能接踵而至。当然，引起警方注意的手术并没有多少。对堕胎手术实施者的逮捕率是否达到了千分之一都值得怀疑。除了零星的警方活动，堕胎手术的实施者所面临的主要威胁是手术失误后病人（或幸存的孩子）会向当局投诉。但该威胁存在于此，导致了犯罪关税开始发挥作用。这明显是极具刚性需求的例子。想要实施堕胎的妇女（以及她们的丈夫和情人）并不在意市场价是多少，如果他们有可能筹集到钱，他们渴求该商品而不考虑价格。此时，犯罪关税的反竞争效应不仅对价格有影响，而且对服务有影响。由于妇女通常难以从最
281 为适合做出令人满意的工作的人——专业的医务人员——那里得到堕胎服务，她们就得被迫接受街头堕胎手术实施者实施的质量水平更差的手术。从那些一旦没有了犯罪关税的保护就将一夜之间被市场驱逐的兜售者手中，她们购买的是伤害，甚至死亡。

至此，我们已经从买方的立场分析了犯罪关税，同样可以分析其对卖方的经济影响。从某方面来说，威慑理论本质上是经济性的，尽管我们很少如此描述。从功利主义的角度，它认为人类行为包含了与经济人概念所暗含的相同的对满足需求的理性追求。依

此观点,受到惩罚的风险是意图犯罪者必须与其希望通过犯罪行为实现的获利相权衡的抵消因素。我们希望并预期通过减少潜在收益,削弱实施犯罪活动的动机。如果犯罪成功时潜在收益保持不变,威慑的效果最好;利益损失的风险削减了本身作为一个常量的收益的吸引力。惩罚我们设法抓到的银行抢劫犯,并不会使得抢劫银行变得更加有吸引力。惩罚的风险这一抵消因素并不影响潜在收益。如果某人为了继承一百万美元而谋杀其富有的姑妈这一行为是合法的,将其非法化并不能增加犯罪人潜在的收益,其赌注仍是一百万美元。或者,举一个更为现实的例子,如果一种复杂的证券诈骗碰巧是合法的,将其非法化并不增加其潜在收益;新的受到惩罚的风险将会使与以往相同的收益变得没之前那么有吸引力。一句话,诈骗犯将受到威慑。

但威慑作用成功运作所依赖的前提,即潜在收益不会变动的假设,在我们所考察的"交易"类型下并不成立。由于我们所处理的是商品的自愿交易,买家愿意接受价格的上涨,任何风险的上升都会提升卖家的潜在收益。我们越是致力于加大实施堕胎手术的风险,其价格就被抬升得越高,以使实施者值得冒这种风险。用边 282
沁的话来说,快乐和痛苦的计算产生了更高价格层面上的平衡。威慑理论,无论在普通犯罪的运行中起到了多大的作用,在这里均告不成立。取而代之的是与其他保护性关税一样运作的犯罪关税理论。

我们应当有犯罪关税吗?这一问题并不是我们仅聚焦于经济因素就可以回答的。在决定何时运用刑事制裁是明智之举时,经济因素只是需要纳入考量范围的几个不良副作用之一。很少有人只受到经济因素的影响。就像有关对奶酪征收关税的争论不可能因经济学观点提出的奶酪自由竞争所带来的益处就得到化解一样,任何对堕胎成本远高于实施手术所需的证明,无论多么具有说服力,都不可能带来堕胎市场的自由竞争。

但是,这个概念在分析刑事制裁的现有用途和考虑提出的新用途方面还是有用的。考虑到要将针对毒品的控制手段扩张适用到新型的"危险药品"上,这个问题绝不是学术性的。理智的立法者在创设新的犯罪关税前,应当三思。他需要使人信服地证明这不会导致以上描述的不利影响。不幸的是,由于此种证明很难作出,很容易理解为什么很少有人进行此种路径的尝试。

第三节 警民关系的紧张状态

美国社会的很多阶层以近乎憎恨的不信任眼光看待警察,这令人担忧。当下这一阶层中最为显著者由城市贫民区的居民组成。他们对警察的憎恶不过是他们危险而可悲地与城市疏远的一个微小征兆。给我们的社会带来分裂威胁的分歧因素很难被刑法改革所消除。但任何刑法的改革计划都必须注意到这么一个明显的麻烦来源。

在将警察视为敌人的群体中,城市贫民只是最为显著的一群。
283 同样的敌视感,尽管在紧张性和普遍性的程度上可能更低,也存在于在这样或那样的方面无法认同现行刑法所传达的整体价值观的群体;此外,还有那些对自由与隐私权高度重视的人群,无论是为了自身或是他人。这些群体包括了知识分子、波西米亚人,并正在不断扩张到年轻人群体。我们很难判断,诸如吸毒的风潮这种现象更大程度上是反政府权威情绪的结果还是原因。

造成这种普遍敌意的主要原因看起来是警察(以及警察是最为直接的代表的法律)被视为更具侵扰性而非保护性。美国刑法中许多规定所带有的侵略性干涉主义特征将警察强行推上了窥探者与骚扰者的位置。没有对人们视为自己私人生活领域的大规模的、明显的侵犯，警察根本无法执行诸如禁止卖淫、性犯罪、赌博、毒品之类的法律。理想情况下，警察应当被视为防止弱肉强食的丛林法则占据主导的人。他们的主要作用应该是通过预防犯罪和发现罪犯来执行那些保证社会生活第一需求的禁令，即人们的人身与财产安全应当免受粗暴的剥夺，处于相对安全的状态下。如果这真的是人们所理解的警察角色，那么“支持你们当地的警察”这一口号是否还能够具备其目前具有的分裂性的政治意义，就是值得怀疑的。只有当警察被纯粹视为传统道德与意识形态的卫道士，正如他们目前在我们社会中被视为的那样，上述口号才会变得如此情绪化并引发分裂。

有争议的远远不止“公共关系”。在自由社会中，警民之间的对抗关系必然是尖锐的。刑法执行天然地具有强迫性。除此之外，公民不仅与政府权威，乃至于与政府的权威代表产生的冲突都会导致该关系急剧恶化。正如我们从社会学和心理学研究中认识到的那样，警察工作吸引着那些具有强烈独裁倾向的人。这个事 284
实既不是灾难性的，也不令人惊讶。它同样不意味着警察都是“法西斯禽兽”。但这确实意味着从事警察工作的人是强制的而非纵容的，是严格的而非宽容的，是循规蹈矩的而非特立独行的。当一个人以作恶者的身份与警察接触时，他们至少会感到不适与焦虑，且这种不适和焦虑很快就会变成被胁迫感与贬低感。毕竟警察是唯一被授权使用强制性人身限制措施的人。这种对抗是不平等的，因此会侵蚀一个人的自信和自尊。举个最温和的例子，谁在面对一张超速罚单时不会变得曲意逢迎乃至有些卑躬屈膝呢？然而，如果这种遭遇——特别是更为严酷的情况下——成为常态，就像当行为人是穷人、黑人或是蓄须者时，将造就反叛者、懦夫，或是二者兼备的人。

当然,在无受害人犯罪的领域中,咄咄逼人的、侵入性的、反复性的警察接触最为明显。一个非常有趣的悖论是,当警察做他们最重要的工作时,很少有人能够看到他们,而当他们在做最细枝末节的事情时,又最为显眼。如果人们事实上希望将警察介入的场合减到最少,至少应当知道应该从哪里开始侦查。最明显的线索都来自令人讨厌的侦查活动。

有三种类型的警察调查行为与隐私和人类尊严这些价值极为相悖,因而我们只有在最紧急的情况下才应诉诸它们。这三种类型是搜查、电子监视和警察圈套。尽管存在可争辩的情况,即某些情况下能够正当地适用这三者之一,但可以肯定地说,任何需要持续性地使用上述任一方式的刑事制裁,其适用都是令人存疑的。

搜查的范围包括从长时间在街上拦住并询问某人到闯入民宅。卖淫和毒品犯罪即是此种执法方式占据主导地位的犯罪领域中的例子。这两种犯罪彼此并与其他各种犯罪具有同样的特质,即警察需要采用侵入性的策略来发现是否发生了犯罪或是犯罪正
285 在进行。抛开宪法关于搜查与抓捕的详细规定,以下两种情况存在巨大的差别:一种是当你有合理的依据相信某人已经实施了一项犯罪(如抢劫或是夜盗)且你的关注点是逮捕他时,闯入此人家中对其实施抓捕;另一种是当你有合理的依据认为某人正在实施一项犯罪(如持有毒品)而你的关注点在于保留犯罪正在发生的证据时,闯入此人家中对其实施抓捕。后者比前者更具有诱导色彩,更可能发生,且犯错误的概率也远远大于前者。没有人质疑有时候为了达到执法的目的,必须侵犯住房隐私,而不存在庇护权。但当对隐私权的侵犯成为强制执行所必须付出的常规代价时,关于刑事制裁的严重问题就出现了。

警察实施的上述物理性的侵入还是一个有摩擦的过程,由电子监控完成的不为人知的侵犯则更为阴险。在物理性侵入的情况下,你在受到侵害时是明知的;而在电子监控的情况下你并不知情。如果电子监控行为被认为是普遍存在的,这种是否被伤害的不确定性所带来的不可避免的副作用是,人们会感到,在他们本应感觉最自由的地方,他们的言行都受到了限制。这是要为执法付出的极为高昂的代价,而人们必然会问,何种执法方式因此得到了改进?这点似乎很重要:没有人主张这些技术在侦查危害人身和财产的主要和严重罪行(这代表了刑事制裁的核心用途)方面有任何用处。(绑架这一例子在有关监听的争论中曾扮演了突出的角色,但现在似乎已经被抛弃,如其应然的那样,这是由于监听打给被勒索赎金者的电话在当事人同意的情况下当然是合法的。)重申一遍,认为"此种设备在某一特定类型犯罪的侦查中十分必要"的主张,应当引起对刑事制裁的此种特殊适用的重要性最为仔细的质询。

在警察工作中,警察圈套的使用引起了两个相关的问题。一个是人们会被引诱去实施其本来不太可能参与的犯罪行为,即诱捕问题;另一个是,将自己置于非法的毒品或性资源的购买者地 286
位,势必对执法人员产生有辱人格的效果。再次说明,偶尔将此种技术用于间谍罪和贿赂罪,与如在毒品犯罪与性犯罪的案件中那样将其作为一种生存之道,这两者之间存在重大差别。经常采取欺骗手段并无益于建立对法律的尊敬。我们需要拿出令人信服的证据证明该目标对于执法而言十分重要,以摆脱这些手段的污名。此种证明尚不存在,也不可能存在。通常而言,这些令人不快的侦查行为的运用,加上其他一些原因,已经导致了对行为的压制,而这些行为在任何合理的援用刑事制裁的优先级列表上本都处于靠后的位置。

第四节　偶然性执法

理所当然地，我们不可能使每一个犯罪事件都为警察知晓，也不可能查明每一个已知犯罪事件中行动者的身份，同样也不可能逮捕每一个已知的罪犯。对每个已知的罪犯加以起诉并对其罪行进行判决只是在理论上具有可能性。任何像这样绝对意义上的充分执法都是一种空想。出于同样的原因，基于其自身的不可能性而反对充分执法的主张，是在转移视线。然而，尽管工作实绩与理想必然相去甚远，我们有充足的理由说明，为何在决定刑法包含的行为内容时，这一理想仍然是应当关注的内容。

关注这一理想意味着要谨慎地避免通过那些看起来很难得到执行的法律，以及努力避免保留那些仅仅是偶尔才会得到执行的法律。一部法律长期被偶然地执行表明相关行为并未严重威胁到
287 社会的安全感；由此，执行率提供了一份应被优先处理的有关反社会行为类型的索引。制定和保留仅仅被偶然性适用的刑法条文不仅是徒劳的，而且可能导致实际的危害。其近乎徒劳是因为知道某一刑事禁令只会在它适用范围内的一小部分案件中得到执行，必然会影响禁令的威慑效力。在所有不利后果中，以下四点值得特别注意。首先，如果人们普遍知道，某种行为尽管名义上是犯罪，却可以相对免受惩罚地实施，对法律的尊敬就可能受到损害。其次，如果执法人员意识到针对某一特定罪行的执法率低于预期，则可能会试图使用卑劣的方法来提高执法率。再次，执法不力必然涉及选择执法对象时的自由裁量权，而这种自由裁量权除了任意选择以外，再不可能以其他任何方式行使。最后，这种任意性必然会使那些自认为是其受害者的人产生被社会疏离的不幸感。

以上每一点都需要详细阐述。然而，我们需要先停下来想一想，相对充分执行意味着什么。让我们抱着保守主义的态度，如果符合某种特定犯罪行为形态的案件中，有超过百分之一的案件引起了警方的注意，并且，如果实施此类行为的行为人中，有超过千分之一的人被识别并面临了刑事司法程序，就可以说这是一个相对充分执行的例子。当然，对很多种犯罪行为的执法率都高于这一最低数字所呈现的执法率。而且，充分执行当然也不是我们要纳入考量范围的唯一因素。比如说，如果一种难以被高比率执行的犯罪行为严重威胁到了社会安全感，我们可能就有了解释低执行率带来的不利后果的充分理由。仔细考虑低执行率的不利后果后，我们可能会更清楚地看到这种可能性。

低执行率最明显的不利后果是其对威慑效果的影响。正如我 288
们已知的那样，禁止某种行为并在某些情况下对其实施惩罚的最强有力的理由是：这样可以以或粗暴或精妙的方式防止人们实施被禁止的行为，进而可以肯定的是，任何实质上削弱了该效果的事物都严重不利于威慑的实施。许多因素都可能削弱威慑性，但威慑本身的软弱性对其削弱效果最为明显。醉酒令的惨痛经历只是众多可援引例子的其中之一。禁酒令的失败有多重原因，但最主要的原因在于一个简单粗暴的事实：人们可以违反禁止运输、贩卖和持有酒精饮料的法律而实际上不受到惩罚。禁止赌博、禁止各种形式的自愿性交易以及（可能更有争议的是）禁止毒品的法律显示出了同样的弱点。这一弱点有一个有趣的副作用：当威慑效力的缺失变得明显时，刑罚力度就会增加，以期用严厉来弥补它们在确定性方面的不足。作为结果，"将某人的痛苦作为影响他人行为的工具"所固有的道德窘境会因以下观念而加剧，即刑罚不仅是工具性的，而且是不成比例的。这种副作用展现了一条有关充分执行问题的重要实践线索:公众对待某项罪行的态度并不能够解释其规定刑罚的持续增加。对毒品交易刑罚的不断提升可能被视为相关法律威慑无效性的直接表现。

尊重法律充其量是一个多少有些含糊的概念,也很难评估威
289 慑无效对其产生的影响。这种评估至少包含两重可区分的含义。首先是字面上的含义,即由于人们意识到了法律对处理 A 事的无力,他们便会质疑其处理 B、C 和 D 的能力。在一个相对简单和原始的社会,法律的权威依赖于人们对其的神圣信仰,这种想法有一定的道理。当然,在我们的社会中,法律的权威也依赖于此类信仰(且可能不仅是一个微不足道的考虑因素),从这个层面来说,这一点也适用于我们。但整体而言,发现法律在控制赌博方面的无能很可能极大地影响到刑法对诸如抢劫银行等行为加以禁止的威慑力,这多少有些令人难以置信。更有可能的是,这种字面意义上的对法律尊重感的减少影响了人们对于法律禁令的态度,即其与那些被认为未得到充分执行的法律相差无几。如果人们意识到禁止赌博的法律的执行率很低,他们类比思考的能力会使他们认为,禁止自愿性交易的法律也是如此,并会据此从事该行为。一个略显更复杂的影响结果可能是,当图谋犯罪者意识到低执行率显示出了警力资源分配的紧张时,就会更加大胆地违抗执行得相对较好的禁令。这就是为人们所熟知的“圣帕得克日效应”(St. Patrick’s Day effect),即在这一天,由于警力集中于游行区域,城市其他地方的夜盗案件增多。

最后,还要讨论边缘化执法对于执法对象自我形象的影响问题。无论如何定义,社会越轨行为都不仅限于扮演非法角色或是从事非法行为。人们会以或温和或极端的越轨方式行动,并与其他有同类行为者结成团体,基本无关于刑法规定的内容或是有无

规定。一个人的越轨行为在他人眼中则可能是行为不羁的表现。然而，由于刑事制裁的滥用，尤其当刑事制裁被恣意适用时，危险就出现了：这些志趣相投、不符合传统社会规范者的自发性组织可能转变为极度边缘化、在某些情况下具有社会危险性的亚文化群体。将行为及实施该行为的人污名化为犯罪和犯罪人，会带来强有力的、通常是自我确证的身份认同，不仅是从社会其他人的角度来看，非常重要的是，从违法者的立场来看也是如此。

当一个人的日常行为和由此构成的其整体生活方式被贴上犯罪的标签时，他和他的同伙就会被弃于与这个世界对立的另一个世界。无论他们的行为本身是否使他们不能扮演有用的社会角色，其成为对社会有用者的可能性都日渐消弭。有证据表明，如果 290
刑法的强制力没有将吸毒者推向越轨亚文化，他们仍然可以保持社会完整性。如果刑罚和类刑罚的制裁并未确定其越轨者身份，秘密同性恋者就可以挣脱他的囚笼。还有亚文化群体的扩张问题，我们对此知之甚少。到底多少人，尤其是年轻人，因为某些行为的非法性而被吸引到越轨亚文化群中？当不断重复和难以抑制的行为成为刑事制裁的对象时，人从社会中“流失”这一相关成本是不可忽视的。

第五节　自由裁量权的滥用

我们可以发现，对刑法条文字面意思的严格遵守令人难以忍受，部分地由于美国实体刑法的无政府和陈旧状态。但即便所制定的刑事禁令已经有了明确的界定，刑事程序的执行人员在具体案件中仍然需要判断是否逮捕、释放、起诉、撤销案件，或者接受有罪答辩。刑法既非自动售货机，也非电脑。但承认自由裁量的必要性并不意味着假意乐于接受之，在刑事制裁的执行中，自由裁量权也远非喜闻乐见之事。

自由裁量权的根本问题很明显,从字面意义上看,它无法可依。如果警察或检察官发现他们有权(或被迫)在已知或可知的犯罪案件中进行挑选和认定,他们就是在做出裁判,而在以法治为基础的社会中,这种裁判只能够由被立法授权者做出。在立法过程中浮现出的大致相似的社会价值观在此被执法者个人的(且常常是特殊的)价值观所取代。当歧视性执法的受害者看到发生了这种情况时,对法律的尊重感受到削弱这一次级效果(正如前述章节中讨论的效果)就产生了。

执法过程中最严重的自由裁量权滥用往往关乎那些几乎不被
291 重视的犯罪行为,如大多数基于合意的性犯罪。特别是在乱伦和通奸犯罪中,执法行为是如此的偶发以至于离完全被废止只有一步之遥。滥用执法的自由裁量权最大的危险之处即存在于此:公报私仇,提供敲诈勒索的机会,污名化离经叛道或是不受欢迎者。

当禁令得到认真对待但司法资源不足以提供充分执行之所需时,自由裁量权所导致的区别对待变得不那么难以容忍,但仍然令人反感。卖淫是一个很好的例子。警察采取最省力的方法,追踪那些更容易被抓获的街头拉客妓女,因而使得其他具有较高身份的妓女相对地不受打扰。在受到监视的卖淫行为高发区,警察更可能跟踪跨种族的男女,其理论基础虽然正确但令人不快,即不同种族的男女之间更可能是性交易的关系。

执法当局,大多数时候是公诉人,有时会设法减轻他们认为过分宽泛的法令所带来的不利影响。社交关系者之间的赌博常常被无视,除非在某些情况下,“扑克牌友谊赛”上出现了不可告人的动机。但即使是这种非正式的豁免也并未被统一适用。社会底层人群以一厘钱的赌注举办的所谓“桥牌之夜”可能只是穷街陋巷中的掷骰子游戏,他们却仍难免于被捕。区别对待的另一个例子是堕胎。著名医生在著名医院实施非法但有“治疗性”的堕胎手术,实际上是被免予起诉的,尽管检察机关可以查阅医院记录这一点看似使得此类非法堕胎极其容易被发现。检察官更喜欢桥牌而非掷骰子,更偏向“治疗性”的而非街角旮旯里的堕胎手术,但这并非他们有权作出的选择。如果这种区别对待是法律改革的先兆,那还不是太糟糕,但更多时候它只是改革的替代品而已。

正如我们先前已知的那样,[3]存在完善的宪法规定来限制立法机构授权给执法机构的自由裁量权范围。这些因为模糊而无效 292
且又过分宽泛的宪法性原则,仅仅能够防范那些最为明显的自由裁量权滥用。我们需要在立法层面将这些原则转化为审慎的自我约束标准。刑事制裁需要狙击枪而非霰弹枪;这需要由立法活动和司法审查来满足。

第六节 流水线司法

从无穷无尽的相似案件的刑事裁决中,尤其是在低层级的刑事法庭里,可以看到刑事制裁正在被错误适用的最确切标志之一。醉酒以及妨碍治安行为是最主要的犯罪原因,几乎占到了所有逮捕的一半。流浪、赌博与违反禁酒令也是突出的犯罪行为。在某些大城市,卖淫也在此列。在我们已经讨论过的许多标准之下,这些犯罪行为都有待商榷,但在此处,它们的突出缺点是使得正义分配的过程贬值。案件的数量是如此之多,而处理每个案件的时间又是如此之少,以至于对被告个人情况的关注几乎完全缺失。整个过程被非个人化,也同样被非人性化,违背了正义不能被定量配

[3] See above, pp. 91 – 96.

给的基本原则。对许多人来说,这种流水线程序是他们与刑罚的唯一接触。让人们对这种程序或这一程序试图执行的规范产生尊敬感几乎是不可能的。刑事制裁的基本原理要求有罪判决既严肃又深思熟虑,流水线司法哪个都做不到。

正当程序规则的兴起使得流水线司法更加难以运转。少数意志坚定的被告在辩护律师的帮助下,可以使司法机器停止运转,或者换一种说法,迫使司法机器将他们"吐出来"。甚至当下许多要求陪审团审判的法庭上,也可能产生撤销指控或至少是对被告有利的辩诉交易的结果。随着需要刑事诉讼程序处理的案件数量继续增加,以及对该程序提出挑战的机会增加,这一现象可能会变得
293 更加普遍。消除数量相对较少的轻微犯罪,可以令刑事诉讼程序腾出精力处理更多的严重案件。在此之前,任何对犯罪清单的增补都应被立即拒绝,除非该行为既足够严重也足够特别,以至于可以合理保障其不会促进流水线司法的发展。

第七节 隐性功能

刑事制裁的功能是通过侦查、逮捕、起诉和惩罚犯罪人的方式,帮助防止或减少社会不良行为。这是其基本原理所允许的唯一功能,也是刑事司法程序做了充分处理准备的唯一功能。但是,一些隐性功能悄然出现,在某些情况下几乎垄断了用于执行特定刑事禁令的资源。

与刑事制裁的初衷偏离最小但仍然相当令人反感的一项功能就是侵扰。警察的执法策略往往并不以起诉和定罪为目标,而是为了使其关注的行为人生活艰难从而使之停止现在从事的行为,或是去其他的地方从事该行为(后者更有可能发生)。这种情况很大程度上发生在人口密集的城市中心区域针对赌博和卖淫的执法

过程中。这种策略的特点是“突然袭击”,并以大规模的逮捕和几乎全部未能起诉告终。这种策略在有些时候可能相当有效,至少暂时性地降低了不良行为的发生率。但这令人反感,因为在没有定罪的情况下,它实质上构成了惩罚。

隐性功能的另一个例证,是利用流浪法和妨害治安行为法赋予警察在逮捕法之下本不应拥有的权力。正如我们所见,警察只能在有合理理由相信该人已经实行了某种犯罪的情况下才能够实施逮捕。但警察常常会在没有逮捕依据的情况下仍然希望为了其他目的羁押某个人:讯问该人可能犯过的罪行,获得可能有助于其 294
他潜在犯罪案件的侦破或逮捕的信息,防止该人实施犯罪,将该人驱逐出街区,或是劝说该人搬到其他地方去。按照对正当警察权的理解,上述目的可能部分是不合法的,而另一部分可能是警察本应被授予充分权力去实现的。但是为了这些隐形的目的而动用实体刑法是错误的。正是由于这些法律本身不合理的宽泛性和模糊性,它们不得不服务于“逮捕法的补充”这一隐性功能。

另一项更为温和但同样不合法的隐性功能,是使用刑事制裁进行必要的社会服务,出于某些原因,我们无法直接地根据其自身优势来开展这些服务。例如,醉酒法令其实在减少醉酒率方面一无所成,除了极为天真的人以外,没有人认为这是醉酒法令颁布的目的。事实上,它们服务于两个相关的社会目的:为酗酒者提供临时的帮助和保护,并从街道中消除审美上令人不快的存在。执法人员严重不足,花费时间和精力清理街道是典型的矫枉过正。为此目的而使用刑事制裁只是采取有效的处理问题措施和承认我们实际上什么也不做之间的一种妥协,而这两者我们似乎都不愿为之。

将检察机关作为某种社区法律机构来解决家庭纠纷和追讨债

务是一个与上述类似的现象。其履行的表面职能是执行制裁拒绝抚养或是签发空头支票行为的刑事法令，但在两种情况下，可能使用的刑事起诉手段都被用来迫使顽固的债务人还钱。从告诉方的角度来看，这种服务是极好的，因为他获得了免费的法律援助。然而，被要求履行本质上属于民法范畴的职能对检察机关而言则是一种负担，并且至少同样严重的问题是，这样总是存在不公正和权
295 力滥用的可能，因为公诉的强制效果对任何一个没有律师辩护的人都构成威胁。解决这一问题，部分在于提供充足的社会服务以帮助解决家庭问题并处理人们的财务事项，部分在于为大多数(且数量还在增加的)无力负担法律服务者提供充分的法律援助。这些问题对社会的善意与智慧提出了巨大的挑战，但变相适用刑事制裁并不能充分解决之。

上述所有情况中的隐性功能都是由以下事实造成的：较之于实现人们合理期望的显性功能之所需，刑事禁令总是制定得更为宽泛。每种情况可能都表明，应当缩小刑事禁令的范围，但并非消除它。然而，这一讨论的重点不是要构建一套解决方案，而是单纯揭示问题的存在。当对某一特定禁令的实际执行行为进行审查后，发现该禁令实质上是在实现某些隐性功能时，谨慎的立法者应该知道，他正面对着一个危险信号或者限制性标准。

第十六章　标准的应用：道德犯罪 296

第一节　刑事制裁的最佳状态

本书余下部分主要留作对某些行为类型的讨论，根据本书一直在研究的限制性标准，似乎很难为对这些行为类型发动刑事制裁提供明确的正当化依据。这些例子将揭示出，刑事制裁当前的运行比其最佳状态差得不止一星半点。在我们将目光转向这些实例之前，有必要为刑事制裁的最佳适用状态确立一个基准。选择的标准似乎很明确，以至于重述都是老生常谈了。这些标准包括如下几项：

(1)这种行为是在大多数人看来具有显著的社会危害性的行为，且不能得到任何重要社会阶层的宽恕。

(2)将该行为纳入刑事制裁的范畴不会违背刑罚的目的。

(3)抑制该行为不会压制人们合乎社会需要

的行为。

(4)该行为应当通过公正和非歧视性的执法来处理。

(5)通过刑事程序控制该行为不会使该程序面临过重的定性和定量的负担。

(6)除刑事制裁外,没有合适的替代措施处理该行为。

这些标准可以用于为立法者可能考虑动用刑事制裁处理的行为制定一份次序表。即使不完全禁止增补,向该次序表中添加某些行为时也应当有所保留(除非是仅对一个已经存在的行为类别
297 加以细化或是补充)。笔者并不打算在本书中尝试列出符合上述标准行为的完整列表,也不打算分析在考虑向次序表中增加内容时,应当赋予每条标准的相对权重。就当前的研究目的而言,列出一小部分完全符合这些标准的罪行样本足矣,并不需要为寻找范例而研究得太广。

我的清单包括四种针对人身的犯罪,联邦调查局(FBI)将这些犯罪(与其他三种财产犯罪一起)编入了严重犯罪索引(Index of Serious Crimes)。这些犯罪包括故意杀人、强奸、加重攻击和抢劫。故意杀人包括谋杀和非过失的杀人。(从本质上讲,这些杀人案件中行为人杀死被害人是出于故意或者是不计后果。)暴力强奸不言自明。暴力袭击包括行为人意图杀人或造成严重身体伤害的攻击,无论他是否使用危险武器;但为了索引的目的,它排除了在暴力强奸或抢劫过程中造成身体伤害的案件。抢劫被定义为用暴力或者以暴力相威胁的方式从他人那里夺取财物,无论是否使用武器。根据联邦调查局的《统一犯罪报告》(Uniform Crime Reports),1965 年美国发生了大约 1 万起故意杀人案件,2. 2 万起强奸案件,20 万起暴力袭击案件以及 12 万起抢劫案件。

毋庸置疑,这些犯罪在整个犯罪列表中是最具危险性的,且受

到最强烈的谴责。人们最关切的是那些由于他人的故意行为而对个人安全构成最为重大威胁的犯罪。每年死于车祸的人数是死于故意杀人案件的5倍,但人们害怕的是故意或轻率地剥夺生命的行为,而非疏忽大意与否的致人死亡。这四种行为极具社会危害性的原因各不相同,但在每种情况下,个人的生命安全都受到意图侵袭这种安全之人的支配。没有什么比一个人用暴力将自己的意志强行施加于他人更让受害者或整个社会感到无助。暴力伤害或 298
是暴力威胁是对我们所有人——从最自立的人到最具依赖性的人——对在有组织社会中生活的最低期望的残暴否定。

最近的一项调查解释了一个直觉上就很显然的事实,人们最害怕的是来自陌生人的身体攻击。十分值得玩味且可能与大众印象相反的是,在这四种最严重的犯罪中,只有一种更多是由完全陌生的人实施的。不同的研究都表明:故意杀人的受害者中有70% ~85%与加害人至少是点头之交。大约2/3的暴力袭击要么发生在家庭内部,要么发生在邻里和熟人之间。即便是被许多人视为典型的陌生人侵害的强奸犯罪,也有超过一半的情况是由认识受害者的男性实施的。在这几种重大犯罪中,抢劫是唯一一种以陌生人实施为主的犯罪:大约4/5的抢劫案发生在袭击者和受害者互不相识的情况下。然而,无论由陌生人、熟人还是家庭成员实施,这些犯罪都比其他任何犯罪更符合第一条标准。

第二条标准用否定的表达形式是出于一项显而易见的原因:尽管目标十分明确,我们对于在何种情况下刑罚能够有效服务于这些目标知之甚少。可以提出的最有力的主张是,对于某些反社会行为而言,惩罚并非全然无效。假如上述引用的有关被报告犯罪的数据准确地反映了这几种犯罪的总数(就我们目前所知,它并不准确),在美国,个人受到严重的人身攻击的概率是1/550。更重要的是,与普遍印象相反,在过去的30年中,尽管相关犯罪的报道有明显的提升,这个国家针对人身的严重犯罪率却并未急剧增加。有多少本可能对他人犯下严重罪行的人被服务于威慑作用的复杂因素所阻止,这一点我们不得而知。然而,考虑到我们赋予生命和
299 身体安全的至高价值,允许放宽刑罚的干涉恐怕是对人性采取了过于乐观的态度。我们稍微有点把握的是为这些严重犯罪配置的刑罚的剥夺能力。某种意义上说,实施针对他人的严重犯罪是危险的标志——我们没有比这更可靠的标志了——在此种情况下,刑罚可以保护社会免受同类罪行的反复侵扰。而且,与我们同意施以大规模监禁的唯一其他量级犯罪(毒品犯罪)不同,我们有理由相信,实施这些犯罪的人中,有相当一部分确实正在被逮捕、审判、定罪和惩罚。

第三条标准显然被满足了,毋庸赘言。

第四条标准首先对已实施的犯罪的侦查效率提出了相对较高的要求。获知犯罪发生最可靠的方式是受害者的告诉。如果没有受害者的告诉,知晓一项犯罪已经发生则需要通过官方的侦查,这必定是一个具有偶然性的过程。当然,并非所有受害者都会告诉。总统执法及司法管理委员会(the President's Commission on Law Enforcement and the Administration of Justice)所作的一项开创性调查表明,在严重犯罪的告诉方面,瞒报率高得令人吃惊。然而,值得注意的是,人身犯罪的瞒报率比财产犯罪要低。只有强奸罪在预料之内,因为强奸罪的发生从受害者的角度来看具有众所周知的私人性。

警方对此类犯罪的报告进行了不遗余力的调查。正如人们所预期的那样,"破案率"——通过逮捕的方式解决被报告犯罪的比率——在受害者或者目击者知晓或指认犯人的犯罪中更高。因

此，故意杀人罪的破案率约为 50%，严重伤害罪的破案率约为 75%，强奸罪的破案率约为 65%。正如以上提到的，所有这些罪行往往是由与受害者相识的人犯下的。相反，抢劫则只有约 40% 的破案率，这反映了更大比率的抢劫犯罪是由陌生人实施的。不过， 300
与一般犯罪相比，抢劫罪的侦破与逮捕率仍然相对较高。这一点对于惩罚这些罪行可能产生的威慑效果和警察的公正执法而言，都具有重要的意义。最重要的一点是，这些罪行被认为极其严重，以至于对罪犯（或其受害者）的社会阶层和其他个人特征的考虑根本不影响是否调查和逮捕的决定。资源分配的考虑也不会迫使警方筛选他们将要调查哪起案件。这些罪行比其他任何罪行都更接近于充分执行理想的实现。

在考虑第五条标准时，我们可以注意到，这些犯罪的调查并不需要令人反感的警察行为。非法搜查和扣押、窃听和其他形式的电子监视、诱捕和相关的警察圈套在这个领域的警察工作中几乎是闻所未闻的。这种警察工作也并不会促成贿赂和腐败。警方在调查这些罪行时经常发生的唯一令人反感的做法是刑讯逼供，而这恰好是一种最容易通过刑事程序本身的运行来纠正的警察不当行为。

定量压力并不比定性压力更明显。十种最经常使用逮捕手段的刑事犯罪，并未包含这四种犯罪中的任意一种。这四项罪名加在一起只占每年 600 万或以上被捕人数中的很小一部分。正是因为这些罪行的严重性与它们的数量不成比例，所以不能说这些罪行对刑事程序施加了数量上的压力。不幸的是，在我们的刑事司法系统的运作中，犯罪行为的严重性及其案件数量成反比，这几乎是事实。

最后一条标准也许是最重要的一条。在应对这些严重犯罪行
为时，除了刑事制裁之外，没有其他合理的替代措施。除了解除人 301

们的武装这一可能的例外,甚至没有与此间接相关的其他法律控制。自由放任政策这一替代方案更是不可想象的——放弃以刑事制裁(或另一种名称下的对应制裁)处理这些对人类安全的最基本威胁将无异于社会的解体。

这一讨论很可能被认为是在费力地论述显而易见的问题。正如霍姆斯在另一种语境下所言,我们在考虑刑事制裁时最需要的就是“对显而易见之事的教育”。当我们考虑刑事制裁在涉及人类行为的宽泛领域内的一些不当运用时,我们必须牢记危害个人安全的严重犯罪,以便可以从一个适当的角度来看待对较轻犯罪的刑事制裁适用。我们必须认识到,正是同一批警察、检察官、法官和狱警在投入他们的时间和精力来处理这些较轻的罪行。司法资源不是无限的,我们在使用时也不能投入完全相同的谨慎程度。有时,我们在刑事制裁上花费的资源似乎只会带来麻烦。但不管怎样,我们耗费的边际成本并未购得等值的边际效用。运用刑事制裁的智慧始于承认这一事实。

第二节 性犯罪

关于刑法是否应当禁止某些种类的性行为的争论,已成为有关刑法界限的当下热门话题中的经典问题。美国法律研究所(the American Law Institute)和英国的沃尔芬登报告(the Wolfenden Report)的建议,过去几年伊利诺伊州、纽约州和英国的立法修订,哈特教授(Professor H. L. A. Hart)和德夫林勋爵(Lord Devlin)之间的著名辩论都让人觉得,不知何故它成了刑法上的问题。成年人在私下里做了什么似乎已经成为了所有人的事情,确切地说,关于它是否与任何其他人无关的争论变得激烈起来。

302 在这一阶段,基本不可能就该问题有新的见解。但在将刑法作为一个整体来审视其界限标准的情况下,有两个前置性的观点似乎值得进一步阐述。首先,与参与这场辩论的许多人的假设相反,双方同意的性行为对于整个界限问题而言并非一个范例:它提出了一些非典型的问题,却没有提出在该领域频繁出现的其他争点。其次,问题不在于某些种类的性行为是否应该受到刑罚,而在于相关法律是否过于宽泛:问题不在于是否要惩罚,而在于何时惩罚。

对于越轨双方同意的性关系这一问题而言,非常独特的一点在于,对此最强有力的制裁是社会耻辱感。几乎没有证据表明刑法具有威慑效力,即便刑法不存在,该威慑效力也不存在。如果放宽相应的刑事禁令,吸食大麻、赌博或堕胎的人数可能会大幅增加,但即便反对越轨的性行为的法律发生改变,似乎也不太可能出现类似的效果。原因有两方面:首先,对有同性恋倾向的人而言参与越轨性行为存在强大的驱动力,这可能会导致大多数人已经如此为之;其次,即使在我们这样一个宽容的社会里,越轨的性行为也会带来耻辱感,这将阻碍许多新成员的到来。这并不意味着如果现有禁令放松,偶然的以及特定情境下的试探行为不会增加,而是主张大多数人不太可能仅仅因为法律的改变而改变他们的主要性行为模式。人类最强烈的冲动往往与最为严厉的社会禁令相匹配,这当然不是巧合。法律不能创造性欲,同理也无法抑制或转移之。这种意见可能会受到选择修改法律的司法辖区的经验检验,但即便如此,要确定这种相关性是否是一种因果关系,仍将是一个棘手的难题。

这个问题与我们所考虑的一些其他问题之间,特别是酗酒和 303
吸毒之间,有一个统计方面的重要差别。尽管我们目前与性相关的法律(我们将很快考察该维度)存在定性上的执法成本问题,但该领域的执法活动不大可能有与之数量相当的司法资源分配。通过削减与性相关的犯罪,我们可能会有更加文明的刑法,但要说因此腾出了更多的司法资源去对付那些对安全造成更大威胁的犯罪(对付这些犯罪本就是刑法的主要任务),则是言过其实了。

另一个需要详细阐释的前置性问题是,性越轨行为与相关法律的问题并不在于是否应当排除刑事制裁,而是犯罪的定义能否被缩减到当下执法行为实际处理的范围中。除了极少数的例外,“由自愿的成年人私下进行的性行为”本身是一个象征性的命题(暂不考虑“私下”的含义是什么)。如果法律做出上述改变,绝大多数的执法活动都可以不受影响地继续进行。目前,多数执法活动集中于涉及未成年人的犯罪行为上。而且,正如最近在洛杉矶进行的一项重要的田野调查显示的那样,绝大多数的起诉都是针对在没有人能合理地被认定有隐私权的地方发生的性行为或拉客行为。

我阐述这些前置性问题的初衷不是要诋毁已经发生在这个区域的司法改革活动的重要性,而是要表明实体刑法的改革是一件非常复杂的事情,对其进行笼统概化是一种危险的举措,也还有很多远未明确的问题。我也并不是说,性犯罪作为刑法的一隅,缺少能够证明关注刑法界限的极度重要性的问题。现在我们来考虑一下,上述提到的“问题”具体是什么。

虽然目前有争议的问题出现在越轨的性行为方面,但同样的
304 考虑因素几乎同样适用于“正常”性关系。由于刑法将威胁到成年人之间私下进行的双方合意的性行为,它必然与第十五章中讨论的许多限制性标准背道而驰。不发动刑事制裁的原因列举如下,部分原因就其行为而言是不言自明的,另一部分则需要一些解释。

(1)执法的稀缺促使警察和检察官出现任意行使自由裁量权

的问题。

(2)侦破这种行为极其困难,从而导致了不良的警察行为。

(3)禁令的存在往往会催生一种越轨亚文化。

(4)每天有成千上万的人违法而不受惩罚,这种普遍认知造成了对法律的普遍不尊重。

(5)此类行为并未表现出其已招致了实质性的社会危害。

(6)刑事制裁理论上的可用性制造了敲诈勒索和发生警察腐败的情境。

(7)有大量证据表明,社会的道德感不再发挥其强大的压力来支持刑事制裁的使用。

(8)禁止成人私下进行两相情愿的性行为并没有实质性地推进刑罚的功利目标。

唯一与之相反的观点是,放宽刑事禁令会被视为表达了社会对争议行为的认可。但正如我们所知,对这一问题根本还未达成普遍的社会认同。这个论点毫无意义,因为在此问题上社会禁忌远大于法律禁令的力度。一位最高法院的大法官曾评论道,说法令不违宪绝不是对法令的赞美。同理,说一项行为不是犯罪并不代表对一种行为模式的认可。

私下自愿的性犯罪的执行率与逮捕率相比,必然显示出令人难以置信的不成比例——可能是千万分之一?在这种情况下,无论如何公平地行使自由裁量权,都存在一种内在的不公平,也就是说,即使执行是完全随机的(也是这样)。但事实并非如此。有限 305
的证据表明,执法主要是在这样一种背景下进行的,即道德观念(尽管缺乏法律依据)被蔑视了;例如,在伴侣是不同种族的情况下。这虽然令人愤慨,但也是可以理解的。如果不作出制度性的努力来执行这些刑事禁令,行为本身的外部因素就必然会指引对其的侦查和起诉。在何为应该受保护的社会利益缺乏指引(也可能根本没有此种社会利益)的情况下,执法者必然依赖于他们自身的价值体系。

知道法律未被执行,对违法者和广大公众都会产生不良影响。违法者对于他们认为既不公正又无效力的法律持蔑视的态度。他们通过强化自己作为违法群体一员的身份来对抗它。随着刑法之外、来自社会的耻辱感开始有所减轻,孤立的刑事禁令效果变得比以前更令人反感。而遵纪守法的公民会将自己视为社会的反叛者,这并非因为社会的行为甚至思想,而仅仅是因为法典中的一些词句。臆造的犯罪最终会带来远超出臆想的现实结果。

1967 年,针对同性恋者的犯罪勒索问题戏剧化地显现出来。纽约起诉了一个全国性的勒索团伙,他们假扮成警察并以提起刑事诉讼相威胁,从地位显赫的人——教育家、军官、娱乐圈人士——那里获得了大笔钱财。这种作案手法发人深省,威胁的内容不仅是揭露,而且是起诉。人们想要知道,如果消除将同性恋作为刑事犯罪的威胁,同性恋者易于受到敲诈勒索的程度将会减少多少。考虑到不愿公开的强烈动机与刑事禁令的关系不大甚或是无关,受到敲诈勒索的可能性很难被完全消除。

对不良警察行为的评价说明,讨论性行为合法化问题困难重重,似乎存在两类互相排斥的自动生效的标准:私人自愿的性行为(我们意欲保护的)和公然猥亵(我们想要打击的)。臭名昭著的警
306 察行为也有两种:使用警察陷阱诱导同性恋者采取进一步行动,以及对同性恋活动可能发生的地点(公共厕所、浴室以及类似的地方)进行秘密的监视。这些都是众所周知的恶行,直接败坏了刑事司法的声誉,往好了说是有失体面,往坏了说则是道德败坏。虽然通过合法化私人自愿的性行为来消除警察圈套是极具吸引力的愿

望，但这样的想法容易令人产生误解，至少在短时间内如此。警方将仍然不受阻碍地采取令人生厌的警察圈套，其内容是以语言或肢体的挑逗激发性欲，即使这种诱惑行为是私下里发生的也无所谓。这本身就是犯罪，在沃尔芬登报告和美国法律研究所的《模范刑法典》等改革提案中仍然如此。规定犯罪行为的法律和逮捕法都没有禁止这种警察圈套。至于监视，其合法性的瑕疵主要源于对非法搜查和逮捕的宪法性禁止的不确定适用，而非任何基于实用目的对“隐私权”作出的解释。

长远来看，将私下自愿的行为合法化可能会减少警察在准私人行为领域进行侵扰性干预的需求，以及随之而来的警察圈套活动和监视的恶行。然而，对于任何立法改革计划来说，完全依赖投机性的长远效果都是不明智的。因此，在制订立法改革方案时，除了合法化双方自愿的私人行为这一很大程度上具有象征意义的步骤外，我们应该考虑还需要采取哪些步骤。

第一个基本步骤是确定刑法可以合理地保护哪些价值以及它们的相对重要性。在我看来，有三个这样的价值，其中有两个重要一些，另一个稍显次要。第一个是制止以暴力或同等的强迫的方式获取性满足。第二个与第一个密切相关且其重要性程度不亚于第一个，即保护未成年人免于性侵害。第三个，在社会价值等级上稍逊于前者，而且也很难在不造成损害性副作用的情况下得到满足，即防止对无辜旁观者造成侵害或者可能的侵害。我认为，这些 307
价值观会得到普遍认同，尽管人们可能不认为它们是唯一需要保护的价值观。这些都是相对适合于用刑法保障、没有任何其他形式的法律控制可以提供同等保护的价值。

第二步是将这些价值观与刑法典的结构相关联。如果人们观察一部典型的刑法典对性行为的影响，就会立刻发现其中明显没有连贯的价值结构表达。禁止使用暴力(例如强奸)和禁止侵害未成年人(例如“法定强奸”)的规定中,还穿插着禁止特定形式的性表达(例如肛交或口交)和特定种类的性关系(例如乱伦和通奸)的规定。此外,还有一些关于淫媒和露阴行为的规定,其以针对违法行为的含糊和笼统的禁令为支撑。刑罚结构处于完全混乱的状态。只有假装这一愚钝的机制不存在并决意重新开始,人们才能系统地反思这个问题。

建立一个反应充分且迅速的结构的第一步也是最重要的一步,是摒弃所有基于参与者性别的区别对待。如果暴力或者暴力胁迫被禁止,那么无论一名男性是袭击了一名女性或是另一名男性,其都应当被无差别对待。如果要禁止针对未成年人的性侵害,那么侵害者和受害者的性别分别是什么都没有任何区别。将针对性行为的禁令构建于上述原则的约束之下,才是朝着确保仅有上述认定的重要价值受到保护的方向迈进了一大步。

禁止使用胁迫手段带来了一个有意思的问题,即何种胁迫手段在效果上可以与实际的针对身体实施的暴力等量齐观?在现行法律之下,当行为人明显处于可以实施暴力行为之时,暴力胁迫基本上等同于暴力。除此之外,现行法律有些模棱两可。不过似乎很明显,在下列所有情况中被实施的性行为都应当被等同于暴力,
308 如果不能对其施加同样的惩罚,至少在定罪上应当相同:行为人知道对方无意识;行为人暗中使用毒品或者麻醉剂以削弱对方控制自己行为的能力;行为人知道对方有精神疾病且没有控制自身行为的能力;行为人使用的虽然是暴力威胁以外的威胁手段,但具有普通意志力的人有可能会屈服于此,如以解雇相威胁。

与确定对未成年人保护的内容和限度问题相比,上述问题相当简单。第一个问题是,如何界定未成年人,是主观地根据受害者

的生理与心理的经历与发展的实际状况判断,还是客观地根据年龄等因素判断? 虽然主观路径更灵活地协调了存在争议的各种价值,但可能是不切实际的。刑事程序要求先划定界限,这与原则上更优越的个别化考虑是不相容的(刺激人们约束刑事制裁的一大因素是人们意识到,刑事禁令与其保护的价值之间往往只是大致匹配)。因此,应当设定一个诸如受害者年龄的客观数据。此处有必要做出如下两个年龄段上的区分:第一,将某个年龄以下的孩子作为性行为的对象是极不正常的,从而可以显示出行为人在心理上的极度畸形;第二,某个年龄之下的孩子虽然能够作为性满足的给予或获得者,但可能对性行为的意义的判断力很差,因此他或她应当受到针对此类行为的保护。任何年龄节点的选择都注定是随意的。目前的立法提案将第一种情况的年龄节点划定为10~14岁不等(我们称之为儿童性侵),而将第二类年龄节点划分在14~18岁不等,就女性受害者而言,这大致相当于迄今为止被称为法定强奸的情形。

下一个问题是"侵害者"的年龄与受害者的年龄是否相关,看起来似乎的确应当如此。青少年偷尝禁果是不可避免的,而且有人会认为,这是令人向往的。无论如何,这都不构成老谋深算、经验丰富的侵犯者对受害者无知与不成熟的利用。此外,考虑二者 309
相对年龄的影响还有一个次要的原因——总是会面临谁是加害者谁是受害者的问题。因此,确定一个年龄差是可取的,在该年龄差之内,即使包含了至少一名低于"受保护"年龄者,双方合意的行为都不受到刑法规制。这种年龄差可以增大也可以减小,这取决于一个人对受害者是未成年人这一事实的怀疑程度,也取决于法定强奸的界限设置。总的来说,"同意年龄"设定得越高,年长的行为参与者受保护的范围就越大。如果同意年龄是18岁,那么5年的年龄差可以使得 23 岁的年长参与者受到保护。然而，如果同意年龄是 14 岁，甚至是 16 岁，那么 3 岁以上的年龄差可能就太多了。几乎可以肯定的是，这些数字的实际确定将是立法妥协的结果。重点是要遵守这样一项原则，即有所区别，避免将行为双方大致在同一年龄段从而将不太可能涉及性剥削的情况作为犯罪处理。

同样值得考虑的是，是否应该进一步尝试细化“无知和未成年”的类别。可采取的主要手段是提供一种建立在所谓受害者之前滥交的证据基础上的抗辩事由。如果未成年“被害人”实际上有丰富的性经验，那么是否存在值得刑法保护的重大价值就值得怀疑了。这可能是需要被告承担抗辩的举证责任的少数实例之一。否则，在任何与未成年男女发生不当性行为的控告中，被告都很容易迫使检方承担驳斥被害人有滥交可能性的艰巨任务。

在性犯罪严重程度的确定上，还有一些重要的补充问题。在
310 相同的情况下（即均使用威胁手段或是均性侵未成年受害人），对所有的性行为形式是应当科以同等严厉的惩罚，还是应当尝试进行一定的分级？这些问题很有意思也很重要，但略微偏离了当前讨论的重点，即什么样的行为应该被视为犯罪，而不是从事犯罪行为的人应该受到怎样的严厉惩罚的问题。先将严重程度的问题放在一边，对性这一领域的保护应当注意的两个最为重要的价值——不受强迫的自由和未成年人免受性侵害的自由，我们目前已经讨论了对于上述两个价值的刑法保护边界的确定问题。

还存在的问题是性行为的公开所造成的冒犯，这是性行为带来麻烦的一面。在一个灵活运用性暗示、使之同时服务于娱乐与营利两方面需求的社会中，我们似乎可以废止所有使我们的耳目免于性诱惑的保护性措施。但在这些问题上达成共识也并非易事。性表达仍然必须以“补偿社会价值”的方式进行。性行为正走

出图书馆,走向电影银幕以及(因为更少的控制而更为大胆地)走上剧院舞台,但我们还未做好将性行为搬上村镇广场的准备。人们仍然期望性行为是私密的,因而我们继续寄希望于刑事制裁以确保这种私密性。而避免刑法干涉双方合意的性行为领域这一原则要求履行审慎的注意义务,以确保维护社会风化的主张并未提供充足的理由否定取缔公开性行为的刑事程序。这就需要提出界限的问题了。

第一个问题是,何谓"私下的"。人们可能认为他们是单独的、未被发觉的,在当时的事实并非如此的情况下。他们可能挑选了人们不太可能去的地方进行性行为,然而,对淫欲的兴趣吸引了偷窥者前来,执法的导向指引了警察至此。另一种可能是,一群相互欣赏的人共同发生了性行为。法律应当如何回应?在笔者看来,相关的标准不应该是实际的后果,而是身处该问题中的人或人群合理期待的后果是什么。无论是发生在情人幽会的小巷、国家公 311
园、城市的街道,还是某个人家里举办的狂野派对,刑法不应当关注任何双方合意的性行为,除非该事实的审判者能够确认,性行为发生在创设了某人可能被性侵的实质性危险的场景之下。[1] 我主张的原则要求对性行为发生的环境加以评估,以确定任何合理预计会看到该行为的人(除了一直留意此事的警察和意在寻找此类行为的人)是否将因为他看到的内容而受到冒犯。采用这种标准可能意味着,某些地方迟早会成为具有特定性癖之人的胜地。虽然从表面上看这或许是不可取的,但它会带来有益的结果,即人们可以知道哪些地方能去,哪些地方不能去。只要不采用强迫或欺骗的方式,以及只要防止未成年人受侵犯,很难有人对此表示反对。

---

[1] 同样的标准可能被适用于淫秽罪。See below, pp. 316 – 328.

类似的标准也可能应用于性诱惑的问题当中。不考虑卖淫拉客这一需要单独考虑的问题,[2]单纯的性诱惑这一事实不应被认定为犯罪。如果性诱惑成功,双方议价后私下(按照上述确定的标准)发生性关系,并不会导致任何刑事责任。然而,在美国的大多数司法辖区,单纯的性诱惑事实(甚至徘徊观望、伺机诱惑的性质不明的状态)都被作为犯罪对待。该行为在完成的情况下也会是犯罪,就这一点而言,司法保持了统一性。这种性诱惑几乎发生在所有同性恋性行为的案件中,也经常发生在异性恋的情况下。然而,一旦采用如下的原则,即双方合意的成年人谨慎(对"私下"一词含义的一种误解较少的表述方式)发生的性行为落入刑法规制
312 范围之外,就没有合适的理由将以此为目标的预备行为视为犯罪。这并不是说所有的性引诱行为都应当被免予刑事起诉。问题在于,是否在所有的情况下,行为人的行为都造成了他人(无论是被引诱的人还是路人)被侵害的实质性风险。当然,在实践中,几乎没有真正的被侵害者告发此事,而往往是故意将自己置于被诱惑境地的警察提起告诉。一些法庭已经采取了这样的立场,即警察圈套在法律上不可能被性诱惑行为侵害——他的确不可能因此受惊——因此,使用警察圈套者的告诉并不符合当前包含了"侵犯性和骚扰性"行为标准的法令。无论完全废除性诱惑犯罪会导致公众的不满如何地增加,最近的经验研究都详细地表明,我们有充足的理由消除可憎和可耻的警察圈套行为。

成人之间私下进行的双方合意的性行为不应当成为刑法关注的问题,本节的各种建议旨在赋予该主张现实的内容。正如我在开始这一讨论时所指出的,这个问题在当下困扰我们的刑事制裁

---

〔2〕 See below, pp. 328 – 331.

资源错配问题上并不占据重大的分量。如果法律的执行有意对不法的性行为进行大规模的惩治,这个问题可能会显得更重要一些。该行为的普遍性昭示了对其进行压制是徒劳无功的。从每一个适用刑事制裁的理性角度来看,从"首恶之行首罚之"的规则,到避免无用的痛苦,再到警察的文明化,这些建议改良的能力与它们需要影响的执法活动总量相比,是相当不成比例的。

第三节　重婚罪与乱伦罪:两种虚构的犯罪

联邦每个州的刑法典、英国与每个立法体系源于英国的国家的刑法典以及其余我们自鸣得意地称之为"文明"世界的大多数国家的刑法典,都包含了对重婚和乱伦的刑事禁令,并且通常对违反这两种禁令的行为规定了严厉的重罪惩罚。然而,对于这些罪名 313
谴责的行为到底为何应当以犯罪论处,则很难找出一个统一的理由。

重婚罪是指一个人在已有一个在世的配偶因而不能够自由地缔结婚姻的情况下,再次缔结婚姻的行为。这种犯罪没有统计学上的意义,却提出了很多学理上的难题;有人合理推测,在有报道的上诉法院关于刑法所有罪名的实际指控的意见中,这一罪名占比最低。绝大多数难题源自对以下问题的长期性误判:涉嫌重婚者相信其自身可以自由地订立该起婚约,无论是由于他以为他的第一任配偶去世了,还是(更为通常的情况下)认为他和他的配偶已经合法有效地离婚了,这是否以及在多大程度上可以成为一个辩护事由。现在,这些学理上的错误已经被充分揭示,法庭对这个问题也开始有了更为清晰的看法,但仍然存在该犯罪行为究竟是什么的问题。有人认为,当前宣称的各种理论基础更多是有独创性的而不是有说服力的,包括保护公共记录不被混淆,防止对第一任配偶的公开侮辱和挑衅,以及主张以婚姻为幌子的同居极有可能导致遗弃、疏于履行扶养义务以及离婚。列举这些原因的哈特教授正确地指出它们微不足道,并断言即使这些因素被其他具体罪名充分规制,保留重婚罪的压力仍旧存在。[3] 他指出,重婚罪的要旨在于保护宗教感情,使之免受亵渎婚姻仪式的虚假婚姻的玷辱。通过宣称重婚者如其他实施了公然违反道义行为的人一样,作为妨害社会者受到惩罚,他试图调和重婚罪的立法与如下观点的关系,即仅仅由于违反宗教或是不道德就惩罚该行为是错误的。但这似乎仍是一种独创性而非有说服力的观点。只举办民间婚姻仪式的重婚应该如何处理?采取不公开的教堂婚礼仪式的重婚又如何呢?

314 如果说对于该罪名有任何连贯一致的理论基础,那也是通过调查实际提起控诉中的事实模式得来的。重婚罪几乎无一例外地包含了对第二任配偶的欺骗,后者在其现任丈夫抛弃她之后才发觉此事。从这个意义上讲,重婚罪本质上是通过欺骗手段的强奸,即通过虚构婚姻状态诱使女性与之同居。这种行为可以作为性强迫的一种情况被妥善处理,其控诉要旨与进行婚礼仪式这一行为毫无关联。

除了缺乏功利性的目的,这一法律在实践中也只是偶尔执行,而且经常针对少数群体或是低收入人群实施,他们在文化上对涉及家庭关系的法律手续不敏感,或在经济上无力应用这些法律要式。我们有充分的理由相信,大多数重婚者以非正式的"协议离婚"结束了他们的前一段婚姻。典型的模式是,被遗弃的第二任妻子向福利机构控诉遗弃者不履行抚养义务,由此引发的调查显示,

---

[3] H. L. A. Hart, *Law, Liberty and Morality*, Stanford, 1963, pp. 38 – 43.

该名男子除了是遗弃者之外，还是一个重婚者。诉诸刑事制裁无益于解决上述情况所致的混乱局面。

乱伦代表了一种最为普遍的文化禁忌，但其基本原理及相应的理想定义却尚不清晰。它通常被定义为与具有一定血缘关系的人结婚、同居或是发生性关系。典型的被禁止的关系有父母与孩子之间，祖辈与后裔之间，兄弟姐妹之间，叔伯、舅舅与侄女或外甥女之间，以及姨母、舅母、姑母与外甥或侄子之间。一些法典通过设定不同的刑罚反映不同远近的血亲之间乱伦的恶劣程度。路易斯安那州对祖辈与后裔、兄弟姐妹之间的乱伦行为规定了十五年的监禁刑，而发生在叔伯、舅舅与侄女、外甥女之间，或是姨母、舅母、姑母与外甥、侄子之间的乱伦行为则被配置了五年的刑期。伊利诺伊州将父女之间的乱伦行为与其他所有形式的乱伦（包括母子之间！）做了严重程度上的区分。《模范刑法典》没有作出这样的区分，但对于叔伯、舅舅与侄女、外甥女，姨母、舅母、姑母与外甥、侄子之间的性关系是否应当包含在乱伦罪之内提出了疑问。

到目前为止，最为频繁的乱伦关系发生在父亲和未成年女儿之间，且此种关系中有很高比例的发生在继父与继女之间的乱伦。315
典型的情况是，一名男性与一名女性结婚时，后者带着与前夫共同生育的女儿，但将孩子作为被养育的家眷而非性关系的对象这一多年来的认识并未浇灭继女对该男子的性吸引力（血亲之间也可能出现这种情况）。这种关系当然应该受到刑法的约束。那么，我何以宣称乱伦是一种虚构的罪名呢？答案非常简单，上述规定的行为已经被其他的刑事禁令所涵盖，并且，上述行为中有很大一部分不能被乱伦罪所规制。对低于“同意年龄”的儿童施加的性虐待能够被纳入处理儿童性侵与法定强奸条款的规制范围。乱伦的条款并不适用于除了性交以外的其他性虐待，然而很多家庭内部发生的性侵涉及的是爱抚与前戏,而非真正的性交行为。传统形式的乱伦限于血亲关系之间,因而使该罪名无法适用于对继女的性虐待。禁止乱伦的最为明显的功利性理由就此被其他罪名满足。防止在家庭中的性剥削以及通过防止内部的性竞争来促进家庭团结,显然是站得住脚的目标,但并不需要设置乱伦罪来促进其实现。

还有哪些价值有待保护呢?似乎只剩下两种主张。一个是近亲繁殖导致缺陷儿童出生的遗传风险,但这个理由有些牵强。乱伦关系很少为了生育目的发生。遗传学家也并不都认为近亲繁殖会使人类种族退化:近亲繁殖的结果只是显性化了父母的隐性特征。如果他们都具有不健康的隐性特征,生育的结果的确将是不好的;但如果他们都有健康的隐性特征,那么结果也会很好。另一种主张认为,刑罚要在普遍认同的宗教或道德原则背后给予该行为世俗的制裁;一个相关的观点是,社会对乱伦抱有如此强烈的敌
316 意,以至于如不对其处刑,就会导致对刑法尊重感的普遍丧失。这是一种赤裸裸的通过刑法推行道德准则的主张。这种主张必须被摒弃,因为在该争议行为对他人有害或是对从事该行为者有害这样的主张阙如的情况下,人们应当不受刑法特有的非难性拘束。如果保持公开的、声名狼藉的乱伦关系对于社会造成了侵害,那么可能还存在将其作为妨害行为加以禁止的空间,不过除非异常公开地对这种乱伦关系的性特征加以炫耀,这种社会侵害是否仅仅是社会在作茧自缚仍然存疑。尽管我们大多数人都觉得这很怪异且令人极度反感,但似乎没有什么好理由阻止成年人互相表达自己的偏好。民事制裁,例如不承认乱伦婚姻,就足够了。

第四节　淫秽之恶

淫秽色情问题展现出执法自由裁量权这一主题的一个有趣变

体。在一系列表面上与“道德”相关的犯罪中——乱伦、通奸、同性恋、卖淫——自由裁量权仅仅是许多实际执行问题的其中之一,它与挑选极少数有明确界定的行为类别的事例作为刑事程序依据的标准有关。相比之下,在淫秽色情领域,自由裁量权问题是一个实践性的问题,它不与选择契合定义的事例有关,而是与官方(也就是说,警察、检察官和法官)判断的过程有关,通过这种判断程序,某种行为实例被划定到禁止的范围内。每个人都知道通奸是什么,但任何自以为知晓何为淫秽色情的人,都会威胁到社会思想和表达的自由。自从罗斯案[4]的判决以来,这个审判的难题已经困扰了最高法院十年。在该案中,最高法院试图制定一个标准,以使宪法第一修正案之下关于言论自由的自由主义观点,与一种强烈但无法明确表达的认知相调和,即让社会治安机构拥有一定的整治淫秽色情的自由是人心所向的(或是策略性的)。我们的兴趣点 317
在于审慎的立法政策,而非宪法的限制,但这二者的基本原理不说完全一致,也是大致相似的。这种基本原理的相似性通过一件偶然的事情表现出来,即在最高法院着手解决这个问题的同时,他们发现美国法律研究所的《模范刑法典》对解决标准和原则问题的尝试也已准备就绪。法院陷入的混乱正是该问题困难性的戏剧性证据;但与警方和检方每次意图惩治令人反感的书籍、杂志与电影时持续享有的临时立法自由相比,该混乱的重要性还是稍逊一筹。

当《模范刑法典》的起草者着手处理淫秽色情问题时,他们不得不面对这样一个问题:通过动用刑事制裁,他们正在致力于促进或保护何种社会利益。用淫秽色情条款的主要起草者的话说,该规定表达了一种“对道德犯罪的间接治理方法的偏好,即在刑法禁

---

〔4〕 Roth v. United States, 354 U.S. 476 (1957).

令中努力表达社会的道德冲动,但该刑法禁令指向并限制的是罪恶以外的东西。在此种情况下,惩罚的目标并非淫秽色情的悖德性,而仅仅是一种不受认可的经济活动模式——对通过淫秽色情获取快感的这一人性普遍弱点的商业利用"[5]。注意该原理的矛盾心理。它并没有明确地期待对某种确定的长期性损害的预防。相反,它通过攻击不道德性所依附的其他事物这一策略来对付不道德性,而回避了"其他事物"在缺乏不道德性的情况下是否值得压制的问题。和别的立法领域一样,对鱼与熊掌可以兼得的追求促使我们提出合理的质疑。

《模范刑法典》的解决方案有四个特征。第一是它对淫秽色情的定义:"淫秽色情物品意味着,作品整体的吸引力主要诉诸淫欲,
318 即一种对裸体、性或排泄的可耻或病态的兴趣,并且除此之外,该作品在描述和展现此类事物时大大超出了传统的直白程度。"第二,法典定义了与淫秽色情相关的禁止性行为,即不能出售、展示、做广告或是以其他形式公开传播。第三,它限制了这些禁令的普遍性,豁免了"机构或个人出于科学研究、教育、政府管理或其他类似的正当化事由而持有淫秽色情物品的行为",以及"行为人给私人朋友的非商业性传播"。最后,它规定了许多证据上的正当化事由,用以举证该物品在淫秽色情范围之外。这些正当化事由可以被总结为,如果物品本身不是淫秽的,那么就没有关系。

这些规定必须根据有关淫秽问题的现行法律加以评价。淫秽的通常判断标准是该物品具有通过激发性欲和性幻想来侵蚀消费者道德感的倾向。激发性幻想和性欲应当被视为败坏道德,这种说法是否明智这个问题我们暂且不管,思想控制——即使是性观

---

[5] Schwatz, Morals Offenses and the Model Penal Code 63 Colum. L, Rev. 669, 677 (1963).

念的控制——不应当作为刑事立法的目标。在这个问题上必须有比这更多的其他利害相关因素。禁止淫秽色情的普通法背景清楚地表明，"其他因素"是指由不良思想引起的不良行为的趋势。

现在，在刑法中有一些可以参考的先例，禁止那些虽然不能证明其本身有害，但可以证明与有害事物有因果关系的事物。酒后驾车就是一个明显的例子。为了给醉酒驾车的人定罪，我们不要求在每个案件中都证明酒驾司机有可能对自己或他人造成伤害。没有人会认为省略这种证明是武断的，因为存在有效的经验基础使人们相信这种风险通常是实质性的。但缺乏类似的经验基础使人们相信，不良行为，或是任何一种可预测的行为，是由于不良思想比如性幻想而发生的。事实上，我们有理由相信，色情文学扮演着侵害性性行为的替代品而非催化剂的角色。因此，对淫秽色情物品的管制不能归入常见的刑事禁令范畴，因为在这类刑事禁令 319
中，为立法提供有效基础的是危险的产生，而非最终的侵害结果。

如果引发危险的确是淫秽立法的主旨，那么以下要求将具有很大的吸引力，即在特定的案件中证明存在造成损害的实质可能性，无论是通过刺激犯罪实施还是某种其他因果关系模式。自由主义的法官，比如柯蒂斯·博克（Crutis Bok）和杰罗姆·弗兰克（Jerom Frank），试图援用规制政治性言论的法律中的"清楚的、现实的危险"标准作为适用淫秽色情法令的限制性标准。博克法官要求"淫秽作品与犯罪行为之间因果关系的证明必须排除合理怀疑"[6]。弗兰克法官则满足于存在合理可能性这一标准。[7] 很难知晓这些建议到底是被认真提出的还是逞口舌之快的产物。很明显，如果认真应用上述标准，那么除了最离奇的案件以外，所有的

〔6〕 Conmmonwealth v. Gordon, 66 Pa. D. &C. 101, 156(1949).

〔7〕 United States v. Roth, 237 F2d 796, 806, 826(2d Cir. 1956).

案件都将被免罪。我更倾向于认为他们事实上是在向传统标准的支持者叫板,他们似乎在说,“如果你真的关注危险倾向而非此类行为的悖德性,要么大胆说明,要么干脆闭嘴”。包括《模范刑法典》的起草者在内的其他人拒绝了这一策略,他们以不可执行这一直白的理由拒绝采用“清楚的、现实的危险”标准。他们的标准,即以“诉诸淫欲”替代“败坏(道德)倾向”,采纳的具体根据是“我们更希望淫秽犯罪的标准与该物品的吸引力的本质有关,而不是与很难被证明的后果有关*”。[8] 但如果后果不能被证明,其能否被推定?如果不能,被保护的法益又是什么呢?

《模范刑法典》的进路实际上似乎是“间接的”,该词的意义与
320 在前面引用的《模范刑法典》起草者的解释中所指的不同。《模范刑法典》所做的似乎是通过抛弃“有损道德的可能”这一现实损害的内涵,不明确承认淫秽犯罪立法依据的是对悖德性的谴责,来模糊处理淫秽色情相关禁令的基本原理。再重复一下我之前说过但有必要重复的观点,如果没有刑事程序的支持,没有特定现实目标的道德谴责并没有问题。教会、学校和家庭都是具有强制力和惩罚权的社会机构;但与之相比,赋予执法人员的权力是一种不同的、更有限的权力。

我对《模范刑法典》路径的描述,即认为其本质上是一种道德谴责,这种观点必须根据其第二个和第三个特点加以审查。对销售、展览、广告或其他公共传播的禁令,由于存在学术或个人用途这类豁免条件,其单纯的道德谴责性似乎大大减少。然而,这种减小的幅度没有人们想象得那么大。尽管这些禁令的动机意在聚焦对面对色情时的人性弱点的商业利用,但实际上远不止于此,正如

---

* 着重号为作者所加。——译者注

〔8〕 Model Penal Code, Comment, p. 28 (Tent. Draft No. 6, 1957).

主要起草人自己不得不承认的那样。[9] 公共展览或演出可以免费或亏本提供,色情杂志可能是作为便利品而非出于书商牟利的愿望而被分配或出售给读者;但所有此类交易仍在拟议法令的禁止范围内。约束个人寻求属于他自己的、以特殊形式被罚下地狱的自由,并非出于防止商业利用的考虑,而是纯粹、完全地因为,个人应该被允许在该范围内拥有自由的想法被认为是错误的。至于第一种豁免事由,有一种微妙的庸俗观念,即如果是为了业务而不是取乐,那么就可以涉足色情,即使是"科学研究、教学或政府管理"等业务。至于第二种豁免事由,除了接收者可能不是很乐意接受 321
这个礼物之外,很难想出任何理由来解释,为什么不能允许个人在他确实愿意的情况下,将淫秽色情物品作为礼物送给陌生人。但接收者不接受似乎也不是一个能被纳入这个法定体系中的理由。也许它应该是。这是我们将会回顾的一个想法。

还有一个更根本的反对意见,即便《模范刑法典》间接地处理了商业利用的目标(很明显它并没有),该反对意见也成立。问题在于,假设被商业利用的东西本身不该被禁止,那么是否有任何理由禁止对它的商业利用。《模范刑法典》起草人给出的解释只能作为假定的正当化事由,而不是被证实的正当化事由。该解释实质上是,"如果能够消除以营利为目的的淫秽物品的生产和流通,其供应就会被从源头上切断"。虽然私人间的流通仍然会发生,但"由于活动范围优先,潜在的危害将会最小化"。而且这种私人流通往往被限定在那些"已经'受到侵蚀'"的人之中。[10] "受到侵蚀"一词旁的引号表明,起草人员意识到他们正在回避一个非常重要的问题。我们已经认识到了,刑法试图禁止双方同意的商业交

〔9〕 Schwartz,p.681.

〔10〕 Model Penal Code,Comment,p. 28(Tent. Draft No. 6,1957).

易时,起草者所面临的尖锐的困难。然而《模范刑法典》的制定者们明显愿意给一个已经超负荷运转的体系继续强加负担,出于对……何种利益的考量呢? 他们不说。根据他们自己的假设,答案只能是,对罪恶的镇压。

《模范刑法典》处理淫秽犯罪的第四个显著特点是一系列旨在引导执法自由裁量权的证据指南。其包括淫秽物品意在吸引的受众的特征,该物品主要的吸引力来源,其美学和文学的价值,在美国社会中的公众接受程度,作者或是制作人的良好声誉以及对该物品进行宣传推广是诉诸淫欲还是没有此种吸引力。这些指导方
322 针意欲对行使官方自由裁量权的机构——警察、检察官和法院——说的话,可以总结为"补偿社会价值",最高法院在罗斯案中曾用这句话来限制"诉诸淫欲"的清除范围,否则该范围将过于广泛。直到最近,最高法院似乎逐渐打算接受宪法第一修正案的原则,将淫秽色情相关法律的规制范围限缩至"硬核"色情文学(赤裸裸的性描写——译者注)上,一位大法官如此评价这类色情文学:他无法定义之,但当他看到时就知道这是淫秽色情。在这一宽大的制度下,我们近年来在文学和艺术对性主题的处理上得到了前所未有的坦率对待(或直白拒绝)。想象力所剩无几,这很可能是美学上的损失。但刑法为什么要保护美学损失呢?

最高法院的法官在对待色情文学方面接受的是自由主义教育,警察和检察官也长期接受这种教育。由于他们所支持的宪法标准要求他们仔细审查受质疑作品的内容,法官们不得不花数小时费力地检查色情书籍、杂志甚至电影。最终,我们可以推测,发生在审查行业中每个人身上的事也会发生在他们身上,或者至少发生在他们中的大多数人身上。随之而来的是一种反应综合征,夹杂了对被迫处理之事的厌恶情绪,以及夸大了淫秽物品普及程

度的色情中心观的发展。结果就是臭名昭著的金斯伯格判决[11],在这一判决中,最高法院从其对涉嫌色情物品的详细审查义务中脱身,同样也放弃了其自由主义的立场。

拉夫·金斯伯格**(Ralph Ginsburg)是一名新坦率派***的企业家,他决定利用这一文学潮流,投资出版一本名为《爱神》(*Eros*)的杂志,一种类似于《读者文摘》(*Reader's Digest*)的合法的准色情文学。依据联邦的淫秽犯罪条款,金斯伯格被起诉、定罪并判处了五年监禁刑,这是该罪的法定最高刑。该有罪判决在上诉后得到维持;但当最高法院同意重审此案时,金斯伯格一定以为自己已经摆脱了麻烦。这个案子中有关淫秽色情的证据十分薄弱,而且量刑畸重。出乎他和其他大多数人所料,最高法院 323
维持了他的有罪判决,其理由甚至比结果更令人震惊。他所做的广告和推销的方法,被最高院的大多数法官认定为意图迎合淫秽癖好的证据。这本杂志的实际内容几乎没有得到论证。无须证明他进行了色情露骨的性描写,只要证明他有适度的性描写就足够了。

近年来,很少有最高法院的判决能引起法院惯常支持者的一致谴责。然而,对"后罗斯时代"自由主义的反对声浪最终到来这一点并不令人惊奇。只要最高法院将这一问题看作调和言论自由与抑制悖德行为这两个相互矛盾的主张,这条线就会是不确定和

---

〔11〕 Ginsburg v. United States, 383 U. S. 463(1966).

** 拉夫·金斯伯格,美国作家、编辑、出版商和摄影记者,以出版色情艺术书籍与杂志著称。下文《爱神》杂志(*Eros*)为金斯伯格的重要作品之一,是刊登与性和爱有关的文章和照片的精装季刊,以露骨著称。该杂志只出版了四期,金斯伯格很大程度上是因为该杂志的第四期而被起诉。——译者注

*** 新坦率派(the new frankness),是一种主要出现在电影领域的艺术流派,该流派的作品将许多此前讳莫如深的内容搬上银幕,如乱伦、同性恋、性虐、通奸等。有人将其视为影视过度资本化及追求市场而导致的媚俗产物。——译者注

摇摆的。具有讽刺意味的是,金斯伯格判决的结果或许已经能从《模范刑法典》对淫秽罪的规定中预见到,正如我们所看到的,淫秽罪是最高法院新自由主义的起点。在为涉嫌淫秽的物品做广告或宣传时,人们就会想到《模范刑法典》的证据指引之一处理的正是诉诸淫欲还是没有此种吸引力的问题。并且为了使这一法网更为严密,该法典的另一建议性条款将对"无论物品是否淫秽,通过明示或暗示它是淫秽色情物品的方式"推广该物品的人处以刑罚。[12]从这个角度来看,包裹所用的包装纸恰如其包裹的内容一样重要。考虑到商业利用的出发点,这一观点很好理解。

我认为这是一个错误的出发点,至少从以下两点理由来看是这样。第一个理由前面已经提到过:规定禁止出售某些可以免费分发的物品是不合逻辑的。如果淫秽本身没有被禁止——而且似乎没有有效的现实理由如此为之——很难理解淫秽加上牟利动机为何就成为了刑事制裁的适格对象。第二个理由是,只要问题的焦点(即使是轻微违法的焦点)仍然停留在作为被评价事物性质的
324 淫秽的概念上,就无法走出需要临时评判这种、那种或是其他事物是否"淫秽"的泥沼。因此,警察、检察官和法官将继续发挥文学评论家的作用,一些有艺术价值的作品将被埋没,而相当一部分知识分子将持续感到其整体上被法律体系排斥。(没有什么比审查风波更容易激起一场请愿了。)

淫秽罪的唯一有效目的是防止对公众的侵犯。它应该被纯粹和简单地视为对妨害社会行为的禁令。那些不希望被硬塞给色情作品或其他被认为有冒犯性的作品的人有权受到保护,就像他们绝对有权受到保护,免于目睹现实生活中的性行为一样(色情文学

---

〔12〕 Model Penal Code, 251. 4(2)(e) (Proposed Official Draft, 1961).

是现实性行为的投射)。但为了保护这种利益,禁止有意愿的买家和卖家相互寻找对方几乎是没有必要的。没有人被强迫去读《范妮·希尔》(*Fanny Hill*),或被迫在银幕上看《情歌恋曲》(*Un Chant d' Amour*),或是被迫参演《大胡子》(*The Beard*)。如果这样做违背了一些某人认为重要的道德或宗教的原则,他可以维持他的信仰,但不能要求别人——那些和他没有共同信仰的人——来遵从这些原则。

从淫秽罪本身的功能来看,金斯伯格判决的确是完全错误的,《模范刑法典》中对淫秽物品的广告和宣传的规定也是。包装越是清楚地宣传其内容,就越是能有效地避免粗心的消费者接触到他可能觉得恶心的东西。也无须担心广告本身可能会引起反感。没有哪个脑回路正常的卖家会免费发放他本想要吸引人们购买的东西。

妨害社会作为淫秽罪的基本原理为《模范刑法典》的起草者所认可,但将该原理用作他们提出的在公开传播方面的更为广泛的禁止的基础,则是不合逻辑的。援引一个例子说明为什么有关公开传播的禁令必须比“迎合淫欲”更进一步,即迎合淫欲主要是为了金钱利益。该例子是“一个富有的同性恋者不能够在时代广场上用广告牌向普通民众宣扬同性恋性行为的技巧和乐趣”[13]。他当然不能够这样做,但大可不必为了防止他将自己的异常癖好以 325
一种令人讨厌的公开描述方式强加于人,而支持审查机构明显荒谬的机制,如《模范刑法典》之所为。我们所需的只是与对待下述下流行为类似的处理方式,即一个人可能会因从事此类行为而受到惩罚,如《模范刑法典》所述,“该行为可能会被其他可能受到冒

---

〔13〕 Schwartz, p. 681.

犯或惊吓的人所发现”[14]。诚然，展出淫秽物品与以上所述行为只有一步之遥，因此似乎没有理由不把它当作妨害公众行为来对待。禁止有钱的同性恋者自己在时代广场发生同性性行为，或者雇佣一帮巡游表演者来同性相奸的原则，也应该足以保护公众免受由宣扬同性性行为的广告牌引发的不那么激烈的愤怒。

妨害社会这一解释进路的附带好处之一是，在无法假定存在明确的现实危险时，如依照传统进路的情况以及《模范刑法典》所包含的对传统进路稍作整理的版本所维持的情况那样，妨害社会这一进路更为尖锐地聚焦于可能发生的侵害的现实性和严重性上。在这种妨害社会进路之下，执法人员将不再有自由裁量权来随意铲除异端和消灭激进者。他们的工作仅仅是控制那些更为明显的公开展示形式。这将是侵略战和防御战的区别。

带有侵略性的淫秽罪执法手段也同样会消失。破门而入搜查淫秽物品，大规模查封扣押所谓的淫秽材料，逮捕那些参加所谓淫秽表演的人，这些执法行为将失去其目的合理性，并且随着新的思维习惯和新的执法模式占据主导，上述行为都有望逐渐消失。执法人员面对的问题，最终也是法官要面对的问题，将会变得比现在范围更窄也更容易，从对于物品的吸引力或倾向性作靠不住的主
326 观判断，转变为客观的判断，即在该物品公开展出的情况下人们是否有可能或是（更为确切地）已经被激怒了。撇开民事制裁（例如强制令）的问题不谈，要证明行为触犯了淫秽罪相关法律，就需要证明某一个或几个人受到了精神上的攻击。理所当然地，出版物或表演的广告或宣传事先提醒了人们注意他们可能会受到如此攻击，将会成为一种辩护事由。

〔14〕 Model Penal Code, 251.1 (Proposed Official Draft, 1961).

就像用于毒药的头骨加交叉骨头的标识一样,也许会产生一种特殊的身份识别形式来保护买卖双方。书店或是艺术画廊可能会设有一个特别的区域,适当地张贴警告,以提醒那些不想让自己受到可能会在该区域里发现的东西影响的人。没有人会被迫出售他认为恶心的物品;没有人会被迫去尝试令其不快的东西或是被迫与想要这样尝试的人交往。自由将占统治地位,唯一的限制是禁止强迫性的关注。

在这样的体制下,会有何种价值损失?也许有人会认为,对未成年人的保护——我到目前为止还没有谈到这一点——会受到损害。这显然是《模范刑法典》的制定者所担心的问题之一。在一个虚构的案例中,伴随着"富有的同性恋者"的案例,他们提出,"一个性教育的狂热支持者不能够在校园门口分发包含有对人们发生性行为加以阐述的内容的小册子"[15]。在妨害性这一理论基础之下,他的确不能这样做。这个原则适用于儿童的要义在于控诉代理人的存在。在自身对淫秽物品的容忍程度上,成年人被认为有充分的判断力,儿童(无论如何界定)则没有。他们的判断被父母、老师,或是退而求其次地被警察所代替。只要这样做被认为具有社会意义,孩子们就应该与有淫秽之嫌的物品的传播者(无论其是否是商业性传播)隔离开来。勉强而言,我们对淫秽物品的处理类似于对酒的处理。我们对"硬核"色情作品也应当如此为之。如果它的传播者带有牟利动机地向成年人宣传该产品的可用性,那么对淫秽物品的鉴定问题将不那么尖锐。传播者当然不可能两者兼而 327
得之,他们向成人推广的东西可能是被禁止展示给儿童的。

妨害性进路本身也存在一些问题。要确定性诱惑被允许的界

---

〔15〕 Schwartz, p. 681.

限并不容易,这肯定会成为决定传播者是否造成了对他人的冒犯的主要问题。例如,一个贩卖黄色电影的人用邮件推销他的商品,构成一种性骚扰吗?拒绝删除邮寄清单上的某个名字呢?从男童子军装备提供商那里租用邮寄名单呢?电子邮件的使用显然提出了最困难的问题,因为它很难将收件人隔离开来。但是,当地市场上公开的淫秽物料可能会抢占邮购供应商的相当大一部分业务。这样一来,他将成为当地零售店的批发分销商,在那里,接收者的身份总是可以确定的。一旦达到这一阶段,将没有人会反对禁止通过邮购零售色情作品,因为邮购存在的唯一目的将是向不能直接从零售商店购买色情作品的未成年人供应非法商品。因此,在最初的调整阶段过后,当今淫秽罪执法中最为棘手的问题之一可能会消失,或至少大大减轻。

最后还要讲一点关于刑事制裁替代措施的问题。比起对出版、销售或展览进行行政审查或其他形式的“事前限制”,刑事程序的事后控制方法更为可取,这一点值得展开讲讲。刑事制裁的手段造成的对人身自由的损害远不及行政审查。审查过程中专家的压制态度可能比执法人员更为明显,后者的职责范围涵盖了更广泛的反社会行为。无论刑法采取何种标准,都有可能是这种情况。但是如果像我建议的那样,将刑事制裁的重点限制在对妨害社会的淫秽行为进行压制上,这种态度的差异性将必然更为明显。

如果在我提出的缩小刑事制裁范围的同时,强化对淫秽物品
328 的其他形式的官方控制,个人自由保护问题仍将毫无收益可言。一些原本可能被投入监狱的卖家不会被关押,但一种更重要的自由形式将受到损害:自由地交换文字或是图片形式的、与时下正统相悖的“现实”表达的权利。与其他地方一样,实体刑法的改革仅仅是朝着自由社会踏出的一步,并未完成整个旅程。

第五节　卖淫：罪恶还是妨害

卖淫犯罪与通奸之罪的关系，正如牟利性传播淫秽物品与淫秽之恶的关系一样。二者都代表了一种通过把行为的商业性方面确定为应当消除的"损害"，将本质上是对人类行为作出的道德性判断进行世俗化的尝试。

尽管卖淫的方式已经发生了改变，似乎仍然没有什么理由相信，刑事执法大大减少了卖淫的发生率。卖淫是由犯罪集团组织的这种说法似乎不再成立，这显然是因为这些集团发现其他业务更有利可图。妓院也不再像上一代或是更早时期那样常见。这一行当现在以一种具有更强流动性的行为方式开展业务。其劳动力来源覆盖了所有的社会和经济阶层，正如最近纽约的一项调查显示，"其中既有在中央车站向随意拉到的客人索价 1 美元的女孩，也有在纽约最高级酒店的套间里为 500 美元委身的社会名流女性"。两者之间还有多种阶层，从吸毒的街头妓女到酒吧女、应召女郎，再到派对交际花。最常受到法律关注的是该领域中的下层人士，不出人们所料，其中包含了高比例的黑人、波多黎各人、墨西哥裔美国人和其他的城市贫民。最近的实证研究表明，在城市的贫民区巡捕街头妓女成为了 329
警察与贫民窟居民发生摩擦的持续性根源。

随着法庭对指控卖淫或拉客要求的证据越来越严格，执法的铁拳比以往更加集中地落到了那些因绝望而不得不冒最大风险的女性身上。她们从事卖淫活动往往是为了维持吸毒的瘾癖，而这种瘾癖由于另一项存在问题的实体刑法政策而变得成本高昂。法官也并非道德之魔，他们很少对被定罪的娼妓处以重刑。在镇监狱短期服刑通常是刑罚的上限，更常见的是仅判处缓刑或是罚款。这名女子可能很快就会重返法庭。法律被夹在不切实际的严厉判罚和处理琐碎小案之间,而后者占据了上风。整个冗长、高成本、有辱人格的执法过程没有产生任何结果:没有威慑,几乎没有能力的剥夺,当然也没有矫治。

这对执法产生了不妙的副作用。警察腐败与对这种罪行的控制密切相关。与人们普遍认为的相反,腐败通常并不表现为从卖淫者本人那里收取贿赂的形式。她被认为太“不值得信任”,也就是说,如果发生调查,她缺乏动机保护收受贿赂的警察。相反,有充分的证据表明,大量的贿赂行为是由处于卖淫行为周边的“商人”实施的:为女孩拉客提供场所的酒吧老板和让妓女带顾客入住的酒店老板。

另一种同样令人厌恶的执法方式是利用警察圈套或是警察雇佣线人设置圈套的方式来侦查卖淫行为。杰罗姆·斯科罗尼克教授(Professor Jerome Skolnick)对加利福尼亚州某大城市的执法实践开展的一项研究表明,通过引诱拉客(相对于通过监视)抓获的卖淫者占卖淫被捕人数的一半以上,这与警方自己的印象——“更干净的”监视技术的普遍推行——正好相反。斯科罗尼克生动地描述了“钓鱼”执法的手段:在午夜到凌晨4时之间,潜在的顾客(包括想要实施逮捕的警察)在黑人居住区周围缓慢驾驶,试图在不使对方感受到被诱捕的情况下找到妓女。他描述了这一精巧乃
330 至于复杂的游戏是如何发展的,卖淫者与警察在其中斗智斗勇,试图力克对方的最新策略。作为结尾,他讲述了与一名巡逻辅警的对话,内容是关于逮捕卖淫者的困难:

> 这些女人现在都学聪明了,可难逮住了。她们中有人告诉我,她一眼就能认出警察,因为我们从来不说:“嘿,宝贝儿,想找个十块钱的乐子吗?”这是很多嫖客在觉得某个女人看起来不错时经常说的话。我们得等他们

谈好价钱,不然我们在法庭上就赢不了,不管这个女的已经因为卖淫上了多少次法庭,都不管用。但要是我们开价,我们就输了,法律说我们对她用了警察圈套。

一天晚上,我正在巡查,一个女人走到我的车跟前,跟我说:"先生,我遇到点麻烦,需要一点钱。"

我说:"行啊,如果能为此得到点好处,我可能能够帮你。"

她说:"你会得到的,但你打算出多少钱?"

我说:"你想要多少?"

她说:"你打算给多少?"

"嗯……"我说,"一美元行吗?"

"啊,先生,"她说,"你准是个警察"——然后就走掉了。

你看,杰瑞,我们得让她们开价,说出要做什么,直接约定,一对一地,怎么干。不然我们就是在设套。[16]

人们肯定会想知道,何种执法实际目标能如此重要,以至于可以为如此使用公共资源提供正当化的理由。

尽管引诱拉客是最常见的案件来源,但卖淫行为当然是犯罪行为,也是执法活动的对象。最常用的技巧是观察貌似拉客的行为,跟踪这对男女到一家酒店,然后在他们离开时予以逮捕。为了立案,警察必须说服该男子承认这种行为是有偿的,这很难做到,而且,当认定性交易的买方同样有罪的新规生效后,可以预见到这在纽约等司法辖区会变得更加困难。而最保险的发现案件的方法就是让警察亲身参与。斯科罗尼克叙述了下面的事件:

---

〔16〕 Jerome H. Skolnick, *Justice Without Trial*, New York, 1966, p. 103.

一个现在更具经验的治安辅警报告说,在与其小分
331 队共同行动的第一个晚上,他用自己的客货两用车搭载了一个女孩,与此同时,一个经验丰富的治安辅警藏在后座的一个大纸箱里。他说,这可能是他最艰难的一次抓捕行动。他描述道:

"我把车开到她挑选的一块空地上。停车之后,我按照之前约定的做一次的价格给了她十美元。她接过钱塞进胸罩里,把她的蓝色长裤脱了下来。就在这时,罗杰从纸箱子里探出了脑袋。罗杰笑着,那女孩子看到他突然变得极为激动。她开始尖叫,又抓又咬。她撕裂了我的衬衫,抓破了我的夹克……我们几乎是把她扛进的警局。"[17]

从这种执法活动中,社会又获得了什么呢?如果努力的方向是根除卖淫行为,其注定会失败。如果是要根除或遏制性病的传播,在这种偶然性的执行模式以及同样偶然的对怀疑带有性病者进行强制隔离的情况下,该目的的实现也同样只能是虚妄。事实上,有令人信服的证据表明,这种权力根本不是为了表面上的目的而被使用,而是在刑事起诉的游戏中作为讨价还价的筹码。正如斯科罗尼克解释的那样:"毫无疑问,隔离的威胁对妓女施加了预期的压力,迫使她们与警方'合作'。这种隔离……仅仅在没有被统一执行的情况下才构成威胁。"[18]这样说很残忍,但却很精准,法律被曲解,以服务于它从未设想过的目标。

卖淫似乎和淫秽罪或其他性犯罪一样,应该被视为一种妨害社会的犯罪,其罪恶不在于行为本身,甚至不是随之而来的商业交

---

〔17〕 Jerome H. Skolnick, *Justice Without Trial*, New York, 1966, pp. 105 – 106.

〔18〕 Ibid., p. 109.

易，而是它作为一种公然猥亵行为的地位。这正是英国采取的方法，该国的执法部门似乎并不为我们的卖淫管制所产生的这些作茧自缚的问题所困扰。为了有效地制止不良警察行为的使用，还可能需要规定，对公然拉客行为的定罪必须有证据表明拉客对象因此受到了侵犯，且其既非警察，也非受雇于警察的人。

第十七章　标准的应用：各式各样的犯罪

第一节　对毒品和其他药物的管控

50 多年来，美国一直致力于推行制止毒品和其他"危险"药物"滥用"的政策。执行这一政策的主要手段是刑事制裁。这种对刑事制裁的依赖造成了如下几项结果：

(1)数十万人受到了严厉的刑罚，其中绝大多数人是吸毒者而非毒贩。

(2)形成了一个规模庞大、利润可观的毒品和其他违禁药物的非法交易市场。

(3)毒品的非法交易极大地促进了有组织犯罪集团的发展和繁荣。

(4)为了获取必要的资金来支付非法市场上人为抬高的毒品价格，吸毒者犯下了大量的贪利性犯罪——如入室盗窃、抢劫、盗窃车辆，以及其他形式的盗窃等。

(5)数十亿美元和很大一部分的执法资源被

耗费在了在刑事诉讼程序的各个阶段。

(6)数量多到令人不安的不良警察行为——违反宪法的搜查和扣押、诱捕、电子监视——已经成为惯用伎俩,因为侦破毒品犯罪面临着极大的困难。

(7)法律的重拳主要落在城市贫民,尤其是黑人和墨西哥裔美国人身上。 333

(8)关于毒品使用的原因、效果和治疗方法的研究一直停滞不前。

(9)医学界被迫忽视了本属于它的减轻人类这方面痛苦的作用。

(10)庞大而根深蒂固的执法官僚体制在现状中发展出了既得利益,并有效地阻挠了除最边缘的改革之外的所有改革。

(11)动用刑事制裁的立法请求已经自动地、不假思索地将其范围从毒品扩展到大麻,再到近年来出现的大量新的致幻药,从而使先前存在的问题雪上加霜。

很难想到比这更清楚的滥用刑事制裁的例子。我们距离根除作为毒品滥用原型问题的海洛因成瘾还相去甚远,哪怕非法市场完全依赖于从国外走私进来的物资。尽管我们从 1937 年就开始阻止大麻进口,其吸食率还是出现了明显的大幅上升。现在我们面临着一系列的新型毒品:兴奋剂、镇静剂、致幻剂。它们的吸食率呈指数上升,比传统的违禁药品更容易生产和销售。我们似乎才刚刚处在一个时代的开端,于此时代,能使人的大脑发生变化的药物会越来越频繁地被发现、合成与制造出来。我们该怎么办?按照传统的观念,答案仍然是尽量压制它。

*对吸毒者的民事收容。*传统办法发生了一个新的转变,即我们不再论及刑罚,转而考虑民事收容。它被认为是刑事制裁的替

代措施,以处遇代替惩罚。自 1961 年以来,它一直是一种刑事制裁的替代方案,当时加州在惩教署(the Department of Corrections)的管辖范围中设立了一个监禁项目,启用了名为加利福尼亚社会复
334 归中心(the California Rehabilitation Center)的特殊场所。纽约与联邦司法辖区紧随其后也做了类似的制度设计,自此,在这三个同样面临大量毒品问题的执法系统中,都可以使用这种民事监禁。

正如我们所看到的,民事收容这一称谓对上述项目而言实属用词不当。它们本质上都涉及在定罪之前或之后宣判中止刑事程序,并在不确定的期限内强制监禁这些嫌疑人或是已决犯,但不能超过法定期限规定的最大值。在收容的初期,“病人”或者说“居民”(“囚犯”这个词被回避,因为它让人联想到监狱)会被戒断毒品。在资源容许的范围内,他还会被施以所谓“治疗”来帮助其克服吸食毒品的冲动。较为典型的形式是小组讨论会,鼓励患者互相帮助,面对他们的问题,并认识到他们毒品成瘾的情况其实是不恰当地逃避了问题而不是解决问题的方法。病人还被安排学习一门手艺,通常是符合该机构自身执行基本服务所需要的手艺。当他被判定康复时,病人就会以“机构外病人”的身份返回社区,并接受某种形式的定期监督和化验,以确定他是否复吸。如果有这种情况,他就将被送回医院接受进一步治疗,或者如果他的复发是经常性的或足够严重,他可能会因原先的刑事指控而被判入狱。而如果他在机构外度过了一定时长的远离毒品的生活,对他的指控就将被撤销。

被关进特殊设施,戒毒,职业培训,团体治疗,监督释放,这些是此种对付瘾君子的“新”尝试的基本特点。除了以上提到的以外,没有其他的“治疗方法”。事实上这怎么可能呢?改变法律上的标签并不能带来医学上的进步。这个被大肆吹嘘的矫治方案只

不过是一组被贴上新标签的刑罚。在帮助瘾君子方面,很难说它比其他标签下的相同疗法效果更好还是更差。

民事收容运动可能会对改变公众对吸毒的态度产生长期影 335
响,以便最终能够作出更深刻和有意义的改变。这当然仅仅是一个预测。它也可能让我们冷静地看待这个问题。莫雷勋爵(Lord Morley)曾经评论说,小的改革是大的改革的敌人。对改革效果好坏的评价可能褒贬不一,但不可否认其产生了一些效果,这使我们确信我们正在改变,我们真的在进步。听听总统的法律执行和司法行政委员会(the President's Commission on Law Enforcement and the Administration of Justice)的报告吧:"在过去几年里,法律程序和医疗技术有了重大创新。新的联邦和州法律及项目旨在提供处遇……这些法律和程序表明,国家对毒品成瘾的处理方式已经发生了根本的改变。"[1]用"虚伪"这个词来形容这种陈词太过尖锐,而且很可能不恰当。但称之为自欺欺人大概是恰当的。

明摆着的事实是,民事收容没有改变任何事情。如果普遍地用它来代替我们目前处理吸毒问题的主要方式,那么伴随刑事制裁的适用而来的负面效应就不会得到改善。对自由的大规模剥夺将持续发生,但现在是以"治疗"而非"惩罚"的误导性名义进行。非法毒品市场将继续繁荣,同时还鼓励了有组织犯罪,并引诱使用者实施财产犯罪以支付毒资。执法的经济成本将保持高昂,符合标准的警察工作将仍然压力巨大。除了名义以外,没有什么发生变化。这不是改革,这仅仅是逃避改革的一个借口。

犯罪委员会提到的"医疗技术……重大创新"耐人寻味。我只知道两种创新,而且它们都只在极为有限的情况下进行了试验。

---

〔1〕 *The Challenge of Crime in a Free Society*, Washington, D. C., 1967, p. 211.

一种是每天服用鸦片类拮抗剂环佐辛,大剂量的环佐辛可以明显
336 抵消相对更大剂量海洛因的作用。另一种广为公开的技术是替代性药物的开发,即美沙酮;它是一种阿片类药物,可以使得使用者在社会中充分活动的能力相对地免受损害。曼哈顿综合医院(Manhattan General Hospital)的文森特·多尔(Vincent Dole)和玛丽·尼斯万德(Marie Nyswander)对美沙酮维持技术的初步报告显示,就使吸毒者戒除对海洛因的依赖并在社区中过上相对正常和有价值的生活来看,这种措施有着很高的成功率。

美沙酮疗法迎头"撞上"了一种由来已久的争论,即在门诊的基础上向成瘾者提供维持性剂量的成瘾性药物(所谓的"诊所计划")的可行性和适当性。多年来,麻醉药品管理局一直让负责在此基础上治疗吸毒者的医生感到十分困扰。1914 年的《哈里森毒品法》(The Harrison Narcotic Act)设立了如下的免责事由,即医生"为合法医疗用途"开具的处方,以及医生"仅在其执业过程中"向患者发放的处方,但没有对术语进一步定义。尽管如此,麻醉药品管理局依然将界定什么是合理的医疗做法这一概念的权力据为己有。多年来,面对强大但无组织的医学界和民众的反对,该局仍继续向医生宣传一项规定,称医生"不是在专业治疗过程中,而是为了向吸食者提供足够的麻醉品,维持其习惯性的使用,以使其感到舒适"而开麻醉品处方是非法的。当然,这条规定通过假定"维持性使用"不属于在"治疗过程中"而回避了最关键的问题。是否应当允许由个体医生决定何种疗法对他的病人来说是合适的,是一个可以商榷的问题。但是,当一个比其他人更大胆的医生被发现为上述维持性使用开了大量的麻醉药后,医生们屈服于联邦调查局反复发出的刑事起诉的威胁,从而被剥夺了这种自由。在就这个问题摇摆不定了相当长一段时间后,美国医疗协会(the American Medical

Association）和国家研究咨询会（the National Research Council）共 337
同组成的联合委员会发布了一份关于在医疗实践中使用麻醉品的模棱两可而不令人满意的声明，在例行公事、象征性地呼吁进一步研究之后，他们宣称根据现有知识，在门诊基础上为维持性目的而使用药品在医学上是不正确的。尽管纽约有关民事监禁的法令授权在研究项目中出于维持性目的使用麻醉药品，给该问题带来了一丝希望，但目前问题依然存在。

在毒品领域出现重大变化的希望渺茫。尽管近年来它受到了集中的关注，尤其是在联邦层面，但似乎没有任何迹象表明有任何放弃目前方法的倾向。要求改革的压力暂时被消解在对民事监禁的带有欺骗性的支持中，即将其作为对使用和持有毒品的刑事制裁的有意义的替代办法。唯一有效的短期策略似乎是在进行研究和实验方面争取更大的自由，特别是在旨在测试对成瘾者进行临床维持性治疗的前景的项目上。即便是这种策略，也将需要在一定程度上放宽传统的执法观点，即无论在何种环境下，习惯性使用麻醉品都是一种威胁。这种放宽并不容易实现。

对吸食大麻的刑罚。到目前为止，我们的讨论主要涉及"硬"性毒品的问题，这样称呼是为了将它们与大麻以及各种新的兴奋剂、镇静剂和致幻剂区分开来。在过去的 30 年里，大麻被联邦政府和大多数州视为毒品。不仅仅是进口（具有大规模商业性经营的特点）和销售（可能具备也可能不具备上述特点），简单地使用或持有大麻都成为严刑重罚的依据，且往往伴随着对再犯及后续犯罪的极其令人痛苦的强制性最低刑罚。例如，在加利福尼亚州，单纯持有大麻就是重罪，可判处 1 年至 10 年监禁；持有并意图出售，可判处 2 年至 10 年监禁；贩卖大麻，不论数量（一支香烟足矣）如
何，都可能获刑 5 年乃至终身监禁；出售大麻给未成年人则可能被 338

判处10年乃至终身监禁。所有这些针对的都是初犯。许多其他的量刑法规提高了相应刑期，通常是对以前被判有其他犯罪行为的人补充规定了强制性最低刑期。这些规定可不仅是一纸空文。大量大麻相关罪犯被判入狱。以1965年为例，138人在加利福尼亚州监狱服刑期满后首次获得假释。大约10倍于这个数字的人被关押在地方监狱，而在加利福尼亚州，地方监狱是用来关押刑期少于一年的轻罪犯人的。

尽管现有的科学证据充分表明，大麻的危害性小于酒精，甚至可能小于普通的香烟，但这些严厉的惩罚仍然被施行了。尽管与任何异质进入人体系统一样，吸食大麻的效果因人而异，但总的来说，大麻产生的是一种相对温和的麻醉效应（俗称“嗨”），不会刺激人的攻击性，持续时间相对较短，不会有后遗症，也不会产生依赖性。尽管由于存在严格的犯罪控制模式，对大麻吸食效果的研究一直受到严重的抑制，但药理学家似乎达成了一个共识，即大麻与毒品或鸦片剂品的作用几乎不能够相提并论。就对人体的危害而言，似乎不存在任何适用严厉刑事制裁的实质性的正当化理由。实际上，人们可能会问，将人投入监狱是否是一种挽救他们的可取途径。尽管关于吸食大麻的反社会性后果存在争议，或者说主要是争论性的，但要在吸食大麻与实施其他犯罪行为之间建立因果关联，则完全缺乏确凿的证据。至于人们所熟知的吸食大麻最终会导致吸食毒品这一论断，也同样缺乏根据。有理由相信，大麻与
339 毒品之间的联系与其说是生理上的，不如说是文化上的。吸食大麻较多的地区也是吸食毒品较多的地区。众所周知，在20世纪60年代之前，这些地区主要集中在城市贫民区。贫民区的孩子在很小的时候就接触到大麻，在青春期或成年早期就成为了瘾君子的主要后备军；这并不是因为他以前吸食过大麻，而是因为他生活在

心理和社会的双重压力之下，企图逃避现实，而毒品成瘾是一种方便的逃避方式。

目前中产阶级广泛吸食大麻的现象大大增强了用文化来解释从大麻到毒品的发展过程的合理性。这一现象有很多需要进一步分析的重要含义，但这里要强调的是，所有这一现象的观测者都认为，不存在从吸食大麻向吸食毒品发展的倾向。新一代的大麻吸食者——大学生、新波西米亚人和他们的同伴们——将沾染上毒品视为愚蠢的。这样做违背了“玩酷”的精神内核，即任何事都要适度，哪怕是越轨的事。

大麻吸食量的惊人增长对于我们的研究有着重要的启发。首先也是最明显的是，它论证（如果需要进一步论证的话）了刑事制裁对控制双方同意行为的无效性。与执法在处理卖淫和赌博等不良行为上的努力不同，对大麻的打击既不是偶然性的，也不是微不足道的。联邦和各州的执法官员已经做出了最艰苦的努力来控制大麻的进口和随后的供应行为。他们几乎每个月都会逮捕几个大麻的“主要来源”，同时宣称目前该问题已经从根源上得到了解决。但这个问题就像是九头蛇海德拉的脑袋那样，斩而复生。对此施加相当严厉的刑罚也同样丝毫没有作用。这并不在意料之外。严厉的刑罚对于大麻供应市场中专业化的组织并不构成威慑。对于受雇者而言，风险增加的同时回报也会增加。缺少案件侦破的必然性，仅有严厉的惩罚并不足以威慑到那些精于算计风险的人。对于有些人穷志亦短的贫民窟居民而言，严刑峻法同样不起作用。340
对他们而言，生活就是“今朝有酒今朝醉，明日愁来明日愁”，喜悦和满足感转瞬即逝，或根本无从谈起。如果他真的停下来反思一下，他可能会得出这样的结论：不管发生什么，他的生活都不会比现在更糟了。严厉的刑罚辅以高侦破率，或许能够遏制某些新的大麻吸食者加入此行列，例如，渴望从中产阶级生活中片刻逃离的人士，或是抓住诱人的机会离经叛道一把的大学生。但事实上他们并未被威慑到；部分原因是即便开展强有力的执法活动，他们被发现的风险也远不够高；部分原因是比起受到关注的传统对象，现行法律给予这些新的、体面的吸食者的宽容要多得多。考虑到刑事定罪对中产阶级造成的毁灭性后果，以及执法人员对严厉的大麻相关法律日益矛盾的态度，所有的自由裁量权都被用来使法律的影响最小化。尽管出现了一些臭名昭著的案例，即持有大麻的大学生被处以严厉的刑罚，但这些案例之所以恶名远扬，至少部分是因为其罕见性。我们或许正见证着法律失效过程的开端，社会与它所不相信的法律达成了妥协，而并未实际将其废除。

当前的大麻吸食态势给我们的另一启示是，现有政策的执行成本正在攀升。一方面，如果贫民区和富人区开展的执法活动中宽大处理的程度不同，我们文化中现存的分裂的根源将会被进一步强化；另一方面，如果要遏制法律失效的趋势，其代价将是对社会各阶层进行大规模的执法干预，对此，我们的社会既不适应也不欢迎。警察执法行为存在的问题先按下不表，持续性地以刑事制裁打击吸食大麻者，很可能使年青一代对法律的崇敬感加速销蚀。我们当前似乎面临着一场巨大的信任危机，年轻人对他们生活其中的社会缺乏信心。个中原因远非本书的讨论范围所能企及，其进程也很可能不可逆转。事实上，我们可能生活于一个前所未有
341 的变革时代，至少在西方世界近200年来都无所能及。但是，我们中那些不愿根据这种先验的假定行事的人应当思考，守法信仰的衰退是否是一种值得称道的现象，有关大麻的法律是否是这种信仰衰退的一个实质性促进因素，以及我们是否无法很好地证明那个从来没有被很好地证明过的问题——法律是为了人民而非其他

目的制定的。

对危险药品的控制。今天,我们面临着科技爆炸带来的特殊副产品:各种具备改变人类大脑功能的特性的化学药物被发明出来并迅速推广。其中一些具有极高的医疗意义,另一些则没有明确的医疗用途,但所有药物都显示出被严重滥用的巨大可能。其中一些物质,特别是兴奋剂和镇定剂,已经彻底改变了情绪障碍疾病的治疗,使那些在仅十年前还会被诊断为要终身龟缩于精神病医院一隅的人有可能恢复有价值的社会功能。其他的药物——比如 LSD(一种致幻剂——译者注)——的医疗用途还未被普遍接受。当下一种令人不安的趋势是,对所有这些“危险药品”都施以类似于目前对毒品和大麻实施的那种无差别的详细控制。在高度宣传了 LSD 对使用者的有害影响之后,一些州最近对其发布了全面的刑事禁令。

我们在毒品和大麻管制方面的惨痛教训本应让我们对这种急于诉诸刑事制裁的做法更加谨慎。对于安非他命、镇定剂和巴比妥类药物来说,这种做法似乎尤为不妥,因为这些药物都有可接受的医疗用途。我们的社会是一个使用药物的社会,这种药物使用的一个重要方面是患者自行治疗。对一个没有医学处方但为了自己的使用而持有药品的人进行偶然性的刑事制裁,只会引发不必要的痛苦。近来联邦对药物控制的立法开创了一个有益的先例, 342
即如果不是为了销售和吸食的目的持有这些药品,则不构成刑事犯罪,或许这个先例的影响将比我们预期的更加深远。但令人遗憾的是,许多州忽视了这个先例,而自行颁布了十分严格的立法。

除了与民众的积重难返的习惯背道而驰之外,压制性的刑事立法在该领域还存在无法执行的问题。海洛因和大麻至少还必须经受边境管制的考验,因为几乎所有的供货渠道都来自海外。而各种“危险药品”则都是国内生产的。此外,这些药物中有很多可以在相对简单的实验室操作中以较低的成本合成。简言之,有效控制全部药品供应的希望十分渺茫,也完全不能奢望避免大量货源进入非法分销渠道。尽管应该通过联邦政府对生产设施的许可和检查、要求制造商和分销商保留登记记录以及其他监管手段来施加最大限度控制,但以刑事制裁作为主要控制手段似乎非常不合适。禁令、吊销许可证和民事罚款等制裁措施更有助于实行切实可行的法律控制。

第二节　堕胎:运作中的犯罪关税

刑法禁止堕胎的基本理由在于防止某种形式的谋杀,即戕害未出生的胎儿。胎儿是否应该被视为一个完整的人,本质上似乎是一个伦理问题。但无论如何,法律通常对为拯救母亲的生命而进行的堕胎规定了免责事由,这一立场通常与罗马天主教会的主张相反,后者是在这个问题上采取教条立场的主要的有组织的道德体系。这样看来,法律事实上支持了一种道德诉求,除非有充分的世俗理由不如此为之。

343 近年来,医疗行业所采用的世俗理由(并不被法律承认)越来越多。在1958年至1959年的一项调查中,笔者和一名同事证实,医学行业中的有声望人士之间存在一种重要共识,即赞成在挽救或延长母亲生命之外,以各种理由实施所谓“治疗性堕胎”,包括预防或减轻母亲的严重情绪紊乱、预防可能畸形的儿童出生,和解除因强奸或乱伦而怀孕的妇女的痛苦。尽管基于这些理由而进行的堕胎曾经是(而且现在在大多数地区仍然是)重罪,但我们能够证明,相当数量的医生不仅支持在这些情况下进行堕胎手术,而且他们自己也准备主导或实施此类手术。大约在同一时期,《模范刑法典》声援了堕胎法改革运动,一些州也展开了长期的立法斗争,到目前为止取得了不同的结果。伊利诺伊州和纽约州最近对其刑法的全面修订都拒绝放宽对堕胎的法律限制。然而,在 1967 年,加利福尼亚州和科罗拉多州则都颁布法令(尽管这需要克服很大的困难)扩张了除以上提到的规定外可以合法堕胎的理由范围。我们有理由相信,在未来的岁月里,这样的改革进程还会在其他地区出现。

然而,可能受到质疑的是,这类改革能否对堕胎问题的严重性作出充分的反应。据保守估计,在这个国家每年有超过 100 万台堕胎手术被实施,大多数是在已婚妇女身上进行的。目前或许有 1/100 的手术在医院中进行,其余的则由“不遵守职业道德”的医疗从业人员秘密进行,或由没有接受过医疗培训的人在十分糟糕的条件下进行,后一种情况更为常见,且造成产妇死亡或伤残的风险更大。结果,那些以保护妇女免受堕胎不良影响为实质的正当化依据的刑事法令,恰恰产生了完全相反的效果。

堕胎法案是犯罪关税运作的典型案例。鉴于对堕胎的需求缺乏弹性,法律禁令的效果包括提高不法行为实施者的风险和回报,
以及降低其所提供服务的质量。这一现象并不能通过温和的或是 344
“治疗性堕胎”路径下的法律改革得到明显有效的缓解。这种做法也不会消除在美国每年有超过 100 万例非法且可能危险的堕胎发生这一事实,同样不能磨灭人们对这一事实的认知。最重要的是,我们必须认识到温和改革实质上是属于中产阶级的改革,它有利于那些受过良好教育、有良好人脉和雄厚财力来利用宽松法律的人。一个贫民窟居民到哪里去找一个心理医生来证明她如果被迫生下第几个孩子则面临罹患情感障碍的巨大风险呢?

逼迫人们堕胎的理由正是对堕胎的过分压制。从这个意义上

讲,堕胎犯罪违背了一种强迫性的限制,相当数量的妇女出于一种绝望感将自己交到非法堕胎医生的手中,这种绝望无法通过其他更为和缓的方式摆脱。对法律而言,惩罚她们是伪善的,惩罚那些她们所寻求的服务的提供者则是无效的。

更广泛的节育知识宣传和更简单的避孕方法相结合,或许会减少意外怀孕的发生率。此外,对待避孕的更为随和与宽容的态度也可能淡化对于堕胎仍然普遍存在的谴责态度。事实上,对人口控制问题的高度认知可能会导致对任何有助于实现该目标措施(包括堕胎)持接受的态度。

无论前景如何,改革的合理目标是关注非法堕胎带来的害处,并思考如何采取措施消除它们。不容回避的结论是,消除非法堕胎者的唯一途径是废除非法堕胎的规定,取而代之以规制范围更狭窄的、仅仅针对不合格行医者所实施的具有实质危害性的堕胎行为的刑事禁令,并将何种情况下可以运用医疗技术实施堕胎手术的决定问题留给不断嬗变的医学职业伦理。

345 ## 第三节 醉酒:“生病”的权利

酗酒是滥用刑事制裁的标准范例。它为滥用刑事制裁所导致的双重恶果提供了经典的阐释:一方面,我们为刑事程序增加了无谓的负担;另一方面,我们自欺欺人地以为借此解决了一个社会问题。这项负担极为沉重。在 1965 年被逮捕的 200 万人中,有 1/3 是因为醉酒。由于很多被逮捕的人只是在“醉汉监禁室”(drunk tank)中沉睡一晚后就被释放了,受到实际追诉的人数量极少。尽管如此,警察和下级刑事法院,尤其是在大城市,日复一日地承受着大量对醉酒的逮捕、关押(以及所有相关的“客房服务”)再到开庭的流水线工作。如果说这会对社会复归体制产生什么影响的话，这种影响只会比对上述司法系统的更为糟糕。如果罪犯被判处监禁刑，通常就要在一个短期刑罚执行机构里待上一阵子，他和犯下同样罪行的人加剧了这些机构本已严重的人满为患问题。尽管缺乏可靠的数据，但据估计，这些机构——市拘留所、城镇监狱、劳动农场等——中有一半的囚犯是因酗酒而获刑的。

“蹲班房”对他们本人和其他人都没有任何好处。刑法中的“旋转门”现象在这个领域再普遍不过了。这些倒霉蛋中有很大比例是长期酗酒者，将他们送进监狱不过是为了一个颇令人质疑的社会目的，即让人们能有一段时间眼不见心不烦。该措施不能阻止人们喝酒，也无益于对身陷囹圄之人的矫治。

在某种程度上，酗酒或醉酒问题可以被认为是一个公共健康问题。如果能因此将社会资源投入可以帮助酗酒者戒酒的设施中 346
去，并提供各种咨询和治疗设备来帮助他们减轻对酒精的依赖，那么以这种方式看待问题可以说有许多优点。这实际上也是总统的法律执行和司法行政委员会所倡导的解决办法。委员会认为，“醉酒本身不应当成立刑事犯罪，其造成的扰乱治安和其他犯罪行为应作为单独的犯罪予以惩罚。这项建议的推行需要民间戒毒程序有充分的发展”[2]。这里“戒毒”一词的内涵大体上并不明晰。如果这是对醒酒的委婉表达，那么这一过程只需要醉酒者在没有酒的地方待上一晚就可以完成。然而，这个词意指的更可能是解决酒精导致的营养不良以及处理继发性戒断症状的漫长过程。毫无疑问，后一种更为精心准备的短期治疗更为可取。同样毋庸置疑的是，它与在警察局或民间戒瘾机构进行的简单醒酒措施相比，成本远更高昂。

---

〔2〕 *The Challenge of Crime in a Free Society*, p. 236.

一个必须提出的问题是,为什么消灭作为犯罪的醉酒行为还得等到提供了相应设施才行?而这些设施无论多么可取,都将增加公共开支,因此短期内无法充分提供。是因为公共福利要求对醉鬼进行某种短期处理吗?下一步是不是意味着应当使用强制力要求醉酒的人接受短期的戒酒?往好了说,这是一个过于宽泛的建议;往坏了说,这是一个非常危险的命题。

对醉汉施加强制的合理理由是,他对自己或他人构成威胁,或对他人造成妨害。“威胁”的案例少之又少。可能在某些情况下出于对醉汉自身安全的考虑必须把他从街上带走,以免他冻死或掉进河里或发生类似的悲剧,而醉汉对他人造成威胁的情况就更少
347 了。至于醉酒的妨害性,醉酒者滋扰他人的程度很容易被夸大,尤其当他是贫民区居民的一分子时。在这种案例中(而且这可能是主要的情况)并不存在危险或是攻击行为,没有可以实施强制的确凿理由。醉酒者应当在自愿的基础上接受短期的戒除措施。通过刑事程序之外的渠道解决醉酒问题的试验项目有力地表明,醉酒者通常会接受此种帮助。至于要在受控环境下生活的更长期的措施,坚持将其范围限制在自愿治疗的理由就更为充分了。如果使用强制性手段,社会服务就会成为一种比刑事制裁更加微妙且更具强制性的暴政。

如果隐含了必须接受治疗的义务,某种特定情形(如酗酒)是一种“疾病”的说法就必须被严格审查。一条可能有意义的经验法则是,如果没有明显精神异常的人不认为他们正在遭受一种自己希望治愈的疾病的折磨,那么社会将他们视作有病的人是有问题的。酗酒是一种对现实世界的逃避,现实世界应该阻挠这样的逃避行为吗?或者准确地说,是否应该适用正式的、强制性的社会控制——无论以什么名义——来阻止这种行为?用社会的强制力迫

使人们表面上接受内心无法接受的价值，是有用的吗，是道德的吗？人们有没有追求不幸的权利？

第四节　赌博：实验的例子

我们得知，赌博是这个国家规模最大、利润最丰厚的非法产业。据说每年进入这个市场的资金总额高达500亿美元，而非法经营者获得的利润估计有60亿~70亿美元。与涉赌资金规模相匹配的是我们因试图阻止赌博而施加于刑事程序的负担。被报告的逮捕情况显示，赌博罪在最常发生的犯罪中排名第九。根据美国联邦调查局编制的《统一犯罪报告》，1965年约有11.5万人因赌博罪被捕。这只是一个保守的数据，因为许多逮捕机构并不向联邦调查 348
局作报告，而且有许多逮捕因为这样或那样的原因没有报告。

我们的刑事禁令是如此广泛，以至于所有未经批准的赌博，除了极为偶然和微不足道的例外，都是非法的。理论上讲，赌博犯罪行为包括教堂的宾果游戏、牌桌上的社交性打赌，以及在体育赛事上的友情投注。在赛马场进行同注分彩（pari-mutuel）赌博是合法的，但一群在赛马场赌了一天的人在回家的路上对车载广播里的球赛打赌却是违法的。当然，中产阶级几乎从未因社交性赌博而被起诉；但是，如果人们了解到，本来是守法公民的人广泛从事的行为是犯罪，其并无益于对刑事制裁的道德力量的尊重。

刑事制裁在制止人们参与赌博行为上尤为无效，这一点从本节讨论开始时所引用的巨额数据就可以看出。其中原因不难查明。赌博是两相情愿的交易，拥有所有与当事人不会抱怨的行为相关的便利隐藏条件。事实上，典型的赌博交易可能比任何其他形式的非法合意的交易完成得更容易、更快、更私密。与购买海洛因或实施堕胎相比，跟赌徒打赌要容易得多。除了侦查上的困难，刑事制裁的威慑作用也很小。对偶然被抓获的职业赌徒的惩罚相当轻微,约等于从事该行业的牌照税。消费的公众并不认为赌博是特别不正当的行为,这种情绪既受到对赌博罪犯的宽大处理的影响,也反映在对赌博罪犯的宽大处理之中。社交性赌博是一种非常普遍的现象,以至于人们很难认为与一名赛马赌徒赌博能比在办公室与朋友打赌恶劣到哪里去。我们对待赌博的态度是道德上矛盾的,这体现为我们既拒绝接受减少或消除对刑事制裁依赖
349 的提议,也对哪怕是极其偶尔的执法企图抱有同样的排斥。偶然性的执法是我们对付赌博的努力的全部表征。对任何一个大城市连续几年的报纸加以研究都能够揭示此种典型模式。每隔一年左右,就会有一连串的关于城市某区域非法赌博盛行的消息见诸报端,往往伴随着警察腐败的故事。接着,先是对一位铁面无私的地方检察官的报道,他发誓要与这股歪风邪气斗争到底,然后是一波对赌博的突袭和逮捕,最后是标题为"赌圈粉碎"的文章以及赞扬当局并敦促继续保持警惕的社论。然后是一段时间的沉寂。再过一年左右,一切又周而复始。

与执法部门在试图抑制赌博的过程中所面临的挫败感伴随而来的是,警方认为有必要使用的——无论对错与否的——侵入性策略。赌博犯罪与毒品案件共同的特性在于,它们占据了最高法院对非法调查、窃听和其他电子监视、警察圈套作出的判决中的主要部分。由于外围下注行为主要通过电话实施,监听和窃听在针对赌博的执法活动中尤为盛行。违反联邦法律和宪法第四修正案的警察行为,竟然被如此大量地用于镇压这项犯罪,而其无论如何都是最微不足道的犯罪中的一种,不可谓不荒唐。

警察用来侦查和镇压赌博的本应无差别实施的策略,在城市贫民区居民的身上运用时则极为不公平。在这些地区,数字游戏

是主要的赌博活动形式，一撮小型经营者维持着生意，而警察的干预则是家常便饭。通过电话下注赌马的中产阶级商人只是隐约感到禁止他这项交易的执法活动是存在的，在街角、当地酒吧或糖果店设注的贫民区居民则高度意识到警察的威胁。这只不过是中产阶级和下层美国人之间一种相对恶化的区别。我并不是说由于贫穷或是属于少数群体的一员就应当得到执法的豁免，但如果我们 350
讨论的行为具有普遍性而执法却与阶级和种族有如此大的关系，这就值得我们关注了。

从经济方面来看，禁止赌博的法律从另一个角度来看也为有组织犯罪提供了最为慷慨的"补贴"。成功运营赌博活动需要高度精密的组织，无论是客户在不同的赔率下玩机会游戏的赌场，还是在各种体育赛事上下注的博彩服务。尤其是在后一种情况下，必须通过组织来保证信息和资金的持续畅通，还必须有一套系统通过停止下注或是其他手段防范严重亏损。在这些复杂设置（合法赌博也具有这些设置）的基础上，还增设了复杂的组织机制以防赌博生意被查获，并确保如果某一级别的安全性被打破不会危及更高层。例如，电话和其他通信系统的应用可以确保分区结构的有效运作，在这种结构中，下注的人可能不知道他给付赌注的人的下一梯队人的身份。简言之，这种非法营业需要高度严密的组织，这一要求显然已经得到了成功满足。

通过积极响应这一情势下的经济逻辑，从赌博行业攫取了巨大利润的犯罪组织已然出现。非法性与组织性需求的结合造就了经典的犯罪关税运作情形。继而，这些垄断利润就可以用于维持犯罪组织在各种阵线上的活动，包括向合法和准合法的经济市场渗透。一些证据表明，博彩业的利润被再投资于高利贷业务，据说该业务构成了有组织犯罪的第二大收入来源。一个奇巧的反转

是,高利贷业务可能会被用来将小规模的独立博彩公司置于经济压力之下,从而迫使他们成为博彩业辛迪加的一部分,进而带来犯
351 罪组织利益的增长。剥削、暴力以及其他黑道手段的运用促进了上述情形以及类似的市场渗透,因此,刑法本身为有组织犯罪不断壮大的经济力量和犯罪行为的净增长提供了基础。

这种"补贴"的影响远远超出了单纯的经济范畴。通过把在赌博领域开展活动变得对犯罪组织有利可图,我们为执法和政治过程中普遍滋生的腐败行为提供了沃土。为了确保他们的犯罪活动得到保护,有组织犯罪势力会收买辖区一级的警察。等犯罪组织稍微成熟一点,他们就会买通警察局的负责人。当犯罪组织发展得更为精密,他们还会资助地方官员的选举,这些官员以后会多多关照,确保将执法工作限制在一个较低的、可预测的水平。

最后必须指出的是,取缔非法赌博的努力收效甚微,却消耗了大量执法资源。遗憾的是,我们还没有研究证明执法成本的运作失败。例如,我们不知道一个大城市的警察部门中有多大比例的人力和技术设施被用于侦查赌博犯罪;不知道有多少时间被花费在准备和进行对赌博犯罪的起诉上;也不知道法庭耗费了多少时间在这种工作上。简单的案例数量计算并不十分具有指导意义,因为每个案件花费的时间并不统一。这类研究十分必要,但即使没有这类研究,我们也可以肯定花费的时间总量绝非无足轻重。1965 年各级执法部门的总开支估计有 45 亿美元,因此,我们可以合理推测,保守估计有 1 亿美元被用于对赌博犯罪的执法。根据过去的趋势推断,这个数字将在 10 年内翻一番。是时候思考一下我们是否从这些大规模支出中获取了足够的回报了。

我们打算对此做些什么?近年来,我们对于将各种形式的赌博合法化的建议已经耳熟能详,如赛马场上的赌马行为。一些执

法官员对这些建议表示赞赏，其中最为著名的是前纽约警务委员莫菲先生（former Police Commissioner Murphy of New York）。他 352
的理由是一种对犯罪关税问题的有意思的回应。在立法委员会为审议瓦格纳市长 1962 年提出的场外投注赌博合法化提案召开的听证会上，他说："将这些资金从黑社会资产中抽走，将减少非法赌博资金向辛迪加企业的流入。"而且，"这也将进一步削弱敲诈勒索者的财力，缩小暴露在可能腐败的危险之下的部门范围"。

该提案的反对者提出了一些观点。该提议并不会触及大多数非法赌博，因为赌马只占非法赌博总额的 15% 左右。即使是场外下注的赌马行为，非法经营者仍有操作的余地，因为这项提案并未涉及其他形式的额外服务，如套票、背靠背投注、轮赌以及其他奇奇怪怪的下注方式。合法的赌场将不得不从黑社会中招募人员，因为这是训练有素的人力资源的唯一来源。赌博的净数量也将大幅度增长。

这些反对意见有助于阐明在任何领域发展出令人满意的刑事制裁替代措施的困难性。然而，它们并没有解决任何问题。第一种和第二种意见提出了改革范围和步骤的难题。场外投注的提案被设计出来并不是为了消除赌博，而是为了减少赌博。或许这一提案应当更进一步，将其他赛事上的赌博也包含在内。又或许它需要被更审慎地加以细化，以确保消费者能够得到其真正想要的服务。它需要一种艰难的立法判断来确定何时提案足够有效但又不至于产生风险，这种风险意味着该提案不能被接受，或者即使它被接受了，如果不能很好地发挥作用，则会造成不可弥补的损害。

关于向黑社会招募人员的反对意见，在能够证明黑社会的暴力和腐败习惯不可避免地与向黑社会招募有关的前提下，是值得认真考虑的。然而，这种意见主要是为了说明，合法雇用那些曾经

353 从事过非法活动的人本质上是一件错误的事情,那么它就必然是一种错误的构想。最后,关于赌博净数量增加可能性的问题显示了一个普遍的问题,即我们愿意付出多少代价来根除我们已经讨论过的这些罪恶。其中一些从未被系统地研究过的重要的经验性问题应该被系统地研究。但即使有足够的措施来应对立法后赌博活动的增加,问题仍然是:多少才算多?为了回答这个问题,我们需要知道赌博在多大程度上减少了其他开支。赌资是从小本生意里挤的,还是专门留出的娱乐资金?人们普遍将赌博视作家庭经济的破坏者,这种观点有多大的准确度?

回答这些问题需要的是一系列和其他制裁领域一样的富有想象力和精心设计的社会实验。赌博可能是一个尤其合适的试验领域,因为其具有相对较小的社会非难性,同时还很容易通过现代技术进行合理化和可控的研究。一项公开控制或管理的计算机赌博操作将会给我们提供关于不同消费阶层公众的使用程度、管理费用、差异边际回报和其他事项的宝贵线索,这些是设计可行的公共管理方案所必须了解的。实验者还可以尝试不同的组织形式,包括公共的和私人的。一种看似合理的设想是,由于博彩业务与保险业务具有亲缘关系,所以最好由保险公司来经营博彩业务。或许,将合法的赌博行为委托给有足够经济实力抵御黑社会压力的企业,可以最大限度地减少有组织犯罪的垄断问题。大型保险公司或其他现有的金融机构可能比为此专门组建的公共机构更有能力做到这一点。在科萨·诺斯特拉(Cosa Nostra,美国黑手党活动于美国的一个秘密犯罪组织——译者注)和,比如说环美公司(Transamerica)之间的战斗中,把赌注押在前者身上无疑是轻率之
354 举。

即使进行上述实验的日子遥遥无期,我们仍有可能对合法化

赌博经营的实施与规制问题开展比当前更为详细的研究。从英格兰到巴哈马群岛,从新罕布什尔州到内华达州,这样的例子有很多。这是一个完全没有被社会控制学者认真开发的领域,是立法变迁研究者的最后阵地。如果能够在某些州开展一场精心设计、资金充足的运动,以确保对赌博采取全面的非刑事化措施,将黑社会垄断的机会降至最低,那么研究反对意见的来源就很有意义。可以预见,其中大部分将来自高度道德主义的领域。特别有趣的一点是:黑社会将站在哪一边呢?

第五节 作为罪犯的商人

到目前为止,我们已经讨论了两种主要的反社会行为:一是严重和直接的对人身或财产安全的伤害或是威胁,二是一些轻微的犯罪如双方合意的性行为不端、药物成瘾与赌博。此外还有一个广阔的刑事禁令领域,它并不处理上述这些行为中的任意一种。这一禁令领域规制的是合法的经济活动,这类活动是在我们这样物欲横流的社会中使人们和机构相互接触的主要行为形式,并受到或多或少的强制性社会控制。就我们已有的多种制裁模式而言,这属于民事赔偿的范围,也越来越多地受到行政监管;但它同样属于刑罚调控的领域,尽管是以一种补充和辅助的作用出现。“白领犯罪”一词部分地定义了这个领域的问题。“白领犯罪”这一概念由社会学家 E. H. 萨瑟兰(E. H. Sutherland)创立,指的是拥有名望和较高社会地位的人在从事职业活动的过程中犯下的罪行。这是一个涉及法律范畴的社会学概念,因而不可否认的是,它作为犯罪类型定义而言是不精确的。这个概念的功能主要在于其内涵而非外延。尽管如此,它作为一个设定界限的术语还是有些用处的。

另一个设定界限的术语是“法定犯”,指向一系列被用于规范 355

公司和个人经营活动的大量杂乱无章的禁令。这些规定涉及经济生活的方方面面。食品药品相关的法律通过对最终产品以及产品制造和销售过程的详细规定来确保消费者买到的食品的质量和安全。劳动法规定了工人的工作时间和工作条件,涉及从禁止剥削儿童到需要充足的盥洗设施等一系列广泛的问题。住宅法详细规定了空间、照明、通风、供暖和卫生的最低标准。复杂的职业认证体系使得各行各业的技术从业者——从医生到管道工——的技能水平都得到检验和保障。证券法管理着企业大部分的财务行为,反垄断法呵护着竞争经济的健康发展。在上述每一种情况以及许多其他情况下,整个制裁体系都依赖着刑事制裁的保障,在任何情况下,刑事制裁都不是主要的保障措施,这一特征可以将这类犯罪与我们已经讨论过的其他犯罪明显区分开来。我们研究的是刑事制裁在经济领域中的一般辅助性效用。

这一论题使我们能够暂时搁置那些主要由刑事制裁控制的经济行为形式,典型的有诈骗和贪污。如果我卖给你一块玻璃却说它是钻石,我就犯了诈骗罪,或者在学理上被称为通过虚构事实取得占有。如果我代收了你的房租却把钱装进自己的口袋,我就犯了侵占罪。确实,在这两个案例中,我可能会受到各种各样的其他制裁,包括赔偿、惩罚性赔偿、停业整顿、禁止令、民事罚款和吊销执照等,这取决于我从事的活动受到的监管有多严格。在某些行
356 业领域,这些措施十分有效,以至于刑事制裁无所作为。然而,这些制裁措施往往用来控制那些在诈骗和侵占的一般性禁止条款之下明显不构成犯罪的行为。当然,当附属于其他经济监管形式的特别刑事禁令与典型的、一般性的诈骗和侵占罪规定相似时,它们可以发挥最大效用。在后面的讨论中,在比较税收欺诈与违反反垄断法的犯罪行为时,我们再来回顾这种可能性。

一般来说,我们动用刑事制裁处理经济犯罪的目的是什么?真相只有一个,就是这些禁令具有特殊的威慑力。通过刑事制裁,我们希望能使那些可能禁不住诱惑而想以违法手段谋求自身经济利益的人严格依法行事。一般来说,这些制裁是用来规制守法者的。威慑的其他次要目标则作用不大,部分原因在于现实中并不经常对经济犯罪适用刑事制裁,还有一部分原因在于,一旦一个人被认定实施了经济违法行为,会有大量的其他监管手段以及强大的非正式压力来防止其再犯。这种情况下根本不需要剥夺其行为能力——我们不会为了防止逃税者在这段时间内继续从事逃税行为就把他送进监狱。当然,也不会有人声称对那些偶然实施了经济犯罪的社会精英施加刑事制裁能有任何矫治效果。使用刑事制裁的理由就在于威慑。

假以适当的研究,使用刑事制裁处理经济犯罪就可以成为证明威慑理论的极好基础。遗憾的是,正如对制裁研究的其他领域一样,我们对这个领域同样一无所知。因此,我们仍然停留在推论的层面。鉴于有着良好的威慑作用,刑事制裁在经济活动领域有许多可圈可点之处。重视自己社会地位的人可能对与定罪相伴而来的耻辱以及此前的刑事程序中的不快十分敏感。此外,这种违反经济法规的行为既非偶然为之,也非一时冲动:那些实施税务欺 357
诈、共谋操纵价格或是故意销售掺假食品的人有充足的时间计划他们的行动方案,权衡风险和收益,并将该行为有可能使他们被贴上犯罪标签一事考虑在内。作为这个问题"硬币的另一面",需要大量的执法投入才能保证刑事制裁成为并持续作为一种强有力的威慑措施。与此紧密相关的问题是,如果将保持该威慑最低可信度的执法资源运用于非刑事的监管模式中,是否会更好?此外,还有一个完全未经研究的问题:当惩处"受人尊敬的"罪犯时,要达到何种程度才能使刑罚发挥其应有的效果？仅仅定罪就够了吗？(反过来讲，是不是仅仅令其受到刑事指控就够了？如果的确如此，特别是在有罪判决率不是很高的情况下，可能会出现严重的公平性问题。)是否必须判处其监禁刑？犯罪人是否必须实际服刑，或仅仅宣判足矣？公开化有多大的重要性？我们对这些问题的认识仅仅是一些直观印象和道听途说而已。

税务欺诈和反垄断领域的联邦刑事起诉积累的比较经验可能具有指导意义。在过去的40多年里，对联邦征收的所得税实施的逃税行为一直受到严刑重罚。然而，在大部分时间里，刑事执法是偶然性的，主要是作为对应缴税款的民事追缴的辅助性手段，以及作为追诉敲诈勒索者和其他“公敌”(不以此种方式就很难受到联邦刑法管辖的人)的方式。从1952年开始，司法部税务局推出了一项全面推进刑事执法的新政策。每年有600～700起税务欺诈刑案件被提起公诉，定罪率接近100%，其中约40%的被定罪者被判入狱。当然，这种执行模式在威慑潜在违法者方面有多大效果我们不得而知。不过从常识来看，这种执行模式适用于税务犯罪时比适用于反垄断法案件会更有效果。首先，反垄断案都是一些很
358 大的案子，因而十分少见，一年能有25起就已经很多了。这些案件也不涉及个人被告，当然，如果只有公司被起诉或定罪，罚款是唯一可行的制裁。其定罪率很低，刑期也相当之低。事实上，自1960年著名的电气设备案中几名公司高管被判入狱服刑以来，再没有人因违反反垄断法而入狱了。在那件事的热潮后，反垄断部门的一位官员写道：“……每隔十年在若干个案件中使用类似的刑事判决就基本可以清除我们经济中价格垄断的毒瘤……”[3]没有

[3] Quoted in President's Commission on Law Enforcement, *Task Force Report: Crime and Its Impact- An Assessment*(Washington, D. C., 1967), p. 110.

人能说这个预测是否准确,该事实还未发生。

我们不知道税务欺诈法的刑事执行是否比反垄断法的刑事执行“更有效”。我们没有衡量有效性的标准。但我们先从常识出发假定它的确如此,并推论为什么这样假定。首先,二者的执行力度完全不同。的确,税务欺诈是比价格操控更为普遍的非法活动形式,即使实际案件起诉率可能没有差别,但要达到明显的威慑效果,可能仍然存在一个必须达到执法活动的最低“门槛”。其次,与价格操控行为相比,税务欺诈是一种更趋近成熟也更为人熟知的犯罪行为模式。税务欺诈或许可以被视为以虚构的事实获取财物的特殊形式,或是侵占行为的特殊形式,又或是两者兼而有之。纳税人以谎报或瞒报的方式,对其收入水平作虚假的陈述,或者是违反了向政府交代其收入份额的义务。无论如何,其行为的不法性都很容易理解,许多人因为税务欺诈而入狱这一事实凸显了这一点,但这两件事的关系是相互的。如果法官和陪审员并不确信他们的行为应当受到刑罚,还会有那么多人被判入狱吗?反垄断案 359
件的被告没有被判入狱,至少部分是因为法官和陪审员并未被他们的行为在道德上是“恶”的这一观点说服。垄断是一种复杂的行为。即使在共谋的事实显而易见,且有各种明显的隐瞒痕迹和相应的不法行为征候的情况下,除了那些精通经济的人之外,所有人仍远不清楚他们在密谋什么,以及为什么这样做是“恶”的。他们的行为与传统商业行为过于接近,以至于无法激起人们要求毫不留情地适用刑事制裁的愤慨和怒火。我们反复强调道德上的愤怒不应该成为追究刑事责任的充分条件;但这种情况应该提醒我们,它毕竟是一个必要条件。

我认为,在刑事禁令的有力推行和公众对适当运用刑事制裁的认同之间有一种复杂而微妙的关系。这并不意味着我们能够通过犯罪化来说服公众某种行为是错误的。法律,乃至刑法,都不是有效的社会控制的武器。我们在禁酒令时期使用刑事制裁的经验表明,情况恰恰相反:迄今为止在道德上中立的行为远没有被污名化,对这类行为强行适用刑事制裁反而起到了使刑法非刑事化的效果。如果我们把公众认为可接受的行为规定为犯罪,要么导致条文被虚置,或者更为微妙的是,人们对犯罪的态度会发生变化。

我们的确有理由担心一下情况:随着刑事法律中正式的制裁手段被用来处理各种道德上中立的行为,人们对刑事制裁的敏感程度已经下降。通常,在这样的追诉过程中发生了对犯罪观念的妥协与折中。虽然犯罪的各种形式要素都具备,但其后果主要是罚金,而非实际的哪怕是附条件的监禁刑。人们可以发现在经济
360 法规的正式"刑事"执法的许多领域,存在着某种交易。被筛选为犯罪处置的行为本身可能是微不足道的。或者如果其本身存在像在药物中掺杂掺假那般严重的危害风险,法院将被免予证明其是由于行为人的过错,包括蓄意、轻率甚至是疏忽。相应的,所适用的惩罚是承担所谓"超民事责任":它们不涉及有条件或绝对丧失自由这样的刑事特征。我们并不清楚这种安排对执法有什么益处。犯罪的污名在某种程度上被强加在既没有经历公正的刑事程序,也没有经历通常意义上的刑罚惩罚的人身上。据我所知,我们无从获取经验来知晓这样安排的优势是真实的还是表面功夫。但似乎可以清楚地看到,这样做要么是徒劳的,要么是对法律最有力武器的贬低。

到目前为止,我还没有在本篇中触及经济违法领域中出现的一些更专业的问题,尤其是法人犯罪的问题。经济活动一般是通过复杂的组织结构实施的。追踪个人行为的线索本身就已经十分困难,更遑论这些结构中的个别责任追求。明面上的活动往往都

是由组织中职位相对较低的人实施的。案情本身可能有力地暗示出,主管人员是了解这些行为的,但很难证明明知的事实。然而,刑法通常不允许一个人为另一个人的行为承担刑事责任,除非能够证明他对犯罪行为起到了帮助作用,或至少轻率地容许了他本可以控制的人实施犯罪行为,如果他确实选择了这样做。有两种解决问题的思路。一种是放宽适用代位责任的条件。总的来说,对于严重的犯罪不能这样做的原因是,在没有令人信服的个人犯罪证据的情况下,我们不愿让一个人受到刑罚,这是可以理解的。另一种则是让公司本身承担刑事责任。法律已经这样规定,且我们也已经习惯于公司单位因犯罪而被判决。事实上,经常发生的 361
情况是公司被定罪而个人却被无罪释放,即使证明个人犯罪的证据十分有力。这种差别处理的方法通常被作为对公司以及自然人施加刑事责任的正当化理由。然而,对这一理由的价值应当打一个问号,因为我们无法知道,如果没有企业作为替罪羊,个人被告还是否会被无罪释放。

当然,除了定罪本身带来的名誉受损以外,对公司唯一的惩罚就是罚款。公司名誉受损到底有多大的现实性值得怀疑。萨瑟兰学派的社会学家提及了法人惯犯的问题,但几乎没有证据表明,犯罪污点在公司的存续生涯中有任何实质的意义。自然人有朋友和邻居,而公司什么都没有。刑事定罪的事实可能会对公司的经济地位产生不利影响的论点看起来十分荒谬。在美国的工业企业500强中,有相当大的一部分曾被法院判决犯有一项或多项经济违法行为,但这从未对它们的经济地位产生任何影响。近年来最著名的法人犯罪是涉及通用电气公司和其他三家公司的电气设备案。的确,通用电气公司被定罪后其股票价格有所下降,而且由于通用电气公司和其他被告公司的串通操纵价格活动,他们将不得不支付高达3倍的损害赔偿金，许多重型电气设备的买家担心被迫支付高于竞争价格的价格以转嫁损失。

鉴于很难将公司犯罪归责于个人，而对公司本身的制裁更是相当无效，人们很可能会问，目前在经济管控领域对刑事制裁的依赖程度是否可能不当。这里再次出现了刑事制裁的替代措施问题，这是检验刑事制裁有效性时所必然出现的。在经济利益成为犯罪动机且能够对犯罪人进行严厉的财产剥夺的情况下，我们就
362 应当考虑刑事制裁的成本与效益平衡问题。仅仅为了剥夺财产就适用严格的刑事程序和刑事证据标准，有可能是一种“杀鸡用牛刀”的做法。事实上，传统刑事制裁中的罚金机制可能大大限制了剥夺财产的范围，远小于富有弹性的公共或个人损失赔偿诉讼中的财产剥夺。也存在这样的可能性，以反垄断法的执行为例，强化刑事追诉只会将注意力与司法资源从确保商业竞争结构这一更为根本的任务中转移开来。这种情况下，如在其他情形中一样，刑事制裁不仅无效，而且混淆视听。刑事制裁的可得性使我们怠于设计那些比起有力却局限而蛮横的刑事制裁更适合经济管控中的紧急情况的制裁手段。

问题在于如何设计不过分严厉的制裁。如果能够在征收罚款与其带来的收益或是非法活动导致的损失之间维持某种比例，那么征收罚款可以认为并不十分严厉。在反复和公然的经济犯罪的情况下，也可能保留强制解散或者说“法人死刑”作为一种补救措施。还有一种未被利用的制裁方式，即信息公开。如果那些与公众做生意的人被迫通过贴标签或做广告的形式来揭露自己的失职行为，则其对违法行为的强大威慑力可能会进一步增加。这类手段令传统的刑事制裁相形见绌。这说明，我们要么在经济规制领域废除刑事制裁，要么扩张刑事制裁的适用范围以使刑与罪更为适应。

笔者对在经济监管领域运用刑事制裁所提出的质疑,绝不像在道德犯罪领域中的那样包罗万象(顺便一提,二者之间的确具有 363
某种密切关系。它们具备一定的经济性,理智的做法或许都是尽量减少介入买卖双方的合意之事,假设他们明知自己从事的交易的内容与性质)。有必要总结一下在经济领域中一定程度上有助于实现审慎适用刑事制裁的几个条件。首先,行为人应该是可以明确被认定有责的主体。其次,行为的性质应该足够简单,非专业法官和陪审团都能理解。再次,该行为在被理解的情况下,将被社会主流视为错误的——最好是因为它本质上就是错误的,最起码,被告人知道或应当知道他的行为违反了一项被广泛接受的社会标准。最后,应当有理由相信,经济法规针对这一特定被告的执行不是任意性或歧视性的。如果所有这些条件都得到满足,援引刑事制裁就不可谓不明智。

364

第十八章　结论：手段和目的

我们的探讨已届尾声，尽管我们还远未解决一直在探讨的问题。对此我们探讨到了什么程度？

今天，我们迫切面临着刑事制裁的困境。尽管其前提似乎从未动摇，但事实上，人们比以往任何时候都对刑事制裁更为依赖。虽然刑事程序一直在被迫迎合一些降低效率的价值，我们对这些程序却提出了越来越高的要求。总之，社会比以往任何时候都更加依赖这种哲学基础和实际操作都受到了严重冲击的社会控制手段。

这本书的论点是，对刑事制裁的依赖和攻击在很大程度上都是有问题的。刑事制裁是必不可少的，无论是现在还是可预见的未来，我们都不能没有它。然而，如果我们以一种过分不加选择的方式诉诸它，就会削弱其效力的某些重要基础，并威胁到远比预防犯罪更为重要的社会价值。

我们需要始终牢记，刑事制裁的适用不能一概而论。我们并未始终如一地坚持这一事实，或者在观点上忽左忽右。犯罪是社会政治的人工产物，而非自然现象。我们可以随心所欲地增加犯罪或减少犯罪，这取决于我们选择何种行为作为犯罪。只有当这一基本事实为人们所理解时，我们始能通过应用恰当的刑事制裁适用标准，理性地解决选择的问题。我尝试提供了一些必要的标 365
准。这些标准的共同之处在于，它们都与刑事制裁的鲜明特征——其特有的优势和弱点——有着密切的关系。

刑事制裁是我们处理严重、直接的损害以及损害威胁的最佳手段。当损害变得没有那么严重和直接时，其效用就会减弱。当被用来强化道德而不是处理通常被认为是有害的行为时，刑事制裁则会趋于无效。撇开效力不谈，适用刑事制裁处理的行为威胁性越小，执法所招致的社会成本就越大。我们将人与他们所生活的社会隔离开来，我们迫使执法部门采取更极端的干预和强制措施，我们侵蚀了自由者的生活质量。

刑事程序中正在发生的改革是一种对刑事制裁给隐私和自治的价值观造成的特殊威胁的回应，也是对保持公民个人和权威当局之间适当距离的申明。尽管在很大程度上，这是一场由法官酝酿的改革，但它已经引起了人们对改革必要性的普遍关注。但是，这一进程中的改革措施在很大程度上是毫无意义的，除非同时对适用程序的目的给予同样的关注。正如我们所讨论的，手段和目的是相互作用的。但是仅仅相互作用是不够的：手段应该服从于目的。整个社会未能直面这一明显的问题。只是最近在总统委员会的支持下，我们才对刑事程序的运作进行了大规模的研究，发现了体制中的许多弱点、缺陷和不足，也提出了诸多补救措施。然而，委员会的提议完全没能抓住这个简单的命题，也即本书的主旨——刑事制裁的适用不能一概而论。

这种错误并非总是出现。当罗伯特·皮尔爵士(Sir Robert Peel)着手创建我们所熟知的现代警察制度时,他认识到刑事程序的工作内容与其运作方式之间的关系。研究英国警察的历史学家查尔斯·里斯(Charles Reith)这样描述皮尔的洞见:

366 > 皮尔意识到以往刑法改革者从未做过的事情,警察改革和刑法改革是相互依存的;改革后的刑法要求警察机构进行改革以有利于其发挥作用;而只有要执行的刑法和其他法律能够得到公众的尊重,并得到简单明确的执行,改革后的警察机构才能有效运转。他把宣布的有关警务改革的大胆计划推迟了几年,而将精力集中在法律改革上。[1]

皮尔对警察机构的正确认识同样也适用于刑事程序中的所有机构及其运作过程。只有刑事程序所处理的问题被恰当地形塑为可以利用刑事程序的优点并尽量绕开其缺点的状态,该程序才能有效地发挥作用。为了对付赌徒、吸毒者、妓女、同性恋者、堕胎者、其他非法商品或者服务的生产者和消费者,而耗费数十亿美元(当下联邦政府似乎正在如此计划)来提升国家刑事司法系统的能力,对于这样的做法,我们只要尚未习以为常,就会将其视为荒谬之举。我们这个国家天生就更注重如何去做,而不是做什么。我们迫切需要校准这种平衡,在问“怎么做”之前先问“是什么”和“为什么”。

寻求替代性的制裁措施并不容易。大多数经过检验的替代方

〔1〕 *The Police Idea*, London, 1938, p. 236.

案,要么需要刑事制裁的支持,要么本身就是伪装拙劣的刑事制裁。在许多情况下,真正的替代方案将被证明是无为(在法律强制方面),或者至少是少为。尽管替代性措施看似不尽如人意,我们仍需追问它是否比我们现在的做法更好。

刑事制裁既是人类自由的主要保障,也是人类自由的主要威胁。审慎和人道地使用刑事制裁,它是人类自由的保障;不加选择和强制性地使用刑事制裁,它便是人类自由的威胁。内生于刑事制裁的寻求保障和反对威胁的紧张性虽然可能永远无法消除,但至少我们可以开始尝试。

书目注释

369 本书目注释旨在为读者(人们记得,他们应该都是普通读者)提供我在序言中所称的“知识谱系图”。这本书是对这些观点的展开,法律执行和司法行政则是用来说明构建本书论点的主要事实和理念的来源。但是,本书目注释无意将自己标榜为本书探讨的观点所涉及的各个领域的著述目录,无论该著述是否权威。

让我从对我的观点影响最大的著作开始说起。如我早前所说,我承继的知识传统源于边沁(Bentham)和密尔(Mill)。但我是一个法律人,不是一个哲学家,我在此表达的观点只是一个法律制度的学生的观点。我关于法律的基本观点受到了亨利·M. 哈特(Henry M. Hart)和阿尔波特·塞克(Albert M. Sacks)的《法律程序》的极大影响。而我关于刑法的观点更多地要归功于赫伯特·维切尔(Herbert Wechsler)和路易斯·B. 斯科瓦兹(Louise B. Schwartz),特别是要归功于他们作为美国法学会《模范刑法典》的报告者所展现的杰出才能,这是十多年前我开始教授这门课以来一直依赖的对象。遗憾的是,这部无价的作品——我们关于实体刑法最好的论述,除了少数意志坚定者外,大多数人仍旧无法得到,因为其内容散见于《模范刑法典》的前后 13 稿草案。我关于刑事惩罚原理的观点则在很大程度上因 H. L. A. 哈特(H. L. A. Hart)的作品而得以清晰化,特别是他那篇名为《惩罚原理、惩罚和责任免除导论》的论文，该论文最近被重新收录于他的《惩罚与责任》的文集之中。最后，我对于取代作为一种社会控制手段的刑法的论调的怀疑，则部分地是因为深信 370
还没有人能够充分地回应由乔尔米·米切尔（Jerome Michael）和摩贴尔·艾度（Mortimer Adler）的《犯罪、法律和社会科学》一书所提出的“新学问”的挑战。

本书的前四章致力于为有关惩罚的道德性的哲学争论寻找一个尝试性的解决方案，至少是为了刑法的需要。这场争论的古典主义的鼓吹者是康德和边沁。康德的《道德的形而上学》和边沁的《道德和立法原理》是最基本的文献。乔尔米·米切尔（Jerome Michael）和赫伯特·维切尔（Herbert Wechsler）所著的《刑法及其实施》（*Criminal Law and Its Administration*）一书对古典时期的争论进行了简明扼要的归纳。爱德蒙·L. 宾可夫（Edmund L. Pincoffs）的《合法的惩罚原理》（纽约，1966）一书也有更为详细的论述。除了哈特教授之外，大西洋两岸的许多哲学家也影响了我对惩罚的道德性的思考。他们包括 J. L. 奥斯汀（J. L. Austin）、A. C. 伊文（A. C. Ewing）、乔尔·芬博格（Joel Feinberg）、约翰·约晤尔（John Rawls）、赫伯特·莫里斯（Herbert Morris）和理查德·A. 维泽斯脱姆（Richard A. Wasserstrom）。

我对威慑理论的详尽论述在很大程度上要归功于约翰尼斯·安德聂斯（Johannes Andenaes）的《一般预防——幻觉还是现实?》一书。我首次揭露“社会复归理想”的缺陷是因为拜读了弗朗西斯·A. 艾伦（Francis A. Allen）的论文《刑事司法、法律价值和社会复归理念》，正是该文使这个术语得以通行；这篇具有洞察力的论文连同艾伦的其他几篇论文最近已经被收入《刑事司法的疆界》一书之中。芭芭拉·伍顿（Barbara Wootton）的《犯罪和刑法》一书则对我所称之为功利主义的行为学派有最为详细的合理论述。该作者的《社会科学和社会病理学》也是很有趣的。列恩·罗德兹奴维克兹（Leon Radzinowicz）的《犯罪学研究》一书，对当代社会学和心理学理论的范围进行了明智的检视。

根据前四章所发展出来的一体化刑罚理论，第五至七章对基本的刑法原理进行了重新阐释。直到最近一代学者，理论澄清的工作才得以令人满意地展开。其起点是赫伯特·维切尔（Herbert Wechsler）和乔尔米·米切尔（Jerome Michael）的《杀人罪法的原理》。相关的美国和英国的主要著作分别是乔尔米·豪尔（Jerome Hall）的《刑法的一般原则》、葛兰维尔·威廉姆（Glanville Williams）的《刑法：总论部分》。这一领域的当代学术研究成果在美国法学会的《模范刑法典》中已经被转化为附有 371
评注的制定法，尤其是 1955 年第四稿的暂行本。

立法者和法院对基本理论的忽视在期刊文献中一再得到记载。这样的例子包括亨利·M. 哈特(Henry M. Hart)的《刑法的目的》;杰哈德·O. W. 缪勒(Gerhard O. W. Mueller)的《普通法和犯罪心态》;以及赫伯特·L. 帕克(Herbert L. Packer)的《犯罪心态和最高法庭》。弗朗西斯·B. 塞耶(Francis B. Sayre)的《公共福利犯罪》一文提出了严格责任问题。精神病辩护及其相关问题为多数具有争议的各种文献提供了研究基础。具有代表性的经典之作是亨利·威侯芬(Henry Weihofen)的《作为刑事辩护事由的精神错乱》和托马斯·S. 思宰兹(Thomas S. Szasz)的《法律、自由和精神病学》。对该主题同样进行了经典阐述的另一权威作品是阿伯拉罕·S. 格登斯蒂文(Abraham S. Goldstein)的《精神病辩护》。

因为尚未有人对刑事程序的各个阶段进行充分的审视,因此,我在第八至十二章试图弥补这个缺陷。有关法律文献已经对程序演进的特定方面进行了深入的论述。对基础法律数据的最好的介绍或可见之于案例教材,通过这些案例教材,法科学生可以学习刑事程序的课程。在这些案例教材中,最令人满意的是李温斯顿·豪尔(Livingston Hall)和耶尔·凯弥色(Yale Kamisar)的《当代刑事程序》以及莫诺德·鲍森(Monrad Paulsen)和桑福德·H. 卡蒂斯(Sanford H. Kadish)的《刑法及其程序》。目前,有关当今刑事程序运行一般信息的最好文献是"执法与司法行政总统委员会"所提交的《自由社会中犯罪的挑战》的报告以及委员会对各种具体问题的特别报告,尤其是关于警察和法院的报告。许多法学者都在致力于研究程序演进的阶段,弗朗西斯·A. 艾伦(Francis A. Allen)、安东尼·G. 阿梅斯特(Anthony G. Amsterdam)、爱德华·L. 巴瑞特(Edward L. Barrett)、保罗·M. 巴特(Paul M. Bart)、凯勒伯·福特(Caleb Foote)、亚伯拉罕·S. 高斯丁(Abraham S. Goldstein)、约瑟夫·高斯丁(Joseph Goldstein)、桑福德·H. 卡蒂斯(Sanford H. Kadish)、耶尔·凯弥色(Yale Kamisar)、柯蒂斯·R. 雷兹(Curtis R. Reitz)、路易斯·B. 舒瓦茨(Louis B. Schwartz)、毛雷·L. 舒瓦茨(Murray L. Schwartz)和阿兰·R. 威斯丁(Alan R. Westin)等人的作品,我一直都认为非常有用。下文会引述其中一些人的作品。他们的大部分著作是以法律评论论文的形式发表的,可以通过《法学期刊索引》查到。

372 近年来,刑事程序的警察阶段已经成为深入的经验调查的课题。爱德华·L. 巴瑞特(Edward L. Barret)的《警察实践和法律——从逮捕到释放或指控》和约瑟夫·高斯丁(Joseph Goldstein)的《不启动刑事程序的警察裁量权:司法行政中的隐性决定》是其中两项值得称道的研究。美国律师基金会逐渐地公布了它们在20世纪50年代中期进行的关于刑事司法行政的调查的结果。其中,沃尼·R.拉菲吾(Wayne R. La-Fave)的《逮捕:将嫌疑人进行羁押的决定》一书对有关警察工作的数据进行了探讨,美国法学会的《审前程序模范法典》(第一稿建议草案)对逮捕调查问题进行了分析并提出了立法解决方案。到目前为止,已出版的最好的关于警察工作的经验研究是杰罗姆·斯科罗尼克(Jerome Skolnick)的《未经审判的司法》。目前,还没有人对公诉人的工作进行同样的研究,这是法律和社会学者需要设法弥补的缺憾。

获取辩护律师这个最普遍的问题已经成为大量官方研究和私人研究的课题。一个代表性的例子是《总检察长委员会关于贫穷和联邦刑事司法行政的报告》。安东尼·刘易斯(Anthony Lewis)的《吉顿的胜利》一书对吉顿·V.文瓦特(Gideon V. Wainwright)这一标志性案件进行了详尽的描述。还有许多研究探讨了保释金问题,其中很多是由纽约的沃阿基金会发起的,该基金会也是推动改革的一个重要力量。丹尼尔·J.福瑞德(Daniel J. Freed)和帕崔科·M.沃德(Patricia M. Wald)的《保释在美国:1964》对该主题进行了很好的介绍。该领域的前沿学者凯勒伯·福特(Caleb Foote)将他关于这方面问题的论文收集在《保释研究》一书中。越来越多的人认识到认罪答辩对刑事程序的战略关键性,多纳德·J.纽曼(Donald J. Newman)的《定罪:未经审判的有罪或无罪决定》一书对此予以了反映,这是一项以美国律师协会对刑事司法行政的调查数据为基础的研究。约翰·开普勒(John Kaplan)和乔恩·R.瓦尔兹(Jon R. Waltz)的《杰克·罗比的审判》一书则提供了一个完整的刑事程序成本如何昂贵的极端例子。

第十三至十五章试图根据前面探讨的刑事制裁的特征界定刑事制裁的限制标准。自从边沁在《道德和立法原理》第十三章对该问题进行了经典论述以来,界限 373
问题几乎被彻底遗忘了。这种普遍情况的一个主要例外就是赫曼尼·曼海姆的《刑事司法和社会重建》一书,这是一部具有创造性和敏锐洞察力的书,该书以一个社会主义者的眼光考察了刑法在重塑现代社会中的作用。现在,有许多专门针对刑事制裁的具体运用的批评,在关于法律和道德关系的争论中,也有一些关于刑事制裁的运用的间接讨论。下文中会提到这两方面的例子。但是,该问题还没有被作为一个整体来处理,只有一个重要的例外,即桑福德·H.卡蒂斯(Sanford H. Kadish)的《过度犯罪化的危机》,该文是原本为法律执行和司法行政总统委员会准备的一篇论文的修订版。

当代关于法律与道德关系的争鸣是由沃尔芬登报告(Wolfenden Report)关于刑法不应当关注成年人之间基于合意的性行为的著名建议引发的,该建议载于《大不列颠同性恋犯罪和堕胎委员会报告》,CMD. NO. 247,1957。然而,这场争论的议题则是由约翰·斯图亚特·密尔(John Stuart Mill)的《论自由》和詹姆斯·费提詹姆斯·斯蒂芬(James Fitzjames Stephen)爵士的反驳著作《自由、平等和博爱》设定的。这些议题通过德夫林勋爵(Lord Devlin)的《道德的实施》和 H. L. A. 哈特(H. L. A. Hart)的《法律、自由和道德》的当代争鸣得到提炼,但并未发生真正改变。

关于刑事制裁的限制标准的经济分析,除了我本人的已经收入本书第十五章的早期的作品外,托马斯·C. 斯凯令(Thomas C. Schelling)的文章《经济分析和有组织犯罪》起到了示范作用,这是一篇为总统法律执行委员会所准备的论文,刊印于委员会的特别报告《有组织犯罪》。亚伯拉罕·布雷姆博格(Abraham Blumberg)的《刑事司法》一书提出了流水线性司法的问题意识。而关于警察和城市贫民之间的关系问题,现在则几乎并不需要提供什么文献。

与有关刑事制裁的运用的限制的一般性的、理论性的文献著述的匮乏相反,有大量著作探讨作为本书第十六章和第十七章的例证的特定刑事犯罪。其中许多犯罪在总统委员会于 1967 年发布的各种特别报告中都有所涉及,比较著名的则是有
374 关犯罪评估、醉酒、麻醉品、药物滥用和有组织犯罪的报告。前者是一部非常有用的很难从其他地方得到的数据资料汇编。

至于性犯罪问题,最好的单一文献来源是美国法学会《模范刑法典》(草案第四稿)的讨论。对性犯罪的各个方面进行论述的代表性文集是拉尔夫·斯勒玟(Ralph Slovenko)主编的《性行为和法律》。埃德文·M. 斯科(Edwin M. Schur)的《无被害人犯罪》一书对无被害人性犯罪和其他无被害人犯罪进行了有益的探讨。《合意性成人同性恋和法律:对洛杉矶县执法情况的经验研究》是对目前困扰刑法领域的执法困难进行细致记录的一项质量极高的田野研究。

在《模范刑法典》(草案第四稿)中可以找到关于重婚和乱伦的背景资料。尽管我不同意草案起草人的立法建议,但我却非常重视第六稿草案对淫秽的处理。除了这一研究之外,路易斯·亨金(Louis Henkin)的《道德和宪法:淫秽之恶》、亨利·凯文的《淫秽法的形而上学》,从法庭的视角对淫秽问题进行了负有启发性的讨论。詹姆斯·C. N. 保罗(James C. N. Paul)和毛雷·L. 舒瓦茨(Murry L. Schwartz)的《联邦审查制度:邮件中的淫秽物品》一书对执法问题进行了重要的经验研究。

保罗·W. 泰本(Paul W. Tappan)的《法庭上的失足女孩》以及前文引用的杰罗姆·斯科罗尼克(Jerome Skolnick)的《未经审判的司法》则探讨了卖淫法的执行情况。

对麻醉药品控制的法律问题的前沿研究是威廉姆·巴特勒·埃尔瑞直(William Butler Eldridge)的《麻醉药品和法律》一书。在对麻醉药品问题进行的众多经验和政策研究中,埃斯德·程(Isidor Chein)等人的《通往“H”之路:麻醉品,不良行为和社会政策》是目前最好的研究成果。理查德·H. 布莱姆(Richard H. Blum)撰写的一系列论文,评估了有关麻醉品、大麻和危险性药品的医药和其他相关知识的当前状况,这些论文是作为总统委员会关于麻醉药品和毒品滥用问题的特别报告的附件而被刊印的。

《模范刑法典》(草案第九稿)讨论了有关堕胎问题的文献。葛兰维尔·威廉姆(Glanville Williams)的《生命的神圣和刑法》对堕胎问题的历史和法律背景进行了精妙的阐述。赫伯特·L. 帕克(Herbert L. Packer)和拉尔夫·J. 凯姆派欧(Ralph J. 375
Gampell)的《治疗性的堕胎:一个法律和医学问题》,则是一项记录了法律规范和在堕胎领域有良好声誉的医疗实践之间紧张关系的田野研究。鲍尔·格比哈(Paul Gebhard)等人的《怀孕、出生和堕胎》提供了有关堕胎问题的数据资料。阿兰·F. 格特马切尔(Alan F. Guttmacher)《现在的合法化堕胎案例》一书收集了目前有关该问题的最新著作。

总统委员会关于酗酒问题的特别报告反映了许多关于酒精中毒的现代学问。托马斯·F. A. 普劳特(Thomas F. A. Plaut)的《酒精问题:向国家提交的报告》报告了一项野心勃勃的解决酗酒问题的学术研究的成果,以及一个研究酒精中毒问题的联合委员会的研究工作。遗憾的是,还没有针对赌博及其社会控制的好的学术作品。当前,我们不得不面对反映在总统委员会关于有组织犯罪的特别报告中的官方对它的妖魔化。

大量的社会学文献已经对商人犯罪现象给予了关注与归纳,比较著名的是埃德文·H. 萨瑟兰(Edwin H. Sutherland)的《白领犯罪》和马赛尔·克林纳德(Marshall Clinard)的《黑市》。这一问题已经得到很好的讨论,其文献收集在总统委员会《犯罪评估》特别报告的第八章。该报告还包括了两份很有价值的分别由司法部的反托拉斯局和税务局提供的关于反托拉斯犯罪和税务欺诈执法情况的附件。

天
Borderless
下

天下，在乎正义和你

法学新经典·书目

《侵权损害赔偿》（第六版）	杨立新
《我国民法典重大疑难问题之研究》（第二版）	王利明
《法律解释学导论：以民法为视角》（第三版）	王利明
《法的价值论》（第三版）	卓泽渊
《法政治学研究》（第三版）	卓泽渊
《法治国家论》（第四版）	卓泽渊
《刑事诉讼的中国模式》（第三版）	陈瑞华
《刑事证据法的理论问题》（第二版）	陈瑞华
《民法典总则之理论与立法研究》（第二版）	尹　田
《中国物权法总论》（第四版）	孙宪忠
《人格权重大疑难问题研究》	王利明
《实证研究：中国法学的范式转型》	左卫民
《中国法律的传统与近代转型》（第四版）	张晋藩
《行政法基本原则研究》（第二版）	周佑勇
《国际刑法学》（第二版）	贾　宇
《刑法客观主义与方法论》（第二版）	周光权
《诈骗犯罪论》	张明楷
《国际私法本体论》（第二版）	蒋新苗
《民法解释学》（第五版）	梁慧星
《当代刑法的理论与课题》	黎　宏
《量刑的个别化原理》	石经海
《中国传统法理法哲学论》	张中秋
《民法总则新论》	王利明

法学新青年·书目

《物权法的展开与反思》（第二版）	常鹏翱
《基本权利的规范建构》（增订版）	张　翔
《传媒监督的法治》	陈柏峰
《国家利益维护：国际法的力量》	何志鹏
《不动产登记法研究》（第二版）	程　啸
《证据法的理论面孔》	吴洪淇
《刑法归责原理的规范化展开》	陈　璇
《刑法与现代社会治理》	何荣功
《舆图换稿：明清之际的中国法哲学》	屠　凯
《中国特色行政复议制度的嬗变与演进》	曹　鎏
《行政诉讼类型构造论》	章志远
《侵权责任利益保护的解释论》	方新军
《刑事诉讼法的解释图景》	董　坤

法学原论·书目

《合同法总论》（第四版）	韩世远
《现代公司法》（第三版）	刘俊海
《侵权责任法》（第四版）	杨立新
《国家监察学原理》	李晓明　芮国强
《物权法原论》（第二版）	高富平
《刑法学：立法与解释原理》（上册）	李晓明
《刑法学：罪体与罪责原理》（下册）	李晓明

博观·书目

《社会契约论》	卢　梭

《法律的概念》（第三版） 哈 特
《普通法的精神》（中文修订版） 庞 德
《诉权与诉的可能性：当代民事诉讼基本问题研究》 赫尔维格
《民主与不信任：司法审查的一个理论》 约翰·哈特·伊利
《法律与革命》（第一卷） 伯尔曼
《法律与革命》（第二卷） 伯尔曼
《法律推理与法律理论》 麦考密克
《古代法》 梅 因
《旧制度与大革命》 托克维尔
《为权利而斗争》 耶 林
《法律制度：对法律理论的一种解说》 麦考密克
《政治哲学史》（第三版 上下册） 列奥·施特劳斯 约瑟夫·克罗波西
《论法的精神》 孟德斯鸠
《民事诉讼法重点讲义》（导读版） 高桥宏志
《纯粹法学说》（第二版） 凯尔森
《普通法》 霍姆斯
《论犯罪与刑罚》 贝卡里亚
《宪法设计与理性选择：公法经济分析基础》 罗伯特·D.库特
《法律的权威》（第二版） 约瑟夫·拉兹
《正确法：法伦理学基础》 卡尔·拉伦茨
《法律篇》 柏拉图
《论法律》 西塞罗
《刑事制裁的界限》 赫伯特·L.帕克

思想与人文·书目

《西窗法雨》（精装修订版） 刘 星
《法槌十七声：西方名案沉思录》（第二版） 萧 瀚
《文明与法治：寻找一条通往未来的路》 刘哲昕

《精英与平民：中国人的民主生活》	刘哲昕
《法治东西》	於兴中
《博登海默法理学》	博登海默
《法窗夜话》	穗积陈重
《正义之源泉：自然法研究》	吴经熊
《现代法政的起源：1900—1919》	董彦斌
《被误解的民主》	包刚升
《风骨：新旧时代的政法学人》	陈夏红
《斑马线上的中国》（第三版）	邓子滨
《生活在民法中》（第四版）	梁慧星
《乌合之众：大众心理研究》	古斯塔夫·勒庞
《我们律师》（修订精装版）	张思之
《我的辩词与梦想》（精装收藏版）	张思之
《法门穿行》	孙笑侠
《现代法治：沈家本的改革梦》	李贵连
《阿Q之死的标本意义》	张建伟
《续法窗夜话》	穗积陈重
《从传统到现代》	金耀基
《耶鲁精神：感受耶鲁大学及其法学院》（第二版）	冯建妹
《法律帝国的铸就：大英帝国法律史（1800-1850）》	劳伦·本顿　利萨·福特
《英国法的塑造者》	威廉·塞尔·霍尔斯沃思
《美国法律史》	劳伦斯·弗里德曼
《尊严：历史和意义》	迈克尔·罗森
《法官因何错判》	秋山贤三
《修行：生命的证悟》	泰戈尔
《看得见的正义》（第三版）	陈瑞华
《大地家族》	盖瑞·施耐德
《法律后面的故事》	梁治平
《生命与超越：一个命运共同体的理想》	刘哲昕

《霸权的黄昏：大国的衰退和收缩》 麦克唐纳 培伦特
《罪与罚：关于公正的19场激辩》 布鲁斯·N.沃勒
《民法的人文精神》（第二版） 徐国栋
《西口闲笔》 徐国栋
《明清法律与社会变迁》 邱澎生 何志辉
《案例、故事与明清时期的司法文化》（修订版） 徐忠明
《明清时期的民事审判与民间契约》 王亚新 梁治平 赵 晶
《儒家的世界》 董彦斌
《面包香里读哲学》 胡文·欧江
《大众装饰》 齐格弗里德·克拉考

理论与方法·书目

《通往法治的道路：社会的多元化与权威体系》 季卫东
《法治、财税与国家治理》 熊 伟
《论法学研究方法》 陈瑞华
《民法总则：条文背后的故事与难题》 杨立新
《法学学位论文写作方法》（第三版） 梁慧星
《裁判的方法》（第四版） 梁慧星
《理论法学的迷雾：以轰动案例为素材》（增订版） 桑本谦
《司法体制改革导论》 陈瑞华
《辩无不胜》 盖瑞·斯宾塞
《侵权责任法：条文背后的故事与难题》（第二版） 杨立新
《司法改革的知与行》 蒋惠岭
《律师的客户管理术》 亚历山大·Y.本尼科夫
《中西法律文化比较研究》（第五版） 张中秋
《真实世界的法律思维：出乎意料的61堂法律微课》 黄文伟
《并购之道：赢家的65个商业逻辑与实战 》 张伟华
《中国民法典新规则要点》（修订版） 杨立新

《刑事审判原理论》（第三版）	陈瑞华
《实质法治：寻求行政判决的合法性》（第二版）	何海波
《行政诉讼法》（第三版）	何海波
《企业合规基本理论》（第二版）	陈瑞华
《如何讲个好故事：律师的必修课》	菲利普·N. 迈耶
《法总工作手册：公司法律合规的三十六计》	沈悦志
《人工智能时代的算法治理：机制与方案》	张　欣

图书在版编目（CIP）数据

刑事制裁的界限 / (美) 赫伯特・L. 帕克著；梁根林等译. -- 北京：法律出版社，2023
书名原文: The Limits of the Criminal Sanction
ISBN 978-7-5197-7557-5

Ⅰ. ①刑… Ⅱ. ①赫… ②梁… Ⅲ. ①刑事诉讼 – 司法制度 – 研究 – 美国 Ⅳ. ①D971.252

中国国家版本馆CIP数据核字（2023）第042411号

刑事制裁的界限
XINGSHI ZHICAI DE JIEXIAN

作　　者：［美］赫伯特・L.帕克（Herbert L. Packer）
译　　者：梁根林 等
校　　者：梁根林
责任编辑：黄倩倩　杨悦芊
装帧设计：贾丹丹
出版发行：法律出版社
编辑统筹：学术・对外出版分社
责任校对：王　丰
责任印制：陶　松
经　　销：新华书店
开　　本：A5
印　　张：13
字　　数：300千
版　　本：2023年9月第1版
印　　次：2023年9月第1次印刷
印　　刷：天津嘉恒印务有限公司
书　　号：ISBN 978-7-5197-7557-5
定　　价：75.00元

销售电话：010-83938349　客服电话：010-83938350　咨询电话：010-63939796
地　　址：北京市丰台区莲花池西里7号(100073)
网　　址：www.lawpress.com.cn
投稿邮箱：info@lawpress.com.cn
举报盗版邮箱：jbwq@lawpress.com.cn
凡购买本社图书，如有印装错误，我社负责退换。电话：010-83938349